华东政法大学建校70周年学术丛书

ECUPL 1952-2022

国际经济制裁

法律问题研究

修订版

INTERNATIONAL LAW OF ECONOMIC SANCTIONS

杜涛／著

法律出版社
LAW PRESS · CHINA
北京

图书在版编目(CIP)数据

国际经济制裁法律问题研究 / 杜涛著. -- 修订版. -- 北京 : 法律出版社, 2023
ISBN 978-7-5197-7356-4

Ⅰ. ①国… Ⅱ. ①杜… Ⅲ. ①国际制裁—经济制裁—国际经济法—研究 Ⅳ. ①D996

中国版本图书馆 CIP 数据核字(2022)第 224000 号

国际经济制裁法律问题研究(修订版)
GUOJI JINGJI ZHICAI FALÜ WENTI YANJIU (XIUDING BAN)

杜 涛 著

责任编辑 陆帅文
装帧设计 鲍龙卉

出版发行 法律出版社
编辑统筹 法律教育出版分社
责任校对 王 丰
责任印制 刘晓伟
经　　销 新华书店

开本 710 毫米×1000 毫米 1/16
印张 21.75　字数 360 千
版本 2023 年 2 月第 1 版
印次 2023 年 2 月第 1 次印刷
印刷 北京中科印刷有限公司

地址:北京市丰台区莲花池西里 7 号(100073)
网址:www. lawpress. com. cn
投稿邮箱:info@ lawpress. com. cn
举报盗版邮箱:jbwq@ lawpress. com. cn

销售电话:010-83938349
客服电话:010-83938350
咨询电话:010-63939796

书号:ISBN 978-7-5197-7356-4
定价:108.00 元
凡购买本社图书,如有印装错误,我社负责退换。电话:010-83938349

杜　涛

法学博士，华东政法大学国际法学院院长，经天学者特聘教授，国际法学科带头人，博士生导师，校学术委员会委员，金砖国家法律研究院常务副院长，外国法查明研究中心常务副主任，兼任中国国际私法学会常务理事，国际比较法学会（AIDC）会员及多家仲裁机构仲裁员。入选上海领军人才。主要研究领域为国际私法、国际经济法和比较法等。出版《国际经济制裁法律问题》《国际私法原理》等专著十多部，发表论文、译文100余篇。主持国家社科基金重大和重点项目等多项。

目　　录

导　论

一、研究内容

经济制裁是一种非暴力的强制力。“二战”后联合国成立，废除了武力作为国家间解决冲突的手段。但是单纯的外交手段总有失灵的时候，于是国际法上便出现使用非武力强制措施的需要。联合国等国际组织以及某些国家便开始采用经济制裁这种强制措施来实现外交政策。经济制裁的威力并不亚于传统的武力打击，因此经济制裁也被视为“看不见的战争”。①

经济制裁包括集体经济制裁和单边经济制裁。集体经济制裁是指由联合国安理会根据《联合国宪章》的有关规定所实施的经济制裁行动。单边经济制裁则是指由单个国家根据国内法对他国实施的经济制裁。由于联合国并没有自身的执法机构，联合国安理会通过的经济制裁措施必须由各会员国来执行，联合国的集体经济制裁因此也就被转化为各国的单边经济制裁。鉴于此，本书研究的重点不在于联合国安理会采取集体经济制裁行动的程序和方式。若没有特殊说明，本书所研究的经济制裁主要是指主权国家对外实施的经济制裁。

一般来说，经济制裁措施包括冻结制裁对象国的账户存款、其他资产和预期应得的经济利益（援助款项等），取消制裁对象享有的优惠贸易条件和受援项目，限制、禁止与对象国的部分或全部商品交易以及其他经贸往来等各种方式。“冷战”结束后，美国对外经济制裁的运用日益频繁，并且呈现一些新的趋势。

首先，制裁数量的剧增。随着经济全球化的发展，各国之间的经济联系日益密切，使经济制裁的运用更为频繁和便利，经济制裁所发挥的效果也越来越突出。经济上占据优势的国家就越来越愿意采用经济制裁手段实现自

① Joy Gordon, *Invisible War: The United States and the Iraq Sanctions*, Harvard University Press, 2010.

己的外交政策。据联合国统计,在2000~2015年,有38个国家受到其他国家的单边经济制裁。① 2015年之后,针对特殊群体和个人的所谓定向制裁项目更是数量剧增。②

其次,制裁的主体越来越多样化。传统上的制裁都是由美国等发达国家发起。现在,越来越多发展中国家也开始对他国采取经济制裁措施。③ 制裁的主体除国家外,一些地方政府、社会团体和个人也纷纷对其他国家发起经济制裁。近年来全球民间社会兴起的“BDS”运动就是典型。④

最后,制裁形式的多样化。比如针对特定目标而不损害普通老百姓利益的聪明制裁(smart sanction)或定向制裁(targeted sanctions)等。⑤

国际经济制裁会产生两方面的效果。第一,经济制裁会对被制裁国产生直接的后果,这也是对外经济制裁的本来目的。第二,经济制裁会间接地对第三方产生影响,这是本书重点要探讨的具有域外效力的经济制裁,包括“次级制裁”(secondary sanction)和“三级制裁”(tertiary sanction)等。

本书研究主权国家单边施行的对外经济制裁措施引起的国际法问题,包括其对现代国际公法(国家主权、人权保护)、国际私法(管辖权和法律冲突)和国际经济法[世界贸易组织(WTO)争端解决]所产生的影响,以及我国如何从法律上进行应对。近年来,西方国家对我国实施的经济制裁愈演愈烈,我们需要统筹运用国内法和国际法手段打破西方国家对我国的遏制打压,充分发挥《反外国制裁法》等法律“工具箱”的作用,明确反外国制裁的情形、反制程序和反制措施等,提升我国应对国际法律风险的法治

---

① UN Doc. A/70/152 of 16 July 2015, 4-5.

② Kirilakha, Aleksandra & Felbermayr, Gabriel & Syropoulos, Constantinos & Yalcin, Erdal & Yotov, Yoto, 2021, The Global Sanctions Data Base: An Update that Includes the Years of the Trump Presidency, School of Economics Working Paper Series 2021-10, LeBow College of Business, Drexel University, revised 15 Mar. 2021. 相关统计数据可以通过全球制裁数据库网站(http://globalsanctionsdatabase.com/)获取。

③ 例如,20世纪70年代阿拉伯国家联盟对以色列发起的禁运;2011年阿拉伯国家联盟对叙利亚的制裁;2017年沙特阿拉伯等国对卡塔尔的制裁;2014年克里米亚事件后乌克兰和俄罗斯之间的相互制裁等。

④ Jad Essayli, *Restricting Your Right to Boycott: Free Speech Implications regarding Legislation Targeting the Boycott, Divestment, and Sanctions (BDS) Movement in the United States and the European Union*, 21 San Diego Int'i L. J. 457 (2020).

⑤ Gary C. Hufbauer & Barbara Oegg, *Targeted Sanctions: A Policy Alternative*, 32 Law & Pol'y Int'l. Bus. 11 (2000); Alexandra Hofer, *The Efficacy of Targeted Sanctions in Enforcing Compliance with International Law*, 113 AJIL Unbound 163 (2019).

能力，加快形成系统完备的涉外法律法规体系，加快建设中国特色社会主义法治体系。①

本书初版完成于2012年，出版于2015年。自2017年特朗普上任美国总统后，美国的对外政策发生了根本性转变，摒弃了传统的多边主义价值观，开始追求所谓的“美国优先”，大肆采取各种单边主义外交手段，动辄对他国采取经济制裁措施。在对华政策上，美国也开始将中国视为美国的战略竞争对手。为了遏制我国发展，美国及其西方盟国打着维护民主、人权的幌子，借口维护国家安全，滥施经济制裁措施，肆意干涉我国内政，严重违反了国际法和国际关系基本准则。尤其是2018年美国政府以违反美国经济制裁法令为由悍然对中国华为公司和中兴公司发布了出口禁令，禁止美国公司向华为和中兴公司销售零部件、商品、软件和技术，并迫使中兴公司接受了美国的“和解”条件。同年，在美国政府的要求下，加拿大政府扣押了华为公司高管孟晚舟女士并准备将其引渡到美国，背后的理由同样是华为公司“违反”所谓的美国经济制裁法令。此类案件的集中爆发使国际经济制裁问题骤然成为国际政治和国际法学界研究的热点。为了满足各方面对国际经济制裁法律问题的研究需求和实务部门的对策需要，笔者决定对本书进行较大程度的修订。

此次修订版在主要章节结构上做了适当调整，删除了原书第五章并将其主要内容压缩后并入第二章，新增了第五章“阻断法和反制裁法”，对每一章节的内容均作了较大程度的更新。

第一章概述经济制裁的概念和历史发展，重点介绍其产生背景、原因、类型和发展趋势等。因本部分内容在国内外学术界已有较为详尽的研究，故本章内容力求简洁扼要，通过对中外学术成果的归纳对本书中至关重要的核心概念加以提炼。本章之特色在于从国际法角度探讨经济制裁的概念和性质。

第二章从国际法基本原则角度探讨经济制裁的合法性问题。本章着重分析经济制裁是否符合现代国际法基本原则，包括不干涉内政原则、禁止使用武力原则、和平解决国际争端等；同时重点讨论经济制裁是否符合国际法上的人权保护制度和发展权。本章还通过对联合国大会历年决议的分析，指出联合国多数会员国对单边经济制裁措施的态度。本章之特色在于揭示出

① 沈春耀：《关于〈中华人民共和国反外国制裁法（草案）〉的说明》，2021年4月26日第十三届全国人民代表大会常务委员会第二十八次会议。

西方发达国家和发展中国家在对待单边经济制裁问题上的巨大分歧并指出了中国应采取的态度。

第三章重点探讨经济制裁法的域外管辖权。本章从国际法上管辖权的概念入手,通过对正反两方面观点的对比研究,阐述了美国经济制裁法域外管辖权在国际法引发的广泛争论,并明确提出了自己的观点。本章得出结论,美国经济制裁法滥用了目前国际法上的管辖权规则,较大程度上突破了当代国际法的国家主权原则,引起了世界上多数国家的反对。本章重点介绍了美国国内法中对行使域外管辖权的各种抗辩理论,包括国际礼让原则、国家行为理论、政治问题理论、外国国家强制理论等。

第四章从世界贸易组织法角度探讨经济制裁是否符合 WTO 的基本原则以及能否以 WTO 机制对抗美国单边经济制裁。本章以实际发生的 WTO 争端解决案例为基础,重点分析了美国域外经济制裁是否违背了《关税与贸易总协定》(GATT)第 20 条和第 21 条规定的义务。本章新增了"乌克兰诉俄罗斯案"的最新发展,该案对国家安全例外条款的解释有新的贡献。

第五章是新增的一章,重点讨论各国针对美国经济制裁颁布的阻断法和反制裁法,及其所引发的理论和实务问题。本章分析了阻断法的起源和各国的实践情况,尤其是欧盟对美国的阻断条例在实践中的实施效果。本章指出,反制裁法相对于阻断法更为积极有效。本章之特色在于通过实际案例分析了阻断法的法律效果。

第六章从法律冲突角度分析经济制裁对传统国际私法带来的挑战。本章以《赫尔姆斯-伯顿法》为例,指出经济制裁法的域外适用引发了公法的域外效力问题的大讨论。本章着重从公法与私法的划分、国际私法与国际公法的划分等角度探讨经济制裁法的域外适用能否纳入传统国际私法体系,特别探讨欧洲国家学者提出的"经济冲突法"理论和"事实理论"。本章分别讨论了法院地经济制裁法、准据法所属国经济制裁法和第三国经济制裁法的适用问题,并结合合同中的经济制裁条款,指出了从国际私法角度讨论经济制裁法域外管辖权问题的现实意义。

习近平总书记在党的二十大报告中指出,过去的十年,我们全面推进中国特色大国外交,推动构建人类命运共同体,坚定维护国际公平正义,倡导践行真正的多边主义,旗帜鲜明反对一切霸权主义和强权政治,毫不动摇反对任何单边主义、保护主义、霸凌行径。面对国际局势急剧变化,特别是面对外部讹诈、遏制、封锁、极限施压,我们坚持国家利益为重、国内政治优先,保持战略定力,发扬斗争精神,展示不畏强权的坚定意志,在斗争中维护国家尊严和核心利益，牢牢掌握了我国发展和安全主动权。本书认为，我国应坚持习近平新时代中国特色社会主义外交思想，坚持以联合国为主导的多边主义国际秩序，在此基础上支持联合国主导实施的多边主义国际秩序，反对任何国家单方面对他国滥用经济制裁措施。对于联合国安理会实施的集体制裁行动，我国应完善国内实施机制，加强以《联合国宪章》为基础的国际法的有效实施，维护多边主义国际法律秩序。同时，为了反对西方国家对我国实施的经济制裁尤其是域外经济制裁，我国应进一步丰富立法“工具箱”，完善对外关系法律体系，建立反制裁、反干涉、反“长臂管辖”机制，制定更多配套法律法规，加强执法工作，更好地维护我国企业的合法利益，坚决捍卫国际法治，推动建设相互尊重、公平正义、合作共赢的新型国际关系。

二、研究意义

经济制裁对我国影响极大，主要体现在两个方面：

一方面，自中华人民共和国成立以来，中国人民就饱受外国的直接经济制裁之苦。中华人民共和国成立后不久，美国等西方国家就对中国实施了长达 20 多年的战略禁运。苏联也从 20 世纪 60 年代起对中国实施长期经济封锁。1989 年后，美国等西方国家又多次对中国采取各种经济制裁措施。美国、欧盟和日本对中国的武器禁运迄今也没有解除。①

特朗普执政之后，美国挑起贸易摩擦，美国逐步将中国视为战略竞争对手，对中国实施了越来越严厉的经济制裁措施。拜登政府延续对华竞争和遏制战略，继续运用经济制裁手段对中国企业进行打压。截至 2021 年 7 月底，美国有 20 多项已生效的针对中国的经济制裁“法规”，对中国企业和个人的制裁措施多达数百项。美国国会还有大量针对中国的制裁“法规”正在审议进程中。美国财政部目前正在实施的 36 项国别制裁项目中，有两项直接针对中国。②

欧盟近年来也开始通过对外实施经济制裁来实现其外交政策目标，相继颁布了多项针对他国的制裁法令。2021 年 3 月 22 日，欧盟依据相关法令以

---

① 参见斯德哥尔摩国际和平研究所网：https://www.sipri.org/databases/embargoes/eu_arms_embargoes/china。

② https://home.treasury.gov/policy-issues/financial-sanctions/sanctions-programs-and-country-information.

所谓的“新疆人权问题”为由将我国11位公民和4家实体列入制裁名单。[1]同日,英国和加拿大也公布了对中国企业和个人的制裁名单。

另一方面,我国近年来越来越成为西方国家次级经济制裁的受害者。“9·11”事件发生后,美国加强了对有关国家的经济制裁。为了强化这种制裁的效果,美国扩张了制裁的范围,积极推行所谓的“次级制裁”。[2] 这种次级制裁实际上是禁止其他国家与受制裁国进行经济贸易活动。这种次级制裁也直接影响我国的经济安全。随着我国国家经济实力的不断增强,我国越来越深入地融入世界经济体系中,我国企业越来越频繁地进入海外市场,对外投资,必然会越来越多地成为美国对外经济制裁的“第三方”,从而不得不间接受到美国经济制裁的波及。

20世纪90年代以来,美国先后多次依据《伊朗和利比亚制裁法》(以下简称《达马托法》)和《支持伊朗自由法》,以售卖“违禁”武器给伊朗和叙利亚为由对多家中国公司进行制裁。美国证券交易委员会要求在美国证券市场上市的外国企业必须披露其在美国经济制裁对象国进行商业活动的所有信息。2008年北京奥运会之前,西方国家以我国政府和企业“违反”他们对苏丹的制裁法令为由,利用苏丹达尔富尔问题对我国施加压力,甚至以抵制北京奥运会相威胁。2007年3月,在新一轮朝鲜核问题六方会谈取得突破的形势下,美国解除了被冻结在澳门汇业银行的朝鲜资金,因中国银行不轻易接受该资金而使该论谈判险些破裂,其原因就在于中国银行担心会因此遭到美国次级经济制裁法令的“制裁”。新冠肺炎疫情发生后,阿里巴巴公益基金会向古巴捐赠口罩、新型冠状病毒核酸检测盒等物资,但美国对古巴的禁运措施导致没有企业轻易接受该批物资的承运委托。由此可见,在全球化的大背景下,美国等西方国家的对外经济制裁法必然更多地影响我国经济利益和经济安全。

2015年7月,在国际社会的努力之下,伊朗与伊核问题六国(中国、美国、英国、法国、俄罗斯和德国)签署全面解决伊朗核问题的协议《联合全面行动计划》(Joint Comprehensive Plan of Action, JCPOA,以下简称《伊核协议》),于2016年1月生效。但特朗普政府上台后,悍然废除该协议,重启对

---

① Council Implementing Regulation (EU) 2021/478 of 22 March 2021 implementing Regulation (EU) 2020/1998 concerning restrictive measures against serious human rights violations and abuses, ST/6935/2021/INIT O. J. L. 99I, 22. 3. 2021, p. 1-12.

② Cecile Fabre, *Secondary Economic Sanctions*, 69 Current Legal Problems 259 (2016).

伊朗制裁。[①] 2018年4月16日，美国商务部以中兴公司“违反”所谓的美国限制向伊朗出售美国技术的制裁条款为由，未来7年将禁止美国公司向中兴公司销售零部件、商品、软件和技术。2018年12月1日，华为公司首席财务官孟晚舟在温哥华机场转机时被加拿大警方扣留并被要求引渡到美国接受审判，背后的原因是华为公司不符合美国对伊朗的贸易制裁禁令。[②]

随着我国综合国力的提高以及海外利益的扩大，一些西方国家深恐落入所谓的“修昔底德陷阱”，开始采取各种手段对我国进行打压。在当下愈演愈烈的中美战略竞争态势下，我国先后颁布了《阻断外国法律与措施不当域外适用办法》和《反外国制裁法》，并且对相关国家的个人和实体实施了一定的反制裁措施。[③] 这些措施的合法性何在以及法律后果如何，都需要我们从国际法上进行全面分析和论证。

党的二十大报告提出，从现在起，中国共产党的中心任务就是团结带领全国各族人民全面建成社会主义现代化强国、实现第二个百年奋斗目标，以中国式现代化全面推进中华民族伟大复兴。中国式现代化是走和平发展道路的现代化。我国不走一些国家通过战争、殖民、掠夺等方式实现现代化的老路，那种损人利己、充满血腥罪恶的老路给广大发展中国家人民带来深重苦难。我们坚定站在历史正确的一边、站在人类文明进步的一边，高举和平、发展、合作、共赢旗帜，在坚定维护世界和平与发展中谋求自身发展，又以自身发展更好维护世界和平与发展。本书在百年未有之大变局背景下，以“人类命运共同体”理念为指引，紧密结合中国的“一带一路”倡议，研究经济全球化形势下西方国家单边经济制裁的法律本质和国际违法性，评估其对我国产生的法律影响，提出我国可以采取的法律对策建议，包括如何利用外国国内法机制破除外国对我国的经济制裁，如何从国际法角度批判和抵制西方国家的经济制裁，如何借鉴他国阻断法和反制裁立法经验来应对西方国家经济制裁对我国企业的影响等。

---

① 2019年第一个月，伊朗和欧盟成员国之间的贸易为3.4338亿欧元，与重启制裁前的2018年同期相比下降了82.72%。参见 *Iran trade with EU plunges*, Financial Tribune, 13 April 2019。

② U.S. Dep't of Justice Press Release, *Chinese Telecommunications Conglomerate Huawei and Huawei CFO Wanzhou Meng Charged with Financial Fraud* (Jan. 28, 2019), https://www.justice.gov/opa/pr/chinese-tele-communications-conglomerate-huawei-and-huawei-cfo-wanzhou-meng-charged-financial.

③ 2021年3月22日，中国外交部发言人宣布，中方决定对欧方严重损害中方主权和利益、恶意传播谎言和虚假信息的10名人员和4个实体实施制裁。相关人员及其家属被禁止入境中国内地及香港、澳门特别行政区，他们及其关联企业、机构也已被限制同中国进行往来。

三、国内外研究现状

(一)国外研究现状

本书第一版的文献资料截至 2012 年。修订版增加了近十年来的新资料。修订版所引用的网络资料的最后访问日期除有特别说明外,均以 2022 年 5 月 31 日为准。

现代意义上的经济制裁起源于"一战"后的美国。"二战"后的"冷战"时期,以美国为首的西方国家对社会主义国家实施了广泛的经济制裁。西方学者对经济制裁的研究也逐渐成为国际政治、国际经济和国际法等学科研究的热门问题。从国际法角度研究国际经济制裁主要涉及三个方面的问题:第一,经济制裁在国际法上的合法性,重点是单边经济制裁是否违反国际法基本原则;第二,经济制裁法的域外适用和域外效力问题,重点是域外管辖权问题;第三,对经济制裁的阻断和反制措施,重点是阻断法和反制裁法的效力和实施问题。①

对于第一个问题的研究,学者之间存在激烈争论。这一问题实质上涉及国际法的实施机制。赞成派的观点认为应当把经济制裁作为国际法实施的保障措施。以凯尔森为代表的国际法学者强调多边经济制裁在国际法中的作用。这部分学者要求联合国在经济制裁中发挥主导作用。格兰德-德巴斯(Gowlland-Debbas)教授主编的《联合国制裁与国际法》一书反映了他们的观点。联合国国际法委员会于 2001 年编纂的"国家对国际不法行为的责任条款草案"(以下简称"国家责任条款草案")旨在制定国家对国际不法行为的责任,其中第三部分第二章规定了"反措施"(countermeasures),允许受害国为促使国际不法行为的责任国履行其义务,可对该国采取反措施。受害国以外的国家也可以采取必要的反措施。但是,单边经济制裁与反措施之间的关系仍然没有得到完全沥清。②

2017 年出版的《中国国际法论刊》针对单边经济制裁的合法性发表了根特大学霍菲尔(Hofer)教授的一篇论文并引发了广泛争论,③《中国国际法论刊》2019 年第 2 期以学者来信的形式刊发了四篇针对该文的评论文章,围绕

---

① 详细参考文献见本书参考文献,此处仅列举最重要的文献。

② Lori Fisler Damrosch, *The Legitimacy of Economic Sanctions as Countermeasures for Wrongful Acts*, 37 Berkeley J. Int'l L. 249 (2019).

③ Alexandra Hofer, *The Developed/Developing Divide on Unilateral Coercive Measures: Legitimate Enforcement or Illegitimate Intervention?*, 16 Chinese Journal of International Law 175 (2017).

该问题进行了激烈的探讨。[①] 卢森堡大学的哈珀德(Happold)和英国萨塞克斯大学艾登(Eden)两位学者于2016年主编的《经济制裁与国际法》一书汇聚了九位欧洲学者的不同视角,分别对联合国、欧盟、美国的制裁制度进行了分析。[②]

英国利兹大学国际法教授苏贝迪主编的《国际法中的单边制裁》一书出版于2021年,是本领域的最新力作。[③] 苏贝迪教授是出生于尼泊尔的著名学者,主要撰稿人也分别来自印度、马来西亚、孟加拉国等国,因此该书比较多地体现了发展中国家的立场。该书核心观点认为,单边经济制裁原则上是非法的,除非它们符合国际法上的程序和实体要求。该书认为,当前国际法上的主流趋势认为应当禁止采用单边经济或金融强制措施,尤其是当这些措施侵害第三国主权时。该书作者还起草了一份"关于单边制裁的国际法规则宣言草案"。[④]

法国学者博西隆(Beaucillon)教授2021年主编的《单边和域外经济制裁研究手册》为本领域的研究提供了较为全面的视角。[⑤] 该书主要针对的是如何应对美国域外经济制裁的影响,作者中既有美国、欧盟等西方学者,也有俄罗斯、印度、南非、中国等金砖国家学者,但总体上偏向欧盟视角。

对于第二个问题的研究,属于国际私法和国际经济法学的交叉研究领域。从20世纪80年代初开始,由于美欧之间的"天然气管道案",引发了经济制裁的域外管辖权问题的争论。尤其是在美国颁布《赫尔姆斯-伯顿法》之后,这场争论趋于激化。美国部分学者进一步主张单边经济制裁的合法

---

① Patrick C. R. Terry, *Unilateral Economic Sanctions and Their Extraterritorial Impact: One Foreign Policy For All?*, 18 Chinese Journal of International Law 425 (2019); G. Le Moli, J. E. Viñuales, *Today as Yesterday? Unilateral Coercive Measures and Human Dignity*, 18 Chinese Journal of International Law 437 (2019); Geneviève Dufour, *Unilateral Economic Sanctions Adopted to React to An Erga Omnes Obligation: Basis for Legality and Legitimacy Analysis? —A Partial Response to Alexandra Hofer's Article*, 18 Chinese Journal of International Law 449 (2019); Sufian Jusoh & Tamat Sarmidi, *Unilateral Economic Sanctions: Constructive Engagement as an Alternative?*, 18 Chinese Journal of International Law 457 (2019).

② Matthew Happold & Paul Eden ed., *Economic Sanctions and International Law*, Hart Publishing, 2016.

③ Surya P. Subedi ed., *Unilateral Sanctions in International Law*, Hart Publishing, 2021.

④ *Draft Declaration on the Rules of International Law on Unilateral Sanctions*, in Surya P. Subedi ed., Unilateral Sanctions in International Law, Hart Publishing, 2021, p. 343, Appendix.

⑤ Charlotte Beaucillon ed., *Research Handbook on Unilateral and Extraterritorial Sanctions*, Edward Elgar Publishing, 2021.

性,支持美国经济制裁法的域外管辖权。美国学者克拉盖特(Brice M. Clagett)发表了一系列文章,论证美国单边经济制裁措施符合国际法。与之对立的观点以著名学者罗文菲尔德(Lowenfeld)教授为代表,他发表《美国法的域外执行:宪法与国际法》等文章,出版了《国际经济法》等专著,从美国宪法和国际法上的管辖制度批判了美国对外经济制裁法的域外效力。[①] 欧洲学者开始从经济法的产生对传统国际私法和国际公法的挑战出发,将其作为国际私法和国际公法的交叉领域进行研究,从总体上运用国际私法和国际公法原则来探讨经济管制和经济制裁法的域外管辖和域外适用理论。在德国,20 世纪 70 年代后,德国学者提出了"经济冲突法"的概念,并在 20 世纪 80 年代对该问题进行了广泛探讨,代表作是马普所巴塞多夫(Basedow)教授的《经济法的冲突》。巴塞多夫教授还在《德国国际法年刊》上发表《对外贸易管制的私法影响》,探讨经济制裁措施在私法上的效力;孟(W. Meng)1994 年出版的《经济公法的域外管辖》以及哈珀迈尔(Habermeier)1996 年出版的《经济冲突法的新道路》等以批判理性主义为视角对经济国际私法的方法论提出了新见解。瑞士学者斯耐德(A. Snyder)教授 1990 年出版了权威专著《经济冲突法》,并于 2000 年在《瑞士法杂志》上发表《经济冲突法作为调整国际经济的手段》;英国学者对美国经济法域外适用的研究也提出批判,其代表人物为罗孚(A. Vaughan Lowe)教授。在经济制裁与国际私法的关系领域,欧盟法院做出了重要贡献,欧盟学者的研究也最为深入。[②] 匈牙利学者萨巴多斯 2019 年出版的《欧盟国际私法中的经济制裁》一书是此领域的最新力作。

西方国家的单边经济制裁激起了发展中国家的共同谴责。近年来,俄罗斯和发展中国家官员和学者积极参与该话题讨论,利用联合国等国际舞台与西方学者展开了尖锐斗争。在发展中国家的推动下,2014 年 9 月 26 日,联合国人权理事会通过了有关人权和单方面强制性措施的第 27/21 号决议及其第一号修正案。该决议强调称单方面强制性措施与立法违反了国际法、国际人道主义法以及管理各国间和平关系的规范和原则,并强调称,这些措施在长期上可能为被针对国家带来一些社会和人权问题。人权理事会强调了国际体系中为确保多元化、互相尊重以及和平解决争端时存在的根深蒂固的问题和不满,并决定设立单方面强制性措施对享有人权的负面影响问题特别报告员的任务。来自白俄罗斯的埃琳娜·窦涵女士于 2020 年被任命为新的特别

---

① A. F. Lowenfeld, *International Economic Law*, Oxford University Press, 2002, p. 698.

② Tamás Szabados, *Economic Sanctions in EU Private International Law*, Hart Publishing, 2019.

报告员,并发布了第一份报告。① 2004 年在印尼举行的亚非法律协商组织第 43 届年会专门讨论了发达国家经济管制和经济制裁法的域外适用对发展中国家的影响。

对于第三个问题的研究,同样起源于欧美国家之间在 20 世纪 80 年代爆发的"天然气管道案"纠纷。英国率先颁布了阻断美国域外管辖权的法律,引发了学术界的广泛探讨。② 该问题因 20 世纪 90 年代美国颁布《赫尔姆斯-伯顿法》等经济制裁法而再度激化。③ 欧盟于 1996 年颁布针对性的阻断法,迫使美国让步。2014 年克里米亚危机爆发后,由于美国加大了对俄罗斯的经济制裁,俄罗斯以牙还牙颁布了反制裁法规。④ 2018 年特朗普单方面宣布退出《伊核协议》后,欧盟重启了阻断条例。同年,美国对中国也采取了越来越严厉的经济制裁,中国也于 2021 年颁布《反外国制裁法》予以还击。⑤ 近年来,对外国阻断和反制美国域外经济制裁的研究越来越热烈。⑥

整体来看,西方国家学者的研究无论是从政治、经济还是法律角度,都着眼于为本国国家政策服务。美国总体上支持经济制裁的合法性,学者们研究的核心问题是如何使美国的经济制裁更为有效、更加符合所谓的"人道主义"。美国学者通过研究,现在已经逐步形成一种共识,即要使制裁变得更为"聪明"和"有针对性"。欧盟并不反对单边经济制裁,但是坚决反对美国经济制裁的域外效力。为此目的,欧盟一方面加大了对外经济制裁的力度,另一方面也加大了阻断立法的执法力度。这就使欧盟的经济制裁具有明显的双标性和虚伪性。发展中国家坚持维护国家主权,坚决反对任何形式的单边经

① 《单方面强制性措施的不良影响:优先事项和路线图》,A/HRC/457,https://undocs. org/zh/A/HRC/45/7。

② A. V. Lowe, *Blocking Extraterritorial Jurisdiction: The British Protection of Trading Interests Act* 1980, 75 Am. J. Int'l. L. 257 (1981); Lawrence Collins, *Blocking and Clawback Statutes: The U. K. Approach*, J. Bus. L. 372 (1986); G. R. Sutherland, *Extraterritorial Application and Enforcement of U. S. Laws Regulating International Trade: A British Response*, 28 Fed. B. News 235 (1981).

③ Nicholas Davidson, *U. S. Secondary Sanctions: The U. K. and EU Response*, 27 Stetson L. Rev. 1425 (1997-1998).

④ Federal Law No. 127-FZ on Counter-Measures for Hostile Actions of the United States and Other Foreign States on June 4, 2018.

⑤ 《反外国制裁法》于 2021 年 6 月 10 日第十三届全国人民代表大会常务委员会第二十九次会议通过,同日起生效。

⑥ Meaghan Jennison, *The More Things Change, the More They Stay the Same: The United States, Trade Sanctions, and International Blocking Acts*, 69 Cath. U. L. Rev. 163 (2020).

济制裁,但迫于经济实力有限,除俄罗斯和中国等少数国家可以采取反制裁措施外,其他国家只能通过联合国大会和人权理事会等渠道表达自己的立场。另外值得注意的是,国际法院和 WTO 争端解决机构(OSB)也越来越成为发展中国家反对他国经济制裁的斗争舞台。

(二)国内研究现状

国内学者对经济制裁问题的研究始于改革开放初期。[①] 20 世纪 80 年代,《世界知识》等国际政治类杂志发表了一系列介绍欧美制裁苏联情况的文章。[②] 由于当时中美苏关系的特殊性,这些论文仅以旁观者态度介绍双方政策和措施,并没有发表独立观点。夏康森在《法学杂志》上发表的《国际经济制裁与国际法》是国内第一篇专门从国际法角度介绍国际经济制裁的论文,但该文仅有 2 页篇幅。该文指出,单边经济制裁的法律地位至今尚未明确。[③]

我国"入世"以后,国际贸易突飞猛进,大量企业纷纷进入中东、南亚、非洲、拉美市场,这些地区很多国家都受到美国经济制裁。美国政府将大批中国企业和个人列入次级制裁名单,我国法律实务界开始接触到大量相关案例,逐渐关注到经济制裁的理论和实践问题。陶景洲律师 2003 年发表《如何应对美国经济制裁》一文,结合具体案例分析了我国企业如何应对美国对伊朗制裁法令的域外效力问题。[④] 此后十年间相继有部分学者开始跟进研究。[⑤]

---

① 知网上能查到的改革开放前唯一一篇介绍西方经济制裁的论文参见储玉坤:《英美法对埃及的"经济制裁"》,载《世界知识》1956 年第 21 期。

② 唐棣:《西方经济制裁与苏联》,载《世界知识》1980 年第 6 期;戈成:《经济制裁谈何易》,载《世界知识》1982 年第 5 期;朱州:《共同体的经济制裁:雷声不大,雨点更小》,载《世界知识》1982 年第 8 期;刘金质:《美苏关系中的经济制裁》,载《政治研究》1984 年第 2 期;柳光青:《西方对苏"经济制裁"难以奏效》,载《国际问题资料》1982 年第 23 期;原牧:《从美国对南非实行有限经济制裁谈起》,载《世界知识》1985 年第 21 期。

③ 夏康森:《国际经济制裁与国际法》,载《法学杂志》1984 年第 6 期。

④ 陶景洲:《如何应对美国经济制裁》,载《中国法律》2003 年第 6 期。

⑤ 黄风:《联合国安理会金融制裁措施的国内法实施程序》,载《法学》2006 年第 4 期;常明霞:《伊朗制裁问题的国际法解析》,载《朝阳法律评论》2012 年第 2 期;黄风:《国际金融制裁法律制度比较研究》,载《比较法研究》2012 年第 3 期;顾婷:《安理会反恐"聪明制裁"之困境及其出路》,载《法学》2012 年第 10 期;熊安邦:《论联合国安理会制裁措施的新发展》,载《西部法学评论》2012 年第 1 期;黄风:《美国金融制裁制度及其对我国的警示》,载《法学》2012 年第 1 期;李连君、罗天恩:《伊朗制裁相关法律对航运业的影响及对策》,载《中国海商法研究》2014 年第 3 期;刘孝堂:《论国际经济制裁对海上保险的影响——以伊朗制裁为例》,载《中国海商法研究》2014 年第 1 期。

我国学者对联合国经济制裁制度的研究起步于 20 世纪 90 年代。① 中南财经政法大学的简基松博士在 21 世纪初对联合国的经济制裁制度有较深入的研究。② 其他学者有零星研究。③

2016 年特朗普总统上台后，中美关系发生根本性转折。2018 年，特朗普对华加征关税，拉开了中美贸易摩擦的序幕，并开始对我国多家企业实施经济制裁。经济制裁问题逐渐成为我国各个学科关注的热点，涌现了一大批学术成果，极大地填补了我国在这一领域的空白。④

总体来看，目前我国法学界对经济制裁问题的研究正进入快车道，但与西方学界相比，还缺乏较为系统的综合性研究成果。对一些具体问题的研究也刚刚起步。

---

① 李传宏：《联合国安全理事会的制裁措施初探》，载《法学评论》1996 年第 3 期。

② 简基松：《联合国经济制裁的"人道主义例外"法律机制初探》，载《法学评论》2004 年第 3 期；简基松：《论联合国经济制裁之功能》，载《中国法学》2005 年第 3 期；简基松：《联合国制裁之定性问题研究》，载《法律科学》2005 年第 6 期；简基松：《关于单边经济制裁的"司法性"与"合法性"探讨》，载《法学》2007 年第 1 期。

③ 刘孝堂：《论联合国经济制裁的立法及其在会员国的适用》，载《中国国际法年刊》2015 年第 1 期；王佳：《"聪明制裁"不"聪明"——联合国安理会定向制裁的困境》，载《国际法学论丛》2016 年第 1 期；王蕾凡：《安理会目标制裁决议实施中人权保护的司法审查》，载《国际法研究》2017 年第 4 期。

④ 赵海乐：《安理会决议后的美国二级制裁合法性探析》，载《国际法研究》2019 年第 1 期；杨永红：《次级制裁及其反制——由美国次级制裁的立法与实践展开》，载《法商研究》2019 年第 3 期；刘瑛、刘正阳：《301 条款在 WTO 体制外适用的限制——兼论美国单边制裁措施违反国际法》，载《武大国际法评论》2019 年第 3 期；张辉：《论中国对外经济制裁法律制度的构建——不可靠实体清单引发的思考》，载《比较法研究》2019 年第 5 期；龚柏华：《中美经贸摩擦背景下美国单边经贸制裁及其法律应对》，载《经贸法律评论》2019 年第 6 期；梁冰洁、孟刚：《美国二级制裁法律问题研究》，载《财经法学》2020 年第 1 期；孟刚、王晓琼：《美国一级制裁的理论基础与制度实践》，载《中财法律评论》2020 年第 1 期；袁达松、苏航：《我国应对经济制裁的反制法律机制》，载《天津法学》2020 年第 1 期；王宏鑫：《国际法上单边经济制裁的演变》，载《河南财经政法大学学报》2020 年第 4 期；马呈元、任文利：《联合国经济制裁中的人权保护问题研究》，载《法学杂志》2020 年第 4 期；凌冰尧：《美国次级制裁的合法性分析》，载《武大国际法评论》2020 年第 5 期；王佳：《美国经济制裁立法、执行与救济》，载《上海对外经贸大学学报》2020 年第 5 期；沈伟：《论金融制裁的非对称性和对称性——中美金融"脱钩"的法律冲突和特质》，载《上海对外经贸大学学报》2020 年第 5 期；杜涛：《国际商事合同中的经济制裁条款效力研究》，载《上海对外经贸大学学报》2020 年第 5 期；石佳友、刘连炻：《国际制裁与合同履行障碍》，载《上海大学学报（社会科学版）》2021 年第 1 期；徐伟功：《论次级经济制裁之阻断法》，载《法商研究》2021 年第 2 期；魏枭枭：《美国单边人权制裁的国内运行机制与中国对等法律反制研究》，载《上海政法学院学报》2021 年第 3 期；马光：《论反制裁措施的国际合法性及我国反制裁立法的完善》，载《法治研究》2022 年第 1 期。

四、研究方法和主要创新点

(一)基本方法

本书坚持马克思主义的历史唯物主义研究方法,以习近平新时代中国特色社会主义理论为最高学理依据,以习近平新时代中国特色社会主义外交思想和法治思想为具体指导方针,坚持以统筹推进国内法治和涉外法治为基本研究路线。

2018年6月22日至23日在北京召开的中央外事工作会议上,习近平总书记发表重要讲话强调,我国对外工作要坚持以新时代中国特色社会主义外交思想为指导,统筹国内国际两个大局,牢牢把握服务民族复兴、促进人类进步这条主线,推动构建人类命运共同体,坚定维护国家主权、安全、发展利益,积极参与引领全球治理体系改革,打造更加完善的全球伙伴关系网络,努力开创中国特色大国外交新局面,为全面建成小康社会、进而全面建设社会主义现代化强国创造有利条件、做出应有贡献。

习近平总书记重点指出,在进行对外交往工作中,要树立正确的历史观、大局观、角色观。所谓正确历史观,就是不仅要看现在国际形势什么样,而且要端起历史望远镜回顾过去、总结历史规律,展望未来、把握历史前进大势。所谓正确大局观,就是不仅要看到现象和细节怎么样,而且要把握本质和全局,抓住主要矛盾和矛盾的主要方面,避免在林林总总、纷纭多变的国际乱象中迷失方向、舍本逐末。所谓正确角色观,就是不仅要冷静分析各种国际现象,而且要把自己摆进去,在我国同世界的关系中看问题,弄清楚在世界格局演变中我国的地位和作用,科学制定我国对外方针政策。①

为了实现这一目标,本书首先从历史出发,通过分析经济制裁的历史发展,探讨在不同历史时期和时代背景下美国等国家对待经济制裁的不同理论以及所引起的不同后果;然后分析经济制裁在各国之间引发的观点分歧以及学者们进行的探讨和争论;紧接着从历史角度考察其他西方国家对美国对外经济制裁的态度和争论,特别研究这些国家所采取的应对措施;接着再从国际私法角度探讨经济制裁对现代国际私法理论的挑战;最终的落脚点在于当前形势下经济制裁对我国国家和企业的影响以及我国所应采取的对策。

在历史唯物主义历史观指导下,本书认为,西方学者提出的“历史终结

---

① 习近平:《努力开创中国特色大国外交新局面》,载《习近平谈治国理政》第3卷,外文出版社2020年版,第426页。

论”“文明冲突论”“修昔底德陷阱”等形形色色的理论学说,无不建立在唯心主义历史观之上,将历史发展的动力归结为某种意识形态的终极地位或者归结为不同文明的斗争,或者归结为守成大国与新兴大国之间你死我活的竞争,都是违反历史发展规律的,也遭到实践的否定。习近平新时代中国特色社会主义理论坚持唯物主义历史观,认为人类发展的真正推动力是由经济基础决定的。

本书认为,单边经济制裁在近年来的全球勃兴是所谓的“逆全球化运动”在世界范围内兴起的结果。当今世界正经历百年未有之大变局,保守主义和单边主义思潮日益泛滥,具体表现为不少国家较之以往对多边主义日益缺乏兴趣,越来越强化国家在国际政治和国际法实施过程中的作用。这一现象已经对当今国际法律秩序和各国国内法律秩序产生了深刻影响。美国先后退出多项国际条约和国际组织,英国公投脱离欧盟,中美贸易摩擦,俄罗斯、南非等国退出国际刑事法院,越来越多的国家终止投资条约等,无不是逆全球化运动的结果。

本书坚持国际法与国际政治相结合的研究方法。当前美国和欧盟国家加强对外经济制裁力度的做法明显受到西方国际政治理论的影响。最近美国国际政治学者提出的“大国政治”(Great Powers Politics)理论是典型代表。大国政治理论以美国著名国际政治学家米尔斯海默为代表。米尔斯海默2001年出版的《大国政治的悲剧》一书对当前美国对外政策产生了巨大影响。米尔斯海默认为,随着中国实力的继续增长,假如美国等国不对其加以遏制的话,必然会带来大国之间的安全竞赛,最终必然引发战争。他认为,美国必须从现在起就遏制中国的发展,否则必然带来中美之间的战争,也就是所谓的“大国政治的悲剧”或“修昔底德陷阱”。① 米尔斯海默与纳瓦罗(Navarro)等政治经济学者所提出的“中国威胁论”等理论构成了美国政府近年来加强中美贸易摩擦和经济制裁的官方指导思想。②

单边经济制裁的泛滥现象是对国际法的侵蚀和危害,严重损害了以联合国为主导的国际体制和国际秩序,违反了国际法基本原则。本书严格遵循习近平总书记所提出的正确的“历史观、大局观、角色观”,坚持“人类命运共

---

① 参见[美]约翰·米尔斯海默:《大国政治的悲剧》(修订版),王义桅等译,上海人民出版社2021年版;[美]格雷厄姆·艾莉森:《注定一战:中美能避免修昔底德陷阱吗?》,陈定定等译,上海人民出版社2019年版。

② Peter Navarro, *Crouching Tiger: China Acts, America Dithers*, 178 WORLD Affs. 85 (2016).

同体"理念,在研究经济制裁问题尤其是域外管辖问题时,旗帜鲜明地反对美国的司法霸权主义,坚决维护多边主义国际法体系。本书作者始终认为,中国等广大发展中国家更为积极地参与国际法治建设,有利于弥补西方发达国家退出国际机制之后留下的空白,从而让发展中国家更好地掌握国际话语权。对于中国这样的新兴大国而言,在这样的国际背景下积极研究经济制裁的法律应对,积极参与国际规则制定,具有极为重要的时代意义。

本书特别强调实证法学研究方法。实证法学研究方法(empirical legal study)是将社会科学研究方法运用到法学领域的一种新研究范式,本质上是一种以数据分析为核心,以法律实践的经验现象为关注点,通过收集、整理、分析和运用数据,采用统计学方法来对法律现象进行定性和定量的归纳总结并得出结论。法律实证研究与当代新兴的大数据和人工智能相结合,其运用的领域越来越广阔,并且具有其他研究方法难以比拟的科学性和实用性。在我国,法律实证研究也成为一种越来越热门的研究方法。

当前我国学者在进行经济制裁研究中采用实证研究方法仍属少见,这主要是因为我国对经济制裁问题的研究和实践起步较晚,统计样本不够全面,难以进行定性定量分析。本书将借鉴国外经验,采用数据统计的定量与定性研究方法来研究经济制裁法在法院的适用以及反制裁措施在实践中的具体运用。本书充分运用国外几个较为系统的经济制裁案例数据库,通过对《赫尔姆斯-伯顿法》《达马托法》等典型立法和"中兴公司案"等典型案例的分析,归纳出美国经济制裁法在实践中运用的规律以及各国应对外国经济制裁的立法和司法经验,为我国《反外国制裁法》的实施提供借鉴。

(二)主要观点和创新之处

本书作为国内第一部从国际法视角研究经济制裁问题的综合性法律著作,试图提出并证明以下观点:第一,为了保障国际法的实施,需要强制性制裁手段。但当代国际社会缺乏一个具有强制执行力的政府机构,国际法上的制裁措施只能由联合国安理会等国际组织依法实施。主权国家单方面对外实施经济制裁从根本上违背了国际法上的主权独立、平等和不干涉内政原则。经济制裁与国际法上的报复、反报、自卫等规则既有联系也有区别。第二,美国的域外经济制裁措施对传统国际法上的管辖权理论提出了挑战,也遭到大多数国家的强烈反对,国际社会有必要通过国际公约或示范法形式建立国际公认的管辖权行使规则。第三,经济制裁法的域外效力问题对传统国际私法理论构成挑战,试图突破传统上的"公法不具有域外效力"原则,对此我们应当予以反对;我国目前不宜接受公法域外适用的理论,应继续坚持公法的地域效力原则。第四,我国应加强联合国在国际经济制裁中的作用,反对一国出于政治目的单方面对外实施经济制裁。我国应继续在国际舞台揭露和批判西方国家单边经济制裁对全球多边主义国际秩序带来的挑战和危害,继续坚持以反制为前提的经济制裁政策,通过阻断法规和《反外国制裁法》应对他国对我国的制裁,加快配套立法,加强执法和司法,全面抵制西方国家对我国施加的经济制裁。

本书研究的重点和难点在于经济制裁这一课题是一个涉及面非常广泛的领域,所涉问题分布于政治、经济、外交、法律、社会、宗教、文化等各个学科领域,需要进行跨学科研究。即使是在国际法领域,经济制裁也是一个尚未取得共识的课题,尤其在发达国家和发展中国家之间存在尖锐对立。当前,我国正经历百年未有之国际国内大变局,党和国家领导人提出了构建"人类命运共同体"的宏伟战略目标。2019 年 2 月 25 日,中央全面依法治国委员会第二次会议提出要加快推进我国法域外适用的法律体系建设。在 2020 年 11 月 16 日至 17 日召开的中央全面依法治国工作会议上,习近平总书记对当前和今后一个时期推进全面依法治国要重点抓好的工作提出了 11 个方面的要求,其中特别强调"要坚持统筹推进国内法治和涉外法治"。习近平总书记提出要强化法治思维,运用法治方式,有效应对挑战、防范风险,综合利用立法、执法、司法等手段开展斗争,坚决维护国家主权、尊严和核心利益,推动全球治理变革,推动构建人类命运共同体。

经济制裁问题与上述要求紧密联系。经济制裁和反经济制裁的法律问题是我国坚持统筹推进国内法治和涉外法治的重要环节,是我国积极参与国际法治建设的重点领域之一,也是我国推动构建人类命运共同体的坚实保障。目前我国对该问题的研究尚处于初级阶段,理论储备尚不充分。这为本课题提出未来的发展计划和建议带来了一定难度。

近年来,美国为继续主导全球治理体系,在推行"美国优先"和遏制我国国际影响力上升等因素的综合作用下,频繁对我国企业和个人采用经济制裁手段,进而维护美国霸权地位和"美国优先"的目标。美国政府各大部门和各大党派在对华政策上逐渐达成一致,开始把中国列为战略竞争对手,采取各种单边主义经济制裁手段对我国进行威逼打压。其中在法律层面,运用所谓的"长臂管辖"(long arm jurisdiction)对我国政府官员、企业和公民个人实施制裁或威胁,严重侵害了我国利益。特别是中兴公司事件、福建晋华事件等表明,未来我国在技术、市场的竞争中有优势的企业,遭到美国政府"长臂管辖"或将成为常态。相对于国内外已有研究成果而言,本课题首次系统地对美国经济制裁制度进行系统研究,重点对相关案例进行实证分析,试图总结出可供我国企业借鉴和运用的规律,并提出全面的建议措施。

本书的主要创新之处在于:第一,将国际法与国际政治和国际经济问题结合起来进行研究,综合运用跨学科研究成果,使结论更具有实践运用价值;第二,将国际法与国内法问题结合起来进行研究;第三,将国际公法、国际经济法和国际私法结合起来研究,重点探讨国际经济制裁对传统国际法和国际私法的挑战,并对司法实践部门应对国际经济制裁提出法律建议;第四,将经济制裁与全球化的大背景和维护我国经济安全结合起来研究,在我国“和平崛起”战略的指引下,探讨对我国的影响和我国的对策;第五,对我国的经济制裁和反经济制裁法律体系建设提出具有充分论证的建议。

第一章　经济制裁的概念和历史发展

第一节　经济制裁的概念和类型

一、经济制裁的概念

(一)国际法中的制裁

1. 法律与制裁

法律是调整人与人之间社会关系的行为规范。尽管不同法学流派的学者对法律的概念、渊源和功能等存在争议,但几乎所有学派的法学家都承认,法律必须具有强制力。正如古希腊哲学家亚里士多德所说:“法治应包含两重意义:已成立的法律获得普遍的服从,而大家所服从的法律又应该本身是制定得良好的法律。”①强制力是法律的本质属性之一,因为如果对违反法律规范的行为长期不予以制裁,那么不仅是法的本质会出现问题,法治国家自身也会失去权威性和人们对它的信任。马克斯·韦伯宣称:“在秩序由强制力(物理的或心理的)可能性作为外部保障时,该秩序将称为法律。这种带来相当的或报复性暴力的强制力,是由本身认可这一目的的人们中的官员来适用的。”②利益法学创始人耶林非常形象地指出:“国家的强制执行力是确定法的绝对标准,没有强制力的法律规范是一种自我矛盾,好比不燃烧的火、不发光的灯。”③凯尔森认为:“凡设法以制定这种强制措施来实现社会所希望的人的行为,这种社会秩序就称为强制秩序(coercive order)。它之所以是这样一种秩序,就因为它以强制措施来威胁危害社会的行为……在这一意义上,

---

① [古希腊]亚里士多德:《政治学》,吴寿彭译,商务印书馆1965年版,第199页。

② [德]马克斯·韦伯:《论经济与社会中的法律》,张乃根译,中国大百科全书出版社1998年版,第7页。

③ R. v. Jhering, Der Zweck im Recht, Bd. Ⅰ, 3. Auf. Leipzig 1893 (Nachdruck 1970), S. 322.

法是一种强制秩序。”①在凯尔森看来,法律规范区别于其他社会规范(宗教规范、道德规范、伦理规范等)的根本之处就在于它的强制力,这种强制力以有组织的制裁为保障。② 新自然法学派代表意大利法哲学家维奇奥更精练地总结道:“哪里没有强制力,哪里就没有法律。”③法律的强制力是由制裁措施保障的。凯尔森指出:“社会有组织的制裁是由社会所决定的一个人,以社会秩序所决定的方式,针对应就违反秩序的行为负有责任的那一个人所采取的强制行为。这种违反秩序的行为,我们就称之为不法行为。不法行为与制裁都由法律秩序所决定。制裁是法律秩序对不法行为的反应,或者说就是法律秩序所构成的共同体对作恶者,即不法行为人的反应。”④

2. 国际法与制裁

虽然人们公认制裁是任何法律制度都必不可少的特征,⑤但在国际法领域,却经常有学者以国际法缺乏制裁措施为由来质疑国际法的法律属性。这方面最著名的代表是约翰·奥斯丁。⑥ 直到“二战”以后,以美国学者摩根索为代表的现实主义学派和当代的新现实主义学派仍然试图否认国际法的法律性质,他们的共同依据就是国际法规则与原则并不是由一个最高统治者制定的,而且也没有规定任何法律制裁措施来保证其得到遵守,在国际社会根本无法发挥作用。⑦ 对于这种观点,大多数国际法学者都提出了批判。⑧ 与国内法的强制力相比,国际法的强制力确实较弱:缺乏一个中央司法机关来对不法行为进行审判,现有的国际司法机构都具有先天缺陷,无法行使司法权;

---

① [奥]凯尔森:《法与国家的一般理论》,沈宗灵译,中国大百科全书出版社 1996 年版,第 19 页。

② [奥]凯尔森:《法与国家的一般理论》,沈宗灵译,中国大百科全书出版社 1996 年版,第 20 页。

③ Giorgio del Vecchio, *Philosophy of Law*, Washington, 1953, p. 305.

④ [奥]凯尔森:《国际法原理》,王铁崖译,华夏出版社 1989 年版,第 3 页。

⑤ 法理学上也有一些学者否认强制力作为法的一般特征,比如哈特就认为法律中存在一些授权性规范,不需要强制执行;另有学者从法律多元主义角度出发,认为软法也是法;还有学者认为法律依赖于自愿遵守,而不是靠强制执行。这些观点忽视了法律作为一种区别于道德、伦理制度的整体特征。法律具有强制力并非指任何一条法律规范都需要强制实施。对此问题的讨论和批判参见张文显:《法理学》(第 3 版),高等教育出版社、北京大学出版社 2007 年版,第 78 页。

⑥ [英]约翰·奥斯丁:《法理学的范围》,刘星译,中国法制出版社 2002 年版,第 30 页。

⑦ [英]M. 阿库斯特:《现代国际法概论》,汪瑄、朱奇武译,中国社会科学出版社 1981 年版,第 7 页。

⑧ 分析实证主义学派代表人物哈特对奥斯丁观点的批判最有代表性。参见[英]哈特:《法律的概念》,张文显译,中国大百科全书出版社 1996 年版,第 209 页以下。

联合国的制裁权力只能由安理会行使,而安理会不是一个司法机构,它所采取的制裁行动在法理上存在致命缺陷。即使安理会通过了制裁决议,也没有一个国际上的中央机构来负责执行制裁,最终仍然要通过会员国来具体执行,各国仍然会根据本国的政策需要来决定制裁的实施效果。每一个国家都是自身案件的审判官(judex in causa sua),都可以按照自己的意愿来解释国际法和实施国际法。这一缺陷使国际法中的制裁难以摆脱国家之间的不平等,往往沦为大国强国欺凌小国弱国的工具。这似乎表明国际法仍然是一个尚处于发展阶段的不发达的法律秩序。

通过对历史的研究我们可以发现,国际社会一直在努力探索建立一套国际法上的强制执行体系。这种努力开始于“一战”前后。“一战”的结果导致人们开始思考如何限制和禁止战争。在时任美国总统威尔逊倡导下成立的国际联盟致力于建立一套集体安全制度以维护国际和平,而这套制度离不开制裁措施的保障。国际联盟试图在这方面有所建树,而且也得到了当时国际社会的广泛支持。然而由于当时特殊的国际形势影响,这一努力化为泡影。特别是美国政府囿于传统的孤立主义政策也对国际安全体系持保留态度。美国保守的国际法学家如博查德(Edwin Borchard)等人反对在国际联盟规约中纳入武力制裁的规定。最终,《国际联盟盟约》虽然在第 16 条规定了可以采取武力和非武力手段维持国际和平与安全,①但没有规定对应的执行机构去实际履行该条款,使之成为一纸空文。②

20 世纪 30 年代的国际形势和“二战”的爆发使此前的国际和平主义思潮幻灭,现实主义支配着各国政要和学者的头脑。德裔美国著名政治学家尼迈尔(Gerhard Niemayer)在“二战”期间发表的著作中就坚决反对国际法中的制

---

① 《国际联盟盟约》第 16 条规定:“(一)联盟会员国,如有不顾本约第十二条、第十三条或第十五条所规定而从事战争者,则据此事实,应视为对联盟所有其他会员国有战争行为。其他会员国应即与之断绝各种商业或财政上之关系,禁止其人民与破坏盟约国人民之各种往来,并禁止其他任何不论其为联盟会员国或非联盟会员国之人民在财政上、商业上或个人之往来。(二)如遇此情形,行政院有向各有关政府建议之责任,使联盟会员国严格地派遣陆海空军,组织军队以维护联盟盟约。(三)又联盟会员国约定:如按照本条规定采取财政上及经济上之措施时,应彼此互相援助,使因此所受到之损失与困难减至最低限度。如破坏盟约国对于联盟中之一会员国施行任何特殊措施,也应互相援助以制止之,其协同维护联盟之任何联盟会员国之军队,经过他国国境时,该国应采取必要措施,予以假道之便利。(四)联盟任何会员国,如违反联盟盟约中之一项,经出席行政院所有其他联盟会员国之代表投票表决,即可宣告将其开除联盟。”

② Margaret P. Doxey, *Economic Sanctions under the League of Nations. In*: *Economic Sanctions and International Enforcement*, Palgrave Macmillan, 1980, p. 42-45.

裁。他从“国际法的非现实性和国际现实的非法律性”这一命题出发,认为国际法应当是一种“没有强制力的法律”(law without force)。[①]

尽管国际联盟的制裁制度过于理想化,在现实中遭遇失败,但从国际法发展角度而言,《国际联盟盟约》是第一个规定了国际制裁制度的综合性国际法文件,是现代国际制裁法律制度的重要渊源。

“二战”的残酷性再次激发了国际社会对集体安全体系的热情。人类从战争的硝烟中认识到,只要在有组织的社会中和在国际社会中还存在大量的违法者,那么法律就不可能不用强制措施作为其有效实施的最后手段。正如联合国“威胁、挑战和改革问题高级别名人小组”在2004年提交联合国的报告中所言:“在以预防方式对付国际和平与安全面临的威胁方面,制裁这种办法虽不完美,但仍不失为一个至关重要的工具。当国家、个人和反叛组织违反国际规范时,如果不作出反应,将会削弱这些规范并纵容其他违反者,或被视为对他们的同意,这时,制裁就成为介于战争与文字之间必要的中间道路。”[②]

联合国吸取了国际联盟失败的教训,设置了安理会这样一个专门负责维持国际和平与安全的机构,并且赋予安理会采取武力和非武力制裁措施的权利。《联合国宪章》第七章赋予安理会独立的制裁权,并且它作出的决议对所有会员国都有强制约束力。虽然与《国际联盟盟约》第16条相比,《联合国宪章》第41条和第42条规定的制裁措施不够具体明确,但它毕竟使国际法在历史上第一次拥有了一种集体的强制执行力。[③] 更重要的是,联合国成立了国际法院。虽然国际法院缺乏必要的强制管辖权,但一旦国际法院作出了判决,当事国必须履行。否则,根据《联合国宪章》第94条规定:“遇有一造不履行依法院判决应负之义务时,他造得向安全理事会申诉。安全理事会如认为必要时,得作成建议或决定应采办法,以执行判决。”这就使安理会同时也成为国际法的执法机构。“二战”后特别是“冷战”结束后的国际实践表明,“一种正在出现的强制执行国际法的制裁体系是可以看得到的”[④]。国际法的强制力日益得到加强已经是活生生的现实。正是在这样的基础上,著名国际法

---

① Gerhart Niemeyer, *Law without Force: The Function of Politics in International Law*, Princeton University Press, 1941.

② *A More Secure World: Our Shared Responsibility Report of the High - level Panel on Threats, Challenges and Change*, UN Doc. A/59/565, para. 178.

③ 刘孝堂:《论联合国经济制裁的立法及其在会员国的适用》,载《中国国际法年刊》2015年第1卷。

④ [英]詹宁斯、瓦茨修订:《奥本海国际法:第一卷,第一分册》,王铁崖等译,中国大百科全书出版社1995年版,第7页。

学家劳特派特才断言："国际法是由外部制裁所强制执行的……行为规则的总体。"①我国国际法权威王铁崖先生也指出："实际上，国际法像法的其他部门一样，具有强制力，它的效力有外力保证。国际法对国家有法律上的约束力，则是世界各国政府早已公认的。"②

3. 国际法中制裁的定义

制裁的概念在国际法中一直存在争议。根据权威的《国际公法百科全书》的定义，国际法上的制裁专门指针对违背国际法的行为而对负有责任的国家施加不利的法律后果，以迫使其停止违背国际法的行为。③ 与国内法类似，国际法中的制裁是实施国际法的手段。制裁的目的并不仅仅是惩罚违法者。制裁也不同于受害国的自救行为（self-help）。不过，鉴于国际法本身的不完善以及不同国家之间的分歧，目前的多边国际法文件中，还很少正式采用"制裁"这一用语。《联合国宪章》第七章虽然授权安理会可以采取武力和非武力行动维护国际和平与安全，但《联合国宪章》中也没有出现"制裁"这一用语，而是采用了"措施"（measures）④这一更为中性的表述方式。实际上，安理会所采取的措施就是制裁。国际法委员会2001年年度报告就明确指出："'制裁'术语已被用于指代根据一些国际组织的组织文件、特别是《联合国宪章》第七章采取的措施——尽管宪章使用的是'措施'而不是'制裁'的术语。"⑤近年来，安理会已经正式采用了"制裁"这一概念，并成立了多个相应的制裁委员会对制裁行动进行监督和检查。安理会制裁委员会在其官方网站上对安理会的制裁行动作了明确的表述："根据《联合国宪章》第七章，安理会可以采取行动维持或恢复国际和平及安全。根据《联合国宪章》第41条，制裁办法包括一系列可供选择的不涉及使用武力的强制措施。自1966年以来，安理会建立了30个制裁制度：在南罗得西亚、南非、南斯拉夫（2）、海地、伊拉克（2）、安哥拉、卢旺达、塞拉利昂、索马里、厄立特里亚、利比里亚（3）、刚果民主共和国、科特迪瓦、苏丹、黎巴嫩、朝鲜人民民主共和国、伊朗、利比亚（2）、几内亚比绍、中非共和国、也门、南苏丹和马里，以及针对基地组

---

① Elihu Lauterpacht ed., *Collected Papers of Hersch Lauterpacht*, Cambridge University Press, 1970, p. 9.

② 王铁崖：《中国大百科全书·法学》，载邓正来编：《王铁崖文选》，中国政法大学出版社2003年版，第130页。

③ Combacau, *Sanctions*, 9 Encyclopedia of Public International Law 337 (1986).

④ 《联合国宪章》正式文本中用"办法"来对应英文本中的"measure"。

⑤ Report of the ILC on the Work of its 53rd Session, UN Doc. A/56/10, p. 75.

织和塔利班。安理会制裁措施形式不一,目标也不尽相同。制裁措施包括全面经济和贸易制裁,以及一些更为具体的定向措施,如武器禁运、旅行禁令以及金融或商品方面的限制等。安理会实施的制裁旨在支持和平过渡,阻止违背宪章的变化,制衡恐怖主义,保护人权和推动核不扩散。制裁并非在真空中实施、成功或失败。制裁措施只有在成为维护和平、建设和平和建立和平的全面战略的一部分时,才能最有效地维持或恢复国际和平与安全。与制裁措施是惩罚性的假设相反,很多制裁制度旨在支持政府和区域实现和平过渡。针对利比亚和几内亚比绍的制裁制度都证实了这一点。目前,正在进行的制裁制度有 14 个,集中在支持政治解决冲突、核不扩散和反恐方面。每个制度由一个制裁委员会管理,委员会主席由一个安理会非常任理事国担任。现有 10 个监察小组、团队和专家组为 14 个制裁委员会中的 11 个工作组提供支持。”①

(二)国际法中制裁的方式

1. 武力制裁(military sanction)

传统国际法上的制裁主要是武力制裁,包括武力报复和战争。“二战”后,国际法开始全面禁止武力的使用。《联合国宪章》第 2(4)条明确规定:“各会员国在其国际关系上不得使用威胁或武力,或以与联合国宗旨不符之任何其他方法,侵害任何会员国或国家之领土完整或政治独立。”不过,《联合国宪章》也规定了允许使用武力的例外情况,即作为制裁手段。正如凯尔森所言,国际法中武力的使用只有两种结果:要么构成违法行为,要么构成制裁手段。② 这一观点得到广泛接受。《联合国宪章》也规定了以下几种作为制裁手段的武力使用情形:

(1)反对原先敌国的行动(《联合国宪章》第 53 条和第 107 条)。由于“二战”战败国均已加入联合国,该条款现已失去意义。

(2)安理会的武力执行行动(《联合国宪章》第七章)。《联合国宪章》第七章赋予安理会特别的权力,可以在必要时以武力强制执行国际和平与安全。但是联合国自身并没有武装力量,因此《联合国宪章》第 43 条要求各会员国缔结一项特别协议,向安理会“供给为维持国际和平及安全所必需之军队、协助及便利”。但是迄今为止该协议也没有达成,故安理会因缺乏供其支配的联合国部队而无法直接行使该权力。但是实践中,安理会通常授权会员

① https://www.un.org/securitycouncil/zh/sanctions/information.

② [奥]凯尔森:《法与国家的一般理论》,沈宗灵译,中国大百科全书出版社 1996 年版,第 328 页。

国行使上述权力。例如,1990 年 11 月通过第 678 号决议授权各会员国对伊拉克使用武力。此后,安理会又多次通过决议,授权对南斯拉夫、索马里、卢旺达、海地、阿尔巴尼亚、中非、几内亚比绍、东帝汶和阿富汗等国进行武力干预。不过,安理会的这种授权行动在国际法上的合法性受到一定质疑,因为《联合国宪章》本身并没有任何条款明文规定这种授权。[①]

(3)安理会授权的区域机关的执行行动(《联合国宪章》第 53 条)。比如 20 世纪 90 年代安理会授权区域组织对波黑冲突进行干预。[②] 但 1999 年北约发动的对南斯拉夫的军事打击则被认为缺乏安理会授权,属于非法行动。[③]

(4)安理会五个常任理事国的联合武装行动。《联合国宪章》第 106 条规定,在第 43 条所称之特别协定尚未生效,因而安理会认为尚不得开始履行第 42 条所规定之责任前,安理会五个常任理事国可以采取为维持国际和平及安全宗旨所必要之联合行动。不过在历史上五个常任理事国很难对此达成一致,故该条款从未实施过。

(5)自卫(self defense)。自卫权是一国使用武力反抗非法攻击而保卫自己的权利。自卫也是现代国际法所承认的各国唯一可以单方面诉诸武力的合法行为。[④]《联合国宪章》第 51 条规定:"联合国任何会员国受武力攻击时,在安全理事会采取必要办法,以维持国际和平及安全以前,本宪章不得认为禁止行使单独或集体自卫之自然权利。会员国因行使此项自卫权而采取之办法,应立即向安全理事会报告,此项办法于任何方面不得影响该会按照本宪章随时采取其所认为必要行动之权责,以维持或恢复国际和平及安全。"

关于自卫权的性质学术界仍有争议。凯尔森等人将自卫也看作一种制裁,因为自卫一方面是对自己合法权利的保护,另一方面是对不法行为的一种单方面的惩罚。[⑤] 但孔茨(Kunz)等学者反对这种观点,认为自卫不构成制裁。[⑥] "9·11"事件后美国发动的对阿富汗塔利班政权的军事打击行动就援引了《联合国宪章》第 51 条的自卫权作为其法律依据。[⑦] 美国的解释显然是将自卫扩大化为一种带有制裁性质的行动,这种观点受到很多国家的批评。

---

① 黄瑶:《论禁止使用武力原则》,北京大学出版社 2003 年版,第 265 页。

② 安理会第 816 号决议、第 836 号决议、第 844 号决议和第 958 号决议等。

③ Vaughan Lowe, *International Legal Issues Arising in the Kosovo Crisis*, 49 ICLQ 936 (2000).

④ 黄瑶:《论禁止使用武力原则》,北京大学出版社 2003 年版,第 282 页。

⑤ [奥]凯尔森:《法与国家的一般理论》,沈宗灵译,中国大百科全书出版社 1996 年版,第 328 页。

⑥ Josef L. Kunz, S *anctions in International Law*, 54 Am. J. Int'l L. 331 (1960).

⑦ UN Doc. S/2001/946 (2001).

综上所述,根据国际法,除自卫外,任何国家都不得单方面对他国使用武力。武力制裁的权力只能由联合国安理会根据《联合国宪章》规定的条件行使。

2. 非武力制裁(nonmilitary sanction)

非武力制裁是指采用武力以外的措施来惩罚违反国际法的行为。非武力制裁有不同的方式:政治制裁(political sanction)、外交制裁(diplomatic sanction)、经济制裁(economic sanction)、文化制裁(cultural sanction)等。经济制裁是一种最经常被采用的非武力制裁方式。由于武力已经被禁止,而单纯的政治和外交制裁手段往往难以达到预期效果,于是便出现一定程度上使用经济强制力的需要,经济制裁这种非暴力形式的强制行为就应运而生。

(三)经济制裁的定义

不同学者对经济制裁有不同定义。美国学者霍夫鲍尔把经济制裁定义为"蓄意的、由政府发起的断绝或威胁断绝惯常贸易或金融关系的行为"①。一般来说,经济制裁包括冻结制裁对象国的账户存款、其他资产和预期应得的经济利益(援助款项等),取消制裁对象享有的优惠贸易条件和受援项目,限制、禁止与对象国的部分或全部商品交易以及其他经贸往来等繁多的方式。

"冷战"结束后,经济制裁已经逐渐取代军事行动成为国家间斗争的主要手段。联合国也越来越频繁地采用经济制裁措施来维护国际和平与安全。联合国安理会在20世纪90年代之前只采取过两次经济制裁行动,分别是针对罗德西亚和南非,②而在20世纪90年代之后则发动了20多次制裁行动,针对的都是严重违反国际法的行为。自1966年以来,安理会一共发起过30个制裁制度。目前,正在进行的制裁制度有14个。安理会制裁措施形式不一,目标也不尽相同。制裁措施包括全面经济和贸易制裁,以及一些更为具体的定向措施,如武器禁运、旅行禁令以及金融或商品方面的限制等。安理会实施的制裁旨在支持和平过渡,阻止违背宪章的变化,制衡恐怖主义,保护人权和推动核不扩散。

单边经济制裁的数量也随之剧增。美国及其他西方国家越来越频繁地运用经济制裁作为推行其对外政策的有效手段。美国"二战"后实施的单边经济制裁不下百起。③ 欧盟也越来越积极地实施对外经济制裁。④ 美国前副总统切尼(Cheney)于2001年公开承认,世界上约70个国家受到美国的经济

---

① [美]霍夫鲍尔等:《反思经济制裁》(第3版),杜涛译,上海人民出版社2011年版,第1页。

② UNSC Res. 232 (1966) against Rhodesia; UNSC Res. 418 (1977) against South Africa.

③ https://www.piie.com/summary-economic-sanctions-episodes-1914-2006.

④ https://eeas.europa.eu/archives/docs/cfsp/sanctions/docs/measures_en.pdf.

制裁,约占全世界 2/3 的人口。① 伊拉克前驻英国、美国和联合国大使阿尔安巴里(Al-Anbari)就深有体会地说:"实际上,经济制裁从来就不是和平的而是比军事行动更为致命和更具有破坏性。"②美国目前实施 35 项制裁制度,其中只有 10 项是与安理会决议有关的。

欧盟也是对外经济制裁的积极奉行者。早在 1957 年签署的《欧共体条约》第 224 条中就规定,欧共体可以"采取必要的步骤,以防止共同市场的运作受到成员国可能被要求采取的措施的影响……在发生战争、构成战争威胁的严重国际紧张局势时,或为了履行其为维护和平与国际安全而接受的义务"。③ 20 世纪 60 年代,欧共体对罗德西亚政权的经济制裁就是依据该条约第 224 条。《欧共体条约》第 113 条也曾作为欧共体对苏联入侵阿富汗实施经济制裁的法律依据。④ 20 世纪 80 年代马岛之战后,欧共体对阿根廷实施的经济制裁同样依据的是上述两个条款。2009 年签署的《欧盟运行条约》第 215 条则明确规定了欧盟对外实施限制性措施的权力,从而成为欧盟对外实施经济制裁的法律基础。⑤ 根据该条实施的经济制裁以条例的形式作出,对所有欧盟成员国均有直接法律效力。欧盟目前实施的 45 项制裁制度中,只有 19 项具有联合国安理会授权,其他均属于欧盟的单边行动。⑥

许多其他国家也实施单边制裁,其中包括澳大利亚、加拿大、俄罗斯、日本、挪威、瑞士和乌克兰等国。⑦

---

① Richard B. Cheney, *Defending Liberty in a Global Economy*, in Solveig Singleton and Daniel T. Griswold eds., Economic Casualties: How U. S. Foreign Policy Undermines Trade, Growth and Liberty, Cato Institute, 1999, p. 23.

② A. Amir Al-Anbari, *The Impact of United Nations Sanctions on Economic Development, Human Rights and Civil Society*, in Vera Gowlland-Debbas ed., United Nations Sanctions and International Law, Kluwer Law International, 2001, p. 371.

③ Treaty Establishing the European Economic Community 1957, Art. 224.

④ Council Regulation (EEC) No. 596/82 of 15 March 1982 amending the import arrangements for certain products originating in the USSR [1982] O. J. L. 72/15, preamble.

⑤ Anthonius W. de Vries and Hadewych Hazelzet, *The EU as a New Actor on the Sanctions Scene*, in Peter Wallensteen and Carina Staibano eds., International Sanctions: Between Words and Wars in the Global System, Routledge, 2005, p. 95, 96.

⑥ https://www.eeas.europa.eu/eeas/european-union-sanctions_en.

⑦ 关于澳大利亚的制裁参见 Australia and Sanctions (2020), https://www.dfat.gov.au/international-relations/security/sanctions/Pages/about-sanctions#types; 关于加拿大的制裁参见 M Nesbitt, *Canada's "Unilateral" Sanctions Regime Under Review: Extraterritoriality, Human Rights, Due Process, and Enforcement in Canada's Special Economic Measures Act*, 48 Ott. L. Rev. 509 (2017); 关于日本的对外制裁参见 M Kanetake, *Implementation of Sanctions: Japan*, in M Asada ed., Economic Sanctions in International Law and Practice, Routledge, 2019。

自中华人民共和国成立以来,中国人就饱受外国经济制裁之苦。中华人民共和国成立后不久,美国等西方国家就对中国实施了长达20多年的战略禁运。苏联也在20世纪60年代对中国实施长期经济封锁。1989年,美国等西方国家又多次对中国采取各种制裁措施。美国、欧盟和日本对中国的武器禁运迄今也没有解除。近年来,随着国际社会经历百年未有之大变局,西方国家针对中国的经济制裁开始进入新的发展阶段。2018年,美国悍然挑起中美贸易摩擦,并先后颁布所谓的“香港人权与民主法”“禁止向香港警方出口军需物资法”“新疆人权与民主政策法”“西藏政策与支持法”等对华干涉的文件,对中国政府官员和经济实体及个人实施各种形式的经济制裁。

二、经济制裁与其他相关概念

(一)报复

传统国际法上,报复(reprisal)也曾经被视为一种制裁手段,属于一种自力救济方式。① 报复是指一国针对他国在先实施的不法行为采取的一种报仇行动,这种行动本身是不符合国际法的,但是在特定条件下可以免除其法律责任。②

传统国际法认为在特定条件下武力报复也可以免责。最经典的案例是“瑙里拉案”(Naulilaa case),③该案中,几名德国士兵在葡萄牙前殖民地安哥拉境内被误杀,德国采用武力报复,损坏了安哥拉境内的财产。在国际仲裁法院作出的裁决中,仲裁庭提出了报复必须符合的三个条件:报复针对的必须是事先发生的违反国际法的行为;实施报复之前必须先要求对方弥补其违法行为;报复行动必须与受到的损害相对称。这三项条件在习惯国际法上一直被承认。但自从《联合国宪章》提出全面禁止使用武力原则之后,武力报复手段只有在自卫的前提下才是合法的。

非武力的报复措施仍然是允许的,在现代国际法中已经逐渐被纳入“反措施”这一概念之下进行讨论。与反措施一样,非武力的报复措施实际上也被认为是国际法中一种合法的制裁方式。因此,作为报复措施的经济制裁是国际法不禁止的。如果某国违反了国际法,由于现行国际法中缺乏有效的法律执行机制,受害国可以采取经济制裁作为报复手段。

---

① Josef L. Kunz, *Sanctions in International Law*, 54 Am. J. Int'l L. 324 (1960).

② Malcolm Shaw, *International Law*, 6th ed., Cambridge University Press, 2008, p. 1129.

③ 2 RIAA, p. 1011 (1928).

报复与反报(retorsion)不同。反报是指一国针对他国的有害行为实施的一种不友好的、但又不违反国际法的回敬性损害行为。① 反报只能采用非武力的方式,比如对外国人进行的管制行为、降低或断绝外交关系、取消援助、贸易禁运或旅游限制等。反报行为表明本国对他国行为的不满,虽然对他国构成了一定伤害,但又不超出国际法的限度。一些学者认为,经济制裁可以作为反报的手段运用。②

(二)经济管制

现代经济制裁通常都是通过采取税收、进出口、对外援助、市场准入或者金融管制等方面的控制措施来达到目的,因此一般很难区分普通的经济管制(economic control)和经济制裁的界限。美国所实施的很多经济制裁都依据1949年出台的《出口管制法》③和1979年出台的《出口管理法》。④ 经济制裁与经济管制的区别只在于目的上的不同。如果是为了打击他国不公平贸易行为、保护和促进本国经济的发展而对他国贸易进行限制,那就不是本书意义上的经济制裁。

国家管制本国经济的权利是国际法所承认的国家主权。而随着经济全球化的发展,世界各国经济之间的联系日益紧密,一国对本国经济采取的任何管制措施都不可避免地会对他国经济产生影响。在什么情况下这种影响构成对他国经济的"制裁"? 恐怕任何法律都无法对此提供精确的判断标准。不能简单地以一国的国内经济管理措施对他国造成损害就认定其违反国际法。⑤ 比如,甲国禁止向乙国出口某种物资,这可能是甲国试图制裁乙国,也可能是甲国为了保护本国市场而采取的行为。因此,如果禁止国家实施经济管制,势必会限制或侵害国家对本国经济的管理权。所以有人认为从目前的习惯国际法中不能得出禁止经济管制的结论。⑥ 以经济管制为名实施经济制裁往往被用来作为其合法性的抗辩,由此引发的争端可以通过 WTO 争端解决机制进行处理。

---

① Malcolm Shaw, *International Law*, 6th ed., Cambridge University Press, 2008, p. 1029.

② M. L. Forlati Picchio, *The Legal Core of International Economic Sanctions*, in M. L. Forlati Picchio and A. -L. Sicilianos eds., Economic Sanctions in International Law, Nijhoff, 2004, p. 99, 135.

③ Export Control Act of Feb. 28, 1949, ch. 11, 63 Stat. 7.

④ Export Administration Act of 1979, 50 U. S. C. app. § 2401–2420 (Supp. Ⅲ 1979).

⑤ Note, *Extraterritorial Application of the Export Administration Act of* 1979 *under International and American Law*, 81 Michigan Law Review 1308 (1983).

⑥ D. Baldwin, *Economic Statecraft*, Princeton University Press, 1985, p. 337.

(三)反措施

反措施是晚近国际法中发展出来的一个新概念,[①]最早出现于1978年美国和法国之间的"1946年3月27日航空服务协定案"。该案中,法国拒绝美国来自其西海岸的航班在伦敦改变计算标尺。美国认为此举违背了法国与美国签订的航空服务协定,因而中止了法国飞往洛杉矶的航班作为回应,法美两国同意将此争端交付仲裁。美国政府主张其行为属于一种反措施。仲裁庭认为:"美国是对法国的违约行为作出回应,而且其回应符合国际法关于反措施的要求,特别是在目的性和相称性方面。"[②]

1979年联合国国际法委员会在起草"国家责任条款草案"过程中,正式采纳了反措施这一概念,并将其定义为:"一国采取的与其对另一国的某项义务不符的行为……如果该行为作为另一国的国际不法行为的结果,而构成针对该另一国的符合国际法的措施。"[③]国际法委员会之所以采用这一概念,是为了取代此前国际法中的"报复"。"报复"在传统国际法中主要是指在战争法上的武力报复措施,已经不符合现代国际法的需要。在"国家责任条款草案"此后几十年的编纂过程中,反措施问题是引起最大争议的一个问题。最终于2001年二读通过的"国家责任条款草案"第三部分第二章专门规定了反措施,同时在第一部分第五章第22条也规定了反措施作为解除行为不法性的情形之一。[④]

反措施是指受害国针对责任国不履行其国际不法行为所引起的法律后果而采取的措施,以促使责任国停止其不法行为并赔偿由此而造成的损失。[⑤]"国家责任条款草案"关于反措施的规定共6个条款。其中,第49条规定,反措施只能由受害国向不法行为实施国采取,其目的是促使不法行为实施国履行第二部分规定的法律后果。因此,反措施是一种单方面的自我救济方式。大多数学者都认为,反措施等同于非武力报复措施。[⑥]

---

① E. Zoller, *Peacetime Unilateral Remedies: An Analysis of Countermeasures*, Transnational, 1984, p. 179-189; O. Y. Elagab, *The Legality of Non-Forcible Counter-Measures in International Law*, Clarendon Press, 1988, p. 1.

② Air Service Agreement Case, UNRIAA, Vol. 18, p. 417 (1978).

③ YILC, 1979, Vol. Ⅱ, part 2, p. 115.

④ 参见联合国官方网:http://untreaty.un.org/ilc/texts/instruments/english/draft%20articles/9_6_2001.pdf。

⑤ 贺其治:《国家责任法及案例浅析》,法律出版社2003年版,第305页。

⑥ A. Shearer, *Starke's International Law*, 11th ed., Butterworth, 1994, p. 20.

反措施与制裁之间的关系一直有争议。[①] 很多国家和学者反对在"国家责任条款草案"中使用制裁概念,就是因为制裁这一概念看上去似乎具有惩罚性,容易让人联想到对他国主权的干涉;而"反措施"这一概念被认为更具中立性。在 1979 年罗伯特·阿戈(Robert Ago)作为报关员提交的草案第 30 条中,仍然使用的是"制裁"这一概念,其规定如下:"与一国对另一国的国际义务不相符的国际不法行为,如果该行为是作为对另一国国际不法行为的结果并针对该另一国所采取的合法制裁,则其不法性被解除。"[②]当时的国际法委员会认为,制裁可以是为获取损害赔偿施加压力的一种手段,"制裁的独特之处在于,它的目标在本质上是惩罚性的,这种惩罚的目标可以是唯一的,因而本身即代表一种目标。"[③]不过,上述意见引发了广泛质疑。最终国际法委员会改变了立场,否定了制裁的惩罚功能。后来一读通过的第 30 条文本用"措施"取代了"制裁"这一用语。[④] 我国著名国际法学者、前联合国国际法委员会委员、"国家责任条款草案"起草委员会委员贺其治教授也认为,反措施只是一种敦促手段,而非惩罚。[⑤] 另外,反措施这一概念也能够和《联合国宪章》保持一致,因为《联合国宪章》第七章也没有使用"制裁",而是使用"措施"。

实践中,反措施和制裁往往难以区分,但反措施并不能替代制裁这一概念。制裁是一个上位概念,其内涵更为广泛。制裁不一定都具有惩罚性,也可以不以惩罚为目的施加制裁。联合国前秘书长加利就曾在其报告中否认制裁应当具有惩罚性:"根据《联合国宪章》第 41 条,安理会可要求会员国采取武力以外的措施,以维护或恢复国际和平与安全。这种措施通常称为制裁。现在回顾这一法律依据是为了强调:制裁的目的是纠正某一方威胁国际和平与安全的行为,而不是惩罚或以其他方式施加报复。"[⑥]反措施实际上只不过是制裁的特殊形式,是一种不以惩罚为目的的制裁。如前所述,任何法律制度之所以被认为是法,就在于其必须具有强制力,缺乏制裁保障的制度

---

① James Richard Crawford, *The Relationship between Sanctions and Countermeasures*, in V Gowlland-Debbas ed., United Nations Sanctions and International Law, Kluwer, 2001, p. 57-68.

② Robert Ago, *Eighth Report on State Responsibility*, 2 YILC 47 (1979).

③ YILC, 1980, Vol. Ⅱ, part 1, p. 53.

④ James Crawford, *The ILC's Articles on Responsibility of States for Internationally Wrongful Acts: A Retrospect*, 96 AJIL 882 (2002).

⑤ 贺其治:《国家责任法及案例浅析》,法律出版社 2003 年版,第 307 页。

⑥ UN Doc. A/50/60-S/1995/1, para. 60.

就无法体现其强制力。“国家责任条款草案”规定了国家因从事国际不法行为而应承担的法律责任,但是假如不法行为国不履行该责任,如何强制其履行呢?这就需要有相应的制裁措施。“国家责任条款草案”通篇并未规定制裁,而只是在第三部分第二章规定了反措施,这只不过是在起草过程中国家间妥协的产物,并不意味着国际法没有制裁。如果不把反措施理解为制裁的手段,“国家责任条款”就失去了法律意义,成为一纸空文。

(四)经济战

经济战(economic warfare)是战时采用的对敌国的经济打击手段。[①] 经济战也被称为经济武器(l'arme économique)。早在“一战”期间,以英法为首的同盟国和相关国家就对德意志、奥匈帝国和奥斯曼帝国发动了一场史无前例的经济战。他们成立了专门的国内机构和国际委员会以控制和阻断货物、能源、食品和信息流向敌人。[②] 近年来,“经济战”的概念开始进入国际法领域,经常用来指代经济制裁,[③]是指某些国家将贸易、投资、金融、货币等武器化,用作打击对手的手段。[④] 美国在反恐战争中全面运用各种经济手段对恐怖分子进行打击,冻结其资金账户,禁止与其交易等。发展中国家学者经常用“经济战”这一术语来批判西方国家对发展中国家所采取的经济制裁措施。[⑤] 近期西方国家对俄罗斯的全面经济制裁已经具有经济战的性质。[⑥]

(五)限制性措施

在欧盟的法律文件中统一使用“限制性措施”(restrictive measures)这一术语。这是因为欧盟认为“制裁”这一用语容易引发争议。《运行欧盟的条

---

① Percy W. Bidwell, *Our Economic Warfare*, 20 Foreign Aff. 421 (1942).

② Nicholas Mulder, *The Economic Weapon: The Rise of Sanctions as a Tool of Modern War*, Yale University Press, 2022.

③ See Seidl-Hohenveldern, *Economic warfare*, 198 Recueil des cours 200 (1986); Stephen C. Neff, *Economic Warfare in Contemporary International Law: Three Schools of Thought, Evaluated According to an Historical Method*, 26 Stan. J. Int'l L. 67 (1989); V. Lowe and A. Tzanakopoulos, E *conomic Warfare*, in Max Planck Encyclopedia of Public International Law online eds., https://opil. ouplaw. com/view/10. 1093/law: epil/9780199231690/law-9780199231690-e292? rskey=ebemeN&result=1&prd=MPIL.

④ Mark Dubowitz & Annie Fixler, "*SWIFT*" *Warfare: Power, Blowback, and Hardening American Defenses*, in Samantha Ravitch eds., Cyber-Enabled Economic Warfare: An Evolving Challenge, 2015, p.5, 25-29.

⑤ Mohsen al Attar & Alexander Reay, *Tales of Economic Warfare: The Plunder of Venezuela*, 13 Indian J. Int'l Econ. L. 1 (2021).

⑥ https://www. foreignaffairs. com/articles/united-states/2022-03-22/toll-economic-war.

约》(TFEU)第五编第四章是欧盟对外采取限制性措施的宪法依据。该条约第215条第1款规定,如果欧盟决定部分或全部中断或降低与某国之间的经济和金融关系,欧盟理事会可以对该国采取必要的措施。该条第2款规定,欧盟理事会可以对自然人或法人以及团体或非国家实体采取限制性措施。①

欧盟非正式法律文件中普遍把限制性措施视为经济制裁的同义词,经常互换使用。② 欧盟成立以来对世界上许多国家或地区实施了大量限制性措施。③

(六)强制性措施

联合国文件中经常使用"强制性措施"(coercive measures)这一概念。1974年12月12日第3281(XXIX)号决议宣布的《各国经济权利和义务宪章》在第32条中申明,任何国家均不得使用或鼓励使用经济、政治或任何其他措施来胁迫另一国家,使另一国家在行使主权权利时有所屈从。从该项规定可以看出,强制性措施包括经济制裁措施。联合国大会从1996年起每两年通过一项名为《人权与单方面强制性措施》的决议,④该决议开宗明义指出,单方面强制性措施和立法违背国际法、国际人道法、《联合国宪章》以及指导国家间和平关系的规范和原则。联合国人权理事会在2015年举行了第一次关于单方面强制性措施与人权问题的两年期小组讨论会,每年发布一项《单方面强制性措施对享受人权的不良影响》的报告。⑤

三、经济制裁的当事方

(一)制裁发起方与受制裁方

经济制裁被认为是一种非暴力的强制措施(nonviolent form of coercion)。现代经济制裁通常被定义为制裁发起方(sender)针对目标国(受制裁方,tar-

---

① Where a decision adopted in accordance with Chapter 2 of Title Ⅴ of the Treaty on European Union so provides, the Council may adopt restrictive measures under the procedure referred to in paragraph 1 against natural or legal persons and groups or non-State entities.

② Council of the European Union, Guidelines on implementation and evaluation of restrictive measures (sanctions) in the framework of the EU Common Foreign and Security Policy, adopted on 8 December 2003; The latest reviewed and updated text of the Guidelines was adopted by the Council on 18 December 2017, https://data.consilium.europa.eu/doc/document/ST-5664-2018-INIT/en/pdf.

③ https://eeas.europa.eu/headquarters/headquarters-homepage/423/european-union-sanctions_en.

④ Human Rights and Unilateral Coercive Measures, UNGA Res. 51/103 (12 December 1996).

⑤ 2021年度报告参见联合国大会第75届会议文件,A/75/53。

get)采取的强制性经济措施,其目标是迫使目标国改变其政策或行为。[①] 在每一起经济制裁行动中,都有至少两个当事方,通常被称为"制裁发起方"和"受制裁方"。制裁发起方是指在制裁行动中起主导作用的国家(或者国际组织)。虽然可能会有不止一个国家参与制裁行为,但通常只有一个国家起带头作用,他会拉拢其他国家参与其中。领导国可以通过双边磋商来争取他国的支持,少数情况下也会通过国际组织获得支持——比如国际联盟、联合国或者美洲国家组织。另外在少数情况下,两个国家或者是一个国家和一个国际组织也可以共同成为发起方。受制裁方是指成为某制裁行为直接目标的国家。有时候,制裁可能会针对两个或两个以上的国家。比如,在"二战"期间,制裁所针对的就是德国和日本。在20世纪30年代的查科战争期间,国际联盟对玻利维亚和巴拉圭实施了制裁。意大利入侵埃塞俄比亚后,国际联盟对意大利也实施过经济制裁。

(二)经济制裁的第三方

在很多经济制裁行动中,还可能涉及第三方。第三方是指发起方和受制裁方之外的、受到制裁行动影响的其他国家或地区。第三方主要出现在所谓的"次级制裁"或"三级制裁"之中。

1."次级制裁"的概念

在经济制裁中,发动制裁的国家被称为"发起国"(sending state),被制裁的国家称为"目标国"(target state),其他国家为第三国(third state)。根据经济制裁所针对的对象不同,学者将经济制裁区分为"一级制裁"(primary sanction)、"次级制裁"或"三级制裁"。"一级制裁"所针对的是目标国,它禁止本国人与目标国进行贸易往来;"次级制裁"则禁止第三国与"一级制裁"下的被制裁国进行贸易。而所谓的"三级制裁"则更进一步禁止其他国家与"次级制裁"下的第三国进行贸易。[②] 无论是"次级制裁"还是"三级制裁",都是将制裁范围扩张到与原目标国有经济贸易往来的第三方国家,因此它们也被称为"域外适用的经济制裁"(economic sanctions with extraterritorial application)或"具有域外效力的经济制裁"(extraterritorial economic sanctions),是指针对外国人在制裁国境外的行为所采取的制裁措施。在美国的经济制裁法律中,通常通过以下几种方式来实现经济制裁的域外效力:(1)扩大属人管辖的范

① Barry E. Carter, *International Economic Sanctions: Improving the Haphazard U. S. Legal Regime*, 75 Cal. L. Rev. 1162, 1169 (1987).

② Justin D. Stalls, *Economic Sanctions*, 11 U. Miami Int'l & Comp. L. Rev. 144 (2003).

围,将美国人拥有或控制的外国公司列入禁止对象;(2)增加"属物管辖",即把源于美国的产品、技术和服务等也列入禁止范围;(3)直接把第三国国民纳入制裁对象,禁止第三国国民与目标国从事某些特定交易。"次级制裁"或"三级制裁"会引发第三国的抗议,并在国际法上产生广泛争论。

2. 次级制裁的产生背景

次级制裁是在"冷战"结束后开始大行其道的,其背后有深刻的政治经济和国际法原因。"二战"结束以后,美国对外实施了大量单边经济制裁。但从制裁的效果来看非常不理想。1991 年,霍夫鲍尔教授等人将 1914~1990 年美国对外经济制裁的 115 起案例进行研究后发现,对外经济制裁的成功率只有 35%;其中 1970~1990 年的成功率只有 26%;1983~1990 年的 35 起经济制裁只有 4 起成功;1988~1990 年的经济制裁则只有 1 起算是成功。这表明经济制裁的有效性在不断下降。① 究其原因,就在于美国的单边经济制裁往往得不到国际社会的广泛支持。这就使被制裁国很容易找到替代市场,从而使美国的单边制裁失效。以 1979~1984 年美国对伊朗的制裁为例,在初期,经济制裁确实对伊朗产生了不利影响。1979~1981 年伊朗的外汇储备从 150 亿美元下降到不足 10 亿美元;出口额从 200 亿美元下降到 100 亿美元。但从 1982 年起,伊朗的出口和外汇储备都迅速增长。这主要是伊朗找到了美国以外的替代市场。美国布鲁金斯学会外交政策研究部主任哈斯(R. N. Haass)一语道破天机:"至少在理论上,全球化的更大程度和范围(某种程度上弱化了民族国家的集中性)对经济制裁的有效性产生了相当不利的影响。现在被制裁国家拥有更多潜在的供应商和市场——只有争取更多的制裁实体才能使制裁可能发生效力。"②因此,"冷战"结束后,美国力图在经济制裁的框架内,寻求扩大经济制裁的范围,限制其他国家和目标国进行交易以确保经济制裁的效用③。通过这种具有域外管辖效力的经济制裁,美国迫使第三国的公司或个人加入其制裁阵营,以达到一种事实上的多边制裁,有效遏止目标国在国际金融、贸易活动中寻求替代美国的伙伴,从而强化美国的制裁效果。同时,这种针对第三方的"次级制裁"或"三级制裁"还可以把第三国企业排除在目标

① G. C. Hufbauer, J. J. Schott, K. A. Elliott, *Economic Sanctions Reconsidered: History and Current Policy*, Institute for International Economics, 1991.

② R. N. Haass eds., *Economic Sanctions and American Diplomacy*, Council on Foreign Relations, 1998, p. 5-6.

③ Justin D. Stalls, *Economic Sanctions*, 11 U. Miami Int'l & Comp. L. Rev. 143 (2003).

国市场之外,避免第三国抢占在“一级制裁”下美国所失去的在目标国的市场。①

四、经济制裁的类型

(一)贸易制裁与金融制裁

根据经济制裁采用的手段可以把经济制裁分为以下几种类型:贸易制裁、金融制裁、旅游制裁等。当前大多数经济制裁都综合运用上述各种类型的制裁措施。

贸易制裁也被称为贸易管制(trade control)或禁运(embargo),包括出口管制和进口管制。制裁发起国会根据具体情况选择采用,通常也会合并采用。历史上比较著名的出口管制包括1973~1974年的阿拉伯石油禁运事件和1980年美国对苏联的谷物禁运事件等。中国在1992年冻结对法国飞机的进口以抵制法国向我国台湾地区出口武器,是比较典型的进口管制制裁措施。服务贸易越来越成为贸易中重要的组成部分。因此贸易制裁也包括服务业的制裁,比如旅游制裁,就是针对有不良行为的个人实施的旅游禁令。

金融制裁包括限制商业融资、限制国际金融组织的信贷以及双边援助,冻结或扣押受制裁国所拥有的处于制裁发起国控制之下的资产等。近年来,制裁发起方越来越多地采用金融制裁手段,因为金融制裁往往能产生比贸易制裁更大的影响力。首先,金融制裁比贸易制裁更容易执行,因为受制裁方所接受的金融贷款往往都是外国政府和国际金融组织提供的,控制起来比较容易。而且,即使是私人金融市场也比商品市场更容易管理和控制。此外,与国际贸易相比,国际金融活动的参与者相对较少,往往都是国际上的大银行,因此金融活动更容易受到监控;而且,对违反制裁政策的人进行的处罚也更容易被执行。如果制裁者严格执法的话,旨在逃避金融制裁的防御策略实施起来就会比旨在规避贸易制裁而进行的走私和囤货行为更加困难,代价也更大。近年来比较盛行的一种金融制裁方式是冻结受制裁国或者该国个别领导者的海外资产(比如在制裁发起国的银行存款),这种手段被认为可以避免伤及无辜。

旅行限制(travel bans)作为一种“聪明制裁”(smart sanction)手段,近年来越来越受到某些制裁发起方的欢迎,因为它可以避免伤害到无辜的平民。

---

① Justin D. Stalls, *Economic Sanctions*, 11 U. Miami Int'l & Comp. L. Rev. 144 (2003).

我国《反外国制裁法》第6条也规定可以对被列入反制清单的个人采取“不予签发签证、不准入境、注销签证或者驱逐出境”等制裁措施。

(二)单边制裁与多边制裁

1. 单边经济制裁

经济制裁通常被分为单边经济制裁(unilateral economic sanctions)和多边经济制裁(multilateral economic sanction)。[①] 单边经济制裁也被称为自主经济制裁(autonomous sanctions),是由制裁发起国自己单方面决定实施的制裁。发起方可以是一个国家,也可以是若干国家的联合。单边经济制裁的发起未经联合国授权,完全取决于制裁者的主观判断和主观意图,其合法性在国际法中受到质疑。[②]

有学者从国内法中制裁的本来含义出发否定国际法中的单边制裁。按照国内法,制裁通常是由国家强制机关对违法者实施的强制性惩罚措施。因此,法律制裁的关键要素是必须有一个“中立的权威的第三方机关”。由受害者针对违法者实施的强制措施不能叫作制裁,而只是一种“私力救济”(self-help),如报复和自卫等。如果按照这种严格的法律解释,那么国际法中的制裁只能由国际组织集体实施。美国国际法学者赖特早在1944年就主张严格限制制裁的含义:“‘制裁’术语应被限定为由法律共同体有意识地采取或授权的、促使其成员遵守对其作为该共同体成员而有约束力的法律规则的措施。”[③]在WTO法中也有学者认为:“在最近几年里,在联合国安理会和WTO中,‘制裁’术语已经被用于描述由国际共同体授权的、对藐视法律的国家违反义务的行为作出反应的强制行动。”[④]国际法委员会也早在1979年指出:“现代国际法的一个趋势是,保留‘制裁’这一术语,用于指代以国际组织针对违反国际义务的、对国际社会整体造成严重后果的行为所做决议为基础的反应性措施,特别是,联合国在《联合国宪章》建立的机制下,为维持国际和平与安全而授权采取的某些措施。”[⑤]我国学者陈致中教授也指出:“制裁权应属于国际社会,应由代表国际社会的国际组织实施。不能由个别国家或国家集团

---

① Lori Fisler Damrosch, *Enforcing International Law Through Non-forcible Measures*, 269 Recueil des Cours 45 (1997).

② *Draft Declaration on the Rules of International Law on Unilateral Sanctions*, in Surya P. Subedi eds., Unilateral Sanctions in International Law, Hart Publishing, 2021, p. 343, Appendix.

③ Quincy Wright, *Enforcement of International Law*, 38 Am. Society of Int'l L. Proc. 78 (1944).

④ Steve Charnovitz, *Rethinking WTO Trade Sanctions*, 95 AJIL 794 (2001).

⑤ YILC, 1979, Vol. Ⅱ, part 2, p. 121.

实施。”①

这种观点显然更符合一般法理学中对制裁概念的解释。但部分学者批评该观点忽略了国际法的特殊性。② 他们认为,与国内法相比,国际法目前还是发展中的法律制度,类似于国内法的原始发展阶段,不得不依赖于国家的单边自助行为。部分西方学者也承认:“自助作为一种制裁方式,在所有法律体系中都存在。在早期原始法律体系中,绝大多数制裁包含了这种或那种方式的自助。即使在现代法律体系中,个人也可以以自卫对抗袭击、取回其被偷盗的财产、驱逐其土地的入侵者或者在另一方违反合同条款时终止合同。”③目前的国际法还缺乏类似于国内法的中央执法机关。“国际法基本上没有自己的执行资源。它依赖于单个的主体——主权民族国家——来强制执行它的规定并维持其规则的完整性。政府是国际法律体系的行政官员或警察。”④即使是联合国安理会,名义上拥有采取包括军事行动在内的执法权,但安理会自身没有军队,没有监狱,也没有中央银行、财政机构等可供其利用的强力部门,无权征收罚款或扣押资产。甚至联合国自身的运转经费都仰赖几个主要会员国。安理会就算通过了一项经济制裁决议,也无法由安理会直接执行,最终仍然要各会员国通过国内执法手段来实施。而且,联合国制定的条约和安理会通过的决议虽然对会员国有约束力,但并不能直接在会员国境内实施,都需要各会员国通过国内法予以转化。因此,如果仅仅狭义地理解制裁的概念,就会导致对国际法法律性质的根本怀疑。⑤ 鉴于此,他们认为在国际法中有必要采用更广义的制裁概念,所有保障国际法得到遵守的措施都可以被理解为制裁。有人甚至认为,国际法中的制裁主要是单边制裁。这种单边制裁包括两类:一类是国家根据联合国或其他国际组织授权而实施的单边制裁;另一类是国家根据国内法实施的制裁。⑥

---

① 黄瑶:《陈致中国际法专论》,法律出版社 2009 年版,第 106 页。

② Andrew T. Guzman, *Rethinking International Law as Law*, 103 Am. Soc'y Int'l L. Proc. 155, (2009).

③ Peter Malanczuk, *Akehurst's Modern Introduction to International Law*, 7th ed., Routledge, 1997, p. 3-4.

④ Jeremy Waldron, *The Rule of International Law*, 30 Harvard Journal of Law & Public Policy 24 (2006-2007).

⑤ Oona Hathaway & Scott J. Shapiro, *Outcasting: Enforcement in Domestic and International Law*, 121 Yale L. J. 252 (2011).

⑥ Surya P. Subedi Q. C. eds., *Unilateral Sanctions in International Law*, Hart Publishing, 2021, p. 1.

单边经济制裁面临的一个合法性问题是：在什么条件下没有直接受到不法行为损害的国家也可以针对不法行为国采取单方面的制裁措施？根据国际法，受害国对加害国拥有单方面实施报复性制裁的权利。[①] 近年来国际法中逐渐发展出“对世义务”（erga omnes）的概念，并将其纳入国家责任范围。2001 年发布的“国家责任条款草案”第二部分第三章第 40 条将这种义务规定为“依一般国际法强制性规范承担的义务”，该草案第 41 条和第 48 条明确将制裁违背对世义务的权力扩大到并非直接受到损害的第三国，这引发了广泛的争议。[②]

中国政府一贯反对违反国际法的单边经济制裁。2016 年的《中华人民共和国和俄罗斯联邦关于促进国际法的声明》中明确宣布：“应善意履行公认的国际法原则和规则，反对采取双重标准或某些国家将其意志强加于其他国家的做法；认为采取与国际法不符的单边强制措施，即单边制裁，是此类做法的一个例证。某些国家在联合国安理会采取的措施之外另行实施单边强制措施，将妨碍安理会所采取措施的目的和宗旨，削弱这些措施的完整性和有效性。”

2. 多边经济制裁

多边经济制裁也称为集体经济制裁（collective economic sanctions），是多个国家联合对某个或几个目标国实施的经济制裁，通常由联合国等政府间国际组织来组织实施，也可能由某个国家集团来实施（如北约）。多边经济制裁需要事先取得国际一致，如果获得了国际上的多数国家支持，则多边经济制裁的国际合法性容易得到承认。多边经济制裁被认为比单边经济制裁具有更好的效果。美国 20 世纪 90 年代实施的单边经济制裁大都被认为效果不佳。而以联合国为代表的国际组织实施的多边经济制裁被认为效果更好。虽然联合国历史上第一起集体经济制裁发生于 1966 年 12 月，[③]但“冷战”期间美苏集团的对立使联合国根本无法实施有效的集体经济制裁。直到“冷战”结束后，联合国安理会内部的政治僵局才被解开，联合国开始根据《联合国宪章》第 41 条的规定采取集体安全行动，制裁那些违反国际法的行为。

---

① 参见本书第二章第一节。

② 参见本书第二章第二节。

③ Vera Gowlland-Debbas, *UN Sanctions and International Law: An Overview*, in Vera Gowlland-Debbas eds., United Nations Sanctions and International Law, Kluwer Law International, 2001, p. 1.

然而即使是联合国的集体经济制裁措施也受到很多国家(尤其是发展中国家)的质疑,被认为其缺乏合法性。[①] 他们的理由主要是联合国安理会的构成不能反映当前国际社会的结构,因此安理会的决议不能真正代表联合国所有成员国的意愿,安理会实施的经济制裁侵犯了联合国成员国的主权,而且也违反了联合国自己制定的人权法公约。[②] 对于这种否定论,有些国家和学者提出反驳,他们认为,联合国一开始就没有被设计为一个民主机构,因此不能推行少数服从多数的原则。联合国大会也并不是一个立法机构,安理会并不受联合国大会通过的宣言的约束,它只需要遵守《联合国宪章》。安理会根据《联合国宪章》授权作出的经济制裁决议具有国际法上的效力。安理会采取强制措施的前提条件是存在"威胁和平、破坏和平或者侵略"的情形,安理会根据《联合国宪章》第 39 条确定是否存在上述情形。如果存在上述情形,安理会可以根据《联合国宪章》第 41 条采取强制措施,包括从贸易和金融等方面实行全面的或部分的经济封锁。联合国及其安理会也不是人权公约的当事方,不受公约约束。[③]

欠发达国家与发达国家在经济制裁问题上的分歧有历史的原因。"二战"以前,欠发达国家大多是西方发达国家的殖民地。"二战"后的反殖民运动虽然使这些国家获得了政治上的独立,但在经济上仍然受到发达国家的控制,经济帝国主义仍没有灭亡。经济制裁就被欠发达国家视为这种经济帝国主义的表现。欠发达国家试图在联合国框架下通过反对经济制裁的国际条约。联合国大会已经通过了几项这方面的文件。它们反对经济制裁的法律依据是《联合国宪章》第 2 条第 4 款,即"任何国家在国际关系中不得威胁或使用武力(threat or use of force)破坏他国的领土完整和政治独立"。这里关键涉及对"force"的含义的理解。[④] 发达国家认为"force"仅指"身体上的暴力"(physical violence)或"武力"(military force);而欠发达国家则主张包括

---

① Andrew Fishman, *Between Iraq and a Hard Place: The Use of Economic Sanctions and Threats to International Peace and Security*, 13 Emory Int'l L. Rev. 687 (1999); Roger Normand, *Sanctions against Iraq: Is it Genocide?*, 58 Guild Prac. 27 (2001).

② Joy K. Fausey, *Comment, Does the United Nations' Use of Collective Sanctions to Protect Human Rights Violate Its Own Human Rights Standards?*, 10 Conn. J. Int'l L. 193 (1994).

③ August Reinisch, *Developing Human Rights and Humanitarian Law Accountability of the Security Council for the Imposition of Economic Sanctions*, 95 AJIL 851(2001).

④ Belatchew Asrat, *Prohibition of Force under the UN Charter: A Study of Art. 2(4)*, Cambridge University Press, 1991.

“经济强制”(economic coercion)在内。[①] 欠发达国家同时认为,《联合国宪章》第2条第7款规定的“不干涉内政原则”也包含反对经济制裁的含义。[②] 另外,联合国大会通过的《禁止干涉国家内政保护国家独立和主权宣言》[③]也宣布,禁止任何国家使用“经济的、政治的或其他手段”强制他国服从自己的主权权力和谋取任何利益。在《关于国家间友好关系和合作的国际法原则宣言》[④]和《国家对自然资源永久主权决议》中,也都有相同或相似的表达。但上述联大决议都不是具有国际法效力的条约,尚不具备习惯国际法的要件。

联合国安理会后来也逐渐改革制裁制度,更多采用针对性制裁,但仍然无法消除经济制裁在国际法上的合法性疑问。[⑤]

第二节　经济制裁的起源和历史发展

一、经济制裁的起源

据西方学者考证,经济制裁手段早在古希腊就曾被运用。修昔底德(Thucydides, 公元前460年或前455年至前400年或前395年)在其名著《伯罗奔尼撒战争史》中曾提到公元前432年雅典首领伯里克里斯颁布的《墨伽拉法令》(Pericles's Megarian Decree),该法令对斯巴达的盟国墨伽拉实施全面经济制裁。阿里斯托芬在他的喜剧《阿卡奈人》(The Acharnians)中把墨伽拉法令作为诱发伯罗奔尼撒战争的重要原因。[⑥]

我国春秋战国时期齐国管仲也曾通过“齐纨鲁缟”等经济战打败了鲁国。[⑦]

---

① Tom J. Farer, *Political and Economic Coercion in Contemporary International Law*, 79 AJIL 405, 406 (1985).

② Richard D. Porotsky, *Economic Coercion and the General Assembly: A Post-Cold War Assessment of the Legality and Utility of the Thirty-Five-Year Old Embargo Against Cuba*, 28 Vand. J. Trans. L. 920 (1995).

③ Declaration on the Inadmissibility of Intervention in the Domestic Affairs of States and the Protection of Their Independence and Sovereignty, G. A. Res. 2131, 20th Sess., 1408 plen. mtg., Agenda Item 107, U. N. Doc. A/'RES/2131(XX)/Rev. 1. (1965).

④ 联大决议 G. A. Res 2625 (XXV)。

⑤ Dam-de Jong, Daniella, *Who is Targeted by the Council's Sanctions? The UN Security Council and the Principle of Proportionality*, 89 Nordic Journal of International Law 383 (2020).

⑥ 相关情节参见[古希腊]阿里斯托芬:《阿卡奈人·骑士》,罗念生译,上海人民出版社2006年版。

⑦ 储磊:《管仲的经济战思想》,载《军事经济研究》1991年第9期。

后来管仲又运用类似手段,通过高价采购楚国的生鹿、代国的狐皮、衡山的器械等经济措施,制服了楚国、代国,吞并了衡山,辅佐齐桓公实现了春秋首霸梦想。

我国唐宋时期采用的"互市"制度也被认为是一种运用经济手段管辖少数民族地区的外交方式。①

现代意义上的经济制裁起源于"一战"。1917 年,美国颁布《对敌贸易法》,授权美国总统在战争紧急状态下,对敌国贸易实行管制,禁止或限制向敌国出口军事设备和军事物资及服务。② 当时的美国总统威尔逊曾说道:"一个被制裁的国家,通常被视为投降的国家。如果运用这种经济的,和平的,无声的,致命的手段,那么就没有必要动用武力。但这(经济制裁)是一个可怕的手段。它不会导致被制裁国外的人员伤亡,但是这会给被制裁国带来巨大的压力,这种压力在我看来是一个现代国家所无法承受的。"③

"一战"后在建立国际联盟的过程中,各国也积极探讨了通过经济制裁执行国际法的问题。《国际联盟盟约》第 16 条规定:"(1)联盟会员国如有不顾本约第 12 条、第 13 条或第 15 条所规定而从事战争者,则据此事实,应视为对于联盟所有其他会员国有战争行为。其他会员国应即与之断绝各种商业上或财政上之关系,禁止其人民与破坏盟约国之人民之各种往来,并阻止其他任何不论其为联盟会员国或非会员国之人民与该国人民之财政上、商业上或个人之往来。(2)如遇此情形,理事会有向各有关政府建议之责任,俾使联盟会员国严格地派遣陆海空军,组织军队以维护联盟盟约。(3)由联盟会员国约定,如按照本条规定采取财政上及经济上之措施时,应彼此互相援助,使因此所受到之损失与困难减至最低限度。如破坏盟约国对于盟约中之一会员国实行任何特殊措施,亦应互相援助以制止之。其协同维护联盟盟约之任何联盟会员国之军队,经过他国国境时,该国应采取必要措施,予以假道之便利。(4)联盟任何会员国,如违反联盟盟约中之一项,经出席理事会所有其他联盟会员国之代表投票表决,即可宣告将其开除出盟。"国际联盟成立后,也曾经依据第 16 条的规定对南斯拉夫、希腊、意大利等国实施过经济制裁。为

---

① 杨富学、安语梵:《唐与回鹘绢马互市实质解诂》,载《石河子大学学报(哲学社会科学版)》2020 年第 4 期。

② The Trading with the Enemy Act (TWEA) of 1917 (40 Stat. 411, codified at 12 U. S. C. § 95 and 50 U. S. C. § 4301 et seq.), enacted on October 6, 1917.

③ Woodrow Wilson, *Speaking in Indianapolis in* 1919, in Saul K. Padover ed., Wilson's Ideals, American Council on Public Affairs, 1942, p. 108.

了进一步提高经济制裁的效力，1926 年 12 月，国际联盟行政院就要求秘书长提交一份关于“让各国更容易采用经济制裁的立法规划”的研究报告。1927 年，秘书处向各会员国征求对该立法规划的意见，并根据各国提交的意见发布了一份调查报告。[①] 由于各国之间的分歧以及此后形势的发展，国际联盟的计划未能如期实现。

20 世纪 30 年代，由于经济大危机的爆发，美国国会对《对敌贸易法》进行了紧急修改，允许美国总统在战时以外的其他情况下也可以宣布紧急状态，总统从此获得了在非战时实施经济制裁的权力。此后，《对敌贸易法》成为美国总统实施经济制裁的权力基础。

20 世纪 70 年代，美国国会希望限制总统在外交上的权力，于 1976 年通过了《国家紧急状态法》（National Emergencies Act），对总统宣布国家紧急状态的权利施加了限制。1977 年，国会进一步颁布了《国际紧急状态经济权力法》（International Emergencies Economic Power Act，IEEPA），授权总统在美国面临某一国际局势或事件对美国国家安全、外交政策和经济利益构成非同寻常威胁时，可以宣布美国进入紧急状态并采取相应的制裁措施。该法还对《对敌贸易法》进行了修改，删除了该法在非战时的适用，从此，《国际紧急状态经济权力法》成为美国在非战时状态下实施经济制裁的最基本法律。

根据《国际紧急状态经济权力法》的规定，总统拥有对外经济制裁的主导权，是否对某一国家采取经济制裁完全取决于总统的判断。例如，在 2020 年 8 月 6 日，美国总统特朗普援引美国《国际紧急状态经济权力法》颁布第 13942 号行政令，宣称 TikTok 的母公司字节跳动作为一家中国企业，其开发和拥有的移动应用程序在美国的传播持续“威胁”着所谓的“美国国家安全、外交政策和经济”。该命令要求受美国司法管辖的个人和实体在 9 月 20 日后不得与 TikTok 及其子公司进行任何“交易”。[②] 美国商务部随后发布了执行命令。[③] TikTok 等公司在美国法院发起了诉讼程序。2021 年 6 月 9 日，美国

① Legislation Calculated to Make it Easier for States to Apply Economic Sanctions, Note by the Secretary-General of the League of Nations, League of Nations Official Journal, C. 250. 1927 V.

② EO 13942 of August 6, 2020, Addressing the Threat Posed by TikTok, and Taking Additional Steps to Address the National Emergency with Respect to the Information and Communications Technology and Services Supply Chain.

③ U. S. Dep't of Commerce, Identification of Prohibited Transactions to Implement Executive Order 13942 and Address the Threat Posed by TikTok and the National Emergency with Respect to the Information and Communications Technology and Services Supply Chain , 85 Fed. Reg. 60061-01 (Sept. 24, 2020).

总统拜登发布新的第 14034 号行政令,撤销上届政府针对 TikTok、微信(WeChat)以及其他 8 款通讯和金融软件应用程序的禁令,并指示美国商务部对“外国对手”的软件应用程序进行评估,并酌情采取新的行动。① 美国商务部也随之废除了之前的执行令。② 自从“冷战”结束以后,美国国会也开始扩大在对外政策方面的影响力,积极介入对外制裁,先后颁布了一系列针对特定国家的制裁立法。特别当美国总统出于党派政治的考虑不愿针对某一国家实施制裁措施时,国会中的反对党会强行推动某项立法要求总统对其实施制裁。③

据学者统计,自“一战”后到 2000 年,国际上共发生了 174 起国际经济制裁事件。④ 其中美国单独或与其盟国联合实施了 109 次经济制裁。其他实施过制裁措施的国际行为体还有:联合国(20 次),英国(16 次),欧共体/欧盟(14 次),苏联和 1991 年后的俄罗斯(13 次,大多是针对不遵守国际规则的卫星国以及苏维埃社会主义共和国联盟的加盟共和国),阿拉伯国家联盟及其成员国(借助其石油优势 4 次发起制裁)。从经济制裁数量的发展趋势来看,“二战”前,经济制裁仍然只是零星出现。“二战”后,经济制裁被广泛采用。尤其是“冷战”结束以来,经济制裁的数量突飞猛进。⑤

二、国际经济制裁的发展趋势

(一)联合国制裁制度改革

20 世纪 90 年代被称为“制裁十年”(Sanctions Decade)。⑥ 十年间,全球发生了 50 多起国际制裁事件,其中联合国安理会就发起了 12 项。这主要是因为“冷战”结束后,联合国不再受美苏斗争的困扰,开始将主要目标转移到

---

① Executive Order 14034 on Protecting Americans' Sensitive Data from Foreign Adversaries, https://www.federalregister.gov/documents/2021/06/11/2021-12506/protecting-americans-sensitive-data-from-foreign-adversaries.

② https://www.federalregister.gov/documents/2021/06/23/2021-13156/rescission-of-identification-of-prohibited-transactions-with-respect-to-tiktok-and-wechat.

③ 美国目前正在实施中的针对 30 多个国家和地区的制裁立法,参见 https://home.treasury.gov/policy-issues/financial-sanctions/sanctions-programs-and-country-information。

④ 参见[美]霍夫鲍尔等:《反思经济制裁》,杜涛译,上海人民出版社 2011 年版,第 23 页以下。

⑤ 参见[美]霍夫鲍尔等:《反思经济制裁》,杜涛译,上海人民出版社 2011 年版,表 1.1、表 1A.2。

⑥ D. Cortright, A. L. George eds., *The Sanctions Decade: Assessing UN Strategies in the 1990s*, Lynne Rienner Publishers, 2000.

维持和平、反恐怖主义和保护人权等领域。①

但是,20 世纪 90 年代联合国发起的制裁引发的人道主义灾难促使各国要求对安理会的制裁制度进行改革。② 2005 年举行的世界首脑会议发表的最终成果文件针对制裁问题明确指出：

> 106. 我们强调,为了努力维护国际和平与安全,在不诉诸武力的情况下,制裁仍然是《联合国宪章》规定的一种重要手段。我们决心确保谨慎确定制裁对象,以实现明确的目标,遵守安全理事会实施的制裁,并确保制裁的实施方式,在实现预期结果的效力与可能对人民和第三国造成的不利后果,包括社会、经济和人道主义后果之间取得平衡。
>
> 107. 应根据明确的基准有效地实施和监测制裁,并应酌情定期对制裁进行审查。制裁时间不应多于实现制裁目标所必需的时间,这些目标一旦实现,制裁应立即终止。
>
> 108. 我们吁请安全理事会在秘书长支持下,改善对制裁实施情况及其效应的监测,确保以可问责的方式实施制裁,经常审查监测工作的结果,并建立一个机制,处理根据《联合国宪章》实施制裁所产生的特殊经济问题。
>
> 109. 我们还吁请安全理事会在秘书长支持下,确保订立公正、透明的程序,用于将个人和实体列入制裁名单和从中删除,以及给予人道主义豁免。
>
> 110. 我们支持通过联合国加强国家实施制裁规定的能力。

为了落实上述领导人会议精神,联合国安理会对经济制裁制度进行了逐步改革完善。目前,联合国安理会正在实施 14 项制裁,每项制裁由一个委员会进行管理,其主席由非常任理事国担任。为了保证制裁程序的公正、明确,安理会于 2006 年 12 月 19 日通过了第 1730(2006)号决议,建立了除名协调人制度。根据该制度,安理会请秘书长在秘书处(安理会附属机构事务处)

---

① Carisch Enrico, *The Evolution of UN Sanctions: From a Tool of Warfare to a Tool of Peace, Security and Human Rights*, Springer, 2017, p. 454.

② Michael Brzoska, *From Dumb to Smart? Recent Reforms of UN Sanctions*, 9 Global Governance: A Review of Multilateralism and International Organizations 519 (2003).

设立一名协调人,负责接收除名请求并执行该决议附件所述的各项任务。另外,根据安理会第1904(2009)号决议成立了基地组织制裁委员会监察员办公室,个人、团体、企业或实体如要求从安理会伊黎伊斯兰国(达伊沙)和基地组织制裁名单除名,可向秘书长任命的独立公正监察员提出除名请求。[①]

与此同时,联合国对单边经济制裁越来越持反对立场。2015年9月25日联合国大会通过的第70/1号决议《变革我们的世界:2030年可持续发展议程》中,强烈敦促所有国家不颁布和不实行任何不符合国际法和《联合国宪章》,阻碍各国特别是最不发达国家和发展中国家全面实现经济和社会发展的单方面经济、金融或贸易措施。2014年9月26日,人权理事会通过了有关人权和单方面强制性措施的第27/21号决议及其第一号修正案。该决议强调称单方面强制性措施与立法违反了国际法、国际人道主义法以及管理各国间和平关系的规范和原则,并强调称,这些措施在长期上可能为被针对国家带来一些社会和人权问题。人权理事会强调了国际体系中为确保多元化、互相尊重以及和平解决争端时存在的根深蒂固的问题和不满,并决定设立单方面强制性措施对享有人权的负面影响问题特别报告员。埃琳娜·窦涵女士是在人权理事会第四十三届会议上被任命为新一任单方面强制性措施对享受人权的不良影响问题特别报告员,并于2020年3月25日就职。报告员每年会发布一份《单方面强制性措施对享受人权的不良影响问题特别报告员的报告》,人权理事会每年都通过一份《单方面强制性措施对享受人权的不良影响》的决议。[②] 在最新一期报告中窦涵女士指出:"所有未经或超越安全理事会授权的制裁,只有在符合合法性、正当性、必要性和相称性原则,并适当考虑到各国的国际义务,特别是在人权法、难民法和人道主义法领域的国际义务的情况下,才能实施。"[③]

我国作为联合国安理会常任理事国,一直模范遵守联合国通过的各项有效法律文件,尤其是安理会决议。我国执行安理会决议的方式已经比较固定,当前,主要是通过外交部发出执行通知的方式来执行联合国安理会的制裁决议。在联合国安理会通过相关制裁决议及制裁名单后,由外交部及时通知国务院各部委、各直属机构,以及各省、自治区、直辖市人民政府和香港特

---

① https://www.un.org/securitycouncil/sanctions/information.

② 历年报告和决议参见人权理事会官网:https://www.ohchr.org/EN/Issues/UCM/Pages/SR-CoerciveMeasures.aspx。

③ https://undocs.org/zh/A/HRC/45/7.

别行政区、澳门特别行政区政府，要求各部门严格执行安理会相关决议。相关部门再向本系统转发制裁名单或制定相关制裁规定，并提出相应的工作要求。[①]

早在 1994 年，联合国安理会通过了对卢旺达实行武器禁运的第 918 号决议后，我国外交部就发布了《关于执行联合国安理会第 918 号决议的通知》，[②]其中明确指出："安理会决议的上述规定是根据《联合国宪章》第七章采取的又一次强制性行动，自通过之日起对各国均具有法律约束力。我国作为联合国成员国和安理会常任理事国，有义务遵守安理会有关决议。为严格履行我国政府所承担的国际义务，并避免产生不良影响，请各有关部门根据上述决议（有关内容附后），结合本部门具体情况采取必要措施，确保决议的有关规定得到遵守。在执行过程中如遇有重大政策性问题，请及时会商外交部。"此后，我国政府一直沿用该做法。比如在联合国安理会于 1999 年 10 月 15 日和 2000 年 12 月 19 日通过第 1267 号和第 1333 号决议，决定对阿富汗塔利班、本·拉登及与其有关的个人和实体实施一系列制裁措施之后，2001 年 10 月 17 日，我国外交部发布《关于执行安理会第 1267 和 1333 号决议对有关个人和实体实施金融制裁的通知》[③]，要求各有关部门根据联合国有关制裁委员会公布的名单，结合本部门情况采取具体措施，以使决议有关规定得到遵守，包括冻结上述个人和实体的资产。2000 年 5 月 17 日，联合国安理会通过第 1298 号决议，决定从决议通过之日起对厄立特里亚和埃塞俄比亚实行武器禁运。我国外交部随之发布了《关于执行联合国安理会第 1298 号决议的通知》。[④] 2001 年 3 月 7 日，联合国安理会通过了第 1343 号决议，决定从 2001 年 5 月 7 日起对利比里亚实施武器禁运、未加工钻石禁运和旅行限制等制裁措施。我国外交部随即发布了《关于执行联合国安理会第 1343 号决议的通知》予以执行。[⑤] 2001 年"9·11"事件发生后，联合国安理会通过了第 1373 号决议，我国政府同样投了赞成票，随即，我国外交部发布了《关于执行联合国安理会第 1373 号决议的通知》[⑥]，其中规定："安理会第 1373 号决议系根据《联合国宪章》第七章所采取的强制性行动，对各国均有法律约束力。我国对

① 中国人民银行：《中国反洗钱报告（2019）》，中国金融出版社 2020 年版，第 12 页。

② 外发〔1994〕16 号。

③ 外发〔2001〕20 号。

④ 外发〔2000〕20 号。

⑤ 外发〔2001〕4 号。

⑥ 外发〔2001〕18 号。

该决议投了赞成票。为严格履行我国政府所承担的国际义务,请各有关部门根据该决议,严格履行决议的有关规定。”近年来,外交部先后发布了《关于执行联合国安理会第1526号决议的通知》[①]《关于执行联合国安理会第2402号决议的通知》[②]《关于执行联合国安理会朝鲜制裁委员会制定禁止入港船只清单的通知》《关于执行联合国安理会“伊斯兰国”和基地组织制裁委员会制裁名单的通知》[③]《关于执行联合国安理会朝鲜制裁委员会增列受制裁个人、实体和船只清单的通知》[④]等,要求各单位采取相应措施执行安理会相关决定。[⑤]

各政府部门对外交部的通知也都比较重视。例如,商务部和海关总署联合发布的《关于根据联合国安理会2371号决议新增对朝鲜禁运部分产品清单的联合公告》,[⑥]根据《对外贸易法》,决定自公告执行之日起,全面禁止自朝鲜进口煤、铁、铁矿石、铅、铅矿石、水海产品。交通运输部也以发布公告方式执行联合国安理会决议,如《交通运输部关于执行联合国安理会第2397号决议有关事项的公告》[⑦]明确规定:“为执行联合国安理会第2397号决议,现就有关事项明确如下:一、禁止从事运送安理会决议涉朝禁运物项、已列入安理会制裁清单的船舶靠港。二、禁止中国公民及企业包租悬挂朝鲜船旗的船舶,禁止将船舶包租给朝鲜,禁止向朝鲜提供船员或使用朝鲜船员。三、禁止为朝鲜船舶提供船旗登记以及保险、再保险、船级认证等服务。四、禁止中国公民或企业所属船舶从事海上‘船对船’涉朝货物移交。”这充分表明,我国政府对于安理会决议的法律效力非常尊重,执行措施坚决果断。

近年来,我国立法机关进一步加强和完善了维护国家安全和打击恐怖主义的立法工作,进一步完善了联合国安理会金融制裁的实施机制。2015年12月27日第十二届全国人民代表大会常务委员会第十八次会议通过了《反恐

---

① 外发〔2004〕2号。

② 外发〔2018〕20号。

③ 外发〔2018〕21号。

④ 外发〔2018〕25号。

⑤ 2019年以来外交部执行联合国安理会决议的相关通知,参见外交部政府信息公开网:https://www.fmprc.gov.cn/web/wjb_673085/zfxxgk_674865/gknrlb/jytz/,最后访问日期:2021年9月3日。

⑥ 商务部海关总署联合公告2017年第40号。

⑦ 交通运输部公告2018年第19号。

怖主义法》,并在 2018 年进行了修正,①加大了对恐怖主义融资的制裁力度,其中第 14 条规定:金融机构和特定非金融机构对国家反恐怖主义工作领导机构的办事机构公告的恐怖活动组织和人员的资金或者其他资产,应当立即予以冻结,并按照规定及时向国务院公安部门、国家安全部门和反洗钱行政主管部门报告。2017 年 8 月 29 日,国务院办公厅发布《关于完善反洗钱、反恐怖融资、反逃税监管体制机制的意见》,其中规定:明确执行联合国安理会反恐怖融资相关决议的程序。建立定向金融制裁名单的认定发布制度,明确相关单位在名单提交、审议、发布、监督执行、除名等方面的职责分工。完善和细化各行政主管部门、金融监管部门和反洗钱义务机构执行联合国安理会反恐怖融资决议要求的程序规定和监管措施,进一步明确资产冻结时效、范围、程序、善意第三人保护及相关法律责任,保证联合国安理会相关决议执行时效。②

我国金融监管部门也早就开始探索建立专门的涉恐资产冻结机制。2007 年 6 月,中国人民银行颁布了《金融机构报告涉嫌恐怖融资的可疑交易管理办法》(已失效)。③ 人民银行为落实外交部关于执行安理会第 1267 号和第 1333 号决议对有关个人和实体实施金融制裁的通知以及执行联合国安理会第 1373 号决议的通知精神,要求金融机构及时更新业务系统中有关监控名单,对符合制裁名单的个人和实体采取交易限制措施并向人民银行进行报告。人民银行还在互联网主页“反洗钱局”栏目下开设“风险提示与金融制裁”专栏,包括恐怖分子制裁名单、防止武器扩散制裁名单、其他制裁名单及风险提示四个项目,提供人民银行转发的有关决议、名单和风险提示的网络地址链接,方便金融机构查询,提高风险防范水平。2010 年,中国人民银行发布《中国人民银行执行外交部关于执行安理会有关决议通知的通知》(已失效)。④

中国银行业监督管理委员会(现在合并变更为中国银行保险监督管理委员会)也于 2010 年年初发布《关于加强银行账户管理有效执行联合国相关制裁决议的通知》,⑤要求各银监局、政策性银行、大型商业银行、股份制商业银

---

① 2016 年 1 月 1 日起施行,2018 年 4 月 27 日第十三届全国人民代表大会常务委员会第二次会议修正。

② 《关于完善反洗钱、反恐怖融资、反逃税监管体制机制的意见》(国办函〔2017〕84 号)。

③ 中国人民银行令〔2007〕第 1 号。

④ 银发〔2010〕165 号。

⑤ 《关于加强银行账户管理有效执行联合国相关制裁决议的通知》(银监办发〔2010〕12 号)。

行、邮政储蓄银行有效防范执行联合国相关制裁决议中的法律风险和声誉风险,严格按照我国法律、法规和相关部门的要求,认真执行制裁决议,对列入联合国制裁名单的客户账户要及时采取有效措施。各银行应要求海外分支机构按照当地法律规定,执行联合国制裁决议。若当地法律规定与国内相关法规冲突,要及时向国内相关政府部门请示。各银行业金融机构应对客户在敏感地区的经贸往来和金融交易活动保持高度警惕,密切关注国际制裁事件,同时应严格遵守法律法规关于银行账户管理的规定,按照"了解你的客户"原则,认真落实账户实名制,进一步提高专业审慎性,并加大内部人员培训力度,切实提高员工风险意识。

中国银保监会2018年第7次主席会议通过《银行业金融机构反洗钱和反恐怖融资管理办法》,[①]其中第20条规定:"银行业金融机构应当依法执行联合国安理会制裁决议要求。"

综上所述,我国对联合国安理会经济制裁决议的执行方式采用的不是转化方式,而是直接纳入的方式。也就是说,联合国安理会通过的制裁决议在我国具有直接法律效力,各有关部门应当直接予以执行,不需要转化成国内法律。这样一种实施方式已经成为我国的惯例做法。

根据《立法法》第80条第2款的规定,"部门规章规定的事项应当属于执行法律或者国务院的行政法规、决定、命令的事项。没有法律或者国务院的行政法规、决定、命令的依据,部门规章不得设定减损公民、法人和其他组织权利或者增加其义务的规范,不得增加本部门的权力或者减少本部门的法定职责"。从法律性质角度来看,外交部通知函件以及相关部门的执行文件应属于部门规范性文件,而非部门规章。执行联合国制裁决议的措施不可避免地涉及减损公民、法人和其他组织权利或者增加其义务,部门规章显然不具有这方面的效力。因此,有学者认为,目前中国在执行联合国制裁决议的国内措施层面存在法律依据缺失的问题。[②]

与我国做法不同,美国和欧盟则采用的是转化方式,即由立法部门颁布专门法律,将安理会决议转化成国内法再予以实施。日本也是通过修订国内法的方式来执行安理会决议。[③] 我国学者黄风教授也曾主张,应当以全国人

---

① 中国银行保险监督管理委员会令2019年第1号。

② 张辉:《论中国对外经济制裁法律制度的构建——不可靠实体清单引发的思考》,载《比较法研究》2019年第5期。

③ Shigeo Kawagishi, *UN Economic Sanctions and Domestic Implementation in Japan*, 89 ASIL Procedings 344 (1995).

大常委会作出决议的方式,将我国所支持的联合国安理会金融制裁措施转换为国内法律规范。[1] 这种建议具有一定的优点。但是考虑到我国现行体制,全国人大常委会的工作日程较为紧张和烦琐,而联合国安理会通过的各种决议错综复杂,要求全国人大常委会逐一对安理会决议进行转化不太现实。

我国立法机关也注意到这一问题,近年来颁布的一些涉外法律中已开始增加这方面的授权条款,为国际条约项下的经济制裁决议的国内执行提供了法律依据。如2016年修正的《对外贸易法》第16条规定:“国家基于下列原因,可以限制或者禁止有关货物、技术的进口或者出口。”其中第11项规定:“根据我国缔结或者参加的国际条约、协定的规定,其他需要限制或者禁止进口或者出口的。”根据该条规定,国务院商务部可以发布行政规章,对联合国经济制裁决议所涉及国家的进出口贸易直接进行限制。2015年颁布、2018年修正的《反恐怖主义法》第14条也规定:“金融机构和特定非金融机构对国家反恐怖主义工作领导机构的办事机构公告的恐怖活动组织和人员的资金或者其他资产,应当立即予以冻结,并按照规定及时向国务院公安部门、国家安全部门和反洗钱行政主管部门报告。”

(二)单边经济制裁的运用日益频繁

尽管单边经济制裁遭到联合国以及大多数发展中国家的反对,但是晚近以来,少数发达国家越来越频繁采用单边经济制裁。20世纪90年代,美国就对世界上35个国家颁布了数十项制裁法令和行政命令。[2] 根据彼得森国际经济研究所(Peterson Institute for International Economics)2012年的研究数据,自2000年以来,有23个新的单边经济制裁案例,其中18个新案例是2000年之后开始的,其余5个是对古巴、朝鲜、伊朗、缅甸和巴勒斯坦被占领土久已存在的措施采取新的行动。新的18个案例中,6个已不再实施,12个仍然有效。2000年之后开始但现已不再实施的措施是:中非(2003~2005年)、几内亚(2002~2010年)、几内亚比绍(2003~2004年)、海地(2001~2005年)、洪都拉斯(2009年)、乌兹别克斯坦(2005~2009年)等。现在仍然继续有效的制裁个案有:白俄罗斯(2006年~)、刚果(金)(2003年~)、斐济(2006年~)、前利比里亚查尔斯·泰勒政权(2007年~)、格鲁吉亚(2006年~)、科

---

[1] 黄风:《联合国安理会金融制裁措施的国内法实施程序》,载《法学》2006年第4期。

[2] 颜剑英、熊伟:《20世纪90年代以来美国对外经济制裁的发展趋势》,载《国际关系学院学报》2005年第2期。

特迪瓦(2004年~)、黎巴嫩(2007年~)、利比亚(2011年~)、索马里(2010年~)、苏丹(2004年~)、叙利亚(2011年~)和赞比亚(2002年~)等。目前,美国财政部外国资产管制办公室(The Office of Foreign Assets Control of the US Department of the Treasury, OFAC, 也可简称为外国资产管制办公室)管理的对他国制裁项目有36项,其中两项直接与中国相关。①

欧盟也越来越频繁运用经济制裁作为外交政策手段。目前欧盟正在实施的对外制裁项目超过40项,一部分是实施联合国安理会的制裁项目,其他则是欧盟单独发起的制裁项目。② 尽管欧盟坚决反对美国针对第三国的域外经济制裁,但欧盟并不反对直接针对目标国的单边经济制裁(一级制裁)。欧盟早在其2003年颁布的《经济制裁实施指南》中就明确指出,欧盟根据《欧盟条约》第21条可以实施自己独立的对外经济制裁措施(autonomous restrictive measures),并且公开宣称其制裁的目的符合国际法。③

加拿大早在1992年就颁布了《特别经济措施法》,根据该法,加拿大政府可以在该法规定的情况下限制或禁止与外国有关的任何活动,可以通过命令的方式扣押、冻结或查封任何外国及其国民及其代表所持有的位于加拿大的任何财产。④ 2017年,加拿大颁布《腐败外国官员受害者正义法》(谢尔盖·马格尼茨基法),对《特别经济措施法》进行了修订,赋予其一定程度的域外效力。2019年,加拿大根据该法颁布了专门针对中国的《特别经济措施(中华人民共和国)条例》,以所谓的侵犯为由对我国实施经济制裁。⑤

澳大利亚于2011年颁布了《自治制裁法》,允许政府颁布制裁措施对外国及其国民实施制裁,并可以具有域外效力。⑥ 2021年,澳大利亚按照“马格尼茨基模式”对该法进行了修订,增加了国别制裁和主题制裁尤其是人权制裁方面的内容。⑦

2022年2月24日俄罗斯对乌克兰发动“特别军事行动”后,西方国家对

---

① https://home. treasury. gov/policy-issues/financial-sanctions/sanctions-programs-and-country-information.

② 参见欧盟制裁官网:https://ec. europa. eu/info/business-economy-euro/banking-and-finance/international-relations/restrictive-measures-sanctions_en。

③ Guidelines on implementation and evaluation of restrictive measures (sanctions) in the framework of the EU Common Foreign and Security Policy (doc. 15579/03); Doc. 15598/17.

④ Special Economic Measures Act (S. C. 1992, c. 17).

⑤ Special Economic Measures (People's Republic of China) Regulations (SOR/2021-49).

⑥ Autonomous Sanctions Act 2011, No. 38, 2011.

⑦ Autonomous Sanctions Amendment (Magnitsky-style and Other Thematic Sanctions) Act 2021.

俄罗斯实施了史无前例的经济制裁措施，其中包括将多家俄罗斯和白俄罗斯银行从 SWIFT 系统中剔除。[①]

从我国的长期战略利益和国家外交政策出发，我们认为，我国应当坚决反对任何为了外交政策目的而主动实施的单边经济制裁。习近平总书记在 2021 年 1 月 25 日世界经济论坛"达沃斯议程"对话会上发表的特别致辞中就明确表示："世界上的问题错综复杂，解决问题的出路是维护和践行多边主义，推动构建人类命运共同体。——要坚持开放包容，不搞封闭排他。多边主义的要义是国际上的事由大家共同商量着办，世界前途命运由各国共同掌握。在国际上搞'小圈子''新冷战'，排斥、威胁、恐吓他人，动不动就搞脱钩、断供、制裁，人为造成相互隔离甚至隔绝，只能把世界推向分裂甚至对抗。一个分裂的世界无法应对人类面临的共同挑战，对抗将把人类引入死胡同"，"我们要厉行国际法治，毫不动摇维护以联合国为核心的国际体系、以国际法为基础的国际秩序。多边机构是践行多边主义的平台，也是维护多边主义的基本框架，其权威性和有效性理应得到维护。要坚持通过制度和规则来协调规范各国关系，反对恃强凌弱，不能谁胳膊粗、拳头大谁说了算，也不能以多边主义之名、行单边主义之实。"[②]习近平总书记在与古巴国家主席迪亚斯-卡内尔通电话时也明确指出："中方始终认为，应当尊重各国自主选择社会发展道路的权利，反对对其他国家实施单边制裁，反对外部势力干涉别国内政。"[③]自 1996 年第 51 届联合国大会起，联合国大会每一届大会都会通过一项《人权与单方面强制性措施》的大会决议。[④] 最新的决议是 2020 年 12 月 16 日大会通过的第 A/RES/75/181 号决议。我国在每次决议的表决中都投了赞成票。[⑤] 这充分表明了我国在这方面长期以来所坚持的外交政策。

(三) 制裁主体越来越多样化

传统的经济制裁发起国大多是美国等西方发达国家或一些具有实力的

---

① https://ec. europa. eu/info/business-economy-euro/banking-and-finance/international-relations/restrictive-measures-sanctions/sanctions-adopted-following-russias-military-aggression-against-ukraine_en.

② 习近平：《让多边主义的火炬照亮人类前行之路》，载《人民日报》2021 年 1 月 26 日，第 2 版。

③ 《习近平同古巴国家主席迪亚斯-卡内尔通电话》，载《人民日报》2021 年 8 月 31 日，第 1 版。

④ Human Rights and Unilateral Coercive Measures, Resolution of the United Nations General Assembly, A/RES/51/103.

⑤ 例如，在 2019 年 3 月 21 日举行的联合国人权理事会第四十届会议第 52 次会议中，以 27 票对 15 票、5 票弃权的结果通过了《单方面强制性措施对享受人权的不良影响》的决议，投赞成票的均为包括中国在内的发展中国家，而投反对票的则多数为欧美发达国家。具体投票结果参见 https://undocs. org/ch/A/74/53，最后访问日期：2021 年 9 月 3 日。

大国。近年来,一些发展中国家或中小国家也加入经济制裁发起国行列。例如,爱沙尼亚(2016年)、立陶宛(2017年)、直布罗陀(2017年)、拉脱维亚(2018年)、泽西岛(2019年)、科索沃(2020年)、格鲁吉亚和摩尔多瓦等国都出台了一些基于人权保护的经济制裁法规或法律草案。

此外,除一国中央政府外,一些国家的地方政府、法院甚至民间团体和个人也纷纷对其他国家发起经济制裁。①

为了支持巴勒斯坦人民的合法权利,世界上很多国家兴起了针对以色列的"BDS"运动,即所谓的"抵制、撤资和制裁"(Boycott, Divestment and Sanctions)运动。② 该运动于2005年由巴勒斯坦民间社会发起,很快席卷全球。③该运动的目的是希望通过非暴力的抵制运动强迫以色列遵守国际法,维护巴勒斯坦被占领土人民的人权。与阿拉伯联盟国家对以色列的制裁运动不同的是,"BDS"运动得到了很多西方国家民间社会和政府的大力支持。④

(四)制裁形式多样化

联合国传统上将制裁视为一种遵守方式,但即使在安理会作出决定后实施制裁,也造成了巨大的人道主义代价。近年来,安理会实施的所谓"定向制裁"或"聪明制裁"旨在尽量减轻针对国家的制裁的人道主义不良影响,目的是"惩罚"犯有国际罪行的罪犯,或是对威胁和破坏国际和平与安全的行为作出反应。⑤

"定向制裁"的新形式体现为所谓的"部门制裁"(sector sanctions),即对在特定经济领域行事的个人和组织非选择性地实施的制裁。如美国对俄罗斯的金融、能源、国防、铁路、金属和采矿部门实施非选择性制裁,让它为"特别军事行动"付出代价。美国还对委内瑞拉经济中的黄金、石油和金融部门实施了部门制裁。⑥ 欧盟对俄罗斯的能源、国防、金融和军民两用产品部门普

---

① 杜涛:《美国州和地方政府对外经济制裁及其对国际法和美国宪法的挑战》,载《武大国际法评论》2010年第1期。

② Jad Essayli, *Restricting Your Right to Boycott: Free Speech Implications regarding Legislation Targeting the Boycott, Divestment, and Sanctions (BDS) Movement in the United States and the European Union*, 21 San Diego Int'l L. J. 457 (2020).

③ Open Letter, *Palestinian Civil Society Callfor BDS*, *BDS Movement*, https://perma.cc/R6KM-9R9H,相关情况参见"BDS"运动官网:https://bdsmovement.net/BNC。

④ Omar Barghouti, *BDS: Upholding International Law, Asserting Palestinian Rights*, 17 The Palestine Yearbook of International Law 115 (2013-2014).

⑤ 顾婷:《安理会反恐"聪明制裁"之困境及其出路》,载《法学》2011年第10期;王佳:《"聪明制裁"不"聪明"——联合国安理会定向制裁的困境》,载《国际法学论丛》2016年第1期。

⑥ Phillip Brown, *Venezuela Oil Sector Sanctions: Market and Trade Impacts*, Crs Insight(February 11, 2019), https://crsreports.congress.gov.

遍采取了同样的做法。此外,欧盟还颁布了从克里米亚和塞瓦斯托波尔进口商品的禁令和旅游服务禁令。①

(五)制裁目的发生重大变化

20 世纪的经济制裁大多为了所谓的维护和平、制止侵略、反恐怖主义等。而据全球制裁数据库的开发者统计,近年来各国所实行的制裁中有 40%以上是打着所谓的“加强民主、保护人权”和其他类似目的。几乎所有这些制裁都是由国家和区域组织单方面采取的。所谓的“马格尼茨基制裁”的增多清楚地说明了这一点。2016 年美国通过的《全球马格尼茨基人权问责法》对“与谢尔盖·马格尼茨基的拘留、虐待和死亡有关或应对俄罗斯联邦某些严重侵犯人权行为负责的某些人员”实施了金融制裁和入境禁令。截至 2020 年 5 月 8 日,已有 54 名个人和 1 个实体因《全球马格尼茨基人权问责法》受到制裁,该法试图在缺乏程序保障的情况下对大量涉嫌犯下特定罪行的人实施定向制裁,而不是对大规模严重侵犯基本人权的人实施制裁。2020 年 11 月 17 日,欧盟理事会批准了《欧盟人权和民主行动计划(2020-2024)》,正式宣布在欧盟框架内建立“全球人权制裁机制”(Global Human Rights Sanctions Regime),并于 2020 年 12 月 7 日颁布了《针对严重违反和侵犯人权行为的限制措施条例》。② 2021 年 3 月 22 日,欧盟依据该条例以我国新疆维吾尔自治区内存在所谓的“强迫劳动”为由对我国部分企业和公民实施了制裁。③ 我国则有针对性地采取了反制裁措施。④

---

① Joanna Diane Caytas, *Sanctions, Real and Imaginary: Experiences with Russia in the Ukraine Crisis*, 9 Amsterdam L. F. 26 (2017).

② Council Regulation (EU) 2020/1998 of 7 December 2020 concerning restrictive measures against serious human rights violations and abuses OJ L 410I, 7. 12. 2020, p. 1-12.

③ Council Implementing Regulation (EU) 2021/478 of 22 March 2021 implementing Regulation (EU) 2020/1998 concerning restrictive measures against serious human rights violations and abuses ST/6935/2021/INIT OJ L 99I, 22. 3. 2021, p. 1-12.

④ 2021 年 3 月 22 日我国外交部发言人宣布,中方决定对欧方严重损害中方主权和利益、恶意传播谎言和虚假信息的 10 名人员和 4 个实体实施制裁,包括:欧洲议会议员彼蒂科菲尔、盖勒、格鲁克斯曼、库楚克、莱克斯曼,荷兰议会议员舍尔茨玛,比利时议会议员科格拉蒂,立陶宛议会议员萨卡利埃内,德国学者郑国恩,瑞典学者叶必扬,欧盟理事会政治与安全委员会,欧洲议会人权分委会,德国墨卡托中国研究中心,丹麦民主联盟基金会。相关人员及其家属被禁止入境中国内地、香港特别行政区、澳门特别行政区,他们及其关联企业、机构也已被限制同中国进行往来。

第三节　针对中国的经济制裁

一、改革开放之前

中华人民共和国成立后,以美国为首的西方阵营便对中国采取了全面经济制裁。1950 年 3 月朝鲜战争爆发前,美国总统杜鲁门就授权美国出口管制办公室(Office of Export Control)根据 1949 年通过的《出口管制法》发布各种出口管制条例,禁止将源于美国的物项出口到中国,同时也禁止将源于美国的物项从其他国家再出口到中国。[①] 美国出口管制办公室制定了一份清单(管制物项清单),该清单将世界各国进行分类,根据类别差异,所获得的出口许可范围各有不同。中国和朝鲜、北越南被列入 Z 组,即受管制最为严格的一组。实际上,被列入该组的国家无法获得任何出口和再出口许可证。

1950 年 3 月朝鲜战争爆发后,美国进一步实施了更加严格的贸易管制。1950 年 12 月,美国财政部根据《对敌贸易法》第 5(b)条发布《外国资产管制条例》,禁止与中国的任何金融交易,包括旅行限制。1951 年颁布的《贸易协议扩展法》取消了所有共产主义国家的最惠国贸易待遇(南斯拉夫除外)。1952 年西藏解放后,美国进一步取消了对西藏自治区的最惠国待遇。1962 年美国修订《对外援助法》,禁止对共产主义国家实施援助。

以美国为首的北约国家还与日本等国联合组建了所谓的"对共产党国家出口管制统筹委员会"(COCOM),颁布大量针对社会主义国家的出口禁令和经济制裁措施,限制东西方贸易。[②] 其中专门针对中国的制裁措施比针对其他社会主义国家的措施更为严厉。[③] 尤其是在 1952~1957 年,该委员会专门设置了一份"中国清单",许多被允许向其他社会主义国家出口的物项都被禁止向中国出口。

美国财政部外国资产管制办公室根据 1917 年《对敌贸易法》的授权于

---

① 出口管制办公室颁布的各项出口管制条例在《联邦登记》(Federal Register)上公布,《联邦登记》的重要功能之一是公开行政机关拟议的各项行政规章,以便公民、团体参加讨论,提出书面意见、数据,有时也可进行口头辩论。最终通过的各项条例于当年年底刊载于《联邦条例汇编》(Code of Federal Regulations)。

② Sommerfield, *Treasury Regulations Affecting Trade with the Sino-Soviet Bloc and Cuba*, 19 Bus. Law. 861, 865 (1964).

③ 崔丕:《美国的冷战战略与巴黎统筹委员会·中国委员会》,中华书局 2005 年版,第 108 页。

1950 年 12 月 17 日起实施《外国资产管制条例》,[①]禁止美国人控制或附属下的任何外国企业或商人向中国出口任何物项(无论是否源于美国),同时禁止任何美国人和任何美国人控制下的任何外国企业进口任何中国货物(或推定为中国的货物)到美国,无论是否有意。此外,外国资产管制办公室还扣押和冻结了中国和中国国民在美国境内的所有财产。[②] 美国财政部还有一个"特别指定国民"名单,禁止任何美国人与名单上的国民从事商业交易。名单中的国民除中国公民外,还包括中国境外的被认定为中国代理人或帮中国人办事的个人和企业。截至 1969 年,该名单上有近 1000 名个人和企业,大多数涉及东南亚或日本。该名单处于半保密性质,不对外公开,但可以根据申请而查看。

重要的是,美国上述对华制裁条例具有一定的域外效力,它们原则上适用于"美国公民和居民(无论位于何地)、任何实际上位于美国境内的人、本地公司"以及"任何合伙、社团、法人或其他组织,无论其在何地成立或营业",只要它们受前面所述的人拥有或控制。[③] 例如,一个美国人拥有一家外国公司 51%的股份,该公司就属于"美国管辖下的"人。实践中,美国财政部甚至发布过一个私下命令,只要一家外国公司被美国人拥有 40% 以上的控股股份,该公司就被认定为美国人控制下的公司。OFAC 的条例从未对"拥有"和"控制"下一个明确的定义,就是为了防止有人规避其管辖。

从法律角度上看,OFAC 发布的管制条例与美国商务部出口管制办公室发布的管制条例具有不同效力:如果一家美国企业的外国分支机构向中国或者中国的代理商出口货物,商务部的出口管制条例并不适用于该外国分支机构的出口交易行为,除非该行为构成源于美国货物或技术的再出口;相反,财政部的管制条例则直接和间接地影响任何美国人控制下的外国机构向中国的出口,无论其货物原产地位于何处。

外国资产管制办公室还于 1964 年内部下达给美国主要石油公司一份命令,禁止这些公司及其海外分支机构与中国控制下的轮船从事燃料交易或运输交易,也禁止向目的地位于中国的轮船提供燃料销售,即使该轮船不属于

---

① 《外国资产管制条例》是根据总统的授权发布,而总统的权力源于国会 1933 年修订的《对敌贸易法》。1950 年朝鲜战争爆发后杜鲁门总统根据该法宣布进入国家紧急状态并授权发布《外国资产管制条例》。随后的艾森豪威尔、肯尼迪和约翰逊总统均延续了该条例。

② 据统计,截至 1950 年年底,中国国民在美国境内的财产价值达到 1. 3 亿美元。美国人向中国诉求的在华财产约为 2 亿美元。

③ 31 C. F. R. §　§ 500. 329,500. 330.

中国拥有或控制,但只要有合理理由怀疑其航行目的港位于中国。

1957 年中国被“对共产党国家出口管制统筹委员会”排除出禁运名单后,中国可以从美国之外的其他西方国家获取禁运物资,但军事和战略物资除外。截至 20 世纪 60 年代末,中国对外贸易中 75%的份额都来自非共产主义国家。因此,一些评论人士认为,美国对华禁运的经济效果并不显著。① 它的效果更多体现在政治上。相比之下,美国人和美国公司受到的经济损害更大。美国企业无法从中国贸易中获得商业利益,还要花费大量成本以避免其海外交易不违反这些禁令。对华禁令还影响到美国公司直接或间接控制下的外国企业与中国之间的贸易,从而引发这些国家与美国之间的外交关系,如加拿大、日本、法国、英国和德国。②

从 1961 年起,美国对华经济制裁开始出现松动迹象。肯尼迪政府主动发出向中国提供食品援助的指示,遭到中国政府拒绝。1963 年,美国商人要求参加广交会,也被中国政府拒绝。

1969 年 7 月,美国国务院最终宣布,修改财政部的《外国资产管制条例》,允许境外旅游的美国公民购买价值不超过 100 美元的中国商品或推定为中国产的商品,只要该商品不被用于商业目的。1969 年 12 月 23 日,美国国务院宣布取消 100 美元的限额,授予一些慈善机构从中国进口货物的特权(如博物馆和大学等)。美国国务院还宣布,允许美国企业的外国分支机构以及美国境外的美国公民与中国进行有限度的贸易活动。1970 年 4 月 7 日,美国商务部也宣布,准备允许国外生产的出口到中国的商品中使用源于美国的某些非战略商品或材料。③

1971 年 4 月 4 日,尼克松总统进一步放松了对华旅游和贸易限制,允许对华贸易中使用美元,允许美国船舶和飞机运输非中国港口之间的中国货物;美国公司被允许向中国船舶和飞机提供燃料,美国人拥有的挂外国旗的船舶可以停泊在中国港口。美国于 1971 年 6 月 10 日根据修订后的《出口管理法》取消了大部分非战略物资的对华贸易管制。1972 年通过的《平等出口机会法》(Equal Export Opportunity Act)标志着中美贸易的新时代。中国在美国出口管制清单中的分组从 Z 组升到了 Y 组,与苏联地位相同。④

---

① Alexander Eckstein, *Communist China's Economic Growth and Foreign Trade* (1966).

② John R. Garson, *The American Trade Embargo of China: Recent Developments*, 2 J. Mar. L. & Com. 41 (1970).

③ Export Control Bulletin No. 16, p. 2, April 7, 1970.

④ 37 Fed. Reg. 3511 (1972).

1972 年 2 月尼克松访华期间签署的《中华人民共和国和美利坚合众国联合公报》(以下简称《上海公报》)标志着中美关系进入一个全新阶段。《上海公报》规定:"双方同意,扩大两国人民之间的了解是可取的。为此目的,他们就科学、技术、文化、体育和新闻等方面的具体领域进行了讨论,在这些领域中进行人民之间的联系和交流将会是互相有利的。双方各自承诺对进一步发展这种联系和交流提供便利。双方把双边贸易看作另一个可以带来互利的领域,并一致认为平等互利的经济关系是符合两国人民的利益的。他们同意为逐步发展两国间的贸易提供便利。"

二、1979 年至 2016 年

1978 年,中美签订《中华人民共和国和美利坚合众国关于建立外交关系的联合公报》(以下简称《建交公报》),正式建立外交关系。1979 年 7 月 7 日双方签署《中华人民共和国和美利坚合众国贸易关系协定》(以下简称《中美贸易关系协定》),自 1980 年 2 月 1 日起正式生效。《中美贸易关系协定》首先明确了两国之间经济贸易关系的基本原则,即"在平等互利和非歧视性待遇原则的基础上,进一步发展两国间的经济贸易关系"。该协定第 1 条进一步规定了贸易领域的最惠国待遇:"一、为了使两国贸易关系建立在非歧视性基础上,缔约双方对来自或输出至对方的产品应相互给予最惠国待遇,即对上述产品相互给予对来自或输出至任何其他国家或地区的同类产品在下列方面所给予的各种利益、优惠、特权或豁免:(一)对进口、出口、转口和过境货物的所适用的关税和各种费用以及征收此类关税和费用的规章、手续和程序;(二)有关进口货物和出口货物的报关、过境、仓储和转运的规章、手续和程序;(三)对进出口货物或劳务所征收的直接或间接的国内税以及其他国内费用;(四)有关涉及进口货物在国内销售、购买、运输、分配或使用等各方面的一切法律、规章和要求;(五)发放进出口许可证的行政手续。二、缔约任何一方如对来自或输出至第三国或地区的某些产品实施数量限制时,则该方对来自或输出至缔约另一方国家的同类产品,应给予同它已经给予第三国或地区的待遇相比是公平的待遇。"该协定第 5 条进一步规定了金融服务领域的最惠国待遇:"缔约各方应在最惠国待遇的基础上,并根据各自的法律和规章,对于缔约另一方的国民、商号、公司和贸易组织所进行的金融财务、货币和银行交易,按尽可能优惠的条件提供一切必要的便利。这些便利应包括国际支付、汇款、调拨所需要的一切授权和使用统一汇价。"中美同时还签订了相互索赔的解决方案。[①]

1979 年 12 月,苏联—阿富汗战争后,美国出于联合中国对抗苏联的需要,进一步放宽了对华贸易限制,将中国从 Y 组调入专门为中国设立的 P 组,中国作为"非敌国"可以从美国获得军民两用技术和产品。1983 年 6 月 21 日,美国政府进一步把中国提升为"友好的非盟国"地位,与西方国家一起被列入 V 组。中美签署了技术转让方面的协议,美国政府发表《对华出口指导原则》,修改了《出口管理条例》中的有关中国的条款。1985 年,巴统达成一项简化对华出口审批的协议。1988 年,中美技术贸易达到历史顶峰。[②]

1989 年,西方国家联合对华实施了包括经济制裁在内的制裁措施。美国总统布什宣布:暂停对华一切武器销售;暂停美国与中国军事互访;延长中国留美学生签证;暂停与中国政府高级官员互访;推迟国际金融机构对华贷款项目等。[③] 美国国会也在 1990 年通过的《对外关系授权法》《国际发展和金融法》等一系列法律中施加了对华经济贸易限制措施。其中,世界银行停止了向中国 7 项工程项目总额 7.8 亿美元的贷款;亚洲开发银行在 1991 年 5 月前停止了对华贷款。此外,从 1990 年起,美国在审查是否延长对华最惠国待遇时,将其与中国的人权状况联系在一起。[④]

由于 1990 年爆发的海湾危机,西方国家对华经济制裁持续时间很短,大部分都在 1991 年后取消了,只有在对华军售领域一直延续。"冷战"结束后,巴黎统筹委员会于 1994 年解散,1996 年 9 月,美国与 32 个国家签署了《关于常规武器与两用产品和技术出口控制的瓦森纳协定》,[⑤]建立了新的多边出口管制制度。1994 年 5 月,克林顿总统宣布人权问题与中国最惠国待遇问题脱钩,扫除了中美关系上的一大障碍。1995 年,中美知识产权谈判也达成协议。此后,西方国家对华高科技出口限制逐步放宽。

1999 年 11 月 15 日,中美达成关于中国加入 WTO 的双边协议。2000 年 5 月 24 日,美国国会众议院表决通过了《对中华人民共和国正常贸易关系的

---

① Charlene M. Levie, *Blocked Chinese Assets-United States Claims Problem: The Lump-Sum Settlement Solution*, 3 Fordham Int'l L. F. 51 (1979).

② 余万里:《美国对华技术出口:管制及其限制》,载《国际经济评论》2000 年第 Z4 期。

③ U. S. Congress House, *Message from the President Transmitting a Report on Economic Sanctions Against China*, 101st Cong., 2d Sess. House Doc. 101-192, 1990, p. 18.

④ 孙君健:《克林顿总统时期美国对华政策形成的特点——以总统、国会在对华贸易最惠国待遇问题上的争论为例》,载《史学月刊》2005 年第 6 期。

⑤ *The Wassenaar Arrangement on Export Controls for Conventional Arms and Dual-Use Good and Technologies*, 参见该协定官网:https://www.wassenaar.org/。

法案》(Permanent Normal Trade Relations with China)。[①] 2001 年 12 月 27 日,美国总统布什签署命令,正式宣布给予中国永久正常贸易关系地位。这项命令于 2002 年 1 月 1 日正式生效。根据上述法案和命令,在中国加入 WTO 后,美国将终止按《1974 年贸易法》中的"杰克逊—瓦尼科条款"(Jackson-Vanik provisions)对中国"最惠国待遇"("正常贸易关系")实行年度审议的做法,与中国建立永久正常贸易关系。[②] 此后,虽然美国与中国仍然经常发生贸易摩擦,但大都在 WTO 争端解决机制下进行磋商解决。

从 2009 年开始,中美之间展开了战略与经济对话,到 2016 年先后举行了八轮对话,取得了丰硕的成果。在特朗普上台前,美国基本上没有针对中国实施过直接经济制裁行动。但在这一时期,对中国影响较大的是美国次级经济制裁。

三、2017 年之后

2016 年美国通过《全球马格尼茨基人权问责法》,该法对来自世界各地的严重侵犯人权和腐败的行为实施制裁。[③] 2017 年 12 月 20 日,特朗普颁布《冻结涉及严重侵害人权及腐败的人员财产行政命令》,[④]并首次公布了依据《全球马格尼茨基人权问责法》所确定的制裁名单。2018 年 6 月 29 日,美国财政部发布《全球马格尼茨基制裁条例》。[⑤]

许多西方国家也采用了以《全球马格尼茨基人权问责法》为蓝本的类似法律。2017 年 10 月 18 日,加拿大总督朱莉·佩耶特(Julie Payette)批准通过了 S-226 法案,即《给予外国腐败官员受害者正义法》。[⑥] 英国 2018 年颁布《制裁与反洗钱法》,并于 2020 年颁布《全球人权制裁条例》。[⑦]

---

① H. R. 4444-*To authorize extension of nondiscriminatory treatment (normal trade relations treatment) to the People's Republic of China, and to establish a framework for relations between the United States and the People's Republic of China*, 10/10/2000 Became Public Law No: 106-286.

② https://georgewbush-whitehouse.archives.gov/news/releases/2001/12/20011227-2.html.

③ https://home.treasury.gov/system/files/126/glomag_pl_114-328.pdf.

④ Blocking the Property of Persons Involved in Serious Human Rights Abuse and Corruption (EO 13818).

⑤ *Global Magnitsky Sanctions Regulations*, 31 CFR part 583.

⑥ Justice for Victims of Corrupt Foreign Officials Act (Sergei Magnitsky Law) (S. C. 2017, c. 21).

⑦ *The Global Human Rights Sanctions Regulations* 2020, https://www.legislation.gov.uk/uksi/2020/680/contents.

欧洲议会于2019年3月14日通过了《关于欧洲侵犯人权制裁制度的决议》,①2020年12月7日,欧盟理事会通过了第2020/1999号决定(CFSP),建立一个有针对性的限制性措施框架。同日,欧盟理事会又通过了《关于针对严重侵犯和践踏人权行为的限制性措施》的第2020/1998号条例。② 上述决定和条例规定冻结负责、支持或以其他方式参与严重侵犯或践踏人权行为的自然人或法人、实体或机构的资金和经济资源,并禁止向其提供资金和经济资源。2021年3月22日,欧盟理事会发布实施第2020/1998号条例的施行条例,③将中国部分官员列入制裁名单。

2017年特朗普就任美国总统后,开始奉行"美国优先"的单边主义外交政策。④ 2018年,特朗普停止了中美战略与经济对话并挑起了中美贸易摩擦。⑤美国国会反华议员汤姆·柯顿(Cotton)不断向美国国会提议所谓的"中国贸易关系法案",试图取消对华正常贸易关系地位。⑥

2020年7月14日,美国威胁将对促成中国政府"未能保障"香港特别行政区自治的外国实体及外国金融机构实施制裁。2020年7月14日,特朗普颁布第13936号《香港正常化》行政令,取消了此前给予中国香港特别行政区的特殊待遇,并规定了对外国个人制裁的情形。⑦ 美国财政部外国资产管制办公室于2021年1月15日通过联邦公报颁布了所谓的《香港相关制裁条例》(Hong Kong-Related Sanctions Regulations)。⑧ 迄今先后有数十位中国内地

---

① *European Parliament Resolution of* 14 *March* 2019 *on a European Human Rights Violations Sanctions Regime*, 2019/2580(RSP).

② Council Regulation (EU) 2020/1998 of 7 December 2020 concerning restrictive measures against serious human rights violations and abuses OJ L 410I, 7.12.2020, p.1-12.

③ Council Implementing Regulation (EU) 2021/478 of 22 March 2021 Implementing Regulation (EU) 2020/1998 concerning restrictive measures against serious human rights violations and abuses ST/6935/2021/INIT, OJ L 99I, 22.3.2021, p.1-12.

④ Michael P. Scharf & John G. Wrench, *International Law and Policy in the Age of Trump*, 51 Case W. Res. J. INT'l L. 1 (2019); H. H. Koh, *The Trump Administartion and International Law*, Oxford University Press, 2019.

⑤ Jethro Mullen, *China: U. S. Has Started the Biggest Trade War in History*, CNN (July 6, 2018), https://money.cnn.com/2018/07/06/news/economy/us-china-trade-war-tariffs/index.html.

⑥ S. 4609-China Trade Relations Act of 2020, 116th Congress (2019-2020); S. 785-China Trade Relations Act of 2021, 117th Congress (2021-2022).

⑦ The President's Executive Order on Hong Kong Normalization (Effective Date - July 14, 2020), https://home.treasury.gov/system/files/126/13936.pdf.

⑧ https://home.treasury.gov/system/files/126/fr86_3793.pdf.

和香港特别行政区的高级官员被列入制裁名单。受制裁人在美国的资产或是委托美国人管理的资产，逾50%会被冻结，且必须向外国资产管制办公室报备。

2020年7月9日，美国财政部外国资产管制办公室对新疆维吾尔自治区的1家企业和4名现任或前任政府官员实施了制裁。

2021年12月23日，美国总统拜登签署法案，允许对新疆产品实施《1930年关税法》第307条的制裁。该制裁将适用于"全部或部分在中国新疆维吾尔自治区境内或由与新疆维吾尔自治区政府合作的人为扶贫计划或结对帮扶计划……开采、生产或制造的所有货物、制品和物件"①。法案的例外条款中声称，"(企业必须)有明确和令人信服的证据，证明货物、制品和物件并非全部或部分由强迫劳动开采、生产或制造"。该法于2022年6月21日生效。

美国另一项对华制裁项目是所谓的"中国军工企业制裁"。② 2020年11月12日，总统援引《国际紧急状态经济权力法》授权，发布了第13959号行政命令，限制了美国投资者对中国军工企业的多种形式证券投资。③ 2021年1月13日，拜登总统发布了第13974号行政令，修订了第13959号行政令。④ 2021年6月3日，拜登进一步发布第14032号行政令，对第13959号行政令进行了修订并废除了第13974号行政令，该行政令要求美国采取额外措施来解决第13959号行政令中宣布的国家紧急状态，包括中国军工综合体及其参与军事、情报和安全研发项目以及中国军民融合战略下的武器和相关设备生产所构成的威胁。根据该行政令要求，美国OFAC于2022年2月16日发布了《中国军工复合体制裁条例》，⑤该条例规定，任何美国人从2021年1月11日东部标准时间9:30开始，不得从事任何涉及中国军工企业的公开证券交易，或任何衍生自或旨在为此类证券提供投资的任何交易。OFAC根据该条例公布了包括59家中国实体的所谓非特别指定中国军工复合企业清单

---

① https://www.congress.gov/bill/117th-congress/house-bill/1155/text.

② https://home.treasury.gov/policy-issues/financial-sanctions/sanctions-programs-and-country-information/chinese-military-companies-sanctions.

③ Executive Order (E.O.) 13959, Addressing the Threat From Securities Investments That Finance Communist Chinese Military Companies, 85 FR 73185, November 17, 2020.

④ 86 FR 4875.

⑤ Chinese Military-Industrial Complex Sanctions Regulations, 31 CFR part 586, https://www.federalregister.gov/documents/2022/02/16/2022-03378/chinese-military-industrial-complex-sanctions-regulations.

(Non-SDN Chinese Military-Industrial Complex Companies List, NS-CMIC List)。[①] 2021 年 12 月 16 日,美国财政部外国资产管制办公室根据经第 14032 号行政令修订的第 13959 号行政令确定了 8 家中国科技公司,"指控"其支持所谓的"对少数族群进行生物识别监控和追踪",任何美国人将被禁止购买或出售与这些实体相关的公开交易的证券。[②]

据统计,特朗普政府累计实施逾 3900 项制裁措施,相当于平均每天挥舞 3 次"制裁大棒"。截至 2021 财年,美国制裁的实体和个人高达 9421 个,较 2000 财年增长 933%。自中美第一阶段经贸协议生效以来,美国不断对华采取打压遏制措施,将 940 多个中国实体和个人列入各类限制清单。根据美国财政部外国资产管制办公室数据,截至 2021 年 10 月,美国制裁包括香港特别行政区、澳门特别行政区在内的中国实体和个人数量达 391 个。[③]

---

① https://home.treasury.gov/policy-issues/financial-sanctions/consolidated-sanctions-list/ns-cmic-list.

② https://home.treasury.gov/news/press-releases/jy0538.

③ 《美国民主情况》,载中华人民共和国外交部官网 2021 年 12 月 5 日,https://www.mfa.gov.cn/web/ziliao_674904/zt_674979/dnzt_674981/qtzt/kjgzbdfyyq_699171/202112/t20211205_10462534.shtml.

第二章 经济制裁的国际法合法性

第一节 经济制裁与国际法基本原则

一、经济制裁与禁止使用武力原则

《联合国宪章》第 2(4) 条规定:“各会员国在其国际关系上不得使用威胁或武力,或以与联合国宗旨不符之任何其他方法,侵害任何会员国或国家之领土完整或政治独立。”该规定被称为“禁止使用武力原则”,是国际法的基本原则之一,得到国际社会的广泛承认。但是对于其中最为关键的“武力”(force)这一概念,《联合国宪章》并没有给出明确解释,这导致长期以来,人们对它们的内涵和外延发生激烈争论。对此主要有两大对立的观点:狭义观点和广义观点。狭义观点认为,武力仅仅指武装力量或军事力量。广义观点认为,武力包括各种形式的强制力量,不仅指武装或军事力量,还包括非武装或非军事力量,比如经济上的强制力量,诸如石油禁运、贸易抵制等经济制裁措施。

1. 狭义观点

大多数国际法学者均支持对武力概念的狭义解释。持该立场的国家则多为西方国家和一些拉美国家。他们提出的主要理由如下:

第一,1945 年旧金山制宪会议的初衷。根据旧金山会议的准备工作文件,在起草《联合国宪章》第 2(4) 条时,巴西代表曾建议禁止使用武力包括禁止适用经济胁迫措施。但该建议以 2 票对 26 票遭到否决。[①]

第二,从《联合国宪章》上下文来看,《联合国宪章》“序言”第 7 款规定联合国应当“接受原则,确立方法,以保证非为公共利益,不得使用武力”。此处的“武力”一词在英文本中用的是“armed force”。可见,《联合国宪章》第 2

---

① UNCIOD, San Francisco, 1945, Vol. 6, p. 334-335.

(4)条中的“武力”就是指“序言”第7款中的“武力”。另外,《联合国宪章》第44条规定:“安全理事会决定使用武力时,于要求非安全理事会会员国依第四十三条供给军队以履行其义务之前,如经该会员国请求,应请其遣派代表,参加安全理事会关于使用其军事部队之决议。”该条的英文表述为:“When the Security Council has decided to use force it shall, before calling upon a Member not represented on it to provide armed forces in fulfilment of the obligations assumed under Article 43, invite that Member, if the Member so desires, to participate in the decisions of the Security Council concerning the employment of contingents of that Member's armed forces。”从中明显可以看出,“force”(武力)和“armed force”(军队或军事部队)应该是同一含义。

第三,联合国大会通过的一些决议中,对“武力”也采用狭义解释。尤其是联合国大会在制定1970年《国际法原则宣言》(以下简称《宣言》)过程中,专门对“武力”一词进行了讨论。最后协商一致的观点认为,“武力”不包括经济胁迫,经济胁迫的概念交由不干涉原则去调整。① 因此,《宣言》在解释禁止使用武力原则时,只提及武装力量。联合国大会在讨论《关于侵略定义的决议》期间,也有国家提出应当将使用武力与经济胁迫联系起来。如玻利维亚建议应当有效地禁止一切类型的经济胁迫。但该建议由于西方国家的反对而未获通过。②

第四,联合国机构的实践也基本采纳狭义解释。例如,在1951年埃及限制以色列使用苏伊士运河的事件中,埃及的行为被认为是违反了有关停战协定和航行自由原则,而非禁止使用武力原则。③ 1960年古巴指责美国削减其糖类配额和拒绝提炼古巴原油是一种经济侵略,该控告也未被考虑。④ 在国际法院审理的“尼加拉瓜诉美国军事和准军事行动案”⑤中,法院对习惯国际法中的禁止使用武力原则进行了解释,并援引了《宣言》,但法院并未提及《宣言》中不得使用经济和政治等胁迫措施的规定。可见,法院并不认为“武力”的概念包括对另一国叛乱分子以提供武装、后勤或其他经济援助为形式的帮助。⑥

---

① UN Doc. A/AC. 125/L. 16 and L. 21, 1970.

② UN Doc. A/AC. 66/L. 9, 15 September 1953.

③ UN Doc. S/2322, 1 September 1951.

④ UN Doc. S/4395, July 19, 1960.

⑤ Nicaragua Case, ICJ Report, 1986, p. 101, para. 191.

⑥ Nicaragua Case, ICJ Report, 1986, p. 118-119.

第五,对“武力”的扩大解释会导致国际法的理论和实践困境。政治和经济胁迫措施的含义太广泛,很难清除界定。而且实践中也很难判断这些措施在多大程度上损害一国的领土完整或政治独立。因此各国可能会滥用这一概念,并导致对《联合国宪章》第2(4)条的滥用。由此还可能导致各国对“自卫权”的滥用。① 这样一来就会使得“武力”实际上变得无从禁止。

2. 广义观点

持广义解释观点的国家多为亚非发展中国家、苏联等东欧国家以及部分拉美国家。在学者中,苏联学者的观点最为激烈。② 西方也有一些学者采广义解释观点。③ 在关于《宣言》特别委员会的会员国对“武力”概念的界定讨论中,这些国家曾于1966年提出建议,要求《宣言》对所禁止的“武力”采取扩大解释,以便包括非武装理论的各种胁迫。④ 它们之所以采取此种立场,在于当时这些国家所处的国际环境。这些国家由于各种原因,经常成为西方国家各种经济胁迫措施的受害者。其中,美国通过巴黎统筹委员会对社会主义国家实行的经济制裁尤其激起苏联等国的抗议。采取广义解释观点的主要法律依据如下:

第一,就字面解释方法而言,《联合国宪章》本身的规定并没有明确区分武装力量和其他形式的武力。因此从法律上看,将武力解释为包含政治和经济胁迫措施并没有障碍。

第二,就目的解释方法而言,《联合国宪章》第2(4)条的目的就在于确保各国的领土完整和政治独立。而经济和政治胁迫措施经常对此构成严重威胁。因此,广义的解释符合《联合国宪章》的目的。

第三,从旧金山会议的准备工作文件来看,《联合国宪章》制定者们的意图也是含糊的。虽然巴西的建议被否决,但否决的原因并没有明文记录。因

---

① A. Cassese eds., *The Current Legal Regulation of the Use of Force*, Martinus Nifhoff Publishers, 1986, p. 130.

② [苏联]科热夫尼科夫主编:《国际法》,刘莎、关云逢等译,商务印书馆1985年版,第49页;[苏联]伊格纳钦科、奥斯塔频科主编:《国际法》,法律出版社1982年版,第85页;[苏联]克里缅科等编:《国际法词典》,商务印书馆1996年版,第177页;Grigori Tunkin, *Law and Force in the International System*, Progress Publishers, 1985, p. 82.

③ H. Kelsen, *Collective Security under International Law*, United States Government Printing Office, 1957, p. 57.

④ 捷克斯洛伐克的主张参见 UN Doc. A/AC 125/L. 16; 亚非国家的主张参见 UN Doc. A/AC 125/L and Add. 1; 智利的主张见 UN Doc. A/AC 125/L. 23。

此,该项否决所体现的意图并不十分清楚。①

第四,从国际法的发展角度而言,对《联合国宪章》条款的解释应当适应国际形势的时代需要。“二战”之后,国家间在政治和经济上的对抗已经取代传统军事上的对抗,成为影响国际关系的重要因素。使用政治和经济胁迫措施对他国的领土完整和政治独立日益构成严重威胁,这违背了《联合国宪章》的宗旨和目的。因此,即使假定《联合国宪章》第2(4)条所禁止的“武力”本来仅限于武装力量,但现在也应当随着形势的变化而有所扩展。

第五,从联合国大会通过的一系列决议和宣言来看,经济胁迫措施与军事力量一样受到限制,从而使“武力”的含义越来越广泛。此外,联合国以外的其他国际文件也支持广义解释说。例如,1955年签订于万隆的《亚非会议最后公报》、1948年通过的《美洲国家组织宪章》等。尤其是1974年联合国大会通过的《各国经济权利和义务宪章》第32条规定:“任何国家不得使用或鼓励使用经济、政治或任何其他措施,来强迫另一国家,使其在主权权利的行使方面屈从。”

在西方国家,自从20世纪70年代发生阿拉伯国家对西方国家实行联合石油抵制运动之后,西方国家对经济制裁措施的态度也发生了变化。如果按照狭义解释观点,阿拉伯国家的联合禁运措施并不违反国际法。但是一些西方国家和学者则认为,上述措施违反了《联合国宪章》。②

3. 小结

对于上述两种观点,我们认为,广义解释说虽然可以从国际法的发展角度得到支持,但是从国际法的形成来看,目前还缺乏国际社会的协商一致的法律确念以及联合国的广泛实践。联合国大会通过的《各国经济权利和义务宪章》并不具有法律效力。如果一国实施的经济制裁措施确实构成了对他国领土完整和政治独立的严重侵犯,或者造成了其他方面的严重后果,则当然属于违反《联合国宪章》的行为。但是不一定非要将其归入禁止使用武力原则所调整的范围。对禁止使用武力原则的狭义解释,仍然是目前国际上主流的、更有说服力的观点。

---

① 国际法院在关于南非继续保持其在纳米比亚的政权给各国造成的法律后果的咨询意见(1971年)中曾表示:“某一特定的建议未被国际机构通过,并不必然暗示所做的集体宣告与此建议意见相左。对一项建议做出否决或不批准的决定,其原因是多种的。”

② Ibrahim F. I. Shihata, *Destination Embargo of Arab Oil: Its Legality under International Law*, 68 AJIL 591 (1974).

二、经济制裁与不干涉内政原则

(一)传统观点

联合国大会在制定1970年《宣言》过程中,对“武力”一词的解释为,“武力”不包括经济胁迫,经济胁迫的概念交由不干涉原则去调整。[①]《宣言》在解释不干涉内政原则时规定:“任何国家均不得使用或鼓励使用经济、政治或任何他种措施强迫另一国家……”但是,这并非说任何经济胁迫措施都是违反国际法原则的。它只是说,实施经济胁迫措施不得干涉他国内政。

经济制裁是否违反不干涉内政原则首先要看发起国和目标国之间此前是否存在国际法上的权利义务关系。通常情况下,制裁发起国之所以对目标国发起经济制裁,往往是因为目标国首先实施了某项国际不法行为,并对发起国造成了损害。受害方为了保护自己的利益或者为了报复加害方,而对加害方实施经济制裁。这种情况下,经济制裁属于国际法所允许的“反措施”,不构成对目标国内政的干涉。[②]

(二)对整个国际社会的义务

但是,受害国以外的其他国家针对加害国实施的经济制裁,则有可能构成对他国内政的干涉。晚近以来,特别是“冷战”结束以来,随着全球化的发展,国际法中逐渐发展出“对整个国际社会的义务”(obligations owed to the international community as a whole)的概念,并将其纳入国家责任范围,从而冲击到传统的不干涉内政原则。

“对整个国际社会的义务”的概念源于罗马法上的“对世义务”(obligations erga omnes)(也有中国学者将其翻译为“对一切义务”),[③]其原意是指对抗所有人的义务,在国际法上被理解为针对一切国家的义务,即一切对国际社会而言具有根本性意义的国际法规范所构成的义务,违背这种义务将被视为国际犯罪。[④] 早在1950年国际法院对“西南非洲案”的咨询意见中,法官阿尔瓦雷斯(M. Alvarez)在其反对意见中最先提到国家对国际共同体的义务,他指出:“为了实现这些目标,国际法必须强调国家义务的概念,不仅是它

---

① UN Doc. A/AC. 125/L. 16 and L. 21, 1970.

② “国家责任条款草案”第22条。

③ 王曦:《“对一切”义务与国际社会共同利益》,载余敏友、邵沙平主编:《国际法问题专论》,武汉大学出版社2002年版,第280页。

④ M. Ragazzi, *The Concept of International Obligations Erga Omnes*, Clarendon Press, 1997; Pok Yin S. Chow, *On Obligations Erga Omnes Partes*, 52 Geo. J. Int'l L. 469 (2021).

们之间的义务,还包括对国际共同体的义务。"[①]国际法院后来在"巴塞罗那电车案"中正式确立了该概念:"一个国家对'整个国际社会的义务'和它对另一个国家在外交保护方面的义务之间存在着基本区别。就其性质而言,前者是所有国家关心的事情。由于所涉及权利的重要性,所有国家都可被认为对前一种义务的保护具有合法利益。它们是'对整个国际社会的义务',这些义务在现代国际法中,是确认侵略和灭绝种族为非法,以及宣布人类的基本权利,包括免受奴役和种族歧视等基本原则和规则。有些相应的保护权利已成为一般国际法的本身。"[②]

国际法院1971年在关于纳米比亚的法律咨询意见中,再次提到"对世义务"的概念。国际法院在法律咨询意见中写道:"结束南非在纳米比亚的委任统治并且宣告南非在纳米比亚存在的非法性,在禁止一种违反国际法而存在的情势的合法性的意义上具有对世性质,是针对所有国家的,尤其是,无论何国与南非建立有关纳米比亚的关系,将不能指望联合国及其成员国承认其有效性或这种关系的影响和其产生的后果。该委任统治已被对它的管理享有监督权的国际组织的决定所取消而且南非在纳米比亚的继续存在已被宣告为非法,非成员国应当按照这些决定行事。"[③]国际法院在1995年的"东帝汶案"[④]和1996年的"防止及惩治灭绝种族罪公约的适用案"[⑤]中重申了这一概念。1997年,在"加布奇科沃—大毛罗斯工程案"中,国际法院副院长卫拉曼特雷法官在其长达二十多页的个别意见书里以很大的篇幅来论述对国际社会整体的义务问题。卫拉曼特雷法官指出:"我们已经进入一个国际法的时代。在这个时代,国际法不仅促进单个国家的利益,而且超越它们和它们的地方性利益,着眼于更大的人类的和行星的福利。在对付这种超越诉讼国的个别权利和义务的问题时,国际法的视线需要超出为纯粹当事人之间诉讼确定的程序规则。当我们进入这个实现对国际社会整体、而非当事方之间规则的义务的领域时,以个体的公平和程序的合法为基础的规则可能是不充分的

① The International Status of South West Africa Case, ICJ Reports, 1950, p. 176.

② Barcelona Traction Case, ICJ Reports, 1970, p. 32.

③ 其全称为《关于安理会作成第276号决议的情况下南非在纳米比亚继续存在情况的法律后果的法律咨询意见》,ICJ Reoprts (1970), p. 340。

④ East Timor Case, ICJ Reports, 1995, p. 47.

⑤ Application of the Convention on the Prevention and Punishment of the Crime of Genocide Case, ICJ Reports,1996, p. 10.

了。”①在这里，他将对国际社会整体的义务的问题提到了国际法体系的高度来认识，这可能标志着对国际社会整体的义务理念的发展，已进入到一个更高阶段，具有重要意义。②

2001 年发布的“国家责任条款草案”第二部分第三章第 40 条将这种义务规定为“依一般国际法强制性规范承担的义务”，其第 41 条规定：“各国应进行合作，通过合法手段制止第 40 条含义范围内的任何严重违背义务的行为。”该草案第 48 条明确规定：“受害国以外的任何国家有权按照第 2 款在下列情况下对另一国家援引责任：……（b）被违背的义务是对整个国际社会承担的义务。”该草案第 54 条则规定了“受害国以外的国家采取的措施”：“本章不妨碍第 48 条第 1 款有权援引另一国责任的任何国家，对该另一国采取合法措施，以确保停止该违背义务的行为和使被违背之该义务的受益人得到赔偿。”这样一来，草案就明确将制裁违背“对整个国际社会的义务”的权力扩大到并非直接受到损害的第三国。③ 这引发了广泛的争议。西方国家国际法学者普遍支持扩大制裁主体的范围。反对者则认为这会带来制裁的滥用，容易产生干涉他国内政的嫌疑。

“对整个国际社会的义务”这一概念的出现体现的是现代国际法价值观的转型。它反映出国际法的价值不应仅体现主权国家的意志，还应体现国际社会的共同价值和人类的共同利益。侵略、灭绝种族、种族隔离、种族歧视和种族屠杀等行为属于违反对国际社会整体的义务的行为，其所侵害的是国际社会的基本价值：人和人权。国际法上的对国际社会整体的义务，表明国际法的发展正在由权力导向向价值导向发展。特别是人权法的兴起很早就开始挑战这种权力导向性 。由于国际人权运动，国际法已经在一些基本方面沿着超越主权国家的方向发展。亨金教授指出：“人权运动凸现了在国家间体制的假定上的重大变化，并显示了在国际法上的激进变革。它反映了对人类价值而不是国家价值信仰，即使在两者发生冲突时也如此。它刺破了磐石

---

① Gabcíkovo-Nagymaros Projec Case, ICJ Report, 1997, p. 56.

② 王秀梅：《论国际法之“对国际社会整体的义务”》，载《河南省政法管理干部学院学报》2007 年第 4 期。

③ 该草案第 54 条在二读正式通过前的案文规定得更加具体，但在正式二读时被删除，改成了现在的表述。原来的条文为：受害国以外的国家采取的反措施：（1）有权根据第 49 条第 1 款（现案文为第 48 条）援引一国责任的任何国家可在违约行为的任何受害国提出要求时，以其名义采取反措施，但以该受害国可按照本章自行采取反措施的情况为限。（2）在第 41 条（现第 40 条）提到的情况下，任何国家可按照本章为违约行为的受益人采取反措施。（3）在采取反措施多于一国的情况下，有关国家应进行合作，以确保按照本章履行采取反措施的条件。

国家，彻底打破了近乎公理性的传统：发生在一国国内的事情和一国怎样在其领域内对待自己的国民不关他国的事，不关国家间体制的事，也不关国际法的事。”①

既然“对整个国际社会的义务”是一种对国际社会所有成员的义务，反过来看，它就是一种相对于国际社会所有成员的权利而产生的义务，违背了该义务就是对所有国际社会成员权利的侵犯，因此所有成员国都有权利同时也有责任采取措施对该不法行为国实施制裁。这就引发了当代国际法上另一个有争议的法律问题，即“保护的责任”(the responsibility to protect)。

(三)保护的责任

“保护的责任”(responsibility to protect)一语首次正式出现于2001年12月“干预和国家主权国际委员会”提出的《保护的责任：干预和国家主权国际委员会报告》之中。② 随后，2004年12月联合国“威胁、挑战和改革问题高级别名人小组”的报告《一个更安全的世界：我们的共同责任》及2005年3月第59届联合国大会上秘书长的报告《大自由：实现人人共享的发展、安全与人权》也分别对保护的责任的概念及其性质进行了相应的界定和阐述。③ 2005年它被写入第60届联合国大会以第60/1号决议的形式所通过的《2005年世界首脑会议成果》。④ 根据该文件第138段和第139段的规定，保护的责任被限定为旨在预防和保护人类免受灭绝种族、战争罪、危害人类罪和族裔清洗罪行危害的责任。2009年，第63届联合国大会通过了一份《履行保护责任秘书长的报告》。潘基文秘书长在报告中指出，保护的责任概念已经得到所有参加世界首脑大会的各国首脑的赞同。⑤ 根据该报告，保护的责任包含三方面内容(three-pillar approach)：第一，任何国家都应保护其国民免受严重国际罪行侵害；第二，国际社会所有成员(国家、国际组织、民间团体和个人)都要

---

① [美]路易斯·亨金：《国际法：政治与价值》，张乃根等译，中国政法大学出版社2005年版，第15页。

② Int'L Comm'N On Intervention and State Sovereignty, the Responsibility to Protect 1 (2001), https://perma.cc/28Z5-X9EL.

③ See U.N. Secretary-General, Note by the Secretary-General, in A More Secure World: Our Shared Responsibility, Report of the High-Level Panel on Threats, Challenges and Change, p.5, U.N. Doc. A/59/565 (Dec. 2, 2004); U.N. Secretary-General, in Larger Freedom: Towards Development, Security and Human Rights for All, p. 34, 35, U.N. Doc. A/59/2005/Add. 3 (Mar. 21, 2005).

④ 参见黄瑶：《从使用武力法看保护的责任理论》，载《法学研究》2012年第3期。

⑤ The Secretary-General, Report of the Secretary-General, Implementing the Responsibility to Protect, U.N. Doc. A/63/677 (Jan. 12, 2009).

积极参与,支持有关国家履行上述责任;第三,国际社会有义务采取和平手段作为最后的选择,强迫违法国家遵守《联合国宪章》。简言之,保护的责任理论认为,主权国家有责任保护本国公民免遭种族灭绝、种族屠杀和战争等罪行的侵害,但是当它们不愿或无力这样做的时候,必须由更广泛的国际社会来承担这一责任。[①]

(四)小结

我们认为,“对整个国际社会的义务”和“保护的责任”虽然得到了很多国家和学者的支持,但该理论是否就构成了习惯国际法,目前还是有争议的。[②]退一步讲,即使该理论赋予了国际社会对某些特殊国际罪行的干预权利,但这种权利也应当由整个国际社会集体行使。具体而言,在目前的国际法体系下,“保护的责任”只有在安理会主导下实施的行动中才具有合法性。[③] 目前最有争议的问题是,在没有安理会授权的情况下,个别国家或国家联盟能否单独行使保护的责任?我们认为,单方面使用武力来行使保护的责任在当前的国际法制度下缺乏合法性依据。有些学者主张,可以采取非武力措施行使保护的责任。[④] 这实际上为美国等国家单方面对其他国家实施经济制裁提供了合法性理由。这种观点理应遭到批判,因为单边制裁行动如果不是为了执行联合国的集体制裁决议,或者属于国际法所允许的反措施,那就构成了对他国内政的干涉,不能以“对整个国际社会的义务”或“保护的责任”为借口要求免责。[⑤]

三、经济制裁与和平解决争端原则

按照现行国际法,国家间争端只能通过和平方式予以解决。和平解决国际争端是国际法上一项基本原则,该原则来自《联合国宪章》第2(3)条:“各国应当以和平方法解决国际争端,避免危及国际和平与安全。”早在1899年的第一次海牙和平会议上,各国就通过了《和平解决国际争端公约》,要求各

---

① 李斌:《保护的责任对不干涉内政原则的影响》,载《法律科学》2007年第3期。

② Mehrdad Payandeh, *With Great Power Comes Great Responsibility? The Concept of the Responsibility to Protect within the Process of International Lawmaking*, 35 Yale J. Int'l L. 483 (2010).

③ 徐崇利:《“保护的责任”:制度化进程之夭折》,载《法律科学》2018年第6期。

④ Alex J. Bellamy, *Responsibility to Protect*, 2009, p. 165-166; Carsten Stahn, *Responsibility to Protect: Political Rhetoric or Emerging Legal Norm?*, 101 Am. J. Int'l L. 109 (2007); Brighton Haslett, *No Responsibility for the Responsibility to Protect: How Powerful States Abuse the Doctrine, and Why Misuse Will Lead to Disuse.*, 40 N. C. J. Int'l L. & Com. Reg. 171 (2014).

⑤ James Crawford, Special Rapporteur, *Third Report on State Responsibility Delivered to the International Law Commission*, p. 391, U. N. Doc. A/CN. 4/507/Add. 4 (Aug. 4, 2000).

国尽可能避免诉诸于武力解决国际争端,并规定成立国际仲裁法院。1907 年的第二次和平会议再次通过了《1907 年和平解决国际争端公约》。“一战”后,《国际联盟盟约》也明确规定了会员国以和平方式解决国际争端的义务,并成立了国际常设法院。但由于国际联盟缺乏有效的执行机制而使和平解决争端的义务难以落实。《联合国宪章》首次将和平解决国际争端列为国际法的基本原则之一。联合国大会通过的《国家间友好合作关系宣言》、《和平解决国际纠纷马尼拉宣言》和《预防与排除威胁世界和平与安全的纠纷以及联合国之作用宣言》等国际法文件都一再宣示该原则。各种地区性法律文件,如 1948 年通过的《波哥大条约》、1957 年通过的《和平解决纠纷的欧洲公约》等也都采纳了该原则。国际法院在“在尼加拉瓜的军事和准军事行动案”中也指出:“争议双方有义务根据国际法以和平方法解决其争端。”①这些情况表明,和平解决国际争端原则已经成为当代国际习惯法的一部分。

长期以来在国际实践中逐渐形成了各种解决国际纠纷的和平手段。《联合国宪章》第六章专门规定了争端之和平解决方法,其第 33 条第 1 款规定:“任何争端之当事国,于争端之继续存在足以危及国际和平与安全之维持时,应尽先以谈判、调查、调停、和解、公断、司法解决、区域机关或区域办法之利用,或各该国自行选择之其他和平方法,求得解决。”

美国与很多国家之间的纠纷也应当通过上述和平途径予以解决。比如对于古巴政府征收美国公民财产引起的赔偿问题,属于国际法上的争端,应当通过国际法的途径予以解决。② 在国际法上也已经有现成的解决方法可以利用。美国历史上也多次利用国际法途径解决了同其他国家之间的类似问题。比如,1979 年美国与中国政府签署了“一揽子”支付协议(lump-sum payment),解决了因中国政府征收美国财产导致的双边纠纷。③ 英国、加拿大和古巴之间也都通过这种方式解决了因古巴政府征收英国人和加拿大人财产引起的赔偿纠纷。美国和伊朗之间也通过“美伊求偿仲裁法庭”来解决伊朗对美国财产的征收赔偿问题。④ 无论如何,赔偿纠纷发生在征收国和被征收

---

① Military and Paramilitary Activities in and against Nicaragua, ICJ Rep. 1986, p. 145.

② Joyce Rodriguez, *Resolving Legal Claims between the United States and Cuba: Applying International Law Where Diplomacy Alone Falls Short*, 14 S. C. J. Int'l L. & Bus. 143 (2018).

③ PRC-USA: Agreement on The Settlement of Claims, May 11, 1979, in: I. L. M. (18) 1979, p. 551.

④ 1981 年 1 月 19 日美国和伊朗发表《解决求偿声明》,建立了一个伊美求偿法庭作为解决伊美之间求偿问题的机构。该法庭设在海牙,受理 1982 年 1 月 19 日前提出申请的案件(政府间的求偿除外),经过 10 年后,这些案件的审理已经完成了绝大部分。

国之间，赔偿请求也应当针对非法征收行为的责任人——古巴政府提起。但美国依据《赫尔姆斯-伯顿法》拒绝同古巴政府进行协商，而是单方面为美国国民创设一个独立的诉因，让他们去向第三方要求赔偿，而该第三方对于古巴政府的征收行为是没有责任的。①

第二节　经济制裁与国际人权

一、保护人权作为实施经济制裁的法律依据

如果一国违反了国际人权法，其他国家或者一些个人可以向国际法院或者国际刑事法院提出指控。然而国际人权法的执行机制目前还非常脆弱。一些国家于是打着保护人权的名义对外实施单边经济制裁。比如，1981 年美国对波兰制裁，宣称波兰镇压团结工会，逮捕和监禁持不同政见者，违反了波兰人民应当享有的基本自由权利。1986 年美国国会通过的《反种族歧视法》，对南非政府实施经济制裁，宣称南非实行的种族隔离制度违反了南非人民的基本人权。1990 年美国对伊拉克实施严厉经济制裁，宣称除因为伊拉克入侵科威特之外，也包括伊拉克大规模地侵犯人权，如对科威特平民的屠杀、酷刑、任意实施死刑、用毒气屠杀库尔德人等。1991 年美国对海地的制裁和 2003 年对缅甸的制裁也都是打着维护人权的旗号。美国所实施的这些经济制裁恰恰引发了人们对经济制裁与人权之间关系的广泛关注。② 首先，美国有没有权利以他国违反人权为由对其实施经济制裁？这涉及人权法公约的地域适用范围问题，我们可以从两个人权公约的规定来进行分析。③

《公民权利和政治权利国际公约》第 2 条第 1 款明确规定了人权法的属地性原则："本公约每一缔约国承担尊重和保证在其领土内和受其管辖的一切个人享有本公约所承认的权利，不分种族、肤色、性别、语言、宗教、政治或其他见解、国籍或社会出身、财产、出生或其他身分等任何区别。"根据该条规定，一般情况下，任何成员国没有权利也没有义务去管辖他国领土内发生的

---

① Cristina L. Lang, *Libertad for All?: Why the Helms-Burton Act is An Empty Promise of "Freedom" for the Cuban People*, 86 Brooklyn L. Rev. 231 (2020).

② Bruce Zagaris & Michael Plachta, *Economic Sanctions and Human Rights*, 37 IELR 29 (2021).

③ Yuval Shany, *The Extraterritorial Application of International Human Rights Law*, 409 Recueil des cours / Collected Courses 9 (2020).

违反公约义务的行为。[1]

而《经济社会和文化权利国际公约》却没有类似的适用范围条款,这意味着,该公约似乎并不排除公约义务的域外适用可能,而且该公约本身也极力号召各缔约国进行国际合作以确保公约规定的各项义务得到遵守。该公约第2条第1款规定:“每一缔约国家承担尽最大能力个别采取步骤或经由国际援助和合作,特别是经济和技术方面的援助和合作,以便用一切适当方法,尤其包括用立法方法,逐渐达到本公约中所承认的权利的充分实现”。该条第2款规定:“本公约缔约各国承担保证,本公约所宣布的权利应予普遍行使,而不得有例如种族、肤色、性别、语言、宗教 、政治或其他见解、国籍或社会出身、财产、出生或其他身份等任何区分。”从两个公约的规定来看,似乎两个公约所规定的两类人权的地域适用范围是不同的,公民权利和政治权利只具有属地性,而经济社会和文化权利则具有普遍性。

不过,美国只加入了《公民权利和政治权利国际公约》,而没有加入《经济社会和文化权利国际公约》,因为美国反对将经济社会和文化权利置于与公民权利和政治权利同等的地位。美国认为,经济社会和文化权利超越了美国宪法规定的范围。因此,美国认为经济社会和文化权利是一种“另类的”权利,反映的其实是一种经济和社会政策目标。[2] 这表明,美国只受《公民权利和政治权利国际公约》的约束。而美国历来坚持该公约只具有地域性而反对公约的域外适用。[3] 如果按照这种观点,美国不能以该公约为依据干涉他国境内发生的违反人权的行为。

鉴于此,美国对外实施经济制裁往往依据的是所谓的“对世义务”,也称为“对整个国际社会的义务”(obligations erga omnes)。至于“对世义务”的范围,国际法院在“巴塞罗那电车案”中指出:“这些义务在现代国际法中,是确

---

① 目前有一种较为普遍的观点认为,该公约第2条第1款规定,缔约国必须尊重和保证在其领土内和受其管辖的一切个人享有本公约所承认的权利。这就意味着缔约国必须尊重和保证在其权力范围内或者有效控制下的任何人——即使不在缔约国领土上——享有公约所规定的权利。因此,公约具有一定的域外效力。参见孙世彦:《〈公民及政治权利国际公约〉的域外适用——人权事务委员会对“在其领土内和受其管辖的一切个人”的解释》,载《中国国际法年刊》2010年第1期。

② Philip Alston & Gerard Quinn, *The Nature and Scope of States Parties' Obligations Under the International Covenant on Economic, Social and Cultural Rights*, 9 Hum. Rts. Q. 158 (1987).

③ Beth Van Shaack, *The United States' Position on the Extraterritorial Application of Human Rights Obligations: Now Is the Time for Change*, 90 Int'l L. Stud. Ser. US Naval War Col. 20 (2014).

认侵略和灭绝种族为非法,以及宣布人类的基本权利,包括免受奴役和种族歧视等基本原则和规则。有些相应的保护权利已成为一般国际法的本身。"①西方国家据此认为,保护国际人权属于对世义务的核心内容,其对外经济制裁是为了强制不法行为国履行其对世义务,因此是合法的。

近年来,西方国家加强了利用人权实施制裁的力度。美国于2016年制定了《全球马格尼茨基人权问责法》,②授权美国总统对全世界任何地区发生的严重侵犯人权行为的政府官员实施制裁,包括禁发签证、查封财产等。2020年11月17日,欧盟理事会批准了《欧盟人权和民主行动计划(2020-2024)》,正式宣布在欧盟框架内建立"全球人权制裁机制",对世界范围内实施严重侵害人权行为的"个人、实体或机构"进行制裁,而无论是否为成员国国民,也无论是否发生在欧盟区域内。③ 欧盟目前正在实施的对外经济制裁项目超过40多项,涉及数十个国家和地区。④ 英国也颁布了类似立法。⑤2020年5月,美国国会通过了所谓的"维吾尔人权政策法",授权美国总统对我国新疆维吾尔自治区所谓的"强迫劳动"有关的官员实施经济制裁。2020年7月美国国会通过所谓的"香港自治法",并对我国内地和香港特别行政区的10名官员实施制裁。这些措施实际上都是打着保护人权的名义进行赤裸裸地干涉内政。⑥

二、经济制裁对国际人权法的违反

按照各国法律的基本原则,任何法律制裁都只能施加于犯罪者本人,而

① Barcelona Traction Case, ICJ Reports, 1970, p. 32.

② 参见罗艳华、庞林立:《美国人权制裁的新动态及其影响——以〈全球马格尼茨基人权问责法〉为例》,载《国际政治研究》2019年第3期。

③ Council Decision (CFSP) 2020/1999 of 7 Dec. 2020 Concerning Restrictive Measures Against Serious Human Rights Violations and Abuses and Council Regulation (EU) 2020/1998 of 7 Dec. 2020 Concerning Restrictive Measures Against Serious Human Rights Violations and Abuses, https://eur-lex. europa. eu/legal-content/EN/TXT/PDF/? uri=OJ:L:2020:410I:FULL&from=EN (accessed 23 Mar. 2022).

④ See EEAS website for all restrictive measures in force, http://eeas. europa. eu/cfsp/sanctions/index_en. htm (accessed 23 Mar. 2022).

⑤ The Global Human Rights Sanctions Regulations 2020, https://www. legislation. gov. uk/uksi/2020/680/introduction/made? view=plain; see also https://www. gov. uk/government/publications/financial-sanctions-global-human-rights (accessed 23 Mar. 2021).

⑥ 参见联合国人权理事会2021年3月23日通过的决议《单方面强制性措施对享受人权的不良影响》,A/HRC/RES/46/5。

不能及于无辜者。然而无论是单边的经济制裁还是多边的国际经济制裁,都是将目标国全体国民作为制裁的对象。其逻辑基础在于这样一种假定,即目标国所有国民都应当对该国政府所实施的违法行为承担责任。这种逻辑假定显然是错误的,因为现代社会任何一个国家政府的行为都不可能是全体国民意志的体现。国际法上也没有任何一条规定要求一国全体人民对其政府的行为承担法律责任。

制裁国可能希望,经济制裁会迫使目标国人民反对其政府或领导人的违法行为。这种逻辑也错误地估计了目标国人民的意愿或该国人民对其政府和领导人的影响力。古巴、伊拉克和缅甸等国的事实已经证明,经济制裁并没有达到改变被制裁国政策的目标,反而使这些国家的普通百姓长期忍受着苦难生活的折磨。它所造成的结果违背了国际人权法的基本原则。

即使是在战争法中,国际人道主义法的发展也要求在战争和武装冲突中不得以平民作为打击的目标。对一个国家全体人民进行的经济制裁所带来的一个必然后果是,目标国的大量无辜者要承担经济制裁的后果,这无疑会产生严重的人道主义灾难。正如霍夫鲍尔所言:"经济制裁通常是向无辜的人民发泄怒火。"①这在伊拉克和缅甸等国已经得到验证。即使是联合国进行的集体制裁也是如此。"联合国为了干预违反国际人权法而采用的集体制裁会导致进一步违反人权。一国境内的大多数人民因为少数人的犯罪行为而受到指控。这种方式的制裁直接违背了《联合国宪章》所宣示的有关生活标准的人权原则。进行集体制裁使得联合国在人权保护问题上显得很伪善。"②

1990 年由美国等西方大国和联合国共同发动的对伊拉克的经济制裁就广泛地被认为造成了一场人道主义灾难,甚至有人将制裁本身视为一场种族屠杀行动。③ 它对伊拉克人民和社会所带来的经济、生活、心理等人道主义方面的伤害程度之大,迫使包括联合国在内的国际社会开始认真反思经济制裁的人道主义后果。④ 1996 年世界卫生组织的调查报告中将实施经济制裁之

---

① Gary C. Hufbauer, *Economic Sanctions: America's Folly*, in Solveig Singleton & Daniel T. Griswold eds., Economic Casualties: How U. S. Foreign Policy Undermines Trade, Growth and Liberty, 2001, p. 93.

② Joy K. Fausey, *Comment: Does the United Nations' Use of Collective Sanctions to Protect Human Rights Violate Its Own Human Rights Standards?*, 10 Conn. J. Int'L L. 193, 196 (1994).

③ Andrew Fishman, *Between Iraq and a Hard Place: The Use of Economic Sanctions and Threats to International Peace and Security*, 13 Emory Int'l L. Rev. 687 (1999); Roger Normand, *Sanctions against Iraq: Is it Genocide?*, 58 Guild Prac. 27 (2001).

④ Ernest H. Preeg, *Feeling Good or Doing Good with Sanctions: Unilateral Economic Sanctions and the U. S. National Interest*, The CSIS Press, 1999, p. 7.

前与之后的情况进行对比，结果显示：伊拉克儿童的死亡率翻了 1 倍，其中 5 岁以下的婴儿的死亡率增加了 6 倍。[①] 1999 年，在巴西大使的建议下，安理会成立了 3 个专家小组，其中一个专门负责伊拉克的人道主义影响问题。该专家小组于同年向安理会提交的一份报告指出：经济制裁使伊拉克成为世界儿童死亡率最高的国家之一；伊拉克有 23 %的新生儿存在体重过轻问题；5 岁以下的伊拉克儿童有 1/4 存在严重的慢性营养不良问题；只有 41 %的伊拉克平民可以喝到洁净的水；83 %的伊拉克学校需要进行大修。[②] 1999 年联合国儿童基金会的调查报告公布了一个令人震惊的事实：伊拉克新生儿的死亡率在 1984 年为 4. 7 %，到 1994 年则上升为 10. 8%。由于联合国全面的经济制裁给伊拉克平民带来极大的人道主义灾难，联合国前秘书长安南在 2000 年国际和平学会组织的一次会议上表达了对制裁引发的人道主义问题的关切。他指出：“十年制裁不但存在效率问题，而且还使伊拉克的无辜平民成为被制裁国政府和国际社会的牺牲品。”[③]

国际社会对缅甸的经济制裁也清晰地说明了这一点。1988 年缅甸军政府镇压了民间游行示威运动，并拒绝承认 1990 年大选结果。美国迅速做出反应，取消了缅甸的普惠制待遇，并于 1990 年通过《关税与贸易法》，开始对缅甸实施经济制裁。1996 年，克林顿总统签署了《1997 年度海外活动法》（1997 Foreign Operations Act），并于 1997 年签署《海外行动拨款法案》，禁止向缅甸提供任何新的援助，禁止美国人在缅甸进行新的投资，禁止扩大现有经贸项目。2003 年有媒体曝出，缅甸政府镇压了昂山素季领导的民主运动，并将昂山素季关押，美国马上通过《缅甸自由民主法》（BFDA）[④]，该法禁止从缅甸进口任何物资，冻结缅甸领导人在美国的资产，并阻止缅甸向国际货币基金和世界银行申请贷款。从 1996 年起，欧盟也对缅甸采取了相应的制裁措施。

---

① WHO, *The Health Conditions of the Population in Iraq since the Gulf Crisis*: *Section* 4, *Impact on Child Malnutrition*, 1996.

② Report of the Second Panel established pursuant to the Note by the President of the Security Council S/ 1999/ 100 concerning the current humanitarian situation in Iraq, UN Document S/ 1999/ 356, 15.

③ Press Release, Secretary-General's Review: Lessons Learned During Sanctions Decade, In Remarks to International Peace Academy Seminar, April 17, 2000, SG/ SM/ 7360.

④ Burmese Freedom and Democracy Act of 2003, Pub. L. No. 108-61, § 1-9, 117 Stat. 864 (2003)；2006 年布什总统将《缅甸自由民主法》继续延长 3 年。此后该法多次延长。2012 年随着缅甸政府释放昂山素季并允许其参加选举，美国等西方国家放松了对缅甸的部分制裁，但并未完全取消。2012 年 5 月，奥巴马总统宣布继续延长在投资贸易等领域对缅甸的制裁 1 年。

1997 年欧盟也取消了缅甸的普惠制待遇,影响了缅甸 5%的出口贸易。2000 年欧盟颁布条例,冻结了缅甸政府有关人员的海外资产,并禁止向缅甸出口武器和“用于国内镇压和恐怖主义的物资”。[①] 2003 年之后,欧盟进一步扩大了制裁范围。国际组织也对缅甸问题进行了干预。1999 年国际劳工组织通过了一项决议,谴责缅甸政府使用强迫劳动,并中断了与缅甸的技术合作,禁止缅甸参加该组织的会议。2000 年由于缅甸没有对国际劳工组织的决议做出反应,该组织历史上第一次援用了《国际劳工组织章程》第 33 条,建议其成员重新评价与缅甸的关系并采取适当措施促使缅甸遵守其国际义务。[②]

然而我们看到,美国对缅甸几年来的经济制裁对缅甸军政府的打击是有限的。[③] 但是经济制裁对缅甸民众造成的伤害是严重的,美国从缅甸进口商品中 85%的产品生产企业并非由缅甸军政府所有或控制。这些企业大都是一些地方所有的、私立小公司。这些私人小企业雇佣了 72%的工人,生产全国 62%的出口产品。美国的经济制裁直接导致 4 万至 10 万名缅甸人失业,其中大多是女工,她们中许多人不得不加入卖淫行列,最终成为艾滋病的殉难者。缅甸的人均收入则因美国的制裁从 2003 年的 300 美元下降到 2004 年的 225 美元(非官方的统计甚至认为只有 135 美元)。[④] 2008 年 5 月,一场热带风暴席卷缅甸南部,造成近十万人的死亡,不能说这样一场深重的人道主义灾难与西方国家对缅甸多年的经济制裁没有任何关系。因此正如美国前总统卡特所说:“我们必须努力去改正这种不公正的经济制裁,它们试图去惩罚那些滥用权力的领导人,结果却常常造成那些本来就受到权力滥用伤害的人受到惩罚。”[⑤]

对海地的制裁结果也不乐观。据调查,在对海地制裁期间,海地儿童营

---

① Council Regulation (EC) No. 1081/2000.

② Press Release, ILO, International Labour Conference adopts Resolution Targeting Forced Labour in Myanmar (Burma), (June 14, 2000), http://www.ilo.org/public/english/bureau/inf/pr/2000/27.htm.

③ Thihan Myo Nyun, *Feeling Good or Doing Good: Inefficacy of the U.S. Unilateral Sanctions against the Military Government of Burma/Myanmar*, 7 Wash. U. Global Stud. L. Rev. 455, 478 n. 97 (2008); Joshua L. Savey, *Unilateral Sanctions: An Effective Foreign Policy Tool in Myanmar?*, 50 Willamette L. Rev. 371 (2014).

④ David I. Steinberg, *Myanmar, The Roots of the Economic Malaise*, in Kyaw Yin Hlaing et al. eds., Myanmar, Beyond Politics to Societal Imperatives, ISEAS – Yusof Ishak Institute, 2005, p. 93.

⑤ Jimmy Carter, Former U.S. President, Nobel Laureate, Nobel Lecture (Dec. 10. 2002), http://nobelprize.org/nobel_prizes/peace/laureates/2002/carter-lecture.html.

养不良情况和儿童死亡率均大幅增高。①

经济制裁的支持者们经常援引南非的例子作为通过经济制裁促进人权进步的例子。美国参议员迈康奈尔(Mitch McConnell)就声称:“制裁在南非发挥了作用,因此它们也会在缅甸起作用。”②但该观点一方面忽视了南非和缅甸两个国家之间存在的巨大差别。另一方面也过于夸大了经济制裁对南非的影响。南非废除种族隔离制度是国际社会和南非国内各种力量共同作用的结果,特别是南非人民自己奋斗的成果,绝非单靠西方国家经济制裁就能实现的。

再以所谓保护童工的《哈金法案》为例,1993 年美国参议员汤姆·哈金提出一项法案,即《童工防止法案》(Child Labor Deterrence Act),试图禁止使用童工生产的产品进口到美国。该法案如果通过,将迫使孟加拉国成衣制造厂数万名童工被解雇。国际劳工组织的抽样调查表明,这将带来其他方式的更为严重的对儿童权益的破坏,比如卖淫等,因为这些被解雇的童工根本没法返回学校。③ 最终该法案放弃了这种单纯的经济制裁模式,而是采用向被解雇童工发放补贴和提供教育计划的方案。

鉴于经济制裁造成的人道主义危机,联合国经社理事会下属的“经济、社会和文化权利委员会”在其 1997 年第 8 号“一般意见”中针对有关国家所采取的制裁措施发表的一般评论中着重指出:“在讨论制裁问题时,有必要区分对有关国家的当权者施加政治和经济压力使之遵从国际法这一基本目标与受制裁的最弱势群体遭受的附带影响。”④

2001 年联合国国际法委员会二读通过的“国家责任条款草案”第 50 条第 1 款也对反措施施加了限制,规定反措施不得影响下列义务:“(a)《联合国宪章》规定的不得实行武力威胁或使用武力的义务;(b)保护基本人权的义务;(c)禁止报复的人道主义性质的义务;(d)依一般国际法强制性规范承担的其他义务。”所有单方面强制性措施都是单方面制裁,但并非所有单方面制裁都可以被定性为单方面强制性措施。近年来一些西方国家提出对经济制裁进

---

① Reid, Britt C. ,Psoter, Walter J. Gebrian Bette and Wang, Min-Qi, *The Effect of an International Embargo on Malnutrition and Childhood Mortality in Rural Haiti*, 37 International Journal of Health Services 501 (2007).

② Michael Schuman, *Going Nowhere*, Time, 2006, at 32.

③ ILO, Workshop No. 2-Globalization, Liberalization and Child Labor (1997), http://www.ilo.org/public/english/comp/child/conf/amsterdam/workshop2.htm.

④ E/C. 12/1997/8, 5. Dec. 1997, para. 1.

行改革,实行"聪明制裁"以减轻经济制裁对人权的影响。① "聪明制裁"也称"灵巧制裁",是指通过对经济制裁的方式进行一些改革,最大限度地影响目标国的政治决策,同时最低限度地影响目标国的一般民众的生活,避免人道主义伤害。聪明制裁采用所谓的"定向"的制裁手段,不再像以前那样针对目标国实施全方位制裁,而是有选择地确定制裁对象和制裁手段。在制裁对象上,锁定在目标国的领导集团或决策人物以及特定企业和个人;在制裁手段上,仅仅贴近那些能够最大限度影响目标国决策行为的经济层面,比如某个具体的产业或产品(如金融行业、石油进出口、军火贸易等)。对于与普通民众生活相关领域则不受制裁的影响。

无论制裁多么"聪明",都难以避免给被制裁国人民的人权造成损害。②任何形式的经济制裁,都必须在符合合法性、正当性、必要性和相称性原则的基础上,遵守人权法、难民法和人道主义法上的国际义务。任何所谓的"高尚价值"都不能成为侵犯基本人权的理由,包括生命权、健康权和食物权,特别是涉及那些单方面制裁试图促进其权利的人。

2019年年底暴发的新冠肺炎疫情进一步反映出单方面经济制裁对人权造成的负面影响。自新冠病毒感染开始以来,美国对古巴的贸易禁运一直没有放松。美国呼吁其他国家不要接受古巴的人道主义援助,包括已被派往其他国家协助抗击新冠肺炎的古巴医疗队,因为古巴为此获得的资金可能会抵消美国制裁所产生的部分影响。瑞士IMT医疗公司和Acutronic医疗系统公司在被一家美国公司收购后不能向古巴运送医疗设备。美国制裁的域外执行行为导致瑞士的私营和公共部门银行中止向古巴转账,导致一些瑞士人道主义组织无法与古巴医疗实体合作。中国企业家马云捐赠的抗击新冠肺炎的设备无法运抵古巴,因为受雇运输货物的美国公司在最后一刻退却,理由是美国的制裁法令使该公司无法履行合同。英格兰银行阻止委内瑞拉取用其存放在该国银行、意欲用来抗击新冠肺炎的价值近10亿美元的黄金。2020年6月16日,英国上诉法院的一项裁决承认了美国对伊朗制裁措施的域外效力。单方面制裁进一步阻碍了受制裁国抗击大流行疫情的能力。在一些受制裁国,由于医务人员移民到更稳定的国家,面临医务人员不足问题(如委内

---

① David Cortright/George A. Lopez eds., *Smart Sanctions: Targeting Economic Statecraft*, New York, 2002, p. 1.

② 参见第七十五届联合国大会2020年12月16日通过的大会决议:"人权与单方面强制性措施",A/RES/75/181。

瑞拉),还面临诊断和治疗新冠肺炎和其他疾病所需的药品和医疗设备短缺问题,涉及氧气供应和呼吸机(古巴、伊朗、苏丹、委内瑞拉)、防护工具包(古巴)、零部件、软件(古巴、苏丹、叙利亚)、燃油、电力、饮用水和卫生用水(叙利亚、委内瑞拉)等。①

三、经济制裁与发展权

发展权是国际法中一种新型的人权。"发展权"最早是1970年联合国人权委员会委员卡巴·穆巴耶在一篇题为《作为一项人权的发展权》的演讲中被提出,并立即受到了广大发展中国家的强烈支持。1979年,第三十四届联合国大会在第34/46号决议中确认,发展权是一项人权,平等发展的机会是各个国家的天赋权利,也是个人的天赋权利。1986年,联合国大会第41/128号决议通过了《发展权利宣言》,对发展权的主体、内涵、地位、保护方式和实现途径等基本内容作了全面的阐释。1993年通过的《维也纳宣言和行动纲领》再次重申发展权是一项不可剥夺的人权,从而使发展权的概念更加全面、系统。② 发展权在坚持个人良好发展的同时,也强调了"集体人权"这一新生概念,也就是要求各国、各民族都能平等、自由、友好地交流合作,均等地享受发展机会。发展权强烈地反映了发展中国家对发达国家制定的国际秩序的不满以及对国际公平正义的诉求。③

发展权既是一项个人人权,同时也是一项国家或民族的集体人权。④ 这

---

① 参见联合国人权理事会2020年第四十五届会议通过的《单方面强制性措施对享受人权的不良影响问题特别报告员的报告》,A/HRC/45/7;联合国人权理事会单方面强制性措施对享受人权的不良影响问题特别报告员埃琳娜·窦涵的报告:《在冠状病毒病大流行期间单方面强制性措施对享受人权的不良影响》,A/75/209。

② See U. N. Charter arts. 55–56; Universal Declaration of Human Rights, G. A. Res. 217A, at 71, U. N. GAOR, 3d Sess., 1st plen. mtg., U. N. Doc. A/810 (Dec. 12, 1948); International Covenant on Civil and Political Rights, G. A. Res. 2200[B] (XXI), at 52, U. N. GAOR, 21st Sess., 1496th plen. mtg., Supp. No. 16, U. N. Doc. A/6316 (Dec. 16, 1966); International Covenant on Economic, Social and Cultural Rights, G. A. Res. 2200[A] (XXI), at 49, U. N. GAOR, 21st Sess., 1496th plen. mtg., Supp. No. 16, U. N. Doc. A/6316 (Dec. 16, 1966); Declaration on the Right to Development, G. A. Res. 41/128, at 186, U. N. GAOR, 41st Sess., 97th plen. mtg., Supp. No. 53, U. N. Doc. A/41/53 (Dec. 4, 1986).

③ Jack Donnelly, *In Search of the Unicorn: The Jurisprudence and Politics of the Right to Development*, 15 Cal. W. Int'l L. J. 473, 482–483 (1985); Stephen Marks, *The Human Right to Development: Between Rhetoric and Reality*, 17 Harv. Hum. Rts. J. 137, 138 (2004).

④ 中华人民共和国国务院新闻办公室:《发展权:中国的理念、实践与贡献》白皮书,2016年12月1日发布,载http://www.gov.cn/zhengce/2016-12/01/content_5141177.htm。

两个方面是相辅相成、不可分割的。在一国范围内,发展权首先是一项个人人权。个人只有作为发展权的主体,才能充分地、自由地参与政治、经济、社会和文化的发展,并公平享有发展所带来的利益。但是,个人和集体是相互依赖的,没有国家或民族的发展,也就很难谈到个人的发展。因而,发展权必然是一项不可否认的集体人权。《发展权利宣言》指出,国家有权利和义务制定发展政策,保障每个人发展均等和公平享有发展所带来的利益。在国际范围内,实现国家或民族的发展权则主要依靠国际社会的共同努力。各国均有促进本国发展的责任。为保障发展权,必须建立国际政治经济新秩序,消除妨碍发展中国家发展的各种障碍。发展权是实现各项人权的必要条件。《发展权利宣言》指出,发展是政治、经济、社会和文化全面发展的进程,只有在这一进程中所有人权和基本自由才能逐步得到实现。

美国历来反对发展权的概念,在联合国历次通过的有关发展权的决议中,美国都投了反对票。美国虽然签署了联合国《经济社会和文化权利国际公约》,但始终拒绝批准。美国虽然签署和批准了《公民权利和政治权利国际公约》,但也做了一项保留声明,声称该公约不具有自动执行性。

尽管有美国的反对,但发展权已经得到世界绝大多数国家的承认,从而具有了习惯国际法的性质,甚至被认为构成了国际强行法。因此,美国对发展中国家的经济制裁无疑侵犯了发展中国家的发展权,从而违反了国际法。① 以美国对古巴制裁为例,美国对古巴的经济制裁已经延续了半个世纪,给古巴造成了巨大的经济损失,严重阻碍了古巴经济社会文化等各方面的发展,不仅侵害了古巴国家的发展权,同时也侵犯了古巴人民的基本人权。②

四、经济制裁与反种族歧视

联合国大会1965年12月21日第2106(XX)号决议通过的《消除一切形式种族歧视国际公约》(以下简称《消除种族歧视公约》)第2条明确规定:“一、缔约国谴责种族歧视并承诺立即以一切适当方法实行消除一切形式种族歧视与促进所有种族间的谅解的政策,又为此目的:(1) 缔约国承诺不对人、人群或机关实施种族歧视行为或习例,并确保所有全国性及地方性的公

---

① Benjamin Manchak, *Comprehensive Economic Sanctions*, *The Right to Development and Constitutionally Impermissible Violations of International Law*, 30 B. C. Third World L. J. 2010, p. 417.

② Joy Gordon, *A Peaceful*, *Silent*, *Deadly Remedy*: *The Ethics of Economic Sanctions*, 13 Ethics & Int'l Aff. 123 (1999).

共当局及公共机关均遵守此项义务行事;(2) 缔约国承诺对任何人或组织所施行的种族歧视不予提倡、维护或赞助;(3) 缔约国应采取有效措施对政府及全国性与地方性的政策加以检查,并对任何法律规章足以造成或持续不论存在于何地的种族歧视者,予以修正、废止或宣告无效;(4) 缔约国应以一切适当方法,包括依情况需要制定法律,禁止并终止任何人、任何团体或任何组织所施行的种族歧视;(5) 缔约国承诺于适当情形下鼓励种族混合主义的多种族组织与运动,以及其他消除种族壁垒的方法,并劝阻有加深种族分野趋向的任何事物。二、缔约国应于情况需要时在社会、经济、文化及其他方面,采取特别具体措施确保属于各该国的若干种族团体或个人获得充分发展与保护,以期保证此等团体与个人完全并同等享受人权及基本自由,此等措施于所定目的达成后,绝不得产生在不同种族团体间保持不平等或个别行使权利的后果。"

2017 年 6 月,沙特、巴林、阿联酋与埃及宣布,其与卡塔尔断绝外交关系,并对卡塔尔实施了前所未有的"外交封锁"。四国指责卡塔尔存在支持"极端主义者"及破坏地区稳定等行为。四国对卡塔尔采取了广泛的制裁措施。以阿联酋为例,2017 年 6 月阿联酋中央银行(UACB)将六家卡塔尔银行列入"观察名单",要求阿联酋银行加强尽职调查并筛选来自这些银行的任何汇款银行。根据 2014 年关于打击恐怖主义罪行的第 7 号阿联酋联邦法律和 2014 年关于阿联酋恐怖主义观察名单系统的阿联酋内阁第 35 号决议,阿联酋于 2017 年 6 月 9 日发布了 2017 年第 18 号内阁决议,批准了指定恐怖组织和个人名单(内阁第 18 号决议),将 59 名个人和 12 个与卡塔尔、卡塔尔为基地或与卡塔尔有关的实体指定为"指定的恐怖组织和个人",任何向此类个人或实体提供支持(包括财务支持)的人将面临刑事处罚。由于阿联酋上述法律完全适用于阿联酋的金融自由区(迪拜国际金融中心和阿布扎比全球市场),因此对于此类个人和实体交易的限制完全扩展到位于这些司法管辖区的金融机构。同日,阿联酋中央银行发布了两份通知——第 156 号通知和第 157 号通知。第 156 号通知要求受阿联酋央行监管的人立即根据内阁第 18 号决议的指定检查现有客户的账户和工具,并通知阿联酋中央银行响应。第 157 号通知要求所有受阿联酋央行监管的实体对涉及以下六家卡塔尔银行的任何账户或交易实施强化尽职调查措施(具体要求见《阿联酋反洗钱法》《阿联酋反洗钱实施条例》):卡塔尔伊斯兰银行、卡塔尔国际银行伊斯兰银行、巴瓦银行、玛斯拉夫艾尔雷恩银行、卡塔尔国家银行和多哈银行。第 157 号通知还要求将其实施情况的每周更新报告发送给阿联酋中央银行。迪拜国际金融中心的金融监管机构——迪拜金融服务管理局(DFSA)和阿布扎比全球市场的金融监管机构——金融服务监管局(FSRA)于2017年6月12日发出信函,要求其受监管的实体(包括金融机构和指定的非金融企业)和专业机构执行上述通知要求。

卡塔尔坚决反对上述国家的制裁并发起了多项法律行动。2018年6月11日,卡塔尔向海牙国际法院提起诉讼,指控阿联酋制定并实施了一系列针对卡塔尔的歧视性措施,包括驱逐卡塔尔公民,以及对卡塔尔实施海上与空中的封锁,要求海牙国际法院命令阿联酋采取紧急措施以保护卡塔尔公民的权利。①

为了确立法院的管辖权,卡塔尔援引了《国际法院规约》第36条第1款和《消除种族歧视公约》第22条的规定。法院于2018年6月就卡塔尔关于指示临时措施的请求举行了公开听证会。在2018年7月23日的命令中,法院得出结论,从表面上看,它有权根据《消除种族歧视公约》第22条向在缔约方之间与该公约的"解释或适用"有关的争端,以及其规约要求其指示临时措施的条件得到满足的情况下。在其命令结束时,法院指示阿联酋"确保(1)因阿拉伯联合酋长国于2017年6月5日采取的措施而分开的包括卡塔尔人在内的家庭团聚;(2)受阿拉伯联合酋长国2017年6月5日采取的措施影响的卡塔尔学生有机会在阿拉伯联合酋长国完成学业,或如果他们希望在其他地方继续学习,则可以获得其教育记录;(3)受阿拉伯联合酋长国2017年6月5日采取的措施影响的卡塔尔人获准诉诸阿拉伯联合酋长国的法庭和其他司法机关"。法院还命令双方不要采取任何可能加剧或延长法院争议或使其更难以解决的行动。②

2019年3月22日,阿联酋向法院登记处提出指示临时措施的请求,以"(1)维护其在本案中的程序权利;(2)防止卡塔尔进一步加剧或扩大当事方之间的争端,等待对本案的最终裁决"。在2019年5月就该请求举行公开听证会后,法院于2019年6月14日发布命令,驳回了阿联酋提交的指示临时措施的请求。③

2019年4月30日,阿联酋对法院的管辖权和申请的可受理性提出初步

① https://www.icj-cij.org/public/files/case-related/172/172-20180611-APP-01-00-EN.pdf.

② https://www.icj-cij.org/public/files/case-related/172/172-20180723-ORD-01-00-EN.pdf.

③ https://www.icj-cij.org/public/files/case-related/172/172-20190614-ORD-01-00-EN.pdf.

反对意见。根据《国际法院规约》,关于案件实质的诉讼程序随后暂停。在2020年8月和9月举行公开听证会后,法院于2021年2月4日就阿联酋提出的初步反对意见作出判决。在判决中,法院维持了第一项初步反对意见,即该争议不属于消除种族歧视委员会,并认为它无权受理卡塔尔于2018年6月11日提交的申请。[①]

五、小结

正如学者们批评的那样,经济制裁是残忍的手段,它使被制裁国的人民忍受饥饿和贫穷,没有工作和医疗保障,严重侵犯了被制裁国普通人民的基本人权,故很多人主张废除经济制裁。有人比喻说,经济制裁就像为了消灭一个恐怖分子而把整个飞机都击落。[②] 美国对波兰的制裁导致美国取消了对波兰7.4亿美元的用于进口美国谷物的贷款,这直接导致波兰的食物短缺,给该国普通百姓带来食物危机。在南非,美国的经济制裁直接导致近10万个工作岗位的流失,而失业人口中大多数是黑人。在伊拉克,经济制裁更是导致各种食品的短缺,普通百姓的生活水平已经下降到最低标准。在海地和缅甸,经济制裁同样导致大量普通工人失业、食物和医疗短缺、儿童营养不良等人道主义灾难。

西方有观点认为,经济制裁促使国际人权法得到发展。[③] 他们认为:"经济制裁除了发挥传统的功能,即惩罚和改变外国国家之外,还有助于实现人权标准的国际定义、颁布、承认以及人权标准在各国的统一。"[④]他们认为,如果各国都依照国际法来制定自己的国内政策,就可以形成一个国际标准。经济制裁可以促使被制裁国遵守国际法的标准,并改变其国内人权政策。

两种观点的分歧在于对人权的内涵有根本上的认识差距,实际上反映了经济制裁本身具有内在的矛盾性:一方面它是为了惩罚被制裁国违反国际人权法的行为;另一方面经济制裁本身又导致了大规模的对人权的破坏。

这一矛盾的产生实际上还反映了国际社会对国际人权法本身的理解存

---

① https://www.icj-cij.org/public/files/case-related/172/172-20210204-JUD-01-00-EN.pdf.

② Thomas G. Weiss et al., *Introduction to Political Gain and Civilian Pain*, Rowman & Littlefield 1997, p. 6.

③ Sarah H. Cleveland, *Norm Internalization and U. S. Economic Sanctions*, 26 Yale J. Int'l L. 1 (2001).

④ Sarah H. Cleveland, *Norm Internalization and U. S. Economic Sanctions*, 26 Yale J. Int'l L. 1 (2001).

在根本的分歧。发达国家更重视公民权利和政治权利;而发展中国家则更强调经济、社会和文化权利。发达国家特别是美国往往打着维护人权(公民权利和政治权利)的旗号对外实施各种经济制裁,而很少去关注经济制裁对被制裁国人民经济、社会和文化权利的破坏。

公民权利和政治权利,如生命权、自由权、不受奴隶和强迫劳动的权利等,是一种"消极的权利"(negative right),政府的义务就是尽量不作为,以避免影响这些权利的行使;相反,经济、社会和文化权利通常被认为是"积极的权利",即政府应当有所作为。比如工作和获得适当报酬的权利、获得食物的权利、健康权、受教育权等。这些权利都需要政府积极努力去创造条件,保障人民能够享有。正是基于这样的性质,要判断一个国家是否侵犯了经济社会和文化权利,就非常困难。一国政府到底要积极作为到什么程度才算是有效地维护了人民的此种权利?当然一个最基本的原则是政府不能让人民的经济社会和文化权利发生倒退。

尽管美国反对经济社会文化权利,认为它们不同于公民权利和政治权利。但是国际法律文件已经明确承认两种类型权利的同等性质。无论是《公民权利和政治权利国际公约》还是《经济社会和文化权利国际公约》,都在其序言里面承认两种类型的人权不能孤立地单独得到保护,而必须相互依赖、相互配合。

我们注意到,《公民权利和政治权利国际公约》第2条第1款已经规明确规定,任何国家不得域外执行其所承担的公约义务。根据该条规定,对于发生在其他国家境内的违反人权法的行为,美国无权进行干预。不过,美国的依据则是习惯国际法。由于很多被制裁国都不是《公民权利和政治权利国际公约》的缔约国,所以该公约不适用于美国和这些国家之间的关系。

一些美国学者呼吁美国政府在对外经济制裁中,不仅要关注公民权利和政治权利,还要考虑到经济社会和文化权利。这正是近年来美国大力采用所谓的"聪明制裁"的原因。为了体现"聪明制裁",美国学者建议美国政府在对外经济制裁中加入经济社会和文化权利的因素,把维护经济社会和文化权利也作为对外经济制裁的理由。[①] 另外有人建议要平衡人权法和人道主义法的

① Amy Howlett, *Getting "Smart": Crafting Economic Sanctions that Respect All Human Rights*, 73 Fordham L. Rev. 1234 (2004); Victoria Anglin, *Why Smart Sanctions Need a Smarter Enforcement Mechanism: Evaluating Recent Settlements Imposed on Sanction-Skirting Banks*, 104 Geo. L. J. 693 (2016).

关系,保护人权是实施经济制裁的原因,但实施经济制裁的过程中要注意人道主义关注。①

无论美国如何为其制裁他国的单边行为进行辩护和改革,这些制裁都客观上侵害了被制裁国人民的经济社会和文化权利。《经济社会和文化权利国际公约》要求"每一缔约国家承担尽最大能力个别采取步骤或经由国际援助和合作,特别是经济和技术方面的援助和合作,以便用一切适当方法,尤其包括用立法方法,逐渐达到本公约中所承认的权利的充分实现"。这表明,《经济社会和文化权利国际公约》要求缔约国要履行"国际合作"的义务。美国的经济制裁不仅不提供这样的合作,反而进一步造成对被制裁国人民经济社会和文化权利的侵害。

联合国人权理事会的许多决议(第 15/24 号决议,第 1~3 段;第 19/32 号决议,第 1~3 段;第 24/14 号决议,第 1~3 段;第 27/21 号决议,第 1~3 段;第 30/2 号决议,第 1~2 段和第 4 段;以及第 34/13 号决议,第 1~2 段和第 4 段)和大会决议(第 69/180 号决议,第 5~6 段;第 70/151 号决议,第 5~6 段;以及第 71/193 号决议,第 5~6 段)一再确认单方面强制性措施的非法性质。人权理事会和联合国大会还多次申明,不应剥夺人民自己的生存手段,特别是在食物和药品方面。尤其是对国际人道法和人权法有影响的域外适用法律不被人接受。②

第三节　经济制裁与国际法中的比例原则

一、比例原则的概念

比例原则(principal of proportionality)本来是一个国内公法中的概念,其基本含义是指公权力的行使在其目的和所采用的手段之间应当存在一个相应的比例。③ 比例原则的思想虽然可以溯源于英国大宪章有关"人民不得因轻罪而受重罚"的规定,但其在现代法律中的采纳一般被认为始于德国 19 世纪的警察法。德国行政法学者奥托·迈尔(Ottomayer)在 1895 年出版的《德

---

① R. Provost, *Reciprocity in Human Rights and Humanitarian Law*, 55 B. Y. I. L. 383 (1994).

② 联合国人权理事会 2020 年 7 月 21 日关于《单方面强制性措施对享受人权的不良影响问题特别报告员的报告》,A/HRC/45/7。

③ 蒋红珍:《比例原则适用的范式转型》,载《中国社会科学》2021 年第 4 期。

国行政法》中,首次提出“警察权力不可违反比例原则”。1923 年在同书第 3 版中他进一步指出:“权力逾越必要限度即是违法的滥权。”20 世纪初德国另一位行政法大师弗莱纳(F. Fleiner)在其《德国行政法体系》一书中用提出“不可用大炮打麻雀”的名言,使比例原则的概念广为传播。此后,比例原则逐渐被德国刑事法和警察法所采纳,并最终在 20 世纪 50 年代以后,通过联邦宪法法院的判例而上升为宪法原则。①

具体而言,比例原则包括以下三项要求:关联性、必要性和相称性。关联性要求所采取的手段必须符合立法的目的;必要性要求所采取的手段应尽可能产生最小的侵害;相称性要求所采取的手段和目的之间应当对称,不可过度。②

二、国际法中的比例原则

(一)武力制裁措施中的比例原则

比例原则已经从德国行政法学向其他国家、其他学科中广泛传播,出现了所谓的“比例原则的全球化现象”。③ 比例原则在国际法中最早出现于武装冲突法领域,一开始被用于对武力使用的限制,最早可以追溯到 1837 年发生在美国、英国之间的“加洛林号事件”。该事件发生后,美国国务卿丹尼尔·韦伯斯特在外交通信中指出,在行使自卫权时,必须存在“自卫的必要性,即刻不容缓的、压倒一切的、没有选择手段的和没有考虑时间的”情况,而且所采取的行为应当不包括“任何不合理或过当,因为以自卫的必要为理由的行为必须为该必要所限制,并且明显地限于该必要的范围之内”。韦伯斯特的声明后来被称为“加洛林原则”,逐渐成为习惯国际法的一部分,它反映了自卫权行使的两个条件,即必要性和相称性。本案因此而被认为是比例原则在自卫权中运用的发端。④

国际法院在“尼加拉瓜军事和准军事行动案”中对此原则再次给予了确认。法院认为:“存在着一项具体的规则,依该规则,自卫中所采取的措施唯有是与武力攻击相称的,并且是必须对武力攻击做出反应的,方为正当,这是

---

① 陈新民:《德国公法学基础理论》(下册),山东人民出版社 2001 年版,第 376~380 页。

② L. Hirschberg, Der Grundsatz der Verhältnismäßigkeit, 1981, S. 6ff.

③ 参见戴昕、张永健:《比例原则还是成本收益分析?——法学方法的批判性重构》,载《中外法学》2018 年第 6 期;郑晓剑:《比例原则在民法上的适用及展开》,载《中国法学》2016 年第 2 期。

④ 马新民:《使用武力法:发展与挑战》,载《中国国际法年刊》2013 年第 1 期。

一项在国际法上久已确认的规则。”①

国际法院在1996年“关于核武器的合法性问题案”中发表的咨询意见也强调:“自卫权的行使须遵守必要性和相称性的条件,这是国际习惯法的一项规则。”②国际法院还进一步指出:“相称性原则本身并不排除在一切情况下使用核武器进行自卫。但是同时,某一武力的使用要成为合法,按照自卫法必须是相称的,还必须符合那些含有人道主义法原则和规则的适用于武装冲突的法律的要求。”③法院还进一步指出,必要性和相称性这两个条件也同样适用于对《联合国宪章》的解释。《联合国宪章》第51条对自卫权的规定虽然没有明文提及必要性和相称性原则,但鉴于这两个条件已经成为习惯国际法的一部分,在解释第51条时自然也要遵循。④

1928年的“诺里拉案”涉及报复行动中的比例原则。该案又称“德国对非洲南部的葡萄牙殖民地造成的损害的责任案”。该案起因是“一战”期间德国士兵在非洲南部葡萄牙殖民地边界上遭到葡萄牙枪击,德国以此为由对葡萄牙殖民地进行报复,劫掠和毁坏了葡萄牙人的财产,致使葡萄牙人诺里拉遭受巨大损失。战后,葡萄牙政府向两国组成的特别仲裁法庭控告,要求德国赔偿损失。德国主张其行动是报复行动。特别法庭判决称,德国在该案中所采取的报复行动是非法的,因为葡萄牙在边境事件中对一些德国士兵开枪的行为与德国大规模侵犯葡萄牙领土的行动之间显然是不成比例的。法庭的多数意见判决指出:“即使我们承认国际法并不要求报复与不法行为大体相称,但应该认为,报复与引起报复的行为如不相称(out of all proportion),则应被视为过分和非法。”⑤

比例原则也被用于限制武装冲突中对人道主义的破坏,从而成为国际人道法的基本原则之一。⑥ 国际人道法是指“由协议或习惯所构成的、其目的在于为解决由国际性和非国际性武装冲突直接引起的人道问题,以及出于人道方面的原因、为保护已或可能受武装冲突影响的人员及其财产而对有关冲突

---

① Nicaragua Case, ICJ Reports, 1986, p. 94, para. 176.

② Advisory Opinion on the Legality of the Threat or Use of Nuclear Weapons, July 8, 1996, para. 41.

③ Advisory Opinion on the Legality of the Threat or Use of Nuclear Weapons, July 8, 1996, para. 41-42.

④ Peter Malanczuk, *Akehurst's Modern Introduction to International Law*, 7th edition, Routledge, 1997, p. 317.

⑤ Portuguese Colonies Case (Naulilaa incident), UNRIAA, Vol. Ⅱ, p. 1011(1928).

⑥ 陈晓明:《比例原则与国际争端中的武力使用》,载《法治研究》2013年第12期。

方使用的作战手段和方法的选择进行一定限制的国际规则”。① 国际人道法的目的在于减少战争的残酷性,为交战方制定最低限度的游戏规则。1977年通过的《1949年8月12日日内瓦四公约关于保护国际性武装冲突受难者的附加议定书》(以下简称《日内瓦公约第一附加议定书》)中采纳了比例原则。该议定书要求军事行动中手段与目的要对应或成比例,不可造成过分伤害。战争的目的是摧毁或削弱敌人的军事实力,交战各方对敌方的伤害不应与这一目标的要求不相称。根据比例原则,作战方法和手段的使用应与预期的、具体的和直接的军事需要成比例,禁止引起过分伤害和不必要痛苦的作战方法和手段。比例原则同时要求在攻击中禁止发动可能使平民生命受损失、平民受伤害、平民物体受损害并且与预期的具体和直接军事利益相比损害过分的攻击。②

(二)经济制裁措施的比例原则

1978年的“1946年3月27日航空服务协定案”涉及反措施中的比例原则。该案中,法国拒绝美国来自其西海岸的航班在伦敦改变计算标尺。美国认为此举违背了法国与美国签订的航空服务协定,因而中止了法国飞往洛杉矶的航班作为回应。法国、美国同意将此争端交付仲裁。仲裁庭认为:“美国是对法国的违约行为作出回应,而且其回应符合国际法关于反措施的要求,特别是在目的性和相称性方面。”仲裁庭指出:“一般同意的看法是,一切反措施首先必须与被指控的违约行为具有某种程度的相称性,这是一条众所周知的规则……一般而言,判断反措施是否相称并不是一件容易的事,最多只能进行大致评估。按照仲裁庭的意见,最基本的要素是在国与国之间发生争端时,不仅应考虑到当事公司受到的伤害,也要考虑到由被指控的违约行为引起的原则问题的重要性。仲裁庭认为,在本案中不能仅在美国航空公司与法国公司因反措施而蒙受的损失这二者之间进行比较;还有必要考虑法国当局禁止在第三国改变标尺这一原则立场的重要性。如果把该问题的重要性放在下列背景下,即美国政府总的航空运输政策以及为实施该政策而与除法国以外的国家签订的大量国际协定这个背景下加以考察,则美国采取的措施与法国采取的措施相比,看似并非明显地不相称。两个当事国都没有向仲裁庭提出充分证据以肯定或推翻这些方面的相称性,因此,仲裁庭只能满足

---

① 朱文奇:《国际人道法概论》,台湾,建宏出版社1997年版,第5页。

② 《日内瓦公约第一附加议定书》第51(5)(b)条。

于一项十分近似的判断。”①

国际法院在“尼加拉瓜诉美国的军事与准军事行动案”②中的裁决也是采用比例原则的先例。该案中，法院认为，美国以提供财政支持、训练、武器装备、情报、后勤支持的形式支持尼加拉瓜境内的反政府武装的军事及准军事活动，美国的行为明显构成了对不干涉内政原则的违反。但国际法院同时注意到，1984 年 10 月，美国国会决定停止对尼加拉瓜反政府武装提供军事援助，而仅向后者提供“人道主义援助”。法院指出，人道主义援助不能被视为非法的干涉；但如果提供“人道主义援助”要避免被谴责为对另一国内政的干涉，它就必须只能用于红十字运动所追求的目的，并且不加歧视地提供给冲突各方。尼加拉瓜同时还指控美国对它采取某些经济制裁行动是对它的间接干涉，法院认为在本案情况下，它不能将这种被指控的行为视为对习惯法上不干涉原则的违反。

国际法院审理的“加布奇科沃—大毛罗斯工程案”中，也涉及反措施的比例原则问题。该案涉及 1977 年，匈牙利和捷克斯洛伐克之间缔结的关于在流经两国的多瑙河上修建水坝工程的协议。1989 年，匈牙利以影响环境为由宣布终止和放弃该工程，但捷克斯洛伐克拒绝接受，并单方面着手在境内修建改变多瑙河水道的工程，以回应匈牙利破坏 1977 年条约的行为。1993 年，斯洛伐克独立后继续该工程，由此引发与匈牙利之间的纠纷。两国将其争端提交国际法院。法院认为，匈牙利无权终止和放弃 1977 年条约规定的水坝工程。至于斯洛伐克是否可以单方面修建改变多瑙河水道的工程并以此为对匈牙利终止条约行为的反措施，法院认为，一项反措施必须满足某些条件。法院指出：“斯洛伐克通过单方面控制一项共享资源，从而剥夺了匈牙利平等合理分享多瑙河自然资源的权利，并利用河水改道对奇济科兹沿岸地区的生态环境造成持续影响，因而未能尊重国际法要求的相称性……法院因此认为，斯洛伐克将多瑙河改道不是合理的反措施，因为它不符合相称性。”③

联合国国际法委员会 2001 年二读通过的“国家责任条款草案”对反措施中的比例原则作出了规定：“反措施必须和所遭受的损害相称，其中应考虑到国际不法行为的严重程度和相关权利。”④这可以说是迄今为止国际法对比例

① Air Service Agreement Case, UNRIAA, Vol. 18, p. 417 (1978).

② Nicaragua Case, ICJ Report, 1986, p. 101, para. 126.

③ Gabcíkovo-Nagymaros Projec Case, ICJ Report, 1997, p. 56, para. 85.

④ 该条英文原文为：“Article 51. Proportionality—Countermeasures must be commensurate with the injury suffered, taking into account the gravity of the internationally wrongful act and the rights in question.”

原则最精确的表述。该条款采用了肯定式表达语态,而非否定式语态,因为起草者考虑到肯定式语态更具有强制性效果,而否定式语态容易给人留下一种模棱两可的印象,造成在具体适用时给当事人提供过多自由解释的空间,从而可能导致反措施的滥用。该草案也为比例原则提供了两个衡量标准:即国际不法行为的严重性和相关权利。除这两个标准之外,学者们认为比例原则同时要考虑到国际不法行为和所采取的措施之间的关联性,也就是合目的性。该草案第 49 条规定,反措施的目的在于“促使一国际不法行为的责任国依第二部分履行其义务”。如果超出这一目的,反措施就违反了比例原则而失去合法性,比如出于惩罚目的的措施就不属于反措施。①

综上所述,比例原则得到了多数国际法学者的承认和接受。② 劳特派特修订的《奥本海国际法》也指出,无论是积极的或消极的报复都必须与所受损害和为取得的赔偿所需要的强制成比例。例如,一个国家没有理由仅因外侨的本国对该国侨民拒绝司法,便为报复起见把自己境内成千的该国侨民加以逮捕。③ 对于比例原则的具体标准,国际法并没有明确规定,一方面是因为现代国际法无法对比例原则中的“比例”作出准确衡量;另一方面其标准的模糊也可以为在各种具体情况下采取应对措施的限度留下灵活的余地。从国际实践来看,对比例原则的考虑取决于具体情况,不仅要从所受损害的“数量”上进行衡量,而且也要考虑所涉及的各种权利的“质量”因素,比如受保护的权利的重要性以及违法行为的严重性等。④

第四节　联合国对单边经济制裁的态度

一、联合国大会

(一)《消除以单方面治外强制性经济措施作为政治和经济胁迫的手段》决议

1996 年、1998 年、2000 年和 2002 年,联合国大会四次通过了《消除以单

---

① Enzo Cannizzaro, *The Role of Proportionality in the Law of International Countermeasures*, 12 Eur J. Int. Law 889 (2001).

② Hans Kelson, *Principles of International Law*, 2nd ed., Lawbook Exchange Ltd, 1966, p. 21; Ian Brownlie, *International Law and the Use of Force by States*, clar-endon Press, 1983, p. 219.

③ [英]劳特派特修订:《奥本海国际法》(第 8 版),1955 年中文版,下卷第 1 分册,第 99 页。

④ *Draft Articles on Responsibility of States for Internationally Wrongful Acts, with commentaries* 2001, p. 135; in Yearbook of the International Law Commission, 2001, Vol. Ⅱ, Part Two.

方面治外强制性经济措施作为政治和经济胁迫的手段》决议。① 其中 2002 年的决议指出：

> 注意到国际社会反对单方面治外强制性经济措施，回顾大会在其各项决议中吁请国际社会紧急采取有效措施废止单方面治外强制性经济措施，严重关注单方面治外强制性措施继续得到实施，这些措施违反国际法准则及联合国的宗旨和原则，侵害他国主权以及这些国家的实体和个人的正当利益，确信迅速取消这些措施符合《联合国宪章》所载的宗旨和原则以及世界贸易组织协定的有关规定，回顾其 1996 年 11 月 27 日第 51/22 号决议、1998 年 10 月 26 日第 53/10 号决议和 2000 年 10 月 26 日第 55/6 号决议，注意到秘书长关于第 55/6 号决议执行情况的报告；重申所有人民都有自决的权利，而基于这项权利他们得自由决定他们的政治地位、自由选择他们的经济、社会和文化发展道路；深为关注单方面推行治外强制性经济措施对贸易和金融及经济合作、包括区域一级的贸易和合作产生的消极影响，因为它们违反了公认的国际法原则，并且在区域和国际两级对贸易自由和资本的自由流动构成严重障碍；再度要求废除违反国际法对他国公司和国民采取强制性经济措施的单方面治外法律；再次吁请所有国家不承认或不实施任何国家违反公认的国际法原则单方面强加的治外强制性经济措施；请秘书长向大会第五十九届会议提交关于本决议执行情况的报告；决定将题为“消除以单方面治外强制性经济措施作为政治和经济胁迫的手段”的项目列入大会第五十九届会议临时议程。②

该项决议遭到美国等少数国家反对。美国驻联合国代表在发言中认为：“该决议直接挑战了主权国家自由处理其对外商业关系的权力。该决议破坏

---

① *Elimination of Coercive Economic Measures as a Means of Political and Economic Compulsion*, *Resolutions of the United Nations General Assembly*, A/RES/51/22 (Dec. 6, 1996), A/RES/53/10 (Oct. 26, 1998), A/RES/55/6 (Oct. 26, 2000), A/RES/57/5 (Oct. 16, 2002).

② *Elimination of Coercive Economic Measures as a Means of Political and Economic Compulsion*, *Resolutions of the United Nations General Assembly*, A/RES/57/5 (Nov. 1, 2002).

了国际共同体对违反国际法的行为施加有效回应的能力。……单边和多边经济制裁可以成为一种取得有效外交政策目标的手段。它们构成有影响力的外交工具。美国并非唯一采用这种行为的国家。《联合国宪章》本身也允许使用制裁来改变那些违法者的行为。"①

(二)联合国大会《以单方面经济措施作为向发展中国家进行政治和经济胁迫的手段》的决议

从1989年第44届联合国大会开始起,联合国大会每隔一年都会通过一项名为《以单方面经济措施作为向发展中国家进行政治和经济胁迫的手段》的决议。② 联合国大会在其2020年第74届大会上通过的最新决议中重申《关于各国依〈联合国宪章〉建立友好关系及合作之国际法原则之宣言》,声明任何国家不得使用或鼓励采取单方面经济、政治或任何其他类型的措施来胁迫另一国,以使该国在行使主权权利时屈服顺从。决议认为,采用单方面经济胁迫措施对发展中国家的经济和发展努力尤其产生不利的影响,并且对国际经济合作及全世界为建立非歧视性和开放的多边贸易体制所作的努力普遍产生负面影响,此类措施公然违反了《联合国宪章》所载明国际法原则和多边贸易制度的基本原则。因此,决议促请国际社会采取紧急和有效的措施,消除对发展中国家采用既未经联合国相关机关授权、又不符合《联合国宪章》所阐述的国际法原则并且违反多边贸易体制基本原则的单方面经济胁迫措施;呼吁国际社会谴责并抵制强制采用此种措施作为向发展中国家进行政治和经济胁迫的手段。③ 该决议还促请联合国秘书长继续监测强制采取这类措施的情况,并研究此种措施对受影响国的冲击,包括对贸易和发展的冲击,同时还请秘书长就该决议的执行情况向大会提出报告。

联合国秘书长根据该决议的要求,每隔一年会在联合国大会上就相关问题进行报告。在2019年第74届联合国大会上,秘书长按惯例做了《以单方面

---

① https://2001-2009.state.gov/p/io/rls/rm/2002/14550.htm.

② 联合国大会2019年12月19日大会决议:《以单方面经济措施作为向发展中国家进行政治和经济胁迫的手段》,A/RES/74/200。历年的决议参见1989年12月22日第44/215号、1991年12月20日第46/210号、1993年12月21日第48/168号、1995年12月20日第50/96号、1997年12月18日第52/181号、1999年12月22日第54/200号、2001年12月21日第56/179号、2003年12月23日第58/198号、2005年12月22日第60/185号、2007年12月19日第62/183号、2009年12月21日第64/189号、2011年12月22日第66/186号、2013年12月20日第68/200号、2015年12月22日第70/185号和2017年12月20日第72/201号决议。

③ 联合国大会决议:《以单方面经济措施作为向发展中国家进行政治和经济胁迫的手段》,A/RES/66/186。

经济措施作为向发展中国家进行政治和经济胁迫的手段》的报告。① 在报告中,秘书长统计了截至 2019 年 6 月底对发展中国家实施生效的多边措施共有 31 项,而单边经济措施的数量也在不断增长。2017 年至 2019 年又增加了 4 项新措施。2010 年至 2019 年年中,平均每年颁布了 2. 8 项新的单方面措施,比前十年大幅增长。报告认为,单方面措施特别是广泛的贸易禁运可对人权和公共福利产生意外的不利影响。报告列举了有关成员国向秘书处提交的就存在的任何单方面制裁以及这些制裁可能和已经对国家贸易和发展造成的影响所提供的答复意见。一共有 15 个会员(包括欧盟)依秘书处的要求提出了答复,它们是布隆迪、柬埔寨、中非共和国、古巴、加纳、约旦、尼日利亚、俄罗斯、塞内加尔、南非、斯里兰卡、苏丹、叙利亚、土耳其、赞比亚和欧盟。会员国的答复显示他们认为单方面措施不符合《联合国宪章》的原则。会员国认为,这种措施阻碍了法治、国际贸易的透明度、贸易和航行自由,以及可持续发展。部分受到制裁影响的会员国(布隆迪、古巴、约旦、俄罗斯、苏丹和叙利亚)报告说这些措施对本国和依循规则的多边贸易体制产生了消极影响。会员国指出,单方面措施往往造成严重的人道主义后果,并对重要的经济部门产生了不利影响,损害了民众的福祉。②

叙利亚在回复函中指出,自 1979 年开始实施单方面措施以来,叙利亚人民一直饱受其苦,而且其影响自 2011 年以来已更加严重。这些影响大体包括:叙利亚在人类发展指数上的排名已经跌落到最不发达国家行列(2016 年人类发展报告);这些不合法措施对提供人道主义援助造成了严重的负面影响(西亚经济社会委员会的报告),并破坏了叙利亚人民满足其基本生活需求的能力,损害了叙利亚政府向其公民提供基本服务的能力,尤其是在能源部门。

在古巴政府在复函中指出,古巴自 1962 年至今一直受到美利坚合众国政府施加的经济、商业和金融封锁。特朗普上台后,美国国务院宣布决定从 2019 年 3 月 19 日起,允许根据《赫尔姆斯-伯顿法》第三章对列入该政府 2017 年 11 月发布的受限制实体名单上的古巴公司提起诉讼。2019 年 4 月 17 日,美国政府宣布从 5 月 2 日起全面实施《赫尔姆斯-伯顿法》第三章。古巴反对一切单方面措施,因为这种措施不符合《联合国宪章》规定的国际法原则并违反多边贸易体制的基本原则。古巴认为,这些措施直接侵犯了发展中国

---

① A/74/264.

② A/74/264.

家的主权,阻碍了国家发展的进展、阻碍实现更好的社会经济状况。单方面胁迫性措施的目的是在遭受制裁的国家造成经济和政治困难。因此,这种措施并不对受制裁的国家及这些国家内部的平民加以区分。①

俄罗斯联邦在复函中也认为,作为对其他国家施加压力的手段单方面施加限制性经济措施是不可接受的。这些违反国际法的措施是不合法的,也违背了公认的公平竞争、贸易和投资自由原则。它们破坏了国家之间的信任和联合国作为此类问题唯一合法仲裁者的作用。本书认为,唯有安理会可以根据《联合国宪章》第七章的规定决定实施制裁(第 39~42 条)。俄罗斯认为自己别无选择,只能实行针锋相对的限制措施作为回应。②

(三)联合国大会《人权与单方面强制性措施》决议

自 1996 年第 51 届联合国大会起,联合国每一届大会都会通过一项《人权与单方面强制性措施》的大会决议。③ 2020 年通过的决议指出:单方面胁迫性措施和立法违背国际法、国际人道主义法、《联合国宪章》和指导国家间和平关系的规范和原则;这些单方面胁迫性措施使一些国家的儿童状况受到不利影响,阻碍国家间贸易关系,妨碍充分实现社会和经济发展,损害受影响国家人民的福祉,尤其是对妇女和儿童,包括对青少年、老年人和残疾人造成后果;敦促所有国家停止采取或执行任何不符合国际法、国际人道主义法、《联合国宪章》以及指导国家间和平关系的规范和原则的单方面措施,特别是造成种种域外影响的胁迫性措施;强烈反对那些对国家主权构成威胁的措施的域外性质,吁请所有会员国既不承认也不运用这些措施,并酌情采取行政或立法措施,抵制域外运用单方面胁迫性措施,或抵消这些措施的域外影响;谴责某些国家持续单方面运用和执行单方面胁迫性措施,反对以这些措施及其种种域外影响为手段,对任何国家,尤其是对发展中国家施加政治或经济压力,以阻止这些国家行使根据其自由意志决定本国政治、经济和社会制度的权利;吁请已采取这种措施的会员国遵守国际法原则、《联合国宪章》、联合国和世界会议各项宣言和相关决议,履行其作为相关国际人权文书缔约国应尽

① A/74/264.

② A/74/264.

③ *Human Rights and Unilateral Coercive Measures*, *Resolution of the United Nations General Assembly*, A/RES/51/103;最新的决议是 2020 年 12 月 16 日联合国大会通过的第 A/RES/75/181 号决议。

的义务和责任,尽早撤销这些措施。①

该决议重申所有人民的自决权利,而根据该项权利,他们可自由决定其政治地位和自由谋求其经济、社会和文化发展;决议重申了 1970 年 10 月 24 日《关于各国依〈联合国宪章〉建立友好关系及合作之国际法原则之宣言》以及《各国经济权利和义务宪章》所载的相关原则和规定,特别是其中第 32 条,任何国家均不得使用或鼓励使用经济、政治或任何其他措施来胁迫另一国家,使其在行使主权权利时有所屈从,并自该国取得任何利益;该决议支持人权理事会邀请理事会的经济、社会和文化权利领域所有特别报告员和现有专题机制在其各自任务范围内对单方面胁迫性措施的不利影响和后果给予应有的注意;决议要求秘书长提请所有会员国注意本决议,继续收集它们关于单方面胁迫性措施对它们国内人民产生的影响和不良后果的意见和资料,并向大会第 67 届会议提交一份分析报告,同时再次重申有必要着重说明这方面的切实预防措施。②

(四)联合国大会《必须终止美利坚合众国对古巴的经济、商业和金融封锁》的决议

联合国大会自 1992 年起在历届联大会议上都会通过一项名为《必须终止美利坚合众国对古巴的经济、商业和金融封锁》的决议,③该决议重申许多国际法律文书所载列的国家主权平等、不干预和不干涉各国内政、国际贸易和航行自由等原则,回顾拉丁美洲和加勒比各国国家元首或政府首脑在各次拉丁美洲和加勒比国家共同体首脑会议上发表的关于必须终止对古巴的经济、商业和金融封锁的声明,关切仍有会员国颁布和实施法律和条例,如 1996 年 3 月 12 日颁布的所谓《赫尔姆斯-伯顿法》,其域外效力影响到其他国家的主权和在其管辖下的实体或个人的正当利益以及贸易和航行自由;表示注意到不同政府间论坛、机构及政府在宣言和决议中表示国际社会和公众舆论反对颁布和实施上述这类措施,回顾美利坚合众国行政当局在 2015 年和 2016 年颁布措施,修改了实施封锁的某些内容,而自 2017 年以来所实施的强化封锁措施与此形成反差,再次吁请所有国家遵照它们根据《联合国宪章》和尤其

① *Human Rights and Unilateral Coercive Measures*, *Resolution of the United Nations General Assembly*, A/RES/75/181 (Dec. 16, 2020).

② *Human Rights and Unilateral Coercive Measures*, *Resolution of the United Nations General Assembly*, A/RES/75/181 (Dec. 16, 2020).

③ 最新的决议参见联合国大会第 75 届大会 2021 年 6 月 23 日大会决议:《必须终止美利坚合众国对古巴的经济、商业和金融封锁》,A/RES/75/289。

重申贸易和航行自由的国际法所承担的义务,不要颁布和实施本决议序言部分提到的那一类法律和措施;再次敦促存在并且仍在实施此种法律和措施的国家尽早依照其法律制度采取必要步骤,予以撤销或废止。该决议还提请秘书长与联合国系统的有关机关和机构协商,参照《联合国宪章》的宗旨和原则以及国际法,编写一份关于本决议执行情况的报告,提交下一届大会。

二、联合国人权理事会

在由联合国实体和包括人权委员会在内的人权机构通过的数项决议和宣言中越来越多地表达了包括单方面强制性措施在内的制裁对享有人权的负面影响,尤其是它们对被针对的平民带来的负面影响。人权理事会也跟随了这一趋势。

2014 年 9 月 26 日,人权理事会通过了有关人权和单方面强制性措施的第 27/21 号决议及其第一号修正案。[①] 该决议强调称单方面强制性措施与立法违反了国际法、国际人道主义法以及管理各国间和平关系的规范和原则,并强调称,这些措施在长期上可能为被针对国家带来一些社会和人权问题。人权理事会强调了国际体系中为确保多元化、互相尊重以及和平解决争端时存在的根深蒂固的问题和不满,并决定设立单方面强制性措施对享有人权的负面影响问题特别报告员的任务。伊德里斯·贾扎里(Idriss Jazairy)先生(阿尔及利亚籍)于 2015 年至 2020 年担任首任特别报告员。来自白俄罗斯的埃琳娜·窦涵女士在人权理事会第四十三届会议上被任命为第二任特别报告员,并于 2020 年 3 月 25 日就职。

人权理事会在第 27/21 号决议及其第一号修正案中要求特别报告员:(1)通过政府、非政府组织及任何其他渠道,收集与单方面强制性措施对享有人权的不良影响有关的一切资料;(2)研究与单方面强制性措施对享有人权的不良影响有关的趋势、动态和挑战,并就如何预防、减少和补救单方面强制性措施对人权的不利影响制定指导方针并提出建议;(3)全面审查负责评估单方面强制性措施以促进问责的独立机制;(4)帮助加强高级专员办事处为受影响国家提供技术援助和咨询服务,以预防、减少和补救单方面强制性措施对人权的不利影响的能力;(5)提请人权理事会和高级专员注意单方面强制性措施对享有人权造成不良影响的情况和案例;(6)与联合国其他有关机构,包括高级专员、人权条约机构、特别程序和机制、专门机构、基金(会)和计

① A/HRC/RES/27/21.

(规)划署、区域政府间组织及其机制合作,以期预防、减少和补救单方面强制性措施对人权的不利影响。

在 2017 年度和 2018 年度的特别报告员报告中专门附录了一项“关于单方面强制措施和法治的宣言草案”。[①] 该草案申明:“涉及域外适用国内措施的单方面强制性措施在国际法下是非法的”;制裁在“对目标国家的人民造成不应有的痛苦/严重的人权影响”的情况下,“显然是非法的”。草案要求“应保证正当程序的机制,以及获得救济和补偿的司法审查的可用性”。该草案还规定了“必要性”、“比例原则”和“非歧视性”等要求。[②]

2021 年 7 月 21 日,窦涵女士向人权理事会提交了上任以来的第一份报告《单方面强制性措施的不良影响:优先事项和路线图》。[③] 该报告重申了单方面强制性措施对国际关系、法律秩序、法治和整个人权体系构成的一系列挑战。报告还揭示了用于确定未经或超越安全理事会授权实施的制裁的术语和概念的差异;处理此类制裁的国际实体和组织之间的合作不足;以及各国在各自的评估中缺乏共识和团结。报告还指出单方面强制性措施的理由、目的、直接和间接目标、手段和机制的范围不断扩大,单方面强制性措施的数量日益增多,域外性不断扩大。

窦涵女士于 2021 年 7 月 21 日还向联合国大会提交了《在冠状病毒病大流行期间单方面强制性措施对享受人权的不良影响》的报告。[④] 该报告认为,单方面制裁的频率、类型、目标和适用范围在国际舞台上已大大扩大。新型冠状病毒大流行揭示了单方面制裁对享受各类公民、经济、社会和文化权利,包括生命权、健康权、食物权、知情权、公平审判权、工作权、适当生活水准权和发展权的短期和长期影响。该报告建议,应根据国际法评估未经或超出安全理事会授权的单方面制裁的合法性。对人权构成的影响,包括在紧急状况下对人权构成的影响,应该成为此种评估的一部分。双边和多边国际合作应建立在合法和遵守法治原则的基础上,完全遵守《联合国宪章》、国际人道

---

① *Draft Declaration on Unilateral Coercive Measures and the Rule of Law*, UNGA, 2018 Report of the Special Rapporteur, Annex, 18-19.

② 在 2019 年发表的报告中,人权理事会发布了一份宣言草案的核心要素定稿,参见 *Elements for a Draft General Assembly Declaration on Unilateral Coercive Measures and the Rule of Law (updated)*, https://documents-dds-ny.un.org/doc/UNDOC/GEN/G19/257/21/PDF/G1925721.pdf? OpenElement。

③ A/HRC/45/7.

④ A/75/209.

主义法和人权法以及其他国际义务,特别是在大流行造成全球挑战的情况下。在任何情况下,基本人道主义货物和商品,如药品、抗病毒药物、医疗设备、其零部件和相关软件以及食品的贸易,都不应受制于任何形式的直接或间接单方面经济措施或制裁。

三、国际法院

(一)"尼加拉瓜诉美国案"

1984 年 4 月 9 日,尼加拉瓜就在尼加拉瓜境内及针对尼加拉瓜的军事与准军事活动的责任的争端在国际法院对美国提起诉讼。尼加拉瓜要求法院宣布,美国违反了它根据若干国际文件以及一般和习惯国际法对尼加拉瓜承担的义务,并宣布美国有责任立即停止所有对尼加拉瓜使用武力,侵犯其主权领土完整或政治独立的行动和对在尼加拉瓜从事反尼加拉瓜的军事与准军事活动的任何人的任何形式的支持。起诉书要求法院宣布美国有义务赔偿尼加拉瓜由于所说的违反行动对它造成的损害,并强烈要求法院发布临时措施。①

在该案中,尼加拉瓜还指控美国的经济封锁行为构成对尼加拉瓜内政的间接干涉,具体包括美国于 1981 年 1 月中止对尼加拉瓜的经济援助,反对国际金融机构向尼加拉瓜提供贷款,发布 1985 年 5 月 1 日行政命令对尼加拉瓜进行全面贸易禁运,致使尼加拉瓜的糖出口额减少了 90%等。法院认为,在本案情况下,尼加拉瓜所指控的这些行为不能被视为是对国际习惯法中不干涉原则的违反。但是法院认为,美国宣布全面禁止与尼加拉瓜的贸易,违反了双方于 1956 年 1 月 21 日在马那瓜签署的《友好、通商和航海条约》。法院认为,美国有义务赔偿因违反《友好、通商和航海条约》而给尼加拉瓜造成的一切损失。②

本案是国际法院首次就经济制裁是否违反国际习惯法和条约义务作出裁决。

(二)"卡塔尔诉阿联酋案"

2018 年 6 月 11 日,卡塔尔对阿联酋提起诉讼,指控其违反了 1965 年 12 月 21 日《消除种族歧视公约》。卡塔尔在其申请中声称,除其他外,阿联酋已

---

① *Case Concerning the Military and Paramilitary Activities in and Against Nicaragua*, Merits, 1986 ICJ 14 (June 27).

② 1992 年 9 月,尼加拉瓜撤回了对法院的请求,免除了美国对尼加拉瓜的赔偿债务。

于 2017 年 6 月 5 日颁布并实施了一系列针对卡塔尔人基于国籍的歧视性措施。该申请附有一项请求，要求在就案情作出决定之前，指示采取临时措施保护卡塔尔根据《消除种族歧视公约》享有的权利。

为了确立法院的管辖权，卡塔尔援引了《国际法院规约》第 36 条第 1 款和《消除种族歧视公约》第 22 条。

法院于 2018 年 6 月就卡塔尔关于指示临时措施的请求举行了公开听证会。在 2018 年 7 月 23 日的命令中，法院得出结论，从表面上看，它有权根据《消除种族歧视公约》第 22 条向在缔约方之间与该公约的“解释或适用”有关的争端，以及其规约要求其指示临时措施的条件得到满足的情况下。在其命令结束时，法院指示阿联酋：

“确保（1）因阿拉伯联合酋长国于 2017 年 6 月 5 日采取的措施而分开的包括卡塔尔人在内的家庭团聚；（2）受阿拉伯联合酋长国 2017 年 6 月 5 日采取的措施影响的卡塔尔学生有机会在阿拉伯联合酋长国完成学业，或如果他们希望在其他地方继续学习，则可以获得其教育记录；（3）受阿拉伯联合酋长国 2017 年 6 月 5 日采取的措施影响的卡塔尔人获准诉诸阿拉伯联合酋长国的法庭和其他司法机关。”

法院还命令双方不要采取任何可能加剧或延长法院争议或使其更难以解决的行动。

2019 年 3 月 22 日，阿联酋向法院登记处提出指示临时措施的请求，以“（1）维护其在本案中的程序权利；（2）防止卡塔尔进一步加剧或扩大当事方之间的争端，等待对本案的最终裁决”。在 2019 年 5 月就该请求举行公开听证会后，法院于 2019 年 6 月 14 日发布命令，驳回了阿联酋提交的指示临时措施的请求。

2019 年 4 月 30 日，阿联酋对法院的管辖权和申请的可受理性提出初步反对意见。根据《国际法院规约》，关于案件实质的诉讼程序随后暂停。在 2020 年 8 月和 9 月举行公开听证会后，法院于 2021 年 2 月 4 日就阿联酋提出的初步反对意见作出判决。在判决中，法院维持了第一项初步反对意见，即该争议不属于消除种族歧视委员会，并认为它无权受理卡塔尔于 2018 年 6 月 11 日提交的申请。

（三）“巴林、埃及、沙特、阿联酋诉卡塔尔案”

2013 年和 2014 年，经过多年的外交活动，海湾合作委员会成员国通过了一系列文书和承诺，统称为《利雅得协议》，根据这些协议，卡塔尔“承诺停止支持、资助或窝藏对国家安全构成威胁的个人或团体，特别是恐怖团体”。

2017 年 6 月 5 日,在卡塔尔未能遵守其承诺后,沙特等国对卡塔尔采取了一系列制裁措施以“促使卡塔尔遵守承诺”。这些措施包括对在卡塔尔注册的飞机进行空域限制。

卡塔尔于 2017 年 10 月 30 日根据《国际航空运输过境协定》第 2 条第 2 款和《国际民用航空公约》第 84 条向国际民航组织理事会对这四个国家提起诉讼。① 2018 年 6 月 29 日,国际民航组织理事会作出两项决定,驳回了四国的初步反对意见。

2018 年 7 月 4 日,巴林、埃及、沙特和阿联酋向法院书记官处提交了一份联合申请,对国际民航组织理事会作出的决定提出上诉。

在法庭上,申请人提出了三项上诉理由。根据第一个上诉理由,他们对国际民航组织理事会的决定提出质疑,理由是这些决定是按照“明显存在缺陷并违反正当程序和发表意见权的基本原则”的程序作出的。根据第二个和第三个上诉理由,他们声称“国际民航组织理事会在事实和法律上都犯了错误”,法庭分别驳回了对其对卡塔尔申请的管辖权的第一个和第二个初步反对意见。

法院于 2020 年 7 月 14 日对每个案件作出判决,驳回了申请人提出的上诉,认为国际民航组织理事会有权受理卡塔尔于 2017 年 10 月 30 日向其提交的诉讼。

四、小结

尽管《联合国宪章》授权安理会在特殊情况下可以实施经济制裁,但实际上大多数国际经济制裁是在未经安理会授权的情况下实施的。联合国大会无权实施经济制裁,但联合国大会在建议实施制裁方面有悠久的历史。在整个 20 世纪 60 年代至 80 年代,联合国大会建议各国在各种情况下采取一系列强制措施,包括在非洲争取自决和独立的斗争、南非的侵略和种族隔离以及 20 世纪 80 年代和 90 年代以色列的侵略等。② 在这些决议中,联合国大会都

---

① 《芝加哥公约》第 84 条规定:“争端的解决:如两个或两个以上缔约国对本公约及其附件的解释或适用发生争议,而不能协商解决时,经任何与争议有关的一国申请,应由理事会裁决。理事会成员国如为争端的一方,在理事会审议时,不得参加表决。任何缔约国可以按照第八十五条,对理事会的裁决向争端他方同意的特设仲裁庭或向常设国际法院上诉。任何此项上诉应在接获理事会裁决通知后六十天内通知理事会。”

② 例如,联合国大会第 36/172 D 号决议(1981 年 12 月 17 日);联合国大会第 41/35 AB 号决议(1986 年 11 月 10 日);联合国大会第 36/27 号决议(1981 年 11 月 13 日);联合国大会第 42/209 B 号决议(1987 年 12 月 11 日);联合国大会第 46/82 A 号决议(1991 年 12 月 16 日)等。

呼吁各国实施“全面的强制性制裁”，并“采取立法和其他类似措施”制止上述国家的“违法行为”。更重要的是，在所有上述决议中，大会关于实施强制措施的建议都是在安理会尚未采取强制性制裁的情况下提出来的。因此，联合国大会当时是倾向于支持各国的单方面经济制裁行动。

然而，自 20 世纪 60 年代中期以来，联合国大会通过了一系列谴责对国家事务进行经济干预的宣言和决议，其中最重要决议是《关于不允许干涉各国内政的宣言》（1965 年）、《关于国家间友好关系和合作的国际法原则宣言》（1970 年）和《国家的经济权利和义务宪章》（1974 年）。这些文件普遍主张“任何国家不得使用或鼓励使用经济、政治或任何其他类型的措施来胁迫另一国，以使其行使主权权利时处于从属地位”。[①]

一些会员国的态度也处于矛盾之中，他们一方面对大会谴责单方面强制性措施的决议投赞成票，但同时对建议对特定国家采取此类措施的决议也投赞成票。此外，一些国家尽管投票支持谴责单方面强制性措施的决议，但同时自己也对他国实施此类单边措施。例如，1996 年，非洲国家宣布对布隆迪实施经济制裁，同年晚些时候，其中一些国家投票赞成大会关于人权和单方面强制性措施的年度决议，谴责此类措施是非法的。2012 年，俄罗斯授权对参与侵犯人权或对俄罗斯公民不友好行为的个人实施制裁，同年，它投票赞成大会的年度决议，谴责单方面强制措施是非法的。2017 年至 2021 年年初，沙特、阿联酋、巴林和埃及都维持对卡塔尔的制裁，同时支持大会谴责单方面强制措施的决议。[②]

联合国大会在对待单方面强制措施问题上出现的这种反差也表明了单边经济制裁在国际法合法性上的争议性。[③] 从习惯国际法而言，现行国际法似乎尚未完全禁止国家实施单方面经济强制措施的权力。联合国大会所通过的原则宣言或者决议还不具有国际法效力，但是它们对习惯国际法的形成具有一种宣示效果。在联合国会员国中，中国是自始至终坚决反对单边经济

① UNGA Res 2131（XX）（21 December 1965）；UNGA Res 26/25（24 October 1970）；UNGA Res 3281（XXIX）（12 December 1974）.

② For the voting records on the UNGA's resolutions on unilateral coercive measures, see *UNGA Verbatim Records*, 72nd Session（19 December 2017）UN Doc. A/72/PV. 73, 16; *UNGA Verbatim Records*, 73rd Session（17 December 2018）UN Doc. A/73/PV. 55, 26; *UNGA Verbatim Records*, 74th Session（18 December 2019）UN Doc. A/74/PV. 50, 23.

③ Rebecca Barber, *An Exploration of the General Assembly's Troubled Relationship with Unilateral Sanctions*, 70 International and Comparative Law Quarterly 343（2021）.

制裁的中坚力量,并且始终坚持言行一致、表里如一。中国投票支持了联合国大会通过的几乎所有谴责单方面强制性措施的决议,并且也从不采用此种措施对他国实施经济制裁。中国常驻联合国代表张军于 2022 年 2 月 7 日在安理会制裁问题公开辩论会上发言指出:“以各种名目实施的单边制裁,妨碍相关国家的经济社会发展和科技进步,制造并加剧人道危机,侵害包括妇女儿童在内平民的基本权利,对国际关系的和谐稳定造成极大破坏,干扰国际经济、贸易、科技合作,甚至影响了相关国家缴纳联合国会费、正常参加联合国活动。不容否认,单边制裁违反《联合国宪章》宗旨和原则,在国际法上没有任何依据,是霸权主义和强权政治的具体表现。我们在此郑重敦促相关国家立即停止单边制裁,呼吁国际社会重视单边制裁的严重后果,共同抵制这种非法行为。”①

第五节　单边经济制裁与双边国际条约义务

一、单边经济制裁与双边友好通商条约

限制国家间经济关系的积极的国际法规则主要见于国际条约。很多多边和双边贸易协定保护国家之间的贸易自由,如关税和贸易总协定、区域自由贸易协定以及双边《友好、通商和航海条约》等。一缔约国对另一缔约国实施的禁运和抵制等经济制裁通常不符合此类条约。然而,很多贸易协定包含国家安全例外情况,允许各国在认为有必要时背弃其义务,并且一些学者认为,根据这些规定,制裁通常是合理的——特别是因为它们通常是“自我裁判的”和“自我执行的”。最终,必须逐案评估强制性经济措施是否违反条约义务,并注意实施国的特定义务。

(一)“尼加拉瓜诉美国案”

在 1984 年的“尼加拉瓜诉美国案”中,②尼加拉瓜指控美国的经济封锁行为构成对尼加拉瓜内政的间接干涉,具体包括美国于 1981 年 1 月中止对尼加拉瓜的经济援助,反对国际金融机构向尼加拉瓜提供贷款,发布 1985 年 5 月

---

① https://documents-dds-ny.un.org/doc/UNDOC/PRO/N22/244/25/PDF/N2224425.pdf?OpenElement.

② *Case Concerning the Military and Paramilitary Activities in and Against Nicaragua*, Merits, 1986 ICJ 14 (June 27).

1 日行政命令对尼加拉瓜进行全面贸易禁运,致使尼加拉瓜的糖出口额减少了 90%等。尼加拉瓜认为,美国的经济封锁不仅违反了国际习惯法,也违反了双方之间的《友好、通商和航海条约》。法院认为,在本案情况下,尼加拉瓜所指控的这些行为不能被视为是对国际习惯法中不干涉原则的违反。但是法院认为,美国宣布全面禁止与尼加拉瓜的贸易,违反了双方于 1956 年 1 月 21 日在马那瓜签署的《友好、通商和航海条约》。法院认为,美国有义务赔偿因违反《友好、通商和航海条约》而给尼加拉瓜造成的一切损失。①

(二)"伊朗诉美国案"

2018 年 7 月 16 日,伊朗根据 1955 年美国和伊朗签署的《友好、经济关系和领事权利条约》(以下简称《美伊友好条约》)②第 21 条向国际法院提起对美国的诉讼。伊朗声称,美国于 2018 年 5 月 8 日退出 2015 年签署的《伊核协议》,恢复此前搁置的对伊朗国家及其国民的经济制裁,违反了《美伊友好条约》的有关规定。伊朗要求美国立即停止上述制裁措施并赔偿由此造成的损失。③ 伊朗还于同日向国际法院申请了临时措施救济,要求美国立即取消上述制裁措施。

2018 年 10 月 3 日,国际法院接受了伊朗的动议,发布了一项"临时措施",要求美国取消针对伊朗的部分制裁,主要涉及进口食品、农产品、药物、医疗器械和"事关民航安全的"客机零部件及设备等。同日,美国国务卿蓬佩奥宣布美国终止与伊朗于 1955 年签署的《美伊友好条约》。④ 美国还于同日宣布退出 1961 年签署的《维也纳外交关系公约》的任择议定书。

2019 年 2 月 19 日,伊朗请求国际法院督促美国执行法院发布的上述临时措施。2019 年 8 月 23 日,美国提出五项初步抗辩意见,其中前两项涉及管辖权,第三项涉及正当程序问题,后两项涉及实体问题。

就管辖权问题,伊朗主张的管辖依据是《美伊友好条约》第 21 条第 2 款的规定:"缔约双方之间关于本条约的解释或适用的任何争议,如未能通过外交手段得到令人满意的调整,应提交国际法院,除非缔约双方同意以其他和

---

① 1992 年 9 月,尼加拉瓜撤回了对法院的请求,免除了美国对尼加拉瓜的赔偿债务。

② Treaty of Amity, Economic Relations, and Consular Rights, 16 June 1957, 284 UNTS 93. 该条约由当时统治伊朗的巴列维政权与美方签订,尽管 1979 年伊朗伊斯兰革命后美国与伊朗断交,但两国并未废除该项条约。

③ https://www.icj-cij.org/public/files/case-related/175/175-20180717-PRE-01-00-EN.pdf.

④ U.S. Dep't of State Press Briefing, Remarks to the Media (Oct. 3, 2018), https://www.state.gov/secretary/remarks/2018/10/286417.htm.

平方式解决。”美国则认为伊朗的请求超出了该条款的范围:

首先,本案的争议是关于《伊核协议》的适用问题,根本不涉及双方之间签订的《美伊友好条约》的内容。而《伊核协议》是一项政治安排,并未授予国际法院管辖权。

其次,《伊核协议》并未取消美国人与伊朗(及其国民)之间的贸易禁令,而只是取消了对第三国(及其国民)与伊朗(及其国民)之间的贸易禁令(所谓的次级制裁),因此,伊朗所指控的美国退出《伊核协议》并恢复执行的制裁措施大部分都只涉及伊朗(及其国民)和第三国(及其国民)之间的商业交往(所谓的“第三国措施”),它们并不属于《美伊友好条约》所调整的范围。

2021 年,国际法院作出关于管辖权问题的最终裁决,驳回了美国的异议。法院针对美国提出的两项管辖权抗辩分别作出了裁决。

针对第一项抗辩,法院认为:本案中,伊朗向法院请求宣布美国在 2018 年 5 月 8 日总统令中所作出的决定违反了双方之间的《美伊友好条约》,而美国则认为该决定不违反《美伊友好条约》,这就表明双方存在有关《美伊友好条约》的争端。不能仅仅因为本案中的争端是因为美国退出《伊核协议》而引起就否定该争端同时也涉及《美伊友好条约》的解释问题。同一行为可能会牵涉多个国际条约,因此,美国退出《伊核协议》的决定也有可能违反《美伊友好条约》中规定的某些义务。

针对第二项抗辩,法院认为:本案的核心是双方对所谓的“第三国措施”的概念存在分歧,同时对《美伊友好条约》的地域适用范围也存在不同理解。法院认为,美国 2018 年 5 月 8 日总统令所实施的措施目的在于削弱伊朗的经济。美国的官方声明本身也表明,所谓“第三国措施”针对的目标实际上就是伊朗及其国民。当然,也不能直接就认为所有这些措施都违反了美国在《美伊友好条约》中的义务,而应当逐项审查每一项措施是否损害了伊朗在《美伊友好条约》项下的权利。总之,美国提出的关于管辖权的第二项抗辩涉及一些法律和事实问题,法院将在后期的实体审理阶段一并进行判断。因此,法院也驳回了美国的该项抗辩,并认定法院对于本案具有管辖权。

美国提出的第三项正当程序抗辩认为,伊朗提出本案的目的在于给美国施加政治和心理压力以谋求进行核试验的非法利益,国际法院不应当行使管辖权,伊朗的起诉是不可接受的(inadmissible),如果法院为伊朗提供救济导致其免于核试验有关的制裁,就会违背国际法院固有的司法职能。针对美国的抗辩,国际法院认为,根据国际法院的先例,只有在例外情况下法院才会根据滥用程序的理由拒绝行使管辖权。滥用程序的指控必须要有明确的证据。

法院已经确定本案所涉争端属于《美伊友好条约》项下的争端而不涉及《伊核协议》，并且法院根据《美伊友好条约》也有管辖权。即使法院发现《美伊友好条约》项下的义务确实被违反，这也不会让伊朗在核计划上享有“非法利益”。总之，尽管伊朗的大多数请求所涉及的措施都是《伊核协议》中所废除的措施，但这并不意味着提出这些请求构成了滥用程序。因此，美国的第三项抗辩也被驳回。

美国提出的第四项和第五项抗辩涉及《美伊友好条约》第 20 条第 1 款(b)项和(c)项之规定，根据该规定，《美伊友好条约》不妨碍采取与核材料有关的措施或者为了保护国家“基本安全利益”而采取的措施。这两项抗辩事由涉及实体问题，本应在随后的诉讼进程中解决，但美国认为应当将其作为先决问题提前进行审查。国际法院认为，《美伊友好条约》第 20 条第 1 款并不限制法院的管辖权，而只是为当事人提供实体抗辩。法院认为，根据该款提出的两项抗辩不能被认为是先决问题，它们都涉及法律和事实的分析，应当留待以后的实体阶段进行审查。

2021 年 2 月 3 日，国际法院作出裁决，驳回了美国的抗辩，认定国际法院对案件拥有管辖权。[①] 目前该案尚未进入实体阶段审理。在实体审理阶段，双方争议的焦点将会集中于《美伊友好条约》第 20 条所规定的“基本安全利益”的解释问题上面。

二、单边经济制裁与双边投资条约

双边投资条约是传统的友好通商航海条约的转型。自从联邦德国与巴基斯坦于 1959 年签署世界上第一项双边投资条约以来，全球目前已签订了超过 3000 项双边投资条约(BITs)和包含有投资条款的双边条约(TIPs)。[②] 尽管双边投资条约经历了迭代更新发展，[③]但其基本条款主要包含以下内容：对投资者的界定、外国投资者准入条件、对外国投资者的公平公正待遇、对外国投资者财产的征收补偿、国民待遇和最惠国待遇以及投资者争端解决程序等。[④]

在双边投资条约缔约方之间，如果一国对另一国实施经济制裁，就有可

---

① https://www.icj-cij.org/public/files/case-related/175/175-20210203-PRE-01-00-EN.pdf.

② https://investmentpolicy.unctad.org/international-investment-agreements.

③ 曾华群：《论双边投资条约范本的演进与中国的对策》，载《国际法研究》2016 年第 4 期。

④ 参见中国与法国 2010 年签署的《关于相互促进和保护投资的协定》，http://tfs.mofcom.gov.cn/article/h/au/201007/20100707041031.shtml。

能引发缔约国之间的投资条约争端,其核心问题是:首先,该经济制裁措施本身是否违反双边投资条约义务?被制裁国在制裁国境内的投资者能否依据投资条约起诉制裁国?其次,受制裁国如果是投资东道国,该国也可能会因为所受的经济制裁而不得不违反其双边投资条约项下的义务,该国能否以受到经济制裁为由提出抗辩?此外,第三国在受制裁的东道国境内的投资也会受到经济制裁的影响。如果第三国与东道国之间存在双边投资条约,则东道国可能会因制裁而违反条约义务;而第三国投资者也可能会因为违反次级制裁而受到惩罚。

(一)制裁国与被制裁国之间的投资条约争端

如果投资者母国是制裁国,东道国是被制裁国,则东道国可能会指控制裁国违反了双边投资协定,由此引发的争端属于投资条约争端。大多数双边投资条约都规定了缔约方之间争议解决的程序。比如,《中华人民共和国政府与澳大利亚政府相互鼓励和保护投资协定》第13条规定:"1.缔约双方在需要时,应就本协定的执行问题进行磋商。2.缔约双方应尽力及时通过友好协商和谈判解决双方间就解释或适用本协定所产生的争议。如争议自缔约一方以书面形式要求协商或谈判六十天内未能以上述方法解决,争议将应缔约任何一方要求提交依本协定附件二规定设立的仲裁庭,或其他任何经双方同意的国际仲裁庭。"

(二)投资者与东道国之间的投资条约争端

2017年6月5日,沙特、阿联酋、巴林和埃及四国断绝了与卡塔尔的经济和外交关系,并对卡塔尔实施海陆空封锁。四国指控卡塔尔违反了2014年签署的《利雅得协议》,根据该协议,卡塔尔"承诺停止支持、资助或窝藏对国家安全构成威胁的个人或团体,特别是恐怖组织"。卡塔尔被指控与伊朗关系密切并支持伊斯兰激进组织。

该项制裁引发了卡塔尔与上述四国之间的多起法律诉讼。2020年,卡塔尔航空公司的所有者和运营商卡塔尔航空集团已针对阿联酋、巴林、沙特和埃及发起了四起独立的国际投资仲裁程序。① 自2017年以来,上述四个国家对卡塔尔实施了海陆空禁运措施,卡塔尔航空公司也被上述国家禁止在其境内运营。卡塔尔航空公司根据卡塔尔与上述四个国家之间的双边投资条约请求仲裁庭裁决该四个国家赔偿50亿美元。

---

① https://investmentpolicy.unctad.org/investment-dispute-settlement/country/171/qatar/investor.

30年来，卡塔尔航空公司在上述四个制裁国内进行了大量投资，每年为数10万乘客提供服务，并在这四个国家之间运送数万吨货物。从2017年6月5日开始，阿联酋、巴林、沙特和埃及针对卡塔尔航空公司及其运营商采取了集体制裁措施，目的是关闭卡塔尔航空公司在当地的业务。具体而言，这些措施包括但不限于对卡塔尔航空公司的飞机关闭其领空和机场，以及吊销卡塔尔航空公司在制裁国经营的执照和许可证。这些措施一直持续至起诉之日，扰乱了卡塔尔航空公司的全球运营。卡塔尔航空公司仲裁的依据是三项独立条约，即《伊斯兰会议组织投资协议》、《阿拉伯投资协定》以及《卡塔尔国与埃及双边投资条约》。卡塔尔认为，上述各国通过对卡塔尔航空公司采取的措施，违反了上述投资协议所规定的义务，包括没收卡塔尔航空公司的投资，但未能充分保护和保障卡塔尔航空公司的投资，歧视卡塔尔航空公司，以及未能对航空公司及其投资提供公平公正待遇。

卡塔尔航空公司集团首席执行官阿克巴·埃尔贝克（Akbar AI Baker）在评论投资仲裁的启动时说："上述制裁国阻止卡塔尔航空公司在其国家运营和飞越其领空的决定明显违反了民事航空公约和他们签署的若干具有约束力的协议。经过三年多的努力，通过对话友好解决危机没有结果，我们决定发出仲裁通知并采取一切法律补救措施，以保护我们的权利并确保对侵权行为进行全额赔偿。制裁国必须对其在航空领域的非法行为负责，包括未能遵守双边协定、多边协定和国际法规定的义务。"①2021年1月，经过多方面磋商，海湾合作委员会达成一项《团结稳定协议》，②四国对卡塔尔的经济制裁宣告解除。卡塔尔航空公司针对四国的争端解决程序也中止。

2014年，法国巴黎银行因违反美国对苏丹采取的禁运措施而遭受美国严厉的金融制裁。法国学者建议根据1959年签署的《法美通商条约》起诉美国。③

（三）"华为诉瑞典政府案"

2020年7月14日，英国宣布禁止华为公司参与英国的5G网络建设，并要求从2021年开始英国境内所有移动服务提供商均不得购买华为公司的5G设备。2020年10月25日，瑞典电信监管机构邮政和电信管理局（PTS）以瑞

① https://www.qatarairways.com/en/press-releases/2020/July/qatarairwaysarbitrations.html?activeTag=Press-releases.

② https://www.middleeasteye.net/news/qatar-blockade-gulf-solidarity-stability-deal.

③ Herman Walker Jr., *Convention of Establishment between the United States and France*, 54 Am. J. Int'l L. 393 (1960).

典情报部门提出的安全问题为由,禁止瑞典 5G 运营商采用华为公司和中兴公司的设备。华为公司于同年 11 月向当地法院提起行政诉讼,法院一审支持了华为公司的请求,但二审法院则维持了对华为公司的禁令。斯德哥尔摩行政法院在 2021 年 6 月的终审裁决中也维持了二审意见。

2022 年 1 月 21 日,华为公司根据 1982 年《中华人民共和国政府和瑞典王国政府关于相互保护投资的协定》(以下简称《关于相互保护投资的协定》)向国际投资争端解决中心提请仲裁。[①] 2022 年 6 月 8 日,该案组建了仲裁庭。[②] 中国与瑞典《关于相互保护投资的协定》第 2 条规定:"1. 缔约各方应始终保证公平合理地对待缔约另一方投资者的投资。2. 缔约任何一方的投资者在缔约另一方境内的投资所享受的待遇,不应低于第三国投资者的投资所享受的待遇。"

本案是中国企业首次根据中外双边投资协定针对外国经济制裁措施提起的投资仲裁程序,具有示范意义。近年来,许多西方国家如加拿大、英国、捷克、德国、澳大利亚等都试图对包括华为公司、中兴公司等在内的中国高科技企业实施了市场准入等方面的限制。中国与上述这些国家大都签订了双边投资协定或自由贸易协定。根据这些协定,东道国都有义务为投资者提供国民待遇和最惠国待遇。[③] 值得注意的是,中国与瑞典签订的双边投资协定中并没有规定国家安全例外条款,瑞典将很难援用"实质安全利益"这一防御武器进行抗辩,这对华为公司而言是较为有利的。

值得注意的是,近年来签订的中外双边投资协定中,很多都取消了国家安全例外条款。例如,原 1991 年《中华人民共和国政府与捷克和斯洛伐克联邦共和国政府关于促进和相互保护投资协定》附加议定书中规定:"关于协定第三条第二款的规定,缔约任何一方,根据有关法律和法规,为了公共秩序、国家安全或国民经济正常发展的优先顺序,在实际需要时,给予缔约另一方投资者的差别待遇,不应视为低于该缔约一方投资者所享受的待遇。"而 2005 年《中华人民共和国和捷克共和国关于促进和保护投资协定》取消了原议定书中的上述条款。我国近年来与一些国家签署的自由贸易协定也没有专门

---

① https://jusmundi.com/en/document/other/en-huawei-technologies-co-ltd-v-kingdom-of-sweden-notice-of-intent-tuesday-5th-january-2021.

② https://icsid.worldbank.org/cases/case-database/case-detail? CaseNo=ARB/22/2.

③ Glinavos I., *Which Way Huawei? ISDS Options for Chinese Investors*, in Chaisse J., Choukroune L. & Jusoh S. eds., Handbook of International Investment Law and Policy, Springer, 2020, p. 1-31.

的安全例外条款，而是引入了《关税与贸易总协定》第 21 条。例如，《中国—澳大利亚自由贸易协定》第 16 章第 3 条规定：“《1994 年关税与贸易总协定》第 21 条和《服务贸易总协定》第 14 条之二经必要修正后纳入本协定，构成本协定的一部分。”同时，中国与澳大利亚 1988 年签订的《双边投资保护协定》继续有效，该协定中不包含任何安全例外条款。因此，华为公司如果希望通过国际投资仲裁解决与澳大利亚之间的纠纷，需要考虑选择哪个条约。

第六节　地方政府对外经济制裁与国际法

一、概论

美国地方政府对外国实施经济制裁始于 20 世纪 80 年代对南非的制裁，并在 90 年代迅速流行，而且，美国地方政府对外经济制裁的对象国越来越广泛，包括尼日利亚、印度尼西亚、土耳其、瑞士、埃及、沙特、摩洛哥、越南、巴基斯坦和中国等国家。其中很多国家都是美国多年的盟友。① 1995 年以来，缅甸军政府和苏丹政府成为美国地方政府经济制裁的重点对象。迄今已经有马萨诸塞州政府和另外至少 19 个地方市政当局通过了制裁缅甸的法律；有包括伊利诺伊州、缅因州、新泽西州、俄亥俄州、俄勒冈州和加利福尼亚州在内的 6 个州制定了制裁苏丹的法律，②另外有伯克利、奥克兰等 5 个地方政府通过了制裁尼日利亚的法律；有多个州起草了针对瑞士的制裁法律。③

美国州和地方政府的经济制裁通常包括两种形式：(1) 选择性购买法(selective purchasing or contracting laws)：禁止州和地方公共机构与在被制裁国家从事经营活动的企业签订合同，如《马萨诸塞州缅甸法案》。(2) 选择性投资法(selective investment laws)：禁止州和地方公共机构将公共基金投资于上述企业，因此也被称为“撤资法”(divestment law)，即要求州和地方退休基金从上述公司的股票中撤资，如伊利诺伊州的《养老金法》。

“冷战”后美国地方政府对外经济制裁的兴起不是一个孤立的现象。它

① Daniel M. Price & John P. Hannah, *The Constitutionality of United States State and Local Sanctions*, 39 Harv. Int'l L. J. (1998), p. 443, n. 3.

② Shelby Feuerbach, *The Darfur Conflict and California: States' Ability to Voice Objection to Human Rights Violations after Crosby*, 17 Transnat'l L. & Contemp. Probs. (2008).

③ Daniel M. Price & John P. Hannah, *The Constitutionality of United States State and Local Sanctions*, 39 Harv. Int'l L. J. (1998).

反映了冷战后国家主权的分散化(decentralization)趋势。[①] 越来越多的超国家(supernational)和次国家(subnational)机构以及非政府组织(NGO)甚至个人,都试图在国际社会发挥更大的作用,去占领传统上由主权国家所独享的空间。次国家政府机构越来越多地参与国际关系,使传统的国家主权观念受到挑战。特别是在美国,这种趋势发展越来越明显。如果联邦国家宪法真正赋予了地方政府参与对外事务的权力,这将给国际法带来严峻挑战。地方政府大量参与对外事务,但在国际法上地方政府又不是国际条约的主体,地方政府违反国际条约的责任由谁承担?从国际法上,这些地方政府的经济制裁法律往往将外国公司也包括在制裁范围之内,从而具有所谓的"域外管辖权",因此触犯了其他国家的主权。欧盟和日本已经针对马萨诸塞州的《缅甸制裁法》向 WTO 争端解决机构提出了起诉,控告美国违反了 WTO 协议所规定的义务。[②]

根据美国宪法的规定,只有美国联邦政府才有权决定其外交政策。因此,依据美国宪法,州与地方政府发起的针对其他国家的经济制裁活动是违宪的,然而由于宪法对于最高条款、外交权以及对外贸易条款的规定过于原则,给司法解释提供了空间。因此,尽管有"克罗斯比案"这样的著名案例,[③]但仍然难以阻挡越来越多的地方政府颁布对外经济制裁法令。《伊利诺伊州苏丹法》就是典型,所以才又有了"NFTC 诉吉安诺里亚斯案"的发生。

"克罗斯比案"的判决仍不意味着事件的结束。即使在该案发生之后,美国仍有很多州,包括亚利桑那州、康涅狄格州、缅因州、新泽西州、路易斯安那州、俄勒冈州和加利福尼亚州,颁布了针对苏丹和伊朗的制裁法令。佐治亚州、艾奥瓦州、马萨诸塞州、得克萨斯州、印第安纳州、堪萨斯州、马里兰州和纽约州等也有类似立法议案。例如,2006 年 9 月 25 日,加利福尼亚州州长施瓦辛格签署了加利福尼亚州下议院第 2941 号法案,即《加利福尼亚州苏丹法》。该法要求加利福尼亚州公共基金从某些在缅甸经营的项目中撤回投资,并要求该州公务员退休基金(public employees' retirement system)和州立教师退休基金(state teachers' retirement system)从那些在苏丹从事经营活动的公司中撤回投资。该法所波及的企业大约有 20 多家,其中大多是中国、俄

① Nick Robinson, *Citizens Not Subjects: U. S. Foreign Relations Law and the Decentralization of Foreign Policy*, 40 Akron Law Review 647(2007).

② *Request for Consultations by the European Communities*, *United States-Measure Affecting Government Procurement*, WT/DS/1, GPA/DS2/1 (June 26, 1997).

③ Crosby v. National Foreign Trade Council, U. S., No. 99-474, 6/19/00.

罗斯、马来西亚、印度和法国等国的能源和通信企业。① 据统计，截至2006年9月25日，加利福尼亚州州立教师退休基金共持有10家在苏丹有经营活动的公司价值1200万美元的股票；公务员退休基金的资产总值达到2000多亿美元，持有39家在苏丹有经营活动的公司的股票。② 该法中规定的“从事经营活动”是指某公司从事的能够使苏丹政府获得收入的经营活动或者与石油有关的经营活动。“经营”则包括“在苏丹持有、购买或租赁设备、工具、人员，或者其他工商器具，包括拥有或占有在苏丹境内的不动产或个人财产”。

即使是在“克罗斯比案”中，我们也注意到美国联邦最高法院的态度十分谨慎。美国联邦最高法院小心翼翼地避免对马萨诸塞州的《缅甸制裁法》是否违宪问题作出裁决。2010年，美国联邦第十一巡回法院驳回了另一起针对佛罗里达州制裁法令的诉讼。③ 这似乎进一步鼓励了州和地方政府在该领域的行动。

二、美国联邦政府的态度

目前在美国国内，似乎越来越倾向于支持州和地方政府和公共机构实施撤资行动来制裁目标国。第一百一十届国会有两项议案涉及对苏丹的制裁，其中都包含有支持地方政府采用撤资（divestment）措施的条款。其中，一项法案是《2007年达尔富尔责任与撤资法》④，其第3条规定：“国会承认和支持……州和城市撤回或计划撤回该州或城市公共基金向那些在苏丹从事经营活动的公司的投资。”另一项是《苏丹投资授权法》⑤，其第5条规定：“任何州可以采取措施禁止该州存款向苏丹政府投资或投资于任何与苏丹保持商业关系的公司。”该法案还明确规定，州和地方政府根据该法所采取的措施不违反宪法的对外商业条款、外交事务条款或优先权条款。

2007年，美国国会通过了《苏丹责任与撤资法》（Sudan Accountability and

---

① Nancy Vogel, *State Pension Divestment Bill Signed*: *The Law Requires the Teachers and Public Employees Retirement Systems to Withdraw Funds from Firms Aiding Sudan's Government*, L. A. Times, Sept. 26, 2006, Metro, at B3.

② Nancy Vogel, *State Pension Divestment Bill Signed*: *The Law Requires the Teachers and Public Employees Retirement Systems to Withdraw Funds from Firms Aiding Sudan's Government*, L. A. Times, Sept. 26, 2006, Metro, at B3.

③ Faculty Senate of Florida Intl. University v. Winn, 616 F. 3d 1206 (11th Cir. 2010) [2010 BL 201514].

④ H. R. 180 (Lee).

⑤ S. 831 (Durbin).

Divestment Act)[①],布什总统于 2007 年 12 月 31 日正式签署使之生效。该法的主要目的是支持任何州或地方政府从那些在苏丹从事经营活动的公司撤资或者拒绝向其投资,同时禁止美国政府同这些公司签订合同。该项法律的颁布是否意味着州和地方政府获得了一部分管理外交事务的权力?实际上并非如此。该项法律只是以明示的方式表明各州和地方政府的撤资法并不与联邦法律相冲突,因此不违反联邦法律的优先权。但是外交事务管制权仍然在联邦政府手里。这一点从布什总统后来发表的一项行政声明中可以看出。布什总统在声明中指出,如果州和地方政府依据《苏丹责任与撤资法》所实施的撤资行为侵犯了联邦政府对外交事务的管制权,则总统将废除该法律。

美国国会于 2010 年 6 月 24 日通过了《对伊朗全面制裁、究责和撤资法》(The Comprehensive Iran Sanctions, Accountability, and Divestment Act, CISADA),[②]该法第 202 条同样授权州或地方政府可以颁布针对伊朗能源领域的撤资法。该条规定:"国会的意见是,美国应当支持任何州或地方政府出于道德、谨慎或名誉的理由做出的从伊朗石油部门撤资或禁止投资的决定。"[③]此后,多数州都出台了针对伊朗的制裁法令。加利福尼亚州作为世界第八大经济体,拥有美国最大的两个公共养老基金。自 2007 年以来,加利福尼亚州一直在执行其撤资法,导致与伊朗有业务往来的公司撤资超过 5 亿美元。加利福尼亚州教师退休系统(CalSTRS)已从 9 家公司剥离,并定期更新其积极监控的大约 20 家其他公司的公开名单。加利福尼亚州公共雇员退休系统已从 4 家公司剥离,并对另外 7 家公司发起调查。

2015 年签署的《伊核协议》并没有废除 CISADA 的上述规定。此外,由于《伊核协议》是一项行政协议而不是条约,它不能取代州法律并使各州受其条款的约束。因此,国会可能需要另一项法案来强制各州废除 CISADA 的上述规定。《伊核协议》的相关部分只是呼吁美国"积极鼓励"州和地方官员避免采取与美国对伊朗制裁政策转变不一致的措施。在国会听证会上,国务卿克里确认《伊核协议》不会影响这些州法律,但强调"如果伊朗完全遵守该协

① Public Law No: 110-174; GovTrack. us. S. 2271-110th Congress (2007): Sudan Accountability and Divestment Act of 2007, GovTrack. us (database of federal legislation), http://www.govtrack. us/congress/bill. xpd? bill=s110-2271 (accessed May 28, 2008).

② Comprehensive Iran Sanctions, Accountability, and Divestment Act of 2010, HR2194.

③ Comprehensive Iran Sanctions, Accountability, and Divestment Act of 2010, Public Law 111-195—JULY 1, 2010, 22 USC 8501, Sec. 202.

议，我们将采取措施敦促［各州］不要干涉该协议”。然而，参议员特德·克鲁兹和其他反对该交易的人鼓励各州继续执行其对伊朗的制裁法律。

三、对国际法的影响

我们注意到，上述变化的发生具有深刻的国际法背景，其核心是国际法上主权观念的转变。近年来，欧美国家传统的国家主权观念的演变使人们对国家垄断外交权的观点产生了质疑。20 世纪 90 年代中期，围绕着美国是否批准 WTO 协议的问题，曾暴发了一场关于主权问题的大辩论。① 学者们开始在全球化背景下对传统的威斯特伐利亚体系下的主权观念提出批判。② 目前，这场争论并未结束，而是在另一个层面继续展开。有学者提出了一种“现代主权”（sovereignty-modern）概念，该理论认为，经济全球化使传统的民族国家（nation-states）越来越相互依赖，如果不能发展出一套制度化的国际调控机制，单独一个国家很难对传统上的“内政”进行有效管理。因此，在世界贸易领域，人们需要超越传统的狭隘的主权观念。③ 与此相应，一些学者提出另一种主权观念，即所谓的“国家解构论”（disaggregated state theory）。与此前的“主权转让论”所主张的将国家主权“向上”转移给国际组织的理论相反，“国家解构论”主张将国家权力“向下”转移给地方政府。④ 该理论主张，全球化的发展使国家之间联系越来越紧密，越来越相互依赖，导致各国中央政府对国际关系的集中管制越来越减弱，中央政府在全球体系中的地位也日益下降。这需要人们对宪法和国际法的基本理论进行反思。就美国而言，州际关系的宪制化，国家的解构化，经济的全球化，已经使全球体系的结构发生了根本变迁。在这种背景下，需要对美国旧的宪法理论进行反思。该理论认为，首先，需要为地方政府参与对外政策的行为解除宪法上的魔咒。⑤

美国很多学者认为，州和地方政府完全有权干预他国政策，除非联邦机

---

① 陈安：《世纪之交围绕经济主权的新“攻防战”》，载陈安主编：《国际经济法论丛》第 4 卷，法律出版社 2001 年版；另参见陈安：《美国 1994 年“主权大辩论”及其后续影响》，载《中国社会科学》2001 年第 5 期。

② John H. Jackson, *Sovereignty-Modern: A New Approach to an Outdated Concept*, 97 Am. J. Int'l L. 782 (2003).

③ John H. Jackson, *Sovereignty-Modern: A New Approach to an Outdated Concept*, 97 Am. J. Int'l L. 782 (2003).

④ Anne-Marie Slaughter, *The Real New World Order*, 76 Foreign Aff. 183 (1997).

⑤ Peter J. Spiro, *Globalization and the (Foreign Affairs) Constitution*, 63 Ohio State Law Journal 668 (2002).

构在该领域已经事先采取了行动。斯皮罗教授就认为,宪法上的优先权原则,即联邦政府单独行使国家外交权,已经过时了。① 他主张,在经济全球化时代,已经没有理由禁止州和地方政府参与国际性事务。② 格德史密斯教授同样主张,地区性事务和外交事务的区分已经越来越模糊了。如果坚持这样一种区分的话,大量的州和地方政府的行为都会因为它们涉及外交政策而被认定无效。③ 他认为,州和地方政府实施的对外关系行为对国家利益的威胁在"冷战"结束以后已经越来越减弱了。因此法院应当避免对外交政策进行抽象的法律分析,对州和地方政府法律的排除只能依据联邦现行法律中所体现的政策。

到目前为止,美国州和地方政府对外关系权的合宪性问题仍然处于不明晰状态。一方面,传统的"绝对性原则"(exclusivity principle)主张联邦政府享有绝对的对外关系权;另一方面,一种修正主义的观点基于全球化和主权观念的转变开始对传统观点提出挑战。④ 而美国联邦最高法院近年来的判决又为人们提供了丰富的想象空间。

同时我们也要看到,美国宪法上对州和地方政府参与外交关系的软化趋势还要受到国际法的制约。如果美国宪法承认了州和地方政府的对外交往权,那么随之产生的一个国际法问题是:谁将承担州和地方政府对外交往行为的法律责任?

以"克罗斯比案"为例,该案所针对的马萨诸塞州的《缅甸制裁法》同时引发了欧盟和日本在 WTO 争端解决机构中对美国的起诉。假如联邦最高法院判决马萨诸塞州《缅甸制裁法》符合宪法而有效,则美国政府必须在 WTO 法庭上为该项法律提供辩护,否则将不得不承担相应的国际责任。当然,有人建议美国可以援引 GATT 第 24 条第 12 款为自己辩护。GATT 第 24 条第 12 款规定,缔约方应采取其"可能采取的合理措施"以使其地区或地方政府和当局能遵守该协议。而一旦马萨诸塞州《缅甸制裁法》根据美国宪法为有效,则

---

① Peter J. Spiro, *Foreign Relations Federalism*, 70 U. Colo. L. Rev. 1225 (1999).

② Peter J. Spiro, *Foreign Relations Federalism*, 70 U. Colo. L. Rev. 1225-1226 (1999).

③ Jack Goldsmith, *Statutory Foreign Affairs Preemption*, 2000 Sup. Ct. Rev. 175 (2000).

④ James J. Pascoe, *Time for a New Approach? Federalism and Foreign Affairs After Crosby v. National Foreign Trade Council*, 35 Vand. J. Transnat'l L. 291 (2002); Sharmila L. Murthy, *The Constitutionality of State and Local "Norm Sustaining" Actions on Global Climate Change: The Foreign Affairs Federalism Grey Zone*, 5 U. Pa. J. L. & Pub. Aff. 447 (2020); Heidi Nichols Haddad, *When Global Becomes Municipal: US Cities Localizing Unratified International Human Rights Law*, 31 European Journal of International Law 1379 (2020).

美国政府没有“可能采取的合理措施”可供利用。在这种情况下 WTO 争端法庭该如何处理？现行 WTO 规则和判例似乎尚未提供有效办法。这一问题在 WTO 的未来谈判中将会引发越来越多的争议，因为 WTO 多哈回合谈判开始将越来越广泛的议题纳入其调整范围之内，而这些议题根据美国宪法都属于州和地方政府管辖的范围。这将涉及国际法和宪法的关系问题。

总之，全球化的发展使对外关系也出现了分散化的趋势，从而使地方政府也深深卷入国际关系领域。一方面，所有的政治都是地方政治；另一方面，在全球化的今天，所有的地方政治又都是全球政治。次国家政府对内介入一国对外政策的决策过程，对外开展国际交流与合作，如对外投资或吸引外资、建立国际友好城市、在国外设立代表处或办事机构等。

随着全球城市化的发展，城市尤其是全球性大都市在国际关系中的地位和作用越来越得到关注，城市对国际法的影响也成为国际法学者的前沿研究议程。[①] 一些西方国家的城市开始制定地方法律将一些国际条约在本地实施，如美国旧金山和纽约等城市将联合国《消除对妇女一切形式歧视公约》纳入本地法的行动。[②]

地方政府日益成为国际事务的参与者，这一趋势对传统国际关系和国际法提出了新的挑战，同时也迫使我们开始更多地思考国际社会的民主化问题。[③] 这一趋势的发展也反映了当今世界开始跨越边界的限制，越来越紧密相连，市场和价值观的全球化发展打破了传统上“国内”(local)和“国际”(international)的分野。[④] 传统上的宪法和国际法理论已经不能反映世界新的现实，需要有更具创造性的理论。在国际关系和国际法学界已经有人提出了若干种不同的理论，其中影响较大的主要有两种世界政治理论、新中世纪主义理论、平行外交理论、多层外交理论和地区国家理论等。它们共同构成了一

---

① https://www.asser.nl/global-city/news-and-events/cities-and-international-law-collecting-empirical-evidence/.

② M. Och, *The Local Diffusion of International Human Rights Norms: Understanding the Cities for CEDAW Campaign*, 3 International Feminist Journal of Politics 425 (2018).

③ Anamika Asthana & Happymon Jacob, *The Growing Power of States in India's Foreign Policy*, 22 Int'l Negotiation 317 (2017); Sharmila L. Murthy, *States and Cities as "Norm Sustainers": A Role for Subnational Actors in the Paris Agreement on Climate Change*, 31 Va. Envtl. L. J. 1(2019).

④ Ganesh Sitaraman & Ingrid Wuerth, *The Normalization of Foreign Relations Law*, 128 Harv. L. R. 1897, 1907, n. 28 (2015).

个相对独立的研究领域,即次国家政府国际行为理论。[①]

不过需要注意的是,虽然次国家政府国际行为理论可以为地方政府包括公共外交在内的对外交往行为提供理论指导,但应该注意,在当前国际背景下,次国家政府既不是主权行为者,也不是独立的非国家行为者,因此,次国家政府的国际行为不可避免地具有非主权性、政府性、地方性和中介性四个特征。中国是单一制国家。在单一制国家中,次国家政府是指中央政府之下的所有各级地方政府。地方政府参与公共外交是次国家政府国际行为,在受次国家政府行为理论指导的同时还要注意与中国实际相结合。[②]

① 陈志敏:《次国家政府与对外事务》,长征出版社 2011 年版。

② 参见刘炳香:《当代中国公共外交中的地方政府》,载《理论学刊》2013 年第 5 期。

第三章　经济制裁与域外管辖权

第一节　国际法上的管辖权

一、管辖权的概念

管辖权(jurisdiction)是国家主权的外在表现。“管辖权是指通常被称为‘主权’的国家的一般法律权限的特定方面”,①是“国家对其领土及其国民行使主权的具体体现”。② 管辖权是主权国家的一项最基本权利。

管辖权既然是国家主权的体现,任何主权国家原则上都根据国内法行使自己的管辖权。“关于管辖权的法律大部分是通过国内法院适用本国法律的判决发展起来的。由于许多国家的法院应适用它们的本国法律而不问是否符合国际法,而且由于法院自然倾向于主要从本国利益的观点来看待发生的问题,因而,国内司法判例的影响使许多管辖权问题含混不清,而且使管辖权各项原则更难以发展成为结合在一起的整体。”③

但是,一国按照国内法行使管辖权可能会侵犯到他国的管辖权,因此管辖权的行使同时要受到国际法的规范。一国如果超越国际法的限度而行使管辖权,会导致国家责任。然而目前的国际法对国家管辖权的规范仍然是不明晰的,还没有一项普遍性国际法文件来规范各国管辖权的范围及其行使条件。目前国际法对管辖权的规范主要通过习惯国际法。④

习惯国际法最重要的管辖权规则是常设国际法院在 1927 年“荷花号案”

---

① [英]伊恩·布朗利:《国际公法原理》,曾令良、余敏友等译,法律出版社 2003 年版,第 330 页。

② 王铁崖主编:《国际法》,法律出版社 1995 年版,第 125 页。

③ [英]詹宁斯、瓦茨修订:《奥本海国际法:第一卷,第一分册》,王铁崖等译,中国大百科全书出版社 1995 年版,第 327 页。

④ *General Concept of Jurisdiction*, *Restatement*, Fourth, The Foreign Relations Law of the United States-Jurisdiction: 3-10.

中确立的属地原则。该案中,国际常设法院指出:“国际法加之于国家的第一个也是最重要的一个限制是:国家不得以任何形式在他国领土内行使权力,不存在相反的允许性规则。从这个意义说,管辖权是具有属地性的。国家不能在其领土以外行使管辖权,除非能从国际习惯或从条约中找到允许这样做的规则。”①

除属地原则外,国际法院在“诺特鲍姆案”中则确立了国籍原则。② 根据该案,国籍是国家行使外交保护权的唯一根据。由此产生的管辖权被称为属人管辖权。

除属地和国籍这两个管辖原则外,现代国际法还逐渐出现保护原则、普遍原则和效果原则等新的管辖权的联系因素。③ 另外在一些特殊法律领域,比如航空法、海事法、公司法等领域,根据国际条约的规定,又产生了一些新的联系因素,比如船旗国、登记国、营业地、惯常居所地等,一国可以根据这些因素行使管辖权。

在所有这些管辖依据中,属地原则是最基本的管辖原则,所有其他管辖依据原则上都不能对抗国家的属地管辖权。即使另一个国家同时有行使管辖权的根据,如果它行使管辖权的权利是与具有属地管辖权的国家的权利相冲突的,该另一个国家行使管辖权的权利就受到了限制。这就是所谓的属地优越性原则。

按照学界通行观点,国家的管辖权分为立法管辖权(prescriptive jurisdiction)、司法管辖权(judicial jurisdiction)和执行管辖权(enforcement jurisdiction)。④ 立法管辖权是国家针对特定的人或行为制定法律的权力;司法管辖权是指一国法院受理针对某人或某一事件的诉讼的权力;执行管辖权则是指为执行某一法律或决定而采取管理行为的权力。⑤ 不同类型的管辖权所遵循的管辖权依据有所不同。

---

① Permanent Court of International Justice, S. S. Lotus (France v. Turkey), 1927 PCIJ (Ser. A) No. 10 (1927).

② Nottebohm case (Liechtenstein v. Guatemala), I. C. J. Report 1955 p. 4.

③ 江国青:《管辖权理论与实践的发展》,载江国青:《演变中的国际法问题》,法律出版社 2002 年版,第 26 页。

④ [英]伊恩·布朗利:《国际公法原理》,曾令良,余敏友等译,法律出版社 2003 年版,第 330 页; *General Concept of Jurisdiction*, *Restatement*, Fourth, The Foreign Relations Law of the United States-Jurisdiction: 401。

⑤ F. A. P. Mann, *The Doctrine of Jurisdiction in International Law*, Recueil des Cours 1 (1964); Michael Akehurst, *Jurisdiction in International Law*, 46 Brit. Y. B. Int'l L. 145 (1972-1973).

二、域外管辖权的概念

“域外管辖权”(extraterritorial jurisdiction)从其字面含义而言是指国家在其领域范围之外行使管辖权。① 国际常设法院在1927年的“荷花号案”中明确指出:“国家不能在其领土以外行使管辖权,除非能从国际习惯或从条约中找到允许这样做的规则。”②这表明,属地管辖权是国家管辖的基本原则,域外管辖权只能是例外规则。

是否立法管辖权、司法管辖权和执行管辖权都不允许域外管辖?对此各国存在理论和实践上的分歧。通常理解,一国法律的域外适用问题应当属于立法管辖权问题;③一国法院对涉外案件的诉讼管辖权则属于司法管辖权问题,包括民事司法管辖权和刑事司法管辖权;一国行政机关对违反美国法律的制裁行为属于执行管辖权问题。这种区分在实践中是有必要的,因为现代大多数国家都实行国家权力划分制度,立法管辖权、司法管辖权和执行管辖权往往由不同的国家机关行使,因此往往会出现不一致的情况。比如立法规定了域外管辖权,但法院和行政机关并不予以实施;或者立法没有规定域外管辖权,但司法机关却主动行使该权力。

三种管辖权在域外效力方面有不同的表现。立法管辖权实际上并不受属地原则的限制。“国际法并不禁止一国在其领土范围内,对任何发生在国外的事情行使管辖权。”④因此,一国立法机关针对发生在外国的事情制定法律,是该国主权的体现,并不违反国际法。但立法本身的域外管辖权只是一种“纸上的法律”,只要不在他国境内实际执行,不会引起他国的抵抗。在美国也存在一项所谓的“反域外适用推定”(presumption against extraterritoriality),即除非国会在立法中有明确规定,法律不得域外适用。⑤ 美国国会在很多立法

---

① Anthony J. Colangelo, *What is Extraterritorial Jurisdiction*?, 99 Cornell L. Rev. 1303, 1310 (2014).

② Permanent Court of International Justice, S. S. Lotus (France v. Turkey), 1927 PCIJ (Ser. A) No. 10 (1927).

③ 美国法院经常将域外管辖权问题和法律的域外适用问题混同,参见 Kenneth S. Gallant, *The Indeterminate International Law of Jurisdiction, the Presumption against Extraterritorial Effect of Statutes, and Certainty in U. S. Criminal Law*, 27 Pac. Mcgeorge Global Bus. & Dev. L. J. 219 (2014).

④ Willian S. Dodge, *Extraterritoriality and Conflict-of-Laws Theory: An Argument for Judicial Unilateralism*, 39 Harv. Int'l L. J. , 1998, p. 141.

⑤ See William S. Dodge, *The New Presumption Against Extraterritoriality*, 133 Harv. L Rev. 1583, 1615 (2020).

中则明确规定了域外效力,从而赋予其域外管辖权,其中最典型的是《外贸反托拉斯促进法》(FTAIA)。[①]

国际法院在"荷花号案"中的判决只是禁止一国"在域外"行使权力,即域外执行管辖权,但并不禁止一国"在其领域内"行使"域外管辖权",即立法上和司法上的域外管辖权。这是两种不同的情形。所以,"荷花号案"的判决意见同时又指出:"(国际法)远没有定下一项禁止国家把其法律及其法院的管辖权扩大适用于在其境外的人、财产和行为的普遍原则。国际法让国家在这方面具有广泛的判断,仅仅在某些情况下才受到禁止行使权利规则的限制;关于其他情况,每个国家在采用它认为最好和最合适的原则方面仍然是自由的。"[②]

这里还要特别注意区分公法(刑事和行政)管辖权和私法(民事)管辖权。在民事领域,国家管辖权问题已经逐渐突破了主权的藩篱,比如,国家可以对超出其领土范围之外的事项制定法律,行使域外立法管辖权;一国法院也可以对一起发生在境外的案件行使域外司法管辖权,同时可以适用本国法律或者任何一个其他国家的法律(根据冲突法的指引)。习惯国际法并没有对国家在民事案件中的立法管辖权和司法管辖权做出限制,除非当事国参加的条约另有规定。[③] 在私法领域,国家之间在立法管辖权和司法管辖权上的冲突问题由国际私法(冲突法)来解决。由于很少牵涉国家主权利益,国家一般也并不太在意管辖权的争夺,当事人的意思自治发挥着重要作用,即当事人(原告)原则上可以任意挑选管辖法院,当事人也可以协议约定所适用的法律。比如,我国《民法典》第 12 条规定:"中华人民共和国领域内的民事活动,适用中华人民共和国法律。法律另有规定的,依照其规定。"但根据《涉外民事关系法律适用法》的规定,中国民事法律可以适用于域外,即具有域外立法管辖权。

但是在刑事和其他公法领域,情况却有所不同。国际法上有一项长期存在的规则,即公法原则上不能适用于域外。大多数国家都拒绝承认外国

---

① 该法第 6a 条规定:《谢尔曼法》不适用于与外国进行涉及贸易或商业(除进口贸易或进口商业)的行为,除非:(1)该行为对以下方面具有直接的、实质性的和可合理预见的效果;(2)对非与外国进行的贸易或商业,或与外国进行的进口贸易或商业;或者(3)对与外国进行的出口贸易或商业,其中的人员在美国从事上述贸易或商业行为;并且(2)上述效果产生根据《谢尔曼法》条文的诉请,而不是根据该条。

② The Lotus case, PCIJ, Series A, No. 10.

③ Michael Akehurst, J *urisdiction in International Law*, 46 BYIL 179 (1974).

公法在本国境内的效力,[①]尤其是外国的税收法律、刑法和没收性法律。[②] 近年来,公法不具有域外效力的信念已开始遭到挑战,尤其是随着经济全球化的发展,公私法的分界已愈益模糊,通过私法诉讼进行全球治理被广泛接受,公法的域外适用已被很多国家接受。[③] 在美国,随着反恐、禁毒和其他打击全球犯罪活动的需要,执法部门越来越频繁地行使域外刑事管辖权。[④] 经济制裁法大都具有公法性质,因此它们的域外管辖权问题更容易引发国际争论。[⑤]

比如,我国《刑法》第 6 条规定:“凡在中华人民共和国领域内犯罪的,除法律有特别规定的以外,都适用本法。凡在中华人民共和国船舶或者航空器内犯罪的,也适用本法。犯罪的行为或者结果有一项发生在中华人民共和国领域内的,就认为是在中华人民共和国领域内犯罪。”该条规定了我国刑法的属地管辖权。但我国《刑法》第 8 条同时规定:“外国人在中华人民共和国领域外对中华人民共和国国家或者公民犯罪,而按本法规定的最低刑为三年以上有期徒刑的,可以适用本法。”该条规定了我国刑法立法上的域外管辖权。但这一条款很难得到实际执行,因为我国公安机关和其他司法机关未经外国准许不得直接在境外从事抓捕犯罪嫌疑人等司法活动。我国 2018 年修改的《刑事诉讼法》增加了刑事缺席审判制度,对于追赃追逃等特殊案件,如果被告人在境外的,可以在我国法院对其进行缺席审判。[⑥] 该条赋予了我国法院一定范围内的域外司法管辖权。这种管辖权并不违反国际法。但域外执行管辖权仍然要遵守属地原则和国家主权原则,比如,非经中华人民共和国主

---

① [英]詹宁斯、瓦茨修订:《奥本海国际法:第一卷,第一分册》,王铁崖等译,中国大百科全书出版社 1995 年版,第 343 页;Frank Vischer, *Foreign Public Law and Conflict of Laws*, 232 Recueil des cours 150 (1992)。

② Lawrence Collins ed., Dicey, *Morris and Collins on The Conflict of Law*, 14. ed., Vol. 1 (2006), p. 100.

③ Hannah L. Buxbaum, *Public Regulation and Private Enforcement in a Global Economy: Strategies for Managing Conflict*, 399 Recueil des cours / Collected Courses 267 (2019).

④ Michael Farbiarz, *Extraterritorial Criminal Jurisdiction*, 114 Michigan Law Review 508 (2016).

⑤ Susan Emmenegger, *Extraterritorial Economic Sanctions and Their Foundation in International Law*, 33 Ariz. J. Int'l & Comp. L. 631 (2016).

⑥ 2018 年,第十三届全国人民代表大会常务委员会第六次会议审议通过的《关于修改〈中华人民共和国刑事诉讼法〉的决定》在“刑事诉讼法”第五编“特别程序”中增设“缺席审判程序”一章,用 7 个条文围绕缺席审判适用的案件范围、条件和诉讼程序等方面规定了缺席审判制度。

管机关同意,外国机构、组织和个人不得在中华人民共和国境内进行民事或刑事司法活动。①

美国的情况与大陆法系国家有很大不同。在美国的实践中,联邦层面立法的域外管辖权问题和司法的域外管辖权问题往往纠缠不清,这是由美国独特的联邦制司法体系造成的。根据美国联邦民事诉讼程序规则,法院受理一项诉讼必须满足三个基本条件:对人管辖权(personal jurisdiction)、事务管辖权(subject-matter jurisdiction)和适当审判地(proper venue)。② 对人管辖权要求诉讼当事人必须与受诉法院具有充分的最低限度的联系;事务管辖权则是根据美国的联邦制原则来确定不同类型的诉讼由不同法院受理,尤其是用来确定联邦法院和州法院之间的分工;适当审判地则是指具体案件由哪一地方的法院受理。③ 在涉外案件中,对人管辖权和适当审判地都不会涉及域外管辖权问题,跟域外管辖权有关的主要是事务管辖权。根据美国宪法,联邦法院对所有依据联邦宪法或联邦法律而提起的诉讼均具有事务管辖权。而对于发生于美国境外的行为美国法院是否具有事务管辖权呢?这时法院就要看美国联邦法律是否规定了该法适用于域外。如果联邦法律可以域外适用,美国法院就认为自己具有事务管辖权。这样一来,立法管辖权(域外适用问题)和事务管辖权(司法管辖权)就混为一体了。也就是说,在联邦法律的域外管辖权问题上,美国法院一般不区分立法管辖权和司法管辖权,或者说,司法管辖权从属于立法管辖权。因此,本书在探讨美国经济制裁法的域外管辖权时,也主要从立法管辖权角度来分析。④

三、具有域外效力的经济制裁

在经济制裁中,发动制裁的国家被称为“发起国”(sending state),被制

---

① 参见我国《国际刑事司法协助法》第4条、我国《民事诉讼法》第263条。

② [美]格兰农:《民事诉讼法》,孙邦清译,中国方正出版社2004年版,第113~114页。

③ [美]格兰农:《民事诉讼法》,孙邦清译,中国方正出版社2004年版,第115、144页。

④ 关于域外管辖权、长臂管辖、域外效力、域外适用、治外法权等概念,国内学者近来争议颇多,参见宋晓:《域外管辖的体系构造:立法管辖与司法管辖之界分》,载《法学研究》2021年第3期;屈文生:《从治外法权到域外规治——以管辖理论为视角》,载《中国社会科学》2021年第4期;孙南翔:《美国法律域外适用的历史源流与现代发展——兼论中国法域外适用法律体系建设》,载《比较法研究》2021年第3期;李秀娜:《制衡与对抗:美国法律域外适用的中国应对》,载《国际法研究》2020年第5期;霍政欣:《国内法的域外效力:美国机制、学理结构与中国路径》,载《政法论坛》2020年第2期;李庆明:《论美国域外管辖:概念、实践及中国因应》,载《国际法研究》2019年第3期。

裁的国家称为“目标国”(target state),其他国家为第三国(third state)。通常情况下,经济制裁是发起国针对目标国的行动,不会涉及第三国。这种一般意义上的经济制裁通常被称为初级制裁(primary sanction),它禁止本国人与目标国进行贸易或金融交易,禁止目标国有关人员或飞机、船舶进入本国领域等。这种初级制裁只涉及发起国和目标国之间的双边关系,而且它的法律效力只及于发起国领域之内,只有发起国本国人和其领域内的人才会受其约束,其他国家都不受其管辖。这种经济制裁的实施必须符合国际法的限度,如果违反了国际人权法,也会遭到抵制和反对(参见本书第二章)。

除此之外,一些发起国所实施的经济制裁还禁止第三国国民与目标国进行贸易。甚至有些制裁措施更进一步禁止其他国家与违反经济制裁法令的第三国进行贸易。[①] 这些制裁被称为“次级制裁”和“三级制裁”。[②] “次级制裁”和“三级制裁”都是将制裁范围扩张到与原目标国有经济贸易往来的第三方国家,因此它们也被称为“具有域外适用效力的经济制裁”(economic sanctions with extraterritorial application)或“域外经济制裁”(extraterritorial economic sanctions)。[③] 这种具有域外效力的经济制裁在国际法上引发了争论,即它们的域外管辖权是否符合国际法。本章重点讨论这个问题。

第二节 经济制裁域外管辖权的合法性争议

一、概论

正如国际常设法院在“荷花号案”判决意见中所述,国际法并没有规定一项禁止国家把其法律及其法院的管辖权扩大适用于在其境外的人、财产和行为的普遍原则。[④] 因此,在讨论经济制裁的域外管辖权的合法性时,不能武断地认为任何域外经济制裁均违反国际法。各国在这方面拥有较大的自主

---

① Justin D. Stalls, *Economic Sanctions*, 11 U. Miami Int'l & Comp. L. Rev. 144 (2003).

② Daniel Meagher, *Caught in the Economic Crosshairs: Secondary Sanctions, Blocking Regulations, and the American Sanctions Regime*, 89 Fordham L. Rev. 999 (2020).

③ Susan Emmenegger, *Extraterritorial Economic Sanctions and Their Foundation in International Law*, 33 ARIZ. J. Int'l & COMP. L. 631 (2016).

④ The Lotus case, PCIJ, Series A, No. 10.

权,前提是国家行使域外管辖权时不得违反国际法。

以美国国内法为例。在美国,人们通常以两项基本原则作为讨论域外管辖权问题的前提:“反域外适用推定”和“可爱的贝茜号原则”(the Charming Betsy principle)。

“反域外适用推定”是美国法上一项久已确立的原则,根据该项原则,国会的立法只意图适用于美国领土管辖范围内,除非国会有相反的意图。这一原则“建立在这一认识之上,即国会通常是针对国内事务,而非外国事务进行立法的”,因此,“除非国会清楚地表明它意图赋予某一规则具有域外适用效力,否则我们只能推定该规则主要与国内事务有关”。①国会通过的一项法律如果明确规定其可以域外适用,则被认为打破了“反域外适用推定”,此时则要继续受到“可爱的贝茜号原则”的约束。

所谓的“可爱的贝茜号原则”是解释美国法律的一项基本原则,它是1804年最高法院在“可爱的贝茜号案”中发展出来的。马歇尔大法官在该案中认为:“在保留其他任何可能的推定的情况下,绝不能将国会的法律解释为违反国际法。”②根据这一原则,即使美国法律可以域外适用,也不能违反公认的国际法原则。因此,很多美国法院都将该原则作为拒绝将美国法域外适用的理由。③

美国的《赫尔姆斯-伯顿法》④和《达马托法》等法律本身规定了域外管辖权,因此可以被认为打破了“反域外适用推定”。但是其域外执行仍然要受到“可爱的贝茜号原则”的限制,即不能违反一般国际法。然而有争议的是,国际法上对于国内法的域外适用到底有哪些限制?这个问题在国际法上并没有定论。

《赫尔姆斯-伯顿法》第三章第302款规定了“贩卖被美国国民主张权利的被没收财产的法律责任”,其中规定:“除本条另有规定外,任何人在自本章生效之日起3个月后贩卖被古巴政府在1959年1月1日及其之后没收的财产的,应对任何对此类财产有索赔权的美国国民承担金钱赔偿责任。”这一规定实际上授权美国法院针对被古巴政府没收财产的行为行使域外民事管辖

---

① Morrison v. National Australia Bank Ltd., 130 S. Ct. 2869, (U.S. 2010).

② Murray v. The Charming Betsy, 6 U.S. (2 Cranch) 64 (1804).

③ Justin Hughes, *The Charming Betsy Canon, American Legal Doctrine, and the Global Rule of Law*, 53 Vanderbilt Journal of Transnational Law 1147 (2020).

④ Public Law 104-114, H.R. 927; reprinted in 35ILM (1996) 357-378.

权。这一规定引发了一场全球范围的大争论。[①] 美国官方和部分学者极力为域外经济制裁法寻求国际法上的辩护理由，认为其符合国际法。反对方则认为，美国单边域外经济制裁违反了当今国际法上的管辖权原则，包括属地原则、属人原则（personality）、普遍管辖原则（universality）和保护性管辖原则（protective jurisdiction）。[②] 以下我们将根据普遍承认的国际法管辖原则来具体分析美国域外经济制裁的合法性。

早在著名的"荷花号案"中，常设国际法院就表达过这样的观点："（国际法）远远没有订下一项禁止国家把其法律及其法院的管辖权扩大适用于在其

---

① E. g. J. Anderson, *U. S. Economic Sanctions on Cuba, Iran & Libya: Helms–Burton and the Iran and Libya Sanctions Act*, RDAI 1007 (1996); K. Campbell, *Helms–Burton: The Canadian View*, 20 Hastings ICLR 799 (1997); B. M. Clagett, *Title Ⅲ of the Helms–Burton Act is Consistent with International Law*, 90 AJIL 434 (1996); B. M. Clagett, *The Cuban Liberty and Democratic Solidarity (Libertad) Act, Continued: A Reply to Professor Lowenfeld*, 90 AJIL 641 (1996); B. M. Clagett, *The Controversy Over Title Ⅲ of the Helms–Burton Act: Who is Breaking International Law–The United States, or the States That have Made Themselves Co-conspirators with Cuba in Its Unlawful Confiscations?*, 30 Geo Wash JIL Econ 271 (1996–1997); M. Cosnard, *Les lois Helms–Burton et d'Amato–Kennedy, interdiction de commercer avec et d'investir dans certains pays*, 42 AFDI 33 (1996); W. S. Dodge, *The Helms–Burton Act and Transnational Legal Process*, 20 Hastings ICLR 713 (1997); C. Flinterman and N. Lavranos, *Helms–Burton' en de Europese Unie*, 51 Internationale Spectator 563 (1997); C. T. Graves, *Extraterritoriality and Its Limits: The Iran and Libya Sanctions Act of* 1996, 21 Hastings ICLR 715 (1998); D. Kaye, *The Helms–Burton Act: Title Ⅲ and International Claims*, 20 Hastings ICLR 729 (1997); K. J. Kuilwijk, *Castro's Cuba and the U. S. Helms–Burton Act: An Interpretation of the GATT Security Exemption*, 31 JWT 49 (1997); A. F. Lowenfeld, *Congress and Cuba: The Helms–Burton Act*, 90 AJIL 419 (1996); R. L. Muse, *A Public International Law Critique of the Extraterritorial Jurisdiction of the Helms–Burton Act [Cuban Liberty and Democratic Solidarity (Libertad) Act of* 1996], 30 Geo Wash JIL Econ 207 (1996–1997); R. L. Muse, *The Nationality of Claims Principle of Public International Law and the Helms–Burton Act*, 20 Hastings ICLR 777 (1997); J. L. Snyder and S. Agostini, *New U. S. Legislation to Deter Investment in Cuba*, 30 JWT 37 (1996/3); R. G. Steinhardt, *Foreword: Helms–Burton and the Virtues of a Good Course in Pathology*, 30 Geo Wash JIL Econ 201 (1996–1997); B. Stern, *Can the United States Set Rules for the World? A French View*, 31 JWT 5 (1997/4); B. Stern, *Vers la mondialisation juridique? Les lois Helms–Burton et d'Amato–Kennedy*, RGDIP 979 (1996); B. Stern, *De simples "Commentaires" à une "action commune": la naissance d'une politique juridique communautaire en matière d'extraterritorialité*, Europe 2 (1997); J. M. E. Tramhel, *Helms–Burton Invites a Closer Look at Counter–measures*, 30 Geo Wash JIL Econ 317 (1996–1997); E. Vermulst and B. Driessen, *The Choice of a Switch: The European Reaction to the Helms–Burton Act*, 11 LJIL 81 (1998).

② Susan Emmenegger, *Extraterritorial Economic Sanctions and Their Foundation in International Law*, 33 Ariz. J. Int'l & Comp. L. 631 (2016).

境外的人、财产和行为的普遍原则。国际法让国家在这方面具有广泛的判断,仅仅在某些情况下才受到禁止行使权力规则的限制。关于其他情况,每个国家在采用它认为最好和最合适的原则方面仍然是自由的。"[①]这一判决虽然是在 80 多年前作出的,但直到现在,管辖权问题在国际法上仍然没有得到解决,甚至变得比以前更加复杂化。传统的属地管辖原则虽然仍然被公认为是最基本的原则,但是在涉及经济领域的问题上也遭遇挑战。在经济制裁领域,这一挑战格外激烈。

我们倾向于接受英国国际法学家布朗利教授的观点:"目前的主张可能是这样的:一国只有在有限的程度上有必要行使立法管辖权时,才可以在外国行使管辖权。后者要依据现存的管辖权原则,而且通常建议这些原则应与实质联系原则具有密切关系。"[②]布朗利教授实际上提出了一国行使域外管辖权的三项基本原则:第一,真实有效联系原则(doctrine of genuine and effective link),即在管辖事项与管辖权之间必须存在真实有效的联系;第二,国际礼让原则(principle of comity),即相互尊重主权和不干涉他国合理的管辖权;第三,比例原则(principle of proportionality),即管辖权的行使应考虑到相称性,不可过度。单边域外经济制裁是否符合国际法上的管辖权标准,需要根据现行国际法的管辖原则进行具体分析。

二、属人管辖原则

属人管辖原则也称国籍原则,是指国家对具有本国国籍的人所享有的管辖权,无论该人位于何处或者该人的行为发生于何处。[③] 属人管辖原则有时候也不是依据国籍,而是依据住所(domicile)或经常居所(habitual residence)。美国经济制裁法在对人管辖标准上曾有不同的表述方式:

(一)"美国境内的人"

1917 年通过的《对敌贸易法》授权总统对敌国实施经济制裁。它规定:"美国境内的任何人……与敌人或敌人的盟友进行贸易……是非法的。"[④]至于何为"美国境内的人"(any person in the United States),从该法第 2 条对"敌

---

① PCIJ Ser. A, No. 10 (1927), p. 18-19.

② [英]伊恩·布朗利:《国际公法原理》,曾令良、余敏友等译,法律出版社 2003 年版,第 333 页。

③ Michael Akehurst, *Jurisdiction in International Law*, 46 Brit. Y. B. Int'l L. 156 (1972-1973).

④ Trading with the Enemy Act, § 3; 50 U. S. C. app. § § 1-44 (2000).

人"(enemy)的定义中①可以推断出,"美国境内的人"应该是"居住"在美国境内(resident within the territory)的人或者"成立于"(incorporated within)美国的公司或团体。因此,从字面上看,《对敌贸易法》对自然人的管辖权主要依据的是"住所"标准;对法人的管辖权依据的是"成立地"标准。这些标准符合传统国际法上的属地原则和属人原则。

不过《对敌贸易法》的适用范围仍比较模糊,尤其是在针对公司和法人的情况下,需要法院在具体案件中灵活判断。"一战"后美国法院的两个判例可以看作《对敌贸易法》对公司管辖权的进一步解释。1925 年,法院认为,尽管德国国民拥有一家公司的大部分股权,但该公司不属于《对敌贸易法》所规定的"敌人"。② 1928 年法院认为新泽西州一家德国母公司拥有的分公司也不属于《对敌贸易法》所规定的"敌人"。③ 因此,至少可以确定的是,当时的《对敌贸易法》还没有采用"拥有或控制"标准来确定其对公司的管辖范围。

(二)"美国管辖下的人"

"二战"爆发后,国会认识到《对敌贸易法》所规定的管辖范围的不足,于是在 1941 年通过的《1941 年第一战争权力法》(First War Powers Act of 1941)中对《对敌贸易法》的适用范围作了修改,规定美国总统可以对"美国管辖下的任何人"(any person... subject to the jurisdiction of the United States)实施制裁。④ 在此后财政部的一份文件中对"美国管辖下的人"进一步作了解释,包括:

1. 任何位于美国境内或境外的美国公民(citizen)。

---

① 该法规定的"敌人"是指:(a) Any individual, partnership, or other body of individuals, of any nationality, resident within the territory (including that occupied by the military and naval forces) of any nation with which the United States is at war, or resident outside the United States and doing business within such territory, and any corporation incorporated within such territory of any nation with which the United States is at war or incorporated within any country other than the United States and doing business within such territory. (b) The government of any nation with which the United States is at war, or any political or municipal subdivision thereof, or any officer, official, agent, or agency thereof. (c) Such other individuals, or body or class of individuals, as may be natives, citizens, or subjects of any nation with which the United States is at war, other than citizens of the United States, wherever resident or wherever doing business, as the President, if he shall find the safety of the United States or the successful prosecution of the war shall so require, may, by proclamation, include within the term "enemy"; Trading with the Enemy Act, § 3。

② Behn, Meyer & Co. v. Miller, 266 U. S. 457, 462, 473 (1925).

③ Hamburg-Am. Line Terminal & Navigation Co. v. United States, 277 U. S. 138, 140 (1928).

④ First War Powers Act, 1941, ch. 593, 301, 55 Stat. 838, 839-40 (codified as amended at 50 U. S. C. app. § 5 (2000).

2. 美国境内的任何人。

3. 任何合伙、协会、公司或其他组织,只要符合:

(1)根据美国法律组建;或

(2)其主营业地位于美国境内;或

(3)被美国管辖下的一个或多个人直接或间接拥有或控制。

4. 美国管辖下的任何人所直接或间接拥有的或控制的任何代理人、分支机构、成员或其他人。①

与1917年的法律相比,"美国管辖下的人"除包括"美国境内的人"这一管辖标准外,还包括"国籍管辖标准"(nationality principle)和"拥有或控制"(own or control)标准,从而将其范围扩大到美国公司的海外分支机构。

"二战"后,为了进一步执行《对敌贸易法》,1950年美国财政部出台了《外国资产管制条例》②,对"美国管辖下的人"做了进一步扩张,将"美国居民"(resident)也列为美国管辖下的人。③ 根据《外国资产管制条例》,对朝鲜和中国的制裁法令也对"所有美国管辖下的人"有效。因此,美国公司的海外分支机构也要受制裁法令的约束。后来的《伊朗资产管制条例》和《古巴资产管制条例》也都采用了"美国管辖下的人"标准来确定其适用范围。④《国际紧急状态经济权力法》也规定了这一管辖权标准。⑤

从以上分析可见,"美国管辖下的人"是一个综合性标准,既包含了针对

---

① U. S. Department of the Treasury Public Circular No. 18, 7 Fed. Reg. 2503, 2504 (Apr. 1, 1942).

② Foreign Assets Control Regulations, 15 Fed. Reg. 9040, 9041 (Dec. 17, 1950) [codified as amended at 31 C. F. R. pt. 500 (2005)].

③ (1) Any person, wheresoever located, who is a resident of the United States; (2) Any person actually within the United States; (3) Any corporation organized under the laws of the United States or of any state, territory, possession, or district of the United States; and (4) Any partnership, association, corporation or other organization, wheresoever organized, or doing business, which is owned or controlled by any person or persons specified in paragraphs (a) (1), (2), or (3) of this section; 31 C. F. R. 500. 330 (1998).

④ Cuban Assets Control Regulations, 31 C. F. R. § 515. 201(a) (2005); Iranian Assets Control Regulations, 31 C. F. R. § 535. 201.

⑤ § 1702(a)(1): [T]he President may, under such regulations as he may prescribe, by means of instructions, licenses, or otherwise-(A) investigate, regulate, or prohibit-(i) any transactions in foreign exchange, (ii) transfers of credit or payments between, by, through, or to any banking institution, to the extent that such transfers or payments involve any interest of any foreign country or a national thereof, (iii) the importing or exporting of currency or securities, by any person, or with respect to any property, subject to the jurisdiction of the United States.

自然人的国籍原则和住所原则，也包含了针对法人的成立地标准、营业地标准和拥有与控制标准。

（三）“美国人”

1979 年美国国会重新颁布的《出口管理法》（Export Administration Act）①规定，禁止任何“美国人”（United States person），在从事“美国的州际和对外商业活动”中，参与或支持其他国家对以色列的制裁。② 该法对“美国人”下了定义：“是指任何美国居民……任何本地公司……和任何本地公司实际控制的外国分公司或成员。”③

“美国人”标准与“美国管辖下的人”标准相比，范围要狭窄一些，因为它对“实际控制”的含义作了比较狭义的解释：“实际控制包括本地公司推行其基本政策和控制其海外分支机构日常业务的权力和能力。”④后来的《伊朗交易和制裁条例》将“美国人”定义为“任何美国公民、常住外国人、依照美国法律组建的团体（包括外国公司在美国的分支机构），或者任何在美国境内的人”。⑤ 根据该定义，“美国人”也不包括美国公司的海外分公司。根据《国际紧急状态经济权力法》而制定的经济制裁法令，如《缅甸制裁条例》《伊拉克制裁条例》《利比亚制裁条例》等，也都采用了“美国人”标准。这一标准显然将一些与母公司联系不太紧密的海外分公司排除在外了。⑥

美国这样做有其政治和经济目的。比如 1979 年通过的《出口管理法》之所以不禁止美国公司的海外分公司参与对以色列的制裁，主要是美国与这些阿拉伯国家也有着巨大的经济利益关系。美国必须在以色列和阿拉伯国家之间进行一个平衡。而反恐怖主义法规之所以也没有规定域外管辖权，是为

---

① 1969 年美国国会通过《出口管理法》，将出口管制（export control）改为出口管理（export administration）。《出口管理法》并不是一部永久性立法，它有有效期。该法分别于 1979 年、1981 年、1985 年和 1988 年修订。2001 年 8 月 21 日，《出口管理法》到期失效。从小布什总统开始，美国试图制定新的出口管理法，但由于各方争议太大，迄今未能出台。为维持出口管制制度，美国总统只能援引《国际紧急状态经济权力法》的授权，使《出口管理条例》（Export Administration Regulation）继续有效。

② 50 U. S. C. § 2407 (2000).

③ Export Administration Act of 1979, U. S. C. § 2415(2) (2000).

④ 15 C. F. R. § 760. 1(c).

⑤ Iranian Transactions Regulations, 31 C. F. R. 560. 314 (2006).

⑥ See e. g. , 31 C. F. R. 537. 314 (1998) (Burma); 31 C. F. R. 560. 314 (1998) (Iran); 31 C. F. R. 575. 321 (1998) (Iraq); 31 C. F. R. 550. 308 (1998) (Libya).

了避免影响美国金融机构的海外分支机构。① 由此也可看出,在是否赋予经济制裁以域外效力上面,美国法律是有目的地进行区别对待的。因此,我们不能简单地将“美国管辖下的人”等同于“美国人”。二者是共存的,采用哪一标准取决于立法者的政策需要。

(四)“特别指定的人”

《古巴资产管制条例》规定,禁止任何美国管辖下的人与“古巴国民”(nationals of Cuba)进行交易。这里的“古巴国民”包括那些“特别指定的国民”(specially designated nationals, SDNs)。“特别指定的国民”是指:(1)被财政部确定为“特别指定的国民”的任何人;(2)在生效期日或生效期日之后仍然为古巴效力的任何人;或(3)在生效期日或生效期日之后直接或间接被古巴或任何被特别指定的国民所拥有或控制的任何合伙、社团、公司或其他组织。②

“外国资产管制办公室”专门公布一份“特别指定的国民”名单(list of SDNs)作为《古巴资产管制条例》的附件,并随时更新。“外国资产管制办公室”还告诫公众有义务去留意该名单上所记录的人。③

由于该名单过于冗长,而且名单上的人不定期地更新,名单上的人也分布于世界各地,因此,指望从事国际贸易的公司在进行任何一项贸易时去查明交易对方是否是名单上记录的人,确实存在困难。财政部已经授权外国资产管制办公室主任负责确定哪些人被列入 SDN 名单。外国资产管制办公室下设的“国际项目办公室”(office of international programs)具体负责管理该事项。SDN 名单的确定通常要咨询国务院和总检察官或其他政府机构。④

三、被动属人原则

有些学者以所谓的“被动属人原则”(passive personality)来为《赫尔姆斯-伯顿法》第三章的域外管辖权辩护。所谓“被动属人原则”是指外国人在

---

① Exec. Order No. 13,224, 66 Fed. Reg. at 49,080; 31 C. F. R. 594. 315, 595. 315, 596. 313, 597. 319; Andreas F. Lowenfeld, Book Review, 96 Am. J. Int'l L. 745, 745 (2002).

② 31 C. F. R. 515. 306.

③ See OFAC Website http://www. treas. gov/ofac. See also 31 C. F. R. ch. V apps. A & B.

④ R. Richard Newcomb, Office of Foreign Assets Control, in Coping with U. S. Export Controls (Evan R. Berlack & Cecil Hunt eds. , 1998), p. 142. SDN 名单的管理参见美国财政部网,https://home. treasury. gov/policy-issues/financial-sanctions/specially-designated-nationals-and-blocked-persons-list-sdn-human-readable-lists。

国外对本国人实施的危害行为，本国可以对此行使管辖权。表面看来，《赫尔姆斯-伯顿法》似乎满足"被动属人原则"适用的条件，因为第三国公司在古巴购买被古巴政府无偿征收的美国人的财产，致使"美国人"遭受损害。

该法支持者认为，私人财产权神圣不可侵犯。《世界人权宣言》明确规定财产权是最基本的人权之一，个人财产不得被非法剥夺，任何人都不得非法使用别人所有的财产并牟利。未经补偿而征收外国人和本国人的财产都是违反国际法的行为，也不符合世界上大多数国家国内法上的基本原则。① 《赫尔姆斯-伯顿法》针对的是 20 世纪 60 年代被古巴政府没收的外国人（美国人）的财产。古巴政府没收这些财产时没有给予及时充分的补偿。如果这些财产始终控制在古巴政府手里，其原始所有人今后仍有机会向古巴政府追回所有权或者要求赔偿；但现在古巴政府为缓解经济困境，将这些财产出售给外国人，那么一旦这些财产被转移到外国公司或个人手里，他们就可以主张是这些财产的"合法持有人"，从而给这些被征收财产的返还和赔偿问题制造巨大障碍。如果被征收财产原属美国人所有，那么根据国际法，美国政府也有义务对美国人的财产所有权提供保护。因此，美国针对第三国公司或个人与古巴政府实施的与上述财产有关的交易行为行使立法权并无不当。

美国政府也持这种观点。曾任国务卿的克里斯托弗就明确对外表示："我们希望古巴政府将会最终决定将那些被征收的财产归还其原始所有人，如果这些财产在被归还前被外国投资者购买的话，赔偿问题将会变得复杂化……因此那些潜在的投资者必须小心确认古巴政府打算出售或处理的财产不是美国国民起诉的标的。"②

该法支持者还认为，《赫尔姆斯-伯顿法》的域外管辖权对那些可能会成为被告的第三方国民并非不公正。古巴政府征收外国人和古巴人的财产而未给予补偿，这已为世人皆知。在国际法上，大多数权威学者均认为，违反国际法的征收行为不能导致被征收财产所有权的有效转移，任何国家也不应当

---

① Brice M. Clagett, *Title Ⅲ of the Helms-Burton Act is Consistent with International Law*, 90 Am. J. Int'l L. 434, 437 (1996).

② Secretary Warren Christopher, *Circular to all diplomatic and consular posts*, Sept. 1993, reprinted in Cuban Liberty and Democratic Solidarity Act: Hearings Before the Subcomm. on Western Hemisphere and Peace Corps Affairs of the Senate Comm. on Foreign Relations, 104th Cong., 1st Sess. 192-193 (1995).

去承认这种征收行为引起的权利变更,[①]这些财产在性质上类似于被盗财产。[②] 至于“第三人”能否善意取得这些被征收财产的所有权,至少到目前为止国际法上并没有一致的意见。如果第三方国民在明知的情况下仍然去购买或处分这些被征收财产,这就类似于明知是被盗财产而恶意购买。这些第三方国民甚至可以被认为是目标国的“同谋”(co-conspirator)。这在任何文明国家的法律中都是应当受到限制的。购买人应当会预料到自己将来会面临财产的原始所有人提起的诉讼。美国之所以制裁与目标国进行贸易的第三国公司,是对目标国的制裁的扩展和延伸。

针对支持方的上述观点,反对方提出以下反驳:

第一,“被动属人原则”在国际法上一直受到质疑。英国国际法权威布朗利教授指出:“被动属人原则是各种管辖权的依据中最缺乏合理性的。”[③]美国政府向来也都认为“被动属人管辖权”是违反国际法的。[④] 甚至美国法院也没有完全接受该原则。在“美国诉哥伦巴-科雷拉案”中,美国第五巡回法院明确拒绝将“被动属人原则”作为对外国人行使管辖的基础。法院认为:“一项行为影响了某个国家的国民并不能作为该国对该行为行使管辖权的充分基础。”[⑤]而在另外一些被认为是承认了“被动属人原则”的案例中,或者是因为存在极为特殊的情况(如恐怖主义犯罪行为等),或者是该案同时符合其他管辖原则。

第二,即使承认被动属人原则,该原则所针对的也应该是直接侵害美国国民利益的人。古巴政府征收美国人财产的纠纷属于古巴和美国之间的纠纷,可以通过国际法上的途径由双方去解决。而第三国公司购买被古巴政府征收的财产并非出于恶意,因为第三方当事人无法确定哪些财产属于被征收财产,其交易的法律效力应该依据国际私法原则去确定。不能将二者混为一

---

① Jennings and Watts, *Oppenheim's International Law*, 9th ed., 1992, p. 371-375.

② F. A. Mann, *Further Studies in International Law*, Clarendon Press, 1990, p. 186.

③ [英]伊恩·布朗利:《国际公法原理》,曾令良、余敏友等译,法律出版社 2003 年版,第 333 页。

④ See the Cutting Case, J. B. Moore, *Digest of International Law*, Vol. Ⅱ (1906), p. 228-242; United States Department of State, *Digest of United States Practice in International Law*, 1975 (1976), p. 339.

⑤ 604 F. 2d 356, 359 (5th Cir. 1979). 该案涉及一位墨西哥被告在墨西哥销售一辆被盗汽车的行为,原告为该汽车的美国主人。

体。[1] 至于正方主张第三国支持与古巴贸易从而成为古巴政府"同谋"的观点,显然站不住脚,因为许多与被制裁国贸易的第三国公司都来自美国的所谓"盟国",如西欧、加拿大等国。它们与被制裁国进行贸易只是出于自身的利益考虑。说它们是被制裁国的"同谋"必然会遭到它们更为强烈的反对。

反对方还认为,美国的做法违反了国际私法上的基本原则。《赫尔姆斯-伯顿法》的出台是因为古巴政府在冷战结束后开始进行经济改革,对国有资产进行私有化,允许外国投资者购买古巴国有资产。美国政府认为,这些古巴国有资产是从以前的美国人和后来加入美国国籍的古巴裔美国人手中非法征收的,所以出台《赫尔姆斯-伯顿法》禁止外国人购买。但是从国际私法角度来看,从古巴政府手中购买了财产的第三国国民支付了对价,获得了该财产的所有权。根据国际私法的一般原则,此种所有权应当遵守财产所在地法,即古巴的法律。根据古巴法律,该所有权是合法的。[2] 至于古巴政府此前的征收行为是否合法是另一个问题,该纠纷应通过古巴和美国双边途径解决。

四、来源国标准

以上是从"行为人"的角度规定美国经济制裁法的域外适用范围。此外还有一种从"物"的角度来确定其适用范围的标准,即以"来源于美国的货物或技术"(U. S. -origin goods or technology)作为美国经济制裁法的管辖对象。[3]

美国国会 1969 年通过《出口管理法》为美国在非战争时期或非全国紧急状态情形下建立了一套出口管理体系,其主要目的是要切断"冷战"期间美国公司对苏联集团的支持。该法确立了以"来源于美国的货物"作为管辖依据的原则。[4] 这实际上就是禁止任何人将源于美国的货物和技术再出口到被禁运的国家。无论是美国公司还是外国公司,也无论该外国公司是否归美国人

---

① Cedric Ryngaert, *Extraterritorial Export Controls* (*Secondary Boycotts*), 7 Chinese J. Int'l L. 625 (2008).

② J. G. Collier, *Conflict of Laws*, 2nd ed., 1994, p. 363-366.

③ See 31 C. F. R. § 515. 201 (2013) (Cuba); 31 C. F. R. § 560. 204 (Iran); 31 C. F. R. § 538. 205 (Sudan). See also Executive Order 13,338, 69 Fed. Reg. 26,751 (May 13, 2004) (Syria).

④ Export Administration Act of 1969, § 4(b); Pub. L. No. 91-184, 83 Stat. 841. 该法 1974 年和 1977 年经过两次修改,后来被 1979 年通过的《出口管理法》代替;Export Administration Act of 1979 § 19(a), 50 U. S. C. § 2418 (2000)。

拥有或控制,都必须遵守这种经济制裁法律,这显然扩大了《出口管理法》的适用范围。后来美国财政部颁布的《古巴资产管制条例》也兼采“属人管辖”和“来源国”原则。[①]

如何判断货物或技术源于美国呢?《出口管制条例》采用了所谓的最低比例规则(de minimis rule),即禁止从国外再出口和出口含有超过最低比例受控美国成分的外国制造物品(美国成分再出口)。对于大多数物项,该最低比例为25%,但是对于某些物项,没有最低比例;对于某些物项,比例为10%。例如,对于大多数运往中国的电信设备都适用25%的比例门槛。[②]

来源国原则被认为是对“属人原则”的扩大,是将国籍原则扩展到货物和技术。这实际上是赋予了源于美国的货物和技术一个美国的“国籍”。这遭到西方很多国际法学者的反对。英国著名国际法学家曼恩教授在海牙讲座上一针见血地指出:“货物一旦投入流通领域,是没有国籍可言的。”[③]他进一步指出:“国籍的控制标准要想得到国际上的接受,还缺乏普遍的承认。”[④]美国学者自己也承认:“那种主张一国管辖权及于该国货物而不管该货物已经转手多少次的观点,即使在美国国内法中也是不被接受的。”[⑤]

欧洲国家也对此提出了抗议。欧共体在1982年针对美国发起的苏联天然气——管道禁运事件向美国提交的一份声明中明确指出:

> 至于那些与美国没有任何联系、而仅仅是在技术上与美国公司有牵连或者购买了来源于美国的货物的公司,它们要服从美国的管辖权,其唯一前提是这些技术或这些货物是正宗的“美国货”(尽管所涉及的大多数专利都是在欧共体成员国境内登记的)。这似乎是对美国上述管理条例的唯一可能的解释,除非还牵涉到国家安全利益。
>
> 但是货物和技术不具有任何国籍,而且国际法中也没有任何规

---

① 31 C. F. R. § 515. 201(a)-(c).

② EAR Section 736. 2.

③ F. A. Mann, *The Doctrine of Jurisdiction Revisited after Twenty Years*, 186 RCADI 9 (1984-Ⅲ).

④ F. A. Mann, *The Doctrine of Jurisdiction Revisited after Twenty Years*, 186 RCADI 57 (1984-Ⅲ).

⑤ X, Note, *Predictability and Comity: Toward Common Principles of Extraterritorial Jurisdiction*, 98 Harvard L. R. 1310, 1317 (1985).

则规定,使用了境外的货物或技术就可以构成对控制这些货物或技术的人的管辖依据。有几个案例显示,对于来源于美国的货物,一旦这些货物被发送到其他国家领域之内,美国就不能再拥有管辖权。①

英国政府贸易委员会主席科克菲尔德爵士针对苏联天然气——管道事件在英国上院发表的声明中也强调:“美国的该项法律试图适用于美国境外,这对英国政府而言是不可接受的,在国际法上也是不可接受的”,因为“货物是没有国家身份的,其所有权经常发生变化”。②

更有争议的是美国以“美元结算”作为行使管辖权的依据。2014年,美国司法部指控法国巴黎银行违反美国对古巴、苏丹和伊朗的制裁法令,违规向这些国家提供以美元为交易货币的金融服务,尽管这些服务是由该银行在巴黎和日内瓦分行进行的。③ 在美国的压力下,巴黎银行不得不与美国司法部达成总金额高达90亿美元的和解协议。④ 2019年,英国渣打银行也因为帮助缅甸、古巴和伊朗等国为其国民提供金融服务而遭受美国制裁,在美国的压力下不得不与美国政府达成了高达11亿美元的和解协议。⑤ 在美国看来,只要进行美元交易,无论交易发生在何处,都要受到美国制裁法的约束。这一做法遭到其他国家的极力反对。⑥

美国的解释是,美元交易需要通过一个位于美国境内的中间银行账户,因此,外国银行的交易部分发生在美国境内,美国可以行使属地管辖权。美国2007年发布的《国际紧急状态经济权力法》就规定,任何人所实施的行为如果导致其他人违反美国制裁法(包括在美国境外的违法行为),该人亦属

---

① *European Community: Note and Comments on the Amendments of* 22 *June* 1982 *to the Export Administration Act*, Presented to the United States Department of State on 12 August 1982, 21 ILM (1982), p. 894-895.

② The Statement of Lord Cockfield, Secretary of State for Trade, in the House of Lords on 2 August 1982.

③ United States v. BNP Paribas, S. A., (S. D. N. Y. 2014), http://www.justice.gov/sites/default/files/opa/legacy/2014/06/30/statement-of-facts.pdf.

④ https://home.treasury.gov/system/files/126/20140630_bnp_settlement.pdf.

⑤ https://home.treasury.gov/policy-issues/financial-sanctions/civil-penalties-and-enforcement-information.

⑥ Mathias Audit, *Régis Bismuth and Astrid Mignon-Colombet*, *Sanctions et extraterritorialité du droit américain: quelles réponses pour les entreprises françaises*?, 89 La Semaine Juridique-Édition générale 1-2, 64 (2015).

违法。[①] 美国执法机关多次以中间行账户位于美国境内为由对外国银行行使管辖权。这种做法同样遭到国际法学者们的质疑。[②]

美国对华为科技有限公司(华为)的制裁属于这方面的典型案例。华为自 1987 年由任正非创立以来,逐渐成长为世界上最大的电信设备制造商之一。2007 年华为携手美国拜恩资本试图收购美国 3M 公司,遭到美国外国投资委员会否决,理由是国家安全风险。[③] 2011 年,同样因为美国外国投资委员会的安全审查,华为放弃了对 3Leaf 公司的投资。[④] 2012 年,众议院常设情报特别委员会(HPSCI)发布了一份《关于中国通讯公司华为和中兴影响美国国家安全的调查报告》。[⑤] 之后,美国颁布了几项法律限制联邦政府对华为通信系统的采购。特朗普政府上台后,开始加大对华为等中国高科技企业的打击力度。2018 年美国《国防授权法》明确禁止美国部分政府机构采购华为、中兴和其他中国和俄罗斯企业的通信设备和服务。[⑥] 2019 年美国《国防授权法》第 889 条进一步扩大了制裁范围,禁止所有美国行政部门采购华为、中兴和其他中国企业的电信设备。[⑦] 该法还禁止联邦行政部门与任何使用华为设备的其他企业进行交易。

华为公司针对 2019 年《国防授权法》第 889 条提起了一项联邦诉讼,认为该条款违反了宪法上的剥夺条款(attainder clause),[⑧]但被法院驳回。[⑨]

2019 年 5 月,特朗普政府再次将对华为公司的禁令范围扩大到政府采购领域之外。根据 2018 年修订的《出口管制法》,美国商务部工业与安全局

---

① See Int'l Emergency Econ. Powers Enhancement Act, Pub. L. No. 110-96, § 2(a), 121 Stat. 1011 (2007) [amending 50 U. S. C. § 1705(a)].

② Michael Gruson, *The U. S. Jurisdiction over Transfers of U. S. Dollars Between Foreigners and over Ownership of U. S. Dollar Accounts in Foreign Banks*, 2004 Colum. Bus. L. Rev. 721, 725-731 (2004).

③ Steven R. Weisman, *Sale of 3Com to Huawei is Derailed by US Security Concerns*, N. Y. TIMES (Feb. 21, 2008).

④ See e. g. Huawei Drops a Controversial US Takeover Bid for 3Leaf, BBC (Feb. 21, 2011), https://www.bbc.com/news/business-12520640.

⑤ https://republicans-intelligence.house.gov/sites/intelligence.house.gov/files/documents/huawei-zte%20investigative%20report%20(final).pdf.

⑥ 2018 NDAA; Pub. L. No. 115-91, § 1656, 131 Stat. 1283, 1761 (2017).

⑦ Pub. L. No. 115-232, § 889, 132 Stat. 1636, 1917 (2018).

⑧ Huawei Technologies USA, Inc. v. United States, No. 4:19-cv-00159 (E. D. Tex. Mar. 6, 2019).

⑨ Huawei Technologies USA, Inc. v. United States, No. 4:19-cv-00159 (E. D. Tex. Feb. 18, 2020).

(BIS)将华为公司及其150多家境外附属实体列入商务部的“实体清单”(entity list),理由是华为涉嫌与伊朗从事交易,违反了对伊朗制裁法令。[①] 这意味着美国将禁止源于美国的特定产品和技术向华为的出口和再出口。

2020年,美国又进一步修改法律阻止华为获取利用源于美国的设备和工具在美国境外开发和生产微芯片。[②] 特朗普政府还试图修改《出口管理条例》中的最低比例规则,即把允许出口给华为的产品中美国零部件、技术和软件所占最低比例从25%降低到10%。

五、保护性管辖原则

《赫尔姆斯-伯顿法》在第2(28)条中说:“在过去的36年里,古巴政府一直并继续对美国的国家安全构成威胁。”该法第3(3)条指出,该法的目的是“保持美国国家安全不受卡斯特罗恐怖主义政府的持续威胁,防止美国国民的财产被卡斯特罗政府盗窃,阻止卡斯特罗政府政治上操控古巴人民希望避免大规模向美国移民的良好愿望”[③]。从该法上述表述来看,有人认为该法的域外管辖权符合国际法上的保护管辖原则(protective principle)。保护原则也称为安全原则(security principle),是指国家对影响其本国国家安全的行为拥有管辖权,即使该行为是由外国人在境外实施的亦然。前美国贸易代表坎托也认为《赫尔姆斯-伯顿法》符合国际法,尤其是符合GATT和《北美自由贸易协定》(NAFTA)中的安全例外条款。美国法院也曾以保护性管辖权为依据作出过判决。[④]

保护原则作为国家行使管辖权的依据确实得到国际社会的广泛承认。但是,反方认为,各国对于在什么情况下运用该原则存在很大分歧。一般来说,国际法上的保护性管辖针对的是外国人直接危害本国安全的行为。《赫尔姆斯-伯顿法》所针对的主要是美国宣称的古巴政府征收美国人资产和古

---

① Addition of Huawei Non-U. S. Affiliates to the Entity List, 85 Fed. Reg. 51596 (Aug. 20, 2020) (codified at 15 C. F. R. pts. 736, 744, 762).

② U. S. Dep't of Commerce, Office of Pub. Affairs, Commerce Addresses Huawei's Efforts to Undermine Entity List, Restricts Products Designed and Produced with U. S. Technologies (May 15, 2020), https://www. commerce. gov/news/press-releases/2020/05/commerce-addresses-huaweis-efforts-undermine-entity-list-restricts.

③ Helms-Burton Act Section 2(28).

④ See U. S. v. Evans et al., 667 F. Supp. 974 (S. D. N. Y. 1987). 该案中,美国法院认为被告违反了《武器管制法》,图谋把美国制造的武器转出口到受制裁国家,故以保护国家安全为由行使了管辖权。

巴人大规模向美国移民的问题。但这两个问题都不会直接影响美国的国家安全。《达马托法》主要针对的是美国宣称的伊朗和利比亚发展大规模杀伤性武器问题以及对恐怖主义的支持,似乎更符合保护原则的要求。但是,依照保护原则所行使的管辖权针对的是具体实施违法行为的人,退一步讲,即使有证据证明利比亚和伊朗支持恐怖主义活动,危害了美国的国家安全,也不能就此推断任何其他国家与利比亚和伊朗之间的商业交易都直接危害了美国的国家安全,因此只能依据保护原则针对利比亚和伊朗政府官员主张管辖权,而不能针对第三国国民。

2018 年 12 月 1 日,孟晚舟在加拿大温哥华转机时被捕。2019 年 1 月 24 日,美国司法部正式向纽约东区联邦法院提起指控,起诉华为公司及孟晚舟等四名被告合谋违反美国多项法律并要求加拿大引渡孟晚舟到美国接受审判。

根据美国司法部公开的起诉书,①美国政府的第一项指控是被告违反《反腐败行为及犯罪组织法》②。该法第 1962 条规定,任何从事、参与某些影响到州际或国际商业的欺诈活动或者从该活动中牟利的行为都构成犯罪。第 1962 条明确具有域外效力,因为它涵盖了某些发生在美国境外的犯罪行为,比如为外国恐怖组织洗钱和提供实质性支持。

对于孟晚舟事件,我国政府表达了强烈的抗议。我国外交部发言人在孟晚舟回国后的答记者问中指出:事实早已充分证明,这是一起针对中国公民的政治迫害事件,目的是打压中国的高技术企业。对孟晚舟女士所谓“欺诈”的指控纯属捏造。就连被美方指为“受害者”的汇丰银行也出具了足以证明孟女士清白的文件。美国、加拿大所作所为是典型的任意拘押。③

美国基于华为公司与汇丰银行之间的合作是基于美元和美元清算系统这一理由,来行使司法管辖权要求引渡孟晚舟,这明显站不住脚。可以说,整件事情与美国完全没有关联。如果所有用美元结算的交易都要受美国长臂管辖的话,那美国的司法管辖权可以覆盖世界各个地方,根据国际法尤其是国际货币法的原则,尚不存在利用本国货币作为司法管辖权基础的法律依据。④

---

① https://www.justice.gov/usao-edny/press-release/file/1248966/download.

② Racketeer Influenced and Corrupt Organizations (RICO), 18 U.S.C. § § 1961-1968.

③ https://www.fmprc.gov.cn/fyrbt_673021/dhdw_673027/202109/t20210925_9584079.shtml.

④ Michael Grusen, *The U. S. Jurisdiction Over Transfers of U. S. Dollars Between Foreigners and Over Ownership of U. S. Dollar Accounts in Foreign Bans*, 2004 Colum. Bus. L. Rev. 721 (2004); Susan Emmenegger, *Extraterritorial Economic Sanctions and Their Foundation in International Law*, 33 Ariz. J. Int'l & Comp. L. 631 (2016).

六、效果原则

有些学者认为,美国的域外经济制裁符合国际法上逐渐得到承认的“效果原则”。根据美国《对外关系法重述(第三次)》第 402 条第 1 款 c 项和第 403 条的规定,一个国家可以针对发生于该国境外的行为制定法律,“只要该行为在其领域内发生或意图发生实质性效果”,或者至少该国行使该项立法权从各方面情况考虑都是“合理的”。[①]《赫尔姆斯-伯顿法》第 301(9)条也重复了上述规定。那么如何判断某一行为对哪个国家产生了“实质性效果”呢?或者如果某一行为对不同国家都产生了实质性效果,应当由哪一国家行使立法权呢?这些学者认为,应当根据“利益衡量”方法来判断,看哪一国家所涉及的合法和合理利益更大。就《赫尔姆斯-伯顿法》所涉及的情况而言,美国的利益显然最大。首先,古巴政府没有合法利益,因为它没收了美国公民的财产而没有予以补偿;其次,与古巴政府进行贸易的第三国虽然有合法利益,但它们的利益仅在于维护该国国民在古巴的投资收益,而该收益是基于被古巴政府征收的财产而产生,相对于美国政府要保护的美国公民被非法征收的财产利益来说,这些第三国的利益不具有优先性。就性质而言,美国和这些第三国的利益都是“域外的”(extraterritorial),它们要行使的管辖权都是一种“域外管辖权”,因为所涉及的财产和行为都在古巴。美国为此而制定的《赫尔姆斯-伯顿法》第 3 条是由美国立法机关制定、由美国法院予以实施的法律,针对的是美国法院拥有属人管辖权的被告,[②]针对的事项对美国国民具有严重影响,谈何违反国际法呢?[③]

反对效果原则的学者则认为,效果原则本身尚未得到国际法的普遍承认。而且更为重要的是,即使承认效果原则,就《赫尔姆斯-伯顿法》而言,古巴政府的征收行为发生在 20 世纪 60 年代初期,与《赫尔姆斯-伯顿法》的出台相距 30 多年,其“效果”应该早已中断。[④]

---

① Restatement (third) Foreign Relations Law, § § 402(1)(c), 403 (1987).

② 《赫尔姆斯-伯顿法》第 3 条不涉及美国法院对被告的属人管辖权;具体案件中被告的属人管辖权仍然按照美国成文法、普通法和宪法中的原则确定。

③ B. M. Clagett, *Title Ⅲ of the Helms-Burton Act is Consistent with International Law*, 90 AJIL 434 (1996).

④ A. F. Lowenfeld, *Congress and Cuba: The Helms-Burton Act*, 90 AJIL 419 (1996).

七、普遍性管辖原则

普遍性管辖原则(the universality principle)针对的是国际法上公认的违法犯罪行为,它赋予任何国家可以对此类行为行使管辖权。[①] 由于美国经济制裁所针对的国家一直被西方国家认为违反了国际法上的强制性规范,如支持国际恐怖主义、核扩散、发展大规模杀伤性武器、种族屠杀和违反国际人道主义等,因此有人认为,国际社会的成员都有义务对此予以干预。尤其值得注意的是,联合国安理会的制裁决议能否赋予联合国会员国普遍管辖权?这个问题在如何看待对伊朗的制裁问题上具有重要意义。

自2006年以来,联合国安理会已先后对伊朗实施了四轮经济制裁。2006年12月23日安理会通过1737号决议,要求伊朗暂停铀浓缩活动,对伊朗核计划和导弹计划实施禁运。2007年3月24日安理会全票通过第1747号决议,将对伊朗实施进一步更为严厉的制裁。2008年3月3日,安理会以14票赞成、1票弃权的表决结果通过了关于伊朗核问题的第1803号决议,决定进一步加大对伊朗核计划及其相关领域的制裁。在前两份决议基础上增加了对伊制裁措施,包括扩大旅行限制和冻结资产对象名单、禁运敏感双用途物项、呼吁各国对部分对伊金融活动保持警惕、依法有条件地在机场和港口检查伊朗空运公司和伊斯兰航运公司的货物等。2010年6月9日,联合国安理会表决通过了关于伊朗核问题的第1929号决议。包括中国在内的安理会5个常任理事国等12个国家投了赞成票。决议增加了新的制裁措施。决议附件中包含了自安理会制裁伊朗以来通过的最大的一个制裁清单,其中包括受到资产冻结的40多家伊朗实体,其中许多实体与伊朗伊斯兰革命卫队有关。伊朗原子能组织伊斯法罕核技术中心负责人贾瓦德·拉希奇被列入禁止出国旅行的制裁人员名单。

安理会制裁伊朗的系列决议通过以后,世界各国纷纷采取国内立法行动,将安理会的制裁措施付诸实际。早在1996年美国国会通过的《达马托法》[②]中,就把该法的管辖对象扩展为"任何人"(a person)。《达马托法》直接规定:"任何人"都不得向伊朗和利比亚的石油领域投资超过4千万美元,否则就要受到该法规定的处罚。这里的"任何人"针对的是所有外国国民或公司企业,不包括美国人,因为对美国人的禁令是通过其他法律来实施的。"任

---

① Curtis A. Bradley, *Universal Jurisdiction and U. S. Law*, 2001 U. Chi. Legal F. , 323 (2001).

② Public Law 104-172; 50 U. S. C. 1701 et seq. , (1996) 35 I. L. M. 1273.

何人”还包括该人的继承人、母公司和子公司以及分支机构。[①]《达马托法》实际上赋予美国总统的是一项“世界警察”职责，他可以在世界范围内要求任何人遵守美国的法律。[②]

美国国会于2010年6月24日通过了2010年《伊朗制裁法》，对1996年签署通过的《达马托法》再次作出了修订。新的《伊朗制裁法》的目的是加强经济手段制裁伊朗，它通过制裁向伊朗提供精炼石油或者运输、保险或融资精炼石油交货等服务的公司，旨在减少进入伊朗的石油进口量。《伊朗制裁法》用语上更加直白，它明确宣布，伊朗的核计划对美国及其盟友以色列和其他盟国的安全构成了威胁。与该法相配套，美国国会还通过了《2012财政年度美国国防授权法》。该法第1245条要求对伊朗实施更加严厉的经济制裁，其中规定了更为严厉的域外适用条款。新的制裁措施包括冻结伊朗在美国的或由美国人控制的金融资产，并禁止与那些跟伊朗做生意的第三国金融机构开展商业合作。第1245条第(3)款标题为“制裁措施对外国中央银行的适用”，具体规定如下：“除第(4)款另有规定外，第(1)(A)款所规定的制裁措施应适用于外国国家所拥有或控制的外国金融机构，包括外国的中央银行……”[③]该条第(4)款(C)项也规定：“除(D)款另有规定外，第(1)(A)款所规定的制裁措施应适用于外国金融机构实施或协助实施的金融交易……”[④]

美国的上述规定已经超越了此前任何立法的限度，完全把外国国民、公司企业甚至中央银行都纳入美国法律的管辖之下。对于这种域外管辖权，能否以普遍管辖权作为其合法性依据？

---

① ILSA, Section 5 (c).

② A. Vaughan Lowe, *US Extraterritorial Jurisdiction: The Helms-Burton and D'Amato Acts*, 46 The International and Comparative Law Quarterly 373 (1997).

③ (3) APPLICABILITY OF SANCTIONS WITH RESPECT TO FOREIGN CENTRAL BANKS.—Except as provided in paragraph (4), sanctions imposed under paragraph (1)(A) shall apply with respect to a foreign financial institution owned or controlled by the government of a foreign country, including a central bank of a foreign country, only insofar as it engages in a financial transaction for the sale or purchase of petroleum or petroleum products to or from Iran conducted or facilitated on or after that date that is 180 days after the date of the enactment of this Act.

④ (C) APPLICATION OF SANCTIONS.—Except as provided in subparagraph (D), sanctions imposed under paragraph (1)(A) shall apply with respect to a financial transaction conducted or facilitated by a foreign financial institution on or after the date that is 180 days after the date of the enactment of this Act for the purchase of petroleum or petroleum products from Iran if the President determines pursuant to subparagraph (B) that there is a sufficient supply of petroleum and petroleum products from countries other than Iran to permit a significant reduction in the volume of petroleum and petroleum products purchased from Iran by or through foreign financial institutions.

尤其值得关注的是,虽然美国的《伊朗制裁法》及其配套法规所规定的域外制裁措施前所未有地严厉,但全世界对此的反映却出奇地冷静,尤其是欧盟彻底改变了先前的政策,不仅没有像20世纪90年代中期抵制《达马托法》那样反对美国的域外制裁措施,而且自身也加入对伊朗的制裁阵营。对此,能否得出一个推论,即联合国安理会的决议已经授予各成员国一项普遍管辖权,可以要求任何联合国成员国的国民或企业遵守安理会决议,否则就可以对其行使普遍管辖权?

美国国会在其"酷刑受害人保护法草案"的报告里曾声明:"根据普遍管辖权原则,所有国家的法院对于'国际关注的侵犯行为'都有管辖权。"美国《对外关系法重述(第三次)》第402条已经支持将普遍管辖权扩大到刑事领域之外。该条规定:"普遍管辖权不限于刑法——一般而言,在普遍利益基础上的管辖权是以刑法的形式行使的,但是国际法并不排斥非刑法的适用,如向海盗的受害者提供侵权或者恢复原状的救济。"

笔者认为,普遍性管辖原则在当今国际法中也是一个有争议的原则。其一,英美法上长期以来一直对该原则持反对意见。① 其二,即使现在很多国家均已接受该原则,但对该原则的适用都有特定限制。一般来说,该原则仅适用于国际公法上公认的国际罪行,诸如战争罪、反人类罪、种族屠杀罪行、海盗罪、劫持飞机等。根据现行国际法,将普遍管辖权扩张到刑法领域之外还为时过早。

至于《赫尔姆斯-伯顿法》所针对的古巴政府对外国人财产的征收行为是否构成普遍管辖的对象,国际法上并没有一致的观点。而且,普遍原则通常是在属地国家拒绝行使管辖权的前提下才可以主张。更重要的是,美国域外经济制裁法律针对的是第三国国民与被制裁国之间普通的经济贸易行为,这种行为绝对不能作为行使普遍管辖权的依据。

第三节　对跨国公司的管辖权

一、公司国籍国的管辖权

1941年美国修订的《对敌贸易法》将其适用范围规定为"美国管辖下的

---

① [英]伊恩·布朗利:《国际公法原理》,曾令良、余敏友等译,法律出版社2003年版,第333页。

任何人”①,其中除自然人外,还包括“任何合伙、协会、公司或其他组织”。对于这些合伙、协会、公司或其他组织,判断它们是否属于美国管辖的标准包括:(1)根据美国法律组建;或(2)其主营业地位于美国境内;或(3)被美国管辖下的一个或多个人直接或间接拥有或控制。②

由此可见,该法确立了确定公司国籍的三个标准:成立地标准、营业地标准和“拥有或控制”标准。这三个标准之中,成立标准和营业地标准在国际法上并没有太大争议。世界上大多数国家都采用这两个标准来判断法人或公司的国籍。《公司法》第191条规定:“本法所称外国公司是指依照外国法律在中国境外设立的公司。”《外商投资法》第2条第3款规定:“本法所称外商投资企业,是指全部或者部分由外国投资者投资,依照中国法律在中国境内经登记注册设立的企业。”因此,我国也是以注册成立地或设立地来判断公司和法人的国籍的。

在判断公司的国籍方面,国际法院审理的著名的“巴塞罗那电车公司案”是广为引用的经典案例。③

巴塞罗那电车、电灯和电力有限公司(以下简称巴塞罗那公司)是一家控股公司,1911年成立于加拿大多伦多,其总部、账户及股份登记册均设在该市。为在西班牙的加泰罗西亚建立和发展一套电力生产和输送系统,该公司分别在加拿大和西班牙建立了许多附属公司。“一战”结束以后,“二战”期间的一段时间外,巴塞罗那公司的大部分股份一直为比利时国民所拥有。“一战”结束以后,巴塞罗那公司发行了几批比塞塔债券和英币债券,其中的英币债券预定从位于西班牙的附属公司向巴塞罗那公司的汇兑中偿付。1936年,偿付上述债券的工作由于西班牙内战的爆发而中断。1940年,比塞塔债券的偿付工作得以恢复,但由于西班牙外汇管制当局拒绝批准本国境内的公司向巴塞罗那公司汇兑必需的外汇,使英币债券仍得不到偿付。1948年2月,西班牙塔拉戈纳省的雷乌斯地方法院应本国3名英币债券持有人的请求,判决并宣布巴塞罗那公司破产,同时命令没收巴塞罗那公司及其两个附属公司的资产。此后不久,其他附属公司的资产也被没收并出售。1952年,这些附属公司新设立的股份被公开拍卖给一家新的公司,后者随即完全

---

① First War Powers Act, 1941, ch. 593, ? 301, 55 Stat. 838, 839-40[codified as amended at 50 U. S. C. app. § 5 (2000)].

② U. S. Department of the Treasury Public Circular No. 18, 7 Fed. Reg. 2503, 2504 (Apr. 1, 1942).

③ Barcelona Traction Case, ICJ Reports, 1970, p. 3.

控制了巴塞罗那公司在西班牙境内的企业。1958年9月23日,比利时政府向国际法院单方提出了针对西班牙政府的诉讼请求。1961年4月10日,法院根据比利时于同年3月23日递交的不再继续诉讼的通知,在未接到西班牙的反对意见的情况下,指示将该案自其案件目录中注销。1962年6月19日,比利时政府根据1927年7月19日比西两国订立的《和解、司法解决和仲裁条约》第17条和《国际法院规约》第37条的规定,向国际法院提出了一项新的诉讼请求,请求法院判决并宣布其请求书中所述西班牙国家机关的有关行为违反了国际法,且西班牙国家有义务赔偿作为巴塞罗那公司股东的比利时国民(包括自然人和法人)因此而遭受的损失。

1970年2月5日,法院就该案实质问题作出判决。法院指出,本案实质问题的核心在于确定比利时是否有权对作为加拿大法人的巴塞罗那公司中的本国股东因公司所在国西班牙针对该公司本身的有关措施而遭受的损害进行外交保护。法院认为,在一家公司受到不法行为侵害的情况下,国际法的一般规则也只授权公司的国籍国提出赔偿请求。本案中,巴塞罗那公司成立于加拿大并在加拿大有注册营业所,因此其加拿大国籍应得到承认。[①]

“巴塞罗那电车公司案”的意见得到了联合国国际法委员会的肯定。[②] 国际法院在2007年的“几内亚诉刚果案”中也再次确认了“巴塞罗那电车公司案”的观点。[③] “几内亚诉刚果案”中,几内亚共和国于1998年12月28日向国际法院递交“寻求外交保护的诉请书”,对刚果民主共和国提起诉讼,几内亚共和国在诉请书中请求国际法院裁定“刚果民主共和国对一名几内亚国民(艾哈迈杜·萨迪奥·迪亚洛先生)犯下严重违反国际法的行为”。刚果民主共和国提出抗辩认为,几内亚共和国没有权利行使外交保护,因为其诉请书实际上是试图就因侵犯不属于几内亚的公司的权利而受到的损害获取赔偿。就公司的国籍问题,国际法院裁定认为,“巴塞罗那电车公司案”关于公司受其国籍国外交保护的一般规则迄今为止尚未发现有例外。[④] 国际法院在该案中还认为,根据习惯国际法,公司及其股东权利的保护问题以及有关争议的

---

① Barcelona Traction Case, ICJ Reports, 1970, 3, para. 70.

② U. N. Int'l L. Comm'n, Fourth Report on Diplomatic Protection, U. N. Doc. A/CN. 4/530, at 11 (Mar. 13, 2003), http://untreaty. un. org/ilc/documentation/english/a_cn4_530. pdf.

③ Republic of Guinea v. Democratic Republic of the Congo, ICJ Reports, 2007, 582 (May 24).

④ Republic of Guinea v. Democratic Republic of the Congo, ICJ Reports, 2007, 582 (May 24), para. 87.

解决应当依据有关国家之间的双边或多边投资保护条约进行。[①]

二、"拥有或控制"标准

(一)"拥有或控制"的概念

以"拥有或控制"标准来确定跨国公司的国籍或管辖权源于公司法上的"刺穿公司面纱"理论(piercing the corporate veil)。[②] 按照公司法原理,公司具有独立法人资格,其人格独立于公司的股东,二者不可混同。而"刺穿公司面纱"也称"公司人格否认制度",是指在特定情况下以公司股东的人格来替代公司的人格。[③] 在公司的管辖问题上,就是要依照公司股东的国籍来对公司行使管辖权。这实际上是对公司国籍国管辖权的例外。这一例外也得到了国际法院在"巴塞罗那电车公司案"中的承认。该案中,国际法院也认为,公司的"面纱"在特定情形下可以被揭开,即不用考虑公司的成立地,而是要考虑公司股东的国籍。这样做的目的是防止滥用法人独立人格特权,避免欺诈,保护第三人利益。[④]

在《关于解决国家与他国国民之间的投资争端的公约》(ICSID)中对"其他缔约国国民"专门做了规定:"另一缔约国国民系指:……(2)在争端双方同意将争端交付调解或仲裁之日具有争端一方的国家以外的某一缔约国国籍的任何法人,以及在上述日期具有作为争端一方缔约国国籍的任何法人,而该法人因 受外国控制,双方同意为了本公约的目的,应看作是另一缔约国国民。"[⑤]

WTO 的《服务贸易总协定》(以下简称 GATS)第 28 条(M)项对于"外国法人"的定义基本上也用"成立地"标准,但同时考虑到了"拥有和控制"标准。GATS 第 28 条(L)、(M)和(N)款的相关规定如下:

> (L)"法人"指根据准据法适当组建或组织的任何法人实体,无

---

① Republic of Guinea v. Democratic Republic of the Congo, ICJ Reports, 2007, 582 (May 24), para. 88.

② Chieh Lee, *Resolving Nationality Planning Issue through the Application of the Doctrine of Piercing the Corporate Veil in International Investment Arbitration*, 9 Contemp. Asia Arb. J. 87 (2016).

③ 黄辉:《公司集团背景下的法人格否认:一个实证研究》,载《中外法学》2020 年第 2 期。

④ Barcelona Traction Case, ICJ Reports, 1970, 3, para. 56.

⑤ ICSID, Article 25(2)(b).

论是否以盈利为目的,无论属私营所有还是政府所有,包括任何公司、基金、合伙企业、合资企业、独资企业或协会;

(M)"另一成员的法人"指:

(i)根据该另一成员的法律组建或组织的、并在该另一成员或任何其他成员领土内从事实质性业务活动的法人;或

(ii)对于通过商业存在提供服务的情况:

(1)由该成员的自然人拥有或控制的法人;或

(2)由(i)项确认的该另一成员的法人拥有或控制的法人;

(N)法人:

(i)由一成员的个人所"拥有",如该成员的人实际拥有的股本超过50%;

(ii)由一成员的个人所"控制",如此类人拥有任命其大多数董事或以其他方式合法指导其活动的权力;

(iii)与另一成员具有"附属"关系,如该法人控制该另一人,或为该另一人所控制;或该法人和该另一人为同一人所控制。

但如何确定一家公司被外国人"拥有或控制"? 无论是ICSID还是GATS都没有统一规定。各国在不同法律中采用的标准也各有差异。

"拥有或控制"并非要求本国人拥有外国公司100%的股权。① 美国通常的做法是计算持股比例,②因此,拥有一家公司50%以上的具有表决权的股份显然是足够的。③ 然而有时股东即使持股比例不到50%,仍有可能"控制"该公司,比如其他股东持股比例更低。④ 但是在实践中,跨国公司母公司和子公司之间的关系往往是非常复杂的,有时很难判断实际的控制权。比如美国人虽然不拥有公司的多数股权,但公司的总经理或首席执行官由美国人担任,公司的日常经营管理都由美国人负责,该公司是否属于美国人"控制"呢?

---

① Restatement (Third) Foreign Relations Law 402 (1987), at 414.

② James Irvine Whitcomb Corcoran, *The Trading with the Enemy Act and the Controlled Canadian Corporation*, 14 McGill L. J. 174, 175 (1968).

③ Phillip I. Blumberg & Kurt A. Strasser, *The Law of Corporate Groups: Problems of Parent and Subsidiary Corporations Under Statutory Law Specifically Applying Enterprise Principles*, Little, Brown and Company, 1992, p. 6.

④ Russell Stanley Q. Geronimo, *De Facto Control: Applying Game Theory to the Law on Corporate Nationality*, 90 Phil. L. J. 278 (2017).

根据美国《对外关系法重述(第三次)》,“一国不能仅仅因为该国国民担任外国公司的主要官员或领导人而对该外国公司行使管辖权”。① 美国财政部外国资产管制办公室负责人也认为,在外国公司担任职务的美国人原则上可以参与与被制裁国之间的业务,但同时认为这种情况下该美国人最好被调离该业务部门。② 缺乏明确的判断标准会给跨国公司带来很大的风险。

(二)“拥有或控制”标准的国际争论

在国际法上有争议的是,如何从国际法角度证明“拥有或控制”作为一种管辖权标准的合法性？有人认为,拥有或控制标准是一种扩展的属人原则(extended nationality principle)。根据传统的“属人原则”,美国只能对“依照美国或其任何州、属地、领地或地区法律组建的公司”行使管辖权。但是美国公司的海外子公司是根据外国法律而成立的,法律上属于外国公司,不受美国的属人管辖。③

在“巴塞罗那电车公司案”中,法院认为,由于国际法在国家对待公司和股东的权利问题上尚未确立任何明确的规则,法院认为它必须求助于有关的国内法规则。根据各国国内法律制度普遍接受的规则,有限责任公司及其股东是两个不同的实体,具有不同的财产权利,当股东的利益因针对公司实施的某一行为受到损害时,只有权利受到侵犯的公司才能提起诉讼。因此,在代表外国资本的一家公司受到不法行为侵害的情况下,国际法的一般规则也只授权公司的国籍国提出赔偿请求。尽管在公司股东自身的权利遭到侵害、公司已不存在、公司国籍国缺乏代表公司采取行动的能力或公司国籍国为责任国等例外情况下,该公司股东的国籍国可以不受上述一般规则的限制,但本案中并不存在这些例外情况。据此,法院认为比利时无权代表本国股东向法院起诉,终以 15 票对 1 票驳回了其诉讼请求。④ 这表明,“巴塞罗那电车公司案”并没有将“拥有或控制”作为确定公司国籍的正式标准,而只是作为例外情形。

如果将“拥有或控制”标准仅仅用于公司的海外分支机构,那么该理论倒也言之有理,因为分支机构从法律上看不具有独立法人资格,其法律地位从

---

① Restatement (Third) Foreign Relations Law 402 (1987), at 414 cmt. f.

② Cindy G. Buys, *United States Economic Sanctions: The Ironless of Targeting Persons from Third Countries*, 17 B. U. Int'l L. J. 254, footnote 74 (1999).

③ Cindy G. Buys, *United States Economic Sanctions: The Fairness of Targeting Persons from Third Countries*, 17 B. U. Int'l L. J. 241 (1999).

④ Barcelona Traction Case, ICJ Reports, 1970, 3, para. 56.

属于公司总部。但对于公司的海外子公司就不能以“拥有或控制”标准来行使管辖权。

(三)其他国家对“拥有或控制”标准的抵制

美国以“拥有或控制”标准强行对其海外子公司行使管辖权被认为是一种域外管辖权,侵犯了第三国的主权,因此遭到其他国家的强烈抗议和抵制。

1957 年, 美国福特汽车公司在加拿大的子公司拟向中国出口 1000 辆该公司生产的汽车。美国试图根据《对敌贸易法》禁止该项交易, 遭到加拿大的反对。后来两国经过谈判达成了一个临时安排。根据该临时安排,加拿大公司可取得美国出口管制法的豁免。①

在 1965 年法国法院审理的“弗吕霍夫公司诉玛莎蒂案”(Fruehauf Corp. v. Massardy)②中,弗吕霍夫公司法国子公司与另一家法国公司签署火车销售合同,该另一家法国公司准备将这批火车销往中国。弗吕霍夫美国母公司拥有法国弗吕霍夫公司 2/3 的股份。法国弗吕霍夫公司 8 名董事中有 5 名是美国人。美国财政部下令要求弗吕霍夫总公司禁止其法国子公司销售该批卡车。法国弗吕霍夫公司与其客户洽谈后,该客户拒绝取消合同。弗吕霍夫法国公司担心失去其最大客户,于是其少数董事在法国法院针对其美国母公司和法国公司的美国董事提出诉讼。法国法院认为,法国弗吕霍夫公司应当为其自身利益而行为,而不应当为其董事的利益行为。因此法院临时任命了一位管理人,指令其在 3 个月内完成该项交易。

值得注意的是,该案中,法国法院并未从国际法角度分析弗吕霍夫公司是否应当受美国法律的管辖,而只是从公司利益的角度进行了分析,认为执行与中国的销售合同对公司具有更大的利益。不过学者们在对该案的分析中,普遍认为美国的制裁命令对弗吕霍夫公司不具有管辖权,因为它不符合国际法上的任何一条管辖标准。③ 也许美国自己也认识到在法律上理亏,同时由于法国政府对美国的做法深感愤怒,美国财政部最后对此事件也

---

① J. W. Boscariol, *An Anatomy of a Cuban Pyjama Crisis: Reconsidering Blocking Legislation in Response Extraterritorial Trade Measures of the United States*, 30 Law and Policy in International Business 443 (1999).

② Societe Fruehauf - France v. Massardy, CA Paris, 14e ch., May 22, 1965, J. C. P. 1965, Ⅱ, 14247 (France), translated in 5 I. L. M. 476 (1966).

③ Cedric Ryngaert, *Extraterritorial Export Controls (Secondary Boycotts)*, 7 Chinese J. Int'l L. 625 (2008).

不了了之。①

20 世纪 80 年代初发生的苏联天然气管道事件再次引爆了美国和西欧国家之间关于对公司域外管辖权问题的争执。②

20 世纪 80 年代初,经过多年谈判,一些西欧国家与苏联达成天然气——管道交易协议。根据该协议,一些西欧国家将参加建设从苏联西伯利亚北部的耶梅尔半岛到西欧的长达 5000 多公里的天然气管道。工程定于 1984 年完成,所需的 60 万吨钢管,其中约一半将由西欧国家供应,另一半的大部分由日本供应。此外,西方国家还将提供加压站的气轮机设备和铺设管道的技术援助。另外,1981 年 12 月 20 日西德与苏联签订了第四个煤气供应合同,规定苏联从 1984 ~ 1985 年开始,在 25 年内,每年供应西德 105 亿立方米天然气,1982 年 1 月 23 日,法国也同苏联全苏天然气出口公司签订协定,在 25 年内由苏联每年供应法国 80 亿立方米的天然气。其他拟从该管道取得天然气的西欧国家还有意大利(85 亿立方米)、奥地利(10 亿立方米)、比利时(30 亿立方米)、荷兰(20 亿立方米)等。西欧与苏联天然气—管道交易的第三个方面是西欧国家将为苏联购买管道设备提供优惠贷款。

西欧国家和苏联的这项交易令美国十分恼怒。1981 年 12 月 29 日,美国总统里根就波兰实施军事法令一事指出"苏联负有严重的和直接的责任",同时宣布了对苏联的一系列制裁措施,其中包括不准对苏联出口石油和天然气设备,包括管道铺设设备。事后美国通用电气公司宣布,这项禁令已使它不能向西欧国家供应用于苏联天然气管道建设的设备。但西欧国家从本身的利益出发,既不支持美国对苏实行经济制裁,也不理睬美国的警告,西德、法国继续同苏联签订了购买天然气合同。1982 年 6 月 22 日,里根政府颁布《石油和天然气管制修正案》,③扩展了制裁的适用范围:其一,将管制对象扩大至由美国公司或公民拥有或控制的外国公司;其二, 即使不是美国人所有或控制的外国公司,也不得将采用源于美国的技术所生产的机器设备出口或转口至苏联。

该项法令激起了西欧国家的公开反抗。法国带头对美国的禁令提出了挑战。1982 年 7 月 22 日法国政府下令,让法国阿尔斯通一大西洋公司向苏

① Barry E. Carter, *International Economic Sanctions*, *Cambridge University Press*, 1988, p. 188, n. 23.

② Karl M. Meessen, *Extraterritoriality of Export Control*: *A German Lawyer's Analysis of the Pipeline Case*, 27 German Y. B. Int'l L. 97 (1984).

③ Amendment of Oil and Gas Controls to the USSR, 47. Fed. Reg. 27. 250 (1982).

天然气管道工程供应在美国许可证下生产的设备。法政府的声明表示:“法国公司签订的合同必须履行,1982年预定的交货必须按时执行”,“法政府不能接受美国单方面采取的措施”。法国的行动得到了西德、英国和意大利的明确支持,因而使美欧之间这场冲突产生世界影响。意大利外长科隆博说,“严重的事实是美国现政府把单方面作出决定的做法置于同盟国磋商并争取支持的做法之上”,“我们要平等关系,我们当中谁也不准备接受不考虑欧洲的利益的领导”。①

荷兰法院则在“传感器案”中明确拒绝执行美国对苏联的管道禁运法律。② 该案中,被告荷兰传感器公司是一家美国公司控股的荷兰分公司,由于美国对苏联的禁运令,该公司被迫中止履行与一家法国公司的合同。法国公司向法院起诉,要求被告履行合同。荷兰公司抗辩认为,如果自己履行合同,将会受到美国法律的制裁。法院认为,在美国境外注册成立的公司不是美国公司,美国的法律不能适用于美国公司的海外子公司,美国法律违反国际法,对荷兰公司没有约束力,因此判决荷兰公司继续履行合同。

英国法院在“利比亚阿拉伯外国银行诉银行家信托公司案”③中也遭遇美国对利比亚制裁法令对美国公司伦敦分公司的适用问题。该案中,银行家信托公司及其伦敦分部拒绝从纽约转账到利比亚银行伦敦账户。英国法院审理后认为,尽管美国公司的转账行为会违反美国法律,但美国公司的伦敦分公司受英国法律支配,因此其有义务按照英国法律向其客户支付款项。

值得关注的是,欧共体于1982年专门针对美国1982年6月22日出台的《石油和天然气管制修正案》而向美国国务院提交了一份正式的声明,④其中对该修正案的违法性作出了如下说明:

> 上述美国在本案中所采取的措施根据国际法是不可接受的,因为它们具有域外管辖的性质。它们试图对非美国国籍的公司在美

① 勒茂:《美国与西欧在苏联天然气管道问题上的矛盾和斗争激化》,载《国际贸易》1982年第9期。

② See Compagnie européenne des Pétroles S. A. v. Sensor Nederland B. V., Dist. Ct. at the Hague, reprinted in 22 I. L. M. 66 (1983).

③ Libyan Arab Foreign Bank v. Bankers Trust Co., 1 Q. B. 728 (1989), 3 All. E. R. 252 (1989), 1 Lloyd's Rep. 259 (1988).

④ See *European Community*: *Note and Comments on the Amendments of June* 22, 1982 *to the Export Administration Act*, 21 ILM (1982).

国境外的行为进行管辖，而这些公司所从事的有关货物和技术数据的交易也不在美国境内。它们试图要求非美国的公司遵守美国法律的限制，并在贸易领域施加歧视性制裁，这违反了美国和欧共体之间建立的正常商业惯例。1982年6月22日的修正案违反了国际法上两个得到普遍承认的管辖权基础：属地原则和属人原则。

属地原则（一个国家原则上应当将其立法权限制在其领域内的人和物）是国际法的一项基本原则，尤其当其涉及对一国社会和经济活动的管理行为时。每个国家有权自由管理和发展其社会和经济制度，这一原则多次得到国际法庭的承认。美国的措施显然违背了属地原则，因为它们试图管理欧共体境内的、而不是在美国的属地管辖之下的公司的行为。

属人原则（法律只管辖其国民，无论其位于何处）无法用来作为修正案扩张美国管辖权的解释基础，比如在欧共体成员国成立的公司与美国有公司上（母子公司）或个人上（控股）的联系；或者在欧共体成员国成立的公司与在美国成立的公司或分公司或其他美国控制的公司之间通过一项许可协议、专利费支付或其他赔偿支付而拥有联系，或者因为它们购买了来源于美国的货物。①

欧共体在声明中进一步分析了"拥有或控制"标准为什么不符合国际法：

该修正案有两个地方主张美国对美国公司的子公司或美国公民、居民甚至美国境内的任何人所控制下的公司，无论其在哪里成立或在哪里营业，均享有管辖权。这意味着美国试图强行赋予这些公司以美国国籍，而这些公司的大多数是在其他地方成立或拥有注册营业地，其中主要是在欧共体成员国境内。这一举动不符合普遍承认的国际法原则。在巴塞罗那电车公司案中，国际法院宣布了确定公司国籍的两个传统标准，即公司的成立地标准和注册营业地标准，这两个标准"已被长期的实践和大量国际文件所确认"。该法院也考察了其他确定公司国籍的标准，但最后认为这些标准并未得到

① *European Community*: *Note and Comments on the Amendments of* 22 *June* 1982 *to the Export Administration Act*, Presented to the United States Department of State on 12 August 1982, 21 ILM (1982), p. 891.

普遍接受。国际法院最终强调了成立地和注册营业地在审判该案中的传统地位。该判决虽然是被置于外交保护的框架之下,但反映了国际法上的一项基本原则。①

由于遭到各方面的抵制,"拥有或控制"标准的实施并不顺利。美国也在事实上对该标准进行了修正或限定。早在20世纪60年代的《古巴资产管制条例》中,针对美国母公司所拥有或控制的外国分公司,该条例就规定了不包括外国的非银行机构。② 1975年美国曾通过了一项特别许可程序,允许美国人拥有或控制的外国公司经过特别授权可以与古巴进行特定的贸易。③ "天然气管道事件"发生后,在欧洲国家强烈抗议下,经过双边协商,美国最终也于1982年11月13日废除了1982年生效的《石油和天然气管制修正案》,致使该项制裁法令仅仅被执行了5个月即告寿终正寝。

另外,近年来根据《国际紧急状态经济权力法》而制定的经济制裁法令都没有针对美国公司的海外子公司,如《缅甸制裁条例》《伊拉克制裁条例》《利比亚制裁条例》等。④

美国在孟晚舟事件中也采用了这种"拥有或控制"标准来打压华为。美国司法部的起诉书指控华为及其子公司违反美国、欧盟和/或联合国对伊朗的制裁,向受制裁国家的最终用户输送华为商品和服务。起诉书指控称,⑤星通公司是一家主要在伊朗经营的香港公司。截至2007年2月,星通由华为技术有限公司(华为)的子公司华盈管理全资拥有。

起诉书宣称:在2010年至2014年,华为让星通通过恒生银行进行了价值约1亿美元的交易,这些交易通过美国清算;华为"隐瞒"了所谓其与星通公司的联系,导致华为和恒生银行均违反了美国财政部的《伊朗交易和制裁条例》。⑥ 该条例第205条内容为:"禁止美国人以外的人向伊朗或伊朗政府再

---

① *European Community*: *Note and Comments on the Amendments of* 22 *June* 1982 *to the Export Administration Act*, Presented to the United States Department of State on 12 August 1982, 21 ILM (1982), p. 894-895.

② 31 C. F. R. 515. 541 (1965).

③ 31 C. F. R. 515. 559 (1981). 但1992年通过的《古巴民主法》将该项特别程序废除。

④ See e. g., 31 C. F. R. 537. 314 (1998)(Burma); 31 C. F. R. 560. 314 (1998)(Iran); 31 C. F. R. 575. 321 (1998)(Iraq); 31 C. F. R. 550. 308 (1998)(Libya).

⑤ https://www. justice. gov/usao-edny/pr/huawei-cfo-wanzhou-meng-admits-misleading-global-financial-institution.

⑥ https://www. ecfr. gov/current/title-31/subtitle-B/chapter-V/part-560.

出口商品、技术或服务”，即除非根据本部分另有授权，否则禁止美国人以外的任何人将从美国出口的任何商品、技术或服务直接或间接从第三国再出口到伊朗。

三、“自愿服从”模式

由于“拥有或控制”标准在某些情况下会引发与他国的纠纷，美国学者建议采用一种新的对跨国公司的管辖模式，即只禁止美国的母公司与目标国进行贸易，但不直接禁止美国公司的海外分支机构与目标国的贸易活动，而是规定由美国母公司承担其海外分公司违反美国贸易禁令的责任。这样一来，跨国公司在美国的母公司由于担心受到美国法律的制裁，就会要求其海外子公司主动遵守美国法律，或者美国公司在与外国公司订立合同时，会在合同中订立一条“自愿服从条款”（submission clauses），要求该外国公司自愿服从美国的经济制裁法令，不把从美国获得的货物或技术输入到被制裁国。通过这种方式，就避免了让美国的法律直接去管辖外国公司。从表面上看，对目标国的经济制裁只是跨国公司所采取的一种商业决策，与美国政府没有关系。这种新型的管辖标准实际上是赋予了美国法律一种“间接域外管辖权”（indirect extraterritorial jurisdiction），它借助于美国跨国公司的商业政策来推行美国政府的外交政策。这种政策可以缩小制裁国与第三国之间的政策分歧和利益抵触，因为第三国（跨国公司海外分公司的东道国）就不会把这样一种商业政策视为是对该国主权的侵犯。一些美国学者极力鼓吹这种“间接域外管辖权”模式，认为这样做可以减少外国对美国域外经济制裁措施的抵制，从而为经济制裁法提供有效的执行机制。实践中，美国政府也经常通过所谓的“道德说教”（moral suasion）来号召美国的母公司自愿削减其海外子公司与古巴之间的贸易，而不是强制其施行。[①] 比如，1974 年，美国财政部外国资产管制办公室就发布了一系列解释性声明，号召在外国公司里担任领导职务的美国人不要参与对古巴的贸易业务。1979 年修订后的《出口管理法》也强行要求美国公司在与外国公司订立的合同中加入这样一项“服从条款”，要求外国公司遵守美国法律，不得将获得的产品再出口到受制裁国。[②]

---

① Michael P. Malloy, *Embargo Programs of the United States Treasury Department*, 20 Colum. J. Transnat'l. L. 508 (1981).

② Deborah Senz, Hilary Charlesworth, *Building Blocks: Australia's Response to Foreign Extraterritorial Legislation*, 2 Melb. J. Int'l L. 69(2001).

从表面上看,这种间接域外管辖权仍然属于“属人管辖”的范围,因为它所适用的对象只是美国的母公司,而没有直接适用到外国子公司头上。虽然这种间接域外管辖方式不一定完全能发挥效果,但总比直接与美国的盟友发生剧烈冲突、从而完全失去效用的《赫尔姆斯-伯顿法》要好得多。①

这样一种间接的域外管辖模式是否符合国际法?一些国际法学者同样提出质疑,英国国际法学者罗孚教授就指出:“这种自愿服从条款实际上是一种伪装的合同术语,它无法掩盖这样一个事实,即它所处理的是一个公法问题而非私法问题。它们必须要依照国际公法的标准进行裁断。”②比安奇教授也指出:“私人当事人无权取消一项本属于其母国的权力,即依照国际公法的规定行使管辖权并对外国的非法管辖提出抗议。”③

欧共体在其1982年针对苏联天然气管道事件提交给美国国务院的声明中也指出:“美国政府必须明白,通过立法来鼓励当事人在与欧共体的贸易活动中自愿服从美国的外交政策会遭到欧共体的谴责。私人协议不应以这种方式被用作执行外交政策的工具。如果一国政府通过法律和实践鼓励当事人将自愿服从条款纳入合同,这是一种对合同自由的滥用,它规避了国际法对国家管辖权的限制。”④英国政府针对同一事件作出的声明中也警告说:“任何国家试图在其国民订立的私人合同中采用这样一种条款以扩张该国的管辖权,都会遭到反对。”⑤

不过也有人认为,从国际法角度来看,公司自愿服从外国的法律,这并不被国际法禁止,只要该行为不违反东道国法律即可。⑥

美国政府还通过立法“引导”跨国公司建立合规制度(corporate compli-

---

① Phillip I. Blumberg & Kurt A. Strasser, *The Law of Corporate Groups: Problems of Parent and Subsidiary Corporations Under Statutory Law Specifically Applying Enterprise Principles*, 1992.

② A. V. Lowe, *The Problems of Extraterritorial Jurisdiction: Economic Sovereignty and the Search for a Solution*, 34 ICLQ 724 (1985).

③ A. Bianchi, *Extraterritoriality and Export Controls: Some Remarks on the Alleged Antinomy between European and U. S. Approaches*, 35 GYIL 366 (1992).

④ *European Community: Note and Comments on the Amendments of* 22 *June* 1982 *to the Export Administration Act*, Presented to the United States Department of State on 12 August 1982, 21 ILM (1982), p. 896.

⑤ UK Diplomatic Note of 18 October 1982, BYIL (1982) 455.

⑥ Cedric Ryngaert, *Extraterritorial Export Controls (Secondary Boycotts)*, 7 Chinese J. Int'l L. 625 (2008).

ance)来“主动”遵守美国的制裁法令。[①] 1991 年,美国量刑委员会修订了联邦《组织量刑指南》(Sentencing Guidelines for Organizations),[②]通过立法的形式正式确认了企业合规管理制度的法律意义。为鼓励企业构建并实施合规计划提供了有效的激励机制,该指南将企业合规计划列为影响法官是否决定对犯罪企业减免罚金和适用缓刑的法定要素。如果企业因其代理人实施的违法行为而被起诉和定罪,有效的合规计划可以减轻企业的刑罚。[③] 1999 年通过的《联邦起诉商业组织原则》颁布后,企业合规逐渐成为各大企业关注的焦点问题,企业合规迎来了跨越发展。2002 年 7 月,安然、世通等企业丑闻导致美国颁布《萨班斯-奥克斯利法》,更是将企业合规推向了一个新高潮。很多企业都设立了专门的首席合规官(chief compliance officer, CCO),成立专职合规部,聘用大量合规人员,合规治理成为公司治理的重要组成部分。

近年来,美国外国资产管理办公室和司法部等机构对全球多家跨国银行违反美国经济制裁法律的行为展开了刑事调查,给跨国公司的合规建设带来巨大冲击。[④] 由于美国执法部门频繁挥舞制裁大棒,动辄对企业施加数亿美元甚至数十亿美元罚款,无理冻结资产甚至拘禁有关人员,并利用与其他国家之间的引渡条约在全球范围内布下天罗地网,导致几乎所有跨国公司都不得不将规避美国制裁作为企业合规工作的重中之重。[⑤] 很多企业为了避免被美国制裁,不得不实施所谓的“过度合规”(excessive compliance),不仅自己尽可能避免与被制裁对象交易,同时要求所有上下游供应链都不要与被制裁对象交易,从而保障企业的绝对安全。近期发生的耐克公司、H&M 公司等跨国公司禁用新疆棉花事件就是如此。很多欧洲和发展中国家学者都对美国的这种强迫企业进行合规的做法提出批评,认为这是美国法律霸权主义的体现。[⑥]

为了阻止本国企业服从外国制裁法规,其他国家不得不颁布阻断法令

---

① Timothy M. Peterson, *Sanctions and Third-Party Compliance with US Foreign Policy Preferences: An Analysis of Dual-Use Trade*, 65 Journal of Conflict Resolution, 1820 (2021).

② https://www.ussc.gov/guidelines/organizational-guidelines.

③ 万方:《企业合规刑事化的发展及启示》,载《中国刑事法杂志》2019 年第 2 期。

④ Paul L. Lee, *Compliance Lessons from OFAC Case Studies-part* Ⅰ, 131 Banking L. J. 657 (2014); Paul L. Lee, *Compliance Lessons from OFAC Case Studies Part* Ⅱ, 131 Banking L. J. 717(2014).

⑤ Paul E. McGreal, *Corporate Compliance Survey*, 76 Business Lawyer 561 (2021).

⑥ David Restrepo Amariles & Matteo M. Winkler, *U. S. Economic Sanctions and the Corporate Compliance of Foreign Banks*, 51 Int'l Law 497 (2018).

(blocking statute)加以制止。英国就于1980年颁布了《保护贸易利益法》,授权英国国务大臣向所有英国国民发布指令,要求他们不遵守损害英国利益的外国贸易制裁法令。[①] 加拿大也于1985年颁布了《外国治外法权措施法》(FEMA),授权加拿大总检察长(attorney general)发布命令阻止“加拿大境内的人”遵守那些对加拿大贸易利益有妨碍的外国贸易措施。[②]

中国商务部于2021年1月9日公布了《阻断外国法律与措施不当域外适用办法》。全国人大常委会也于2021年6月10日颁布了《反外国制裁法》,其中第12条规定:“任何组织和个人均不得执行或者协助执行外国国家对我国公民、组织采取的歧视性限制措施。组织和个人违反前款规定,侵害我国公民、组织合法权益的,我国公民、组织可以依法向人民法院提起诉讼,要求其停止侵害、赔偿损失。”第14条规定:“任何组织和个人不执行、不配合实施反制措施的,依法追究法律责任。”阻断法和反制裁法使跨国企业的合规计划变得更加复杂。

第四节 国际礼让原则

一、概论

美国经济制裁法的域外管辖权激起了其他国家的反抗,它们纷纷颁布阻断法,从而给全世界的跨国公司带来了法律上的困境。很多美国的公司在世界各国拥有分公司或分支机构,它们一方面要遵守母国的经济制裁法,另一方面又不敢违背东道国的阻断法;而第三国的跨国公司一方面受到美国域外制裁法的管制,同时也受到母国阻断法的制约,从而陷入左右为难的境地。跨国公司为了从这种两难处境中解脱,开始援引一些国际法上的抗辩理由来解除自己的法律责任,其中最重要的就是所谓的“国际礼让原则”。[③]

礼让原则起源于17世纪的荷兰法学家乌尔里希·胡伯(Ulrich Huber)提出的三原则。[④] 他认为,一国主权者制定的法律原则上只能在该主权者领地内有效而不能适用于境外;但主权者基于礼让,可以让他国法律在本国境内

① Protection of Trading Interests Act of 1980, ch. 11, §1.

② Foreign Extraterritorial Measures Act, R. S. C., ch. F-29, §5 (1) (1985).

③ Seyed Yaser Ziaee, *Jurisdictional Countermeasures versus Extraterritoriality in International Law*, 4 Russ. L. J. 27 (2016).

④ Joel R. Paul, *Comity in International Law*, 32 Harv. Int'l. L. J. 1 (1991).

保持其效力。①

在美国，国际礼让原则最早被19世纪末的“古约案”（Gustave Guyot Case）所援用。② 该案中，一家法国法院作出判决指令古斯塔夫·古约向美国公民哈利·希尔顿（Henry Hilton）和威廉·李贝（Willian Libbey）收债。希尔顿向美国法院提出抗辩，否认法国法院判决的效力。美国法院需要判断是否以及在什么条件下承认法国法院判决。该案中，美国最高法院首次援用了国际礼让原则，即“一个国家允许在其领域内承认另一国的立法、执法和司法行为”。法院认为，礼让必须是互惠的，由于法国从未承认美国法院的终审判决，美国也拒绝承认法国法院的判决。③

“古约案”之后，国际礼让原则得到逐步发展，并日益复杂化。1965年通过的《对外关系法重述（第二次）》要求法院在决定是否承认外国的法律或判决时，应善意遵守国际法，权衡不同的因素，以确定是否行使其执行管辖权。这些应考虑的因素包括：（1）每个国家至关重要的国家利益；（2）不统一的执行行动将会给当事人造成的困难的范围和性质；（3）所要求的发生在其他国家领域内的行为的范围；（4）当事人的国籍；（5）任一国家所采取的执行行动能够导致该国法律被遵守这一目标的预期可能性。④

然而在1987年通过的《对外关系法重述（第三次）》中，《对外关系法重述（第二次）》中确立的原则被进一步细分为三项可以独立适用的原则（第403条、第441条和第442条）。一般意义上的国际礼让原则被纳入第403（2）条，该条规定了八项考量因素供法院参考，以确定是否承认外国法律和判决：（1）该行为与管制国（regulating state）领土之间的联系，比如行为在该领域内发生或对该领土或在该领域内产生实质的、直接的和可预见的影响；（2）管制国与受管制的行为的主要责任人之间，或者该国与受该管制条例保护的人之间的联系，比如国籍、住所或经济活动；（3）被管制的行为的性质、管制对管制国的重要性、其他国家是否管制此种行为以及该管制被普遍接受的期待程度；（4）是否存在被该管制条例保护或伤害的合理期望；（5）该管制条例对国际政治、法律或经济制度的重要性；（6）该管制条例与国际制度传统是否一

---

① Ernest G. Lorenzen, *Huber's De Conflictu Legum*, in Ernest G. Lorenzen, Selected Articles on the Conflict of Laws, Yale University Press, 1947, p. 162-180.

② Hessel E. Yntema, *The Comity Doctrine*, 65 Mich. L. Rev. 9 (1966).

③ Hilton v. Guyot, 159 U. S. 113, 164 (1895).

④ Restatement (Second) of Foreign Relations Law § 40 (1965).

致;(7)其他国家对管制该行为是否存在利益;(8)是否与其他国家的管制相冲突。

此外,如果两国之中任何一国对某人或某一行为行使管辖权都并非不合理,但是两国的法律规定却相冲突,此时,各国均有义务通过对所有相关因素的考虑,权衡其自己以及对方国家在行使管辖权上的利益。如果彼国的利益显然更大,则此国应让位于彼国。① 大多数巡回法院都采用了类似的衡量因素,尽管并不完全一致。在"木道木材公司案"中,②第九巡回法院考虑了以下七种因素:(1)与他国法律或政策相冲突的程度;(2)当事人的国籍或效忠对象以及公司的所在地或主营业地;(3)哪一国家的执行有可能得到遵守;(4)对美国的影响相对于其他国家的显著性;(5)是否存在明显的目的以伤害或影响美国商业;(6)该影响的可预见性;(7)发生在美国境内的行为相对于发生在境外的行为而言,对违法行为的发生是否更有决定性。在"曼宁顿案"中,第三巡回法院又增加了三项考虑因素:(1)境外获得救济的可能性;(2)对外交关系的可能影响;(3)在境外发布的救济命令如果在美国发布的话是否也会被接受。③

实践中要求法院在案件中权衡所有上述因素也是很困难的,有时也是不必要的。有些法院就只衡量其中几个因素,比如在"湖人航空公司案"中,法院就只考虑了四种因素。④

二、国际礼让原则的缺陷

国际礼让原则也有难以克服的缺陷。首先,不同法院在判断国际礼让时所考虑的因素各不相同,因此有些法官和学者对礼让原则批评有加,比如有法官认为礼让原则"不过是一些模糊不清的原则",⑤有学者也批评礼让原则是"未经解释的观点、含混不清的意思和不确定的适用标准"。⑥ 而且,即使采用同样的衡量标准,不同法院得出的结果也会大相径庭。这种结果的不可预见性对于跨国公司而言是致命的风险,导致其在跨国经营中难以制订可持续性的商业政策。另外,也是最重要的一点,美国法院在对美国和外国政府利

---

① Restatement (Third) of Foreign Relations Law § § 403(3).

② Timberlane Lumber Co. v. Bank of Am., 549 F. 2d 597, 614 (9th Cir. 1976).

③ Mannington Mills v. Congoleum Corp., 595 F. 2d 1287, 1297-1298 (3d Cir. 1979).

④ Laker Airways, Ltd. v. Sabena, Belgian World Airlines, 731 F. 2d 909, 949 (D. C. 1984).

⑤ Turner Ent. Co. v. Degeto Film GmbH, 25 F. 3d 1512, 1519 n. 10 (11th Cir. 1994).

⑥ Michael D. Ramsey, *Escaping "International Comity"*, 83 Iowa L. Rev. 893, 893 (1998).

益进行衡量时,很难做到对外国利益的公平对待。一方面,美国法官很难了解外国国家利益之所在,往往是凭一己之见而妄加评判;另一方面,即使法官表面上知道了外国国家利益是什么,但也很难真正理解其背景和基础,因此也很难真正作出公正的裁量。正是出于这些考虑,美国哥伦比亚特区巡回法院在“湖人航空公司案”中就批评了传统的利益衡量方法,认为法官根本不可能对相冲突的国家利益作出一个中立的判断,最终所有的衡量因素都只会指向有利于本国利益的结果。①

国际礼让原则不能替代国家行为理论、政治问题理论和外国国家强制理论。国际礼让更多地体现为一种法律原则,为法官提供了一种裁量标准。

三、国际礼让在经济制裁案件中的运用案例

(一)美国诉布罗迪案

在 2001 年的“美国诉布罗迪案”(United States v. Brodie)②中,美国政府指控几位被告向古巴出口离子交换树脂,违反了《对敌贸易法》和《古巴资产管制条例》,构成刑事犯罪。被告则提出管辖权抗辩,认为自己的行为发生在美国境外,美国没有管辖权。即使美国有管辖权,根据国际礼让原则,美国也应当放弃管辖。法院首先认为,《对敌贸易法》和《古巴资产管制条例》本身都具有域外效力,而且本案中被告被指控的发生在境外的行为也对美国产生了效果,因此美国法院具有事项管辖权。然后,法院进行了国际礼让分析,法院援引了第九巡回法院在“木道木材公司案”③中的意见,一共进行了十项要素的利益平衡分析(ten-factor balancing test):(1)与外国法律或政策相冲突的程度;(2)各方当事人的国籍;(3)被指控的境内违法行为相较于境外行为的重要程度;(4)境外救济的可能性以及境外正在进行的诉讼程序;(5)是否存在试图伤害或影响美国商业的意图及其可预见性;(6)如果法院行使管辖权并提供救济对外交关系可能造成的影响;(7)如果提供救济,一方当事人是否会被置于某种境地,即他必须实施一项违反某一国法律的行为或者该行为需要满足两个国家相冲突的法律要求;(8)法院是否可以使其命令发生效力;(9)如果在外国依照相同情形作出了一项救济命令,该命令是否可以在本国法院被接受;(10)与受影响的国家之间是否存在一项处理该问题的条约。

---

① Laker Airways, Ltd. v. Sabena, Belgian World Airlines, 731 F. 2d 909, 949 (D. C. 1984).

② United States v. Brodie, 174 F. Supp. 2d 294, 2001 U. S. Dist. LEXIS 23423.

③ Timberlane Lumber Co. v. Bank of America, 549 F. 2d 597, 614-615 (9th Cir. 1977).

对于第(1)项要素,法院认为尽管加拿大、英国和欧盟法律都试图阻断《古巴资产管制条例》,但它们对本案中的被告及其行为都没有影响或影响微乎其微。

对于第(2)项要素,法院认为被告之一是一家成立于美国的公司,总部也在美国,另两位个人被告都生活和工作在美国;第四位个人被告虽然是加拿大公民,但自 1996 年以来一直生活在美国。

对于第(3)项要素,法院认为本案是刑事案件,对于美国而言具有至关重要性。

对于第(4)项要素,法院认为不存在境外救济的可能性,那些国家都不同意美国对古巴的贸易政策。

对于第(5)项要素,法院认为本案不是托拉斯案件,该项要素无关紧要。

对于第(6)项要素,法院认为行政机关在提起诉讼时已经进行了权衡,应予尊重。

对于第(7)项要素,法院认为本案属于刑事案件,所实施的是刑事惩罚,无须考虑其可能引发的与外国法律的冲突。

对于第(8)项要素,法院认为该项要素与第(7)项要素一样无关紧要。

对于第(9)项要素,法院认为对于刑事案件很难进行权衡。

对于第(10)项要素,法院认为当事人并未向法院提供任何与加拿大、英国或欧盟之间的专门限制《对敌贸易法》和《古巴资产管制条例》的条约。

综上,法院驳回了被告的国际礼让抗辩。

(二)玛尔迪诉伊贝罗斯塔宾馆案①

"玛尔迪诉伊贝罗斯塔宾馆案"是最新一起涉及《赫尔姆斯-伯顿法》和欧盟《免受第三国立法及由此产生行动之域外适用影响的保护法案》(以下简称《阻断条例》)(第 2271/96 号条例)的案例。2020 年 1 月 8 日,原告玛尔迪起诉西班牙著名连锁酒店集团伊贝罗斯塔(Iberostar Hoteles Y Apartamentos S. L.),指控被告贩运原告父母被古巴政府没收的财产,该财产是一家位于古巴圣地亚哥的酒店。原告称,从 2016 年 11 月起,伊贝罗斯塔酒店集团与古巴政府共同管理和合作经营该酒店。2020 年 4 月 23 日,被告提出了暂停诉讼的动议(motion to stay),理由是欧盟委员会第 2271/96 号条例禁止被告在没有欧盟委员会明确授权的情况下对诉讼作出回应。如果不遵守第 2271/96 号条例,根据西班牙第 27/1998 号法律,被告将面临最高 600,000 欧元的巨额罚

---

① Marti v. Iberostar Hoteles Y Apartamentos S. L., 2020 U. S. Dist. LEXIS 170005.

金。鉴于被告必须首先寻求欧盟委员会的许可才可以对诉讼作出回应,佛罗里达南区联邦地区法院于2020年9月16日发布命令暂停诉讼,案件将在欧盟委员会作出决定后继续进行。该案是欧盟委员会第一次根据第2271/24号条例审议关于《赫尔姆斯-伯顿法》的授权请求。2020年8月24日,被告提交了状态报告,指出欧盟委员会于2020年8月10日通知其申请仍在审议中,委员会正在与成员国当局进行广泛的磋商。2021年5月3日,法院驳回了原告要求取消暂停诉讼命令的申请,继续中止诉讼以等待欧盟委员会答复。①

该案中,法院专门进行了国际礼让分析。法院认为,根据国际礼让理论,法院可以暂时中止审理。法院援引了联邦第十一巡回法院在"GDG诉伯利兹政府案"中的结论,认为运用国际礼让原则决定是否中止审理时要考虑三项因素:(1)在外国法院诉讼时美国利益的强度;(2)外国政府利益的强度;(3)是否存在合适的替代法院。法院认为,本案并不存在平行诉讼问题,因此无须考虑第一项因素。至于第三项因素,由于原告没有提供相关信息以便法院考量欧盟委员会解释其法律的适当性,因此也无须考虑。最终,根据第二项因素,法院认为欧盟委员会和欧盟对于评估其自己的法律具有强烈的利益。法院尤其指出,本案是欧盟委员会第一次遇到一项基于《赫尔姆斯-伯顿法》提起的诉讼请求,因此更加具有特别的利益。因此,国际礼让支持法院维持暂停审理本案,直到欧盟委员会授权被告参加本案程序为止。法院还从当事人的公平性角度(fairness to litigants)进行了分析。法院认为,一旦被告参与本案诉讼程序将会因违反欧盟和西班牙法律而受到巨额罚款,因此从双方当事人利益平衡角度考虑,也应当支持中止诉讼程序。②

第五节　国家行为理论

一、国家行为理论的产生

国家行为理论起源于17世纪欧洲学者提出的主权学说。在普通法国家,国家行为理论通常被追溯到1848年英国上议院在"布伦瑞克公爵诉汉诺

---

① Marti v. Iberostar Hoteles Y Apartamentos S. L., 2021 U. S. Dist. LEXIS 84666 (S. D. Fla., May 3, 2021).

② Marti v. Iberostar Hoteles Y Apartamentos S. L., 2020 U. S. Dist. LEXIS 170005 (S. D. Fla., September 16, 2020).

威国王案”(Duke of Brunswick v. King of Hanover)中的判决。[①] 该案中,公爵提出:“外国主权者不得因在其本国境内的主权行为而承担责任;英国法院不得针对一个主权者行使其主权的行为进行判决。”[②]

美国最高法院在1897年的“安德希尔案”中首次引入该理论作为限制美国法院管辖权的依据。美国最高法院宣称一位美国公民在委内瑞拉被革命政府扣押并强迫劳动。最高法院大法官富勒在判决书中对国家行为理论作了经典概括:“每个主权国家都有义务尊重其他主权国家的独立,一国法院不应对另一国政府在该国境内的行为进行裁决。”[③]这一定义表明,国家行为理论根源于国际法上的主权独立原则和国家豁免原则。

20世纪初的另两起案件中,最高法院也援引了国家行为理论。在“奥金诉中央皮革公司案”和“里克德诉美国金属公司案”中,美国最高法院宣称墨西哥革命武装征收的私人财产被出售到美国。在前一个案件中,克拉克大法官指出:“一个独立政府的行为不能受到其他国家法院的质疑,这一原则……是基于对国际礼让和便利的崇高尊重。如果允许一国法院来审查甚至否决另一国家的行为的有效性,这肯定会危及政府之间的睦邻友好关系并破坏国际和平。”[④]

在后一个案件中,克拉克大法官也同样指出:“外国的主权行为及其结果不能受到质疑而只能被我国法院作为其判决时的规则而接受。”[⑤]在此后的“美国诉贝尔蒙特案”中,美国法院也以国家行为理论为依据,拒绝判处苏联政府的征收行为无效。[⑥]

二、国家行为理论在美国的发展

美国最高法院在“古巴国民银行诉萨巴提诺案”(以下简称“萨巴提诺案”)中的判决让有些学者觉得最高法院对国家行为理论有了全新的解释。该案源于古巴卡斯特罗革命后对美国人拥有的一家古巴企业的征收行为。

---

① Duke of Brunswick v. King of Hanover, (1848) 2 HLC 1; See Gary B. Born, *International Civil Litigation in United States Courts*, 3d ed., 1996, p. 686.

② Duke of Brunswick v. King of Hanover, (1848) 2 HLC 1; See Gary B. Born, *International Civil Litigation in United States Courts*, 3d ed., 1996, p. 686.

③ Underhill v. Hernandez, 168 U. S. 250, 252 (1897). See also Restatement (Fourth) of The Foreign Relations Law of The United States § 441 (Am. Law Inst. 2018).

④ Oetjen v. Central Leather Co., 246 U. S. 297, 299-301 (1918).

⑤ Ricaud v. American Metal Co., 246 U. S. 304, 305-306 (1918).

⑥ United States v. Belmont, 301 U. S. 324, 328 (1937).

地区法院和第二巡回法院都认为不能援引国家行为理论来排斥对古巴政府征收行为的审查。[1] 最高法院推翻了第二巡回法院的判决，认为应该采用国家行为理论。[2] 最高法院在该案中援引了第二巡回法院汉德大法官在“伯恩斯坦案”中提出的一项原则，即在特定案件中，如果行政当局命令不适用该理论时，可以不予适用。[3] 这一原则因此也被称为“伯恩斯坦例外”。汉德大法官提出的理由是美国宪法中的三权分立原则规定了外交关系属于行政当局的管辖范围，行政当局对于外交事务拥有最后的决定权。

哈兰（Harlan）大法官在“萨巴提诺案”中接受了“伯恩斯坦例外”，他在判决书中指出，国家行为理论“既非来自主权权威的固有属性”，亦非来自“国际法的强迫”，也不是来自什么“国际法的原则”或“宪法文本的规定”。哈兰大法官写道：“国家行为理论当然拥有宪法上的支持。它来自三权分立原则下不同政府部门之间的基本关系。它涉及的是不同机构在对外关系领域作出或实施某些特定类型的决定时的权限分配。在过去的判例中提炼出来的这一理论表达了司法部门的一种强烈意识，即一旦司法部门牵涉进审查外国国家行为的效力这一任务，就会妨碍而不是促进我国在国际场合去实现为我们自己和整个国际社会所确立的目标。”[4]

哈兰大法官的意思很清楚，就是不让美国法院介入属于行政部门管辖的外交事务。哈兰指出，不同国家对于国际法标准有千差万别的观点，这反映了不同国家在国家利益上的分歧。涉及外国国家行为的案件往往牵涉国际社会中很多敏感复杂的意识形态问题，因此美国法院不宜牵涉进去。哈兰认为，让行政部门去处理这些问题更为便利。行政部门可以有更多渠道，比如双边谈判或多边机制，包括将问题提交联合国等。行政部门还可以采取政治或经济的制裁措施来解决问题。相对而言，法院在处理外交事务方面有诸多不利之处，法院作出的判决几乎不可能得到外国国家的接受，反而会遭致外国政府的抵制。

该案还确立了三项判断是否采用国家行为理论的非排他性标准：第一，国际法中各国所共同同意的原则，这些原则越具有共识，适用国家行为理论的合理性越低；第二，争议问题引发的政治分歧的程度；第三，实施该行为

---

① Banco Nacional de Cuba v. Sabbatino, 307 F. 2d 845, 857-858 (2d Cir. 1962).

② Banco Nacional de Cuba v. Sabbatino, 376 U. S. 398, 426-427 (1964).

③ Bernstein v. Van Heyghen Freres Societe Anonyme, 163 F. 2d 246, 249 (2d Cir. 1947), cert. denied, 332 U. S. 772 (1947).

④ Banco Nacional de Cuba v. Sabbatino, 376 U. S. 398, 430-432 (1964).

的政府是否还存在。在“萨巴提诺案”中,法院认为这三项标准都满足。① 但批评者认为,这三项标准过于狭窄,只适用于涉及国家征收的案件中。②

哈兰大法官的判决意见产生了重要影响,此后很多下级法院对该案中的结论作了扩大解释,凡是遇到涉及美国国家利益的案件,都援引国家行为理论限制法院的管辖权,甚至有些案件根本就没有涉及外国国家的行为。③

“萨巴提诺案”的判决引起了美国国会的反对,并导致了《西津鲁普第二修正案》的出台。④ 该修正案由爱荷华州参议员西津鲁普提议,内容是对《对外援助法》进行修改,禁止美国法院以“国家行为理论”为由拒绝审理涉及外国政府征收美国人财产的案件。该修正案的出台使国家行为理论再次面临挑战。

最高法院在 1972 年的“第一国家城市银行诉古巴国民银行案”⑤和随后的 1976 年的“登喜路诉古巴案”中,⑥都继续沿用了“萨巴提诺案”的解释方法。但同时,最高法院开始对国家行为理论施加一定限制。在“登喜路诉古巴案”中,所涉及的是被告古巴国有企业拒绝向英国原告返还其多付的款项。被告提出拒绝付款是古巴政府的主权行为,不应受美国法院管辖。最高法院第一次对什么是“主权行为”作出了解释。法院认为,主权行为是指“那些有权行使主权权力……并且理应得到我国法院尊重的公共行为”。⑦在“萨巴提诺案”中唯一持不同意见的怀特大法官这一次旗帜鲜明地提出:国家行为理论不适用于“拒绝支付行为”。⑧ 该案由此提出了国家行为理论中的“商业例外”的概念,即“国家所从事的商业活动中实施的行为不得援引国家行为理论进行抗辩”⑨。

---

① Banco Nacional de Cuba v. Sabbatino, 376 U. S. 398, 401 (1964).

② Margaret A. Niles, *Judicial Balancing of Foreign Policy Considerations: Comity and Errors under the Act of State Doctrine*, 35 Stan. L. Rev. 327, 341 (1983).

③ See e. g. , O. N. E. Shipping Ltd. v. Flota Mercante Grancolombiana, 830 F. 2d 449 (2d Cir. 1987); Clayco Petroleum Corp. v. Occidental Petroleum Corp. , 712 F. 2d 404 (9th Cir. 1983); Int'l Ass'n of Machinists & Aerospace Workers v. OPEC, 649 F. 2d 1354 (9th Cir. 1981); Gen. Aircraft Corp. v. Air Am. , 482 F. Supp. 3 (D. D. C. 1979).

④ 22 U. S. C. A. Sect. 2370(e)(2).

⑤ First National City Bank v. Banco Nacional de Cuba, 406 U. S. 759, 768, 773, 776 (1972).

⑥ Alfred Dunhill of London, Inc. v. Republic of Cuba, 425 U. S. 682 (1976).

⑦ Alfred Dunhill of London, Inc. v. Republic of Cuba, 425 U. S. 694.

⑧ Alfred Dunhill of London, Inc. v. Republic of Cuba, 425 U. S. 682, 695 - 706, 96 S. Ct. 1854, 1861-1867, 48 L. Ed. 2d 301 (1976) (opinion of White, J.).

⑨ Alfred Dunhill of London, Inc. v. Republic of Cuba, 425 U. S. 695.

"萨巴提诺案"及随后的案例表明，国家行为理论已经与传统的国际礼让原则摆脱了关系，它不再以国际法上的属地主权为前提，而纯粹是基于美国联邦制下的三权分立原则。法院在考虑是否采用国家行为理论时，只需考虑法院对案件的审理是否会干涉由行政部门负责的美国外交政策。相反，如果法院认为对案件的审理不会影响到美国的外交政策，就可以不顾及国家行为理论，此时法院完全可以不考虑是否干涉外国的国家主权。在一些案件中，法院往往直接参考美国国务院的司法意见，根据国务院的意见进行取舍。这一做法使美国的法院成为执行行政部门外交政策的工具，国家行为理论也成为限制美国法院管辖权的手段。

最高法院在国家行为理论上的这种方法论转向表明了"二战"后国际社会发生的剧烈变化。国家越来越多地介入商业活动，传统的绝对主权观念遭到抛弃，人权保护受到越来越多的关注。"萨巴提诺案"发生的前后，正是美国以及国际范围内人权运动风起云涌的时代。同时，"冷战"形成的意识形态的对立也对美国法院产生了重要影响。从统计分析来看，与国家行为理论有关的案件大多涉及被美国制裁的所谓不友好国家。

三、作为法律选择规范的国家行为理论

在 1918 年的"里克德诉美国金属公司案"中，克拉克大法官在判决书中就提到："外国的主权行为及其结果不能受到质疑，而只能被我国法院作为其判决时的规则（a rule for their decision）而接受。"[①]不过这一意见当时并没有引起人们关注。美国著名国际法学者亨金教授根据这一判决意见首次提出将国家行为理论视为一种"修正传统冲突规则的特殊规则"（special rule modifying the ordinary rules of conflict of laws）或者"超级国际私法规则"（supreme rule of conflict of laws）[②]。它实际上是要求法院适用外国的法律来裁判发生在外国的行为的效力。直到 1990 年的"基尔克帕特里克案"中，斯卡利亚大法官正式采纳了这一观点。[③]该判决获得了全体大法官 9：0 的投票支持。

该案中，被上诉人（原审原告）声称，上诉人（原审被告）通过贿赂尼日利亚政府官员从尼日利亚政府手中获得了一项武器采购合同。尼日利亚法律

---

① Ricaud v. American Metal Co., 246 U. S. 304, 305-306 (1918).

② Louis Henkin, *Act of State Today: Recollections in Tranquility*, 6 Colum. J. Transnat'l L. 175, 178 (1967).

③ W. S. Kirkpatrick & Co. v. Envtl. Tectonics Corp., Int'l, 493 U. S. 400 (1990).

禁止行贿和受贿。原告向美国新泽西联邦地区法院提起诉讼,指控申诉人及其董事长以及中间人阿丁代尔等违反了《反腐败组织法》(Racketeer Influenced and Corrupt Organizations, RICO)、[①]《罗宾逊-佩特曼法》[②]以及《新泽西州反敲诈勒索法》,要求其赔偿损失。被告主张法院应根据《联邦民事诉讼规则》第12(b)(6)条[③]驳回原告请求,因为该诉讼违反了国家行为理论。法院接受了被告的意见,认为如果对一个主权国家的行为动机进行司法审查可能损害该国主权以及干涉美国外交政策,则应适用国家行为理论。根据该理论,法院驳回了原告的诉讼请求。第三巡回上诉法院推翻了地区法院判决。[④]该法院认为,本案的事实不足以支持国家行为理论的适用。法院审查了国务院的法律意见书,认为该意见书表明,行政部门的外交政策并不会因本案的诉讼而受到妨碍。因此第三巡回上诉法院判决案件发回重审。原告向最高法院申诉,最高法院决定受理。

斯卡利亚大法官认为,此前最高法院援引国家行为理论的所有判例中,所涉及的问题都是要求美国境内的法院去判决外国的主权行为无效。而本案则完全不同,无论是原告还是被告,都没有主张或反驳尼日利亚政府与原告之间武器采购合同的效力。斯卡利亚指出,国家行为理论并非一种含混不清的自我克制的理论,而是一项"约束联邦法院和州法院的裁判原则"(a principle of decision binding on federal and state courts alike)。只有当法院必须对一个外国主权行为的有效性作出判决时才会提出国家行为问题。如果该问题在案件中不存在,也就无所谓国家行为理论。本案就是这种情况。无论法院对于尼日利亚政府合同的有效性如何看待,其合法性并非本案需要决定的问题,因此也没有机会去适用国家行为理论所要求的判决规则。简言之,美国法院有权力也有义务对提交给它们的案件进行审判,即使是对于那些可能妨碍外国政府的案件和纠纷,国家行为理论也不构成例外,而只是要求法院在判决过程中,应当把外国在其自己管辖范围内实施的行为推定为有效。因为本案不涉及外国主权行为的有效性问题,所以不适用国家行为理论。[⑤]

---

① 又称《1970年反有组织犯罪及腐败组织法》。

② Robinson-Patman Act of 1936; 该法也称为《反价格歧视法》(Anti-Price Discrimination Act), Pub. L. No. 74-692, 49 Stat. 1526.

③ 该条规定,如果原告无法提出一项能够获得救济的请求权,则应被驳回诉讼。

④ 847 F. 2d 1052 (1988).

⑤ W. S. Kirkpatrick & Co. v. Envtl. Tectonics Corp., Int'l, 493 U. S. 400 (1990).

斯卡利亚的判决意见实际上把国家行为理论当作了一条判断外国主权行为是否有效的裁判规则(rule of decision),或“特殊的法律选择规则”(a special choice of law rule)。[①] 这种新的解释方法与此前的解释方法的不同之处在于,它实际上不再把国家行为理论作为美国法院限制自己管辖权(jurisdiction)的手段,而是作为裁判事实问题(merits question)的法律选择方法。

“基尔克帕特里克案”标志着国家行为理论的又一次方法论转向,它体现的是20世纪90年代初“冷战”结束后新的国际形势和美国对外政策。美国人认为,“冷战”结束标志着历史的终结,西方自由民主制度取得决定性胜利,美国也开始加大单边主义对外政策的力度,以民主和人权为旗号否定传统国家主权观念。美国法院在对外关系上也不甘于做行政部门的附庸,开始扩张其长臂管辖权。国家行为理论作为自我限制管辖权的手段,自然不再被法院看重。斯卡利亚通过将国家行为理论从管辖权问题转化为法律选择问题,实际上限制了国家行为理论适用的机会。

不过,斯卡利亚并没有具体论述国家行为理论作为冲突规则如何运用,而只是笼统地推定外国国家在自己领域内的主权行为有效。其他学者按照路易斯·亨金的论述从方法论上解释了国家行为理论如何与传统国际私法方法相互发挥作用。假设一起案件中,被告因发生在外国的行为而被指控,被告则提出了国家行为理论作为抗辩。但按照亨金的观点,法院不应当一开始就考虑是否采用国家行为理论,而是先进行法律冲突分析以确定判决所依据的法律。法院应根据《冲突法重述》中的法律选择方法,比如对于侵权案件,根据侵权行为适用侵权行为地法的冲突规则,被告在外国的行为应适用外国法律。此时法院应确定该外国法的内容,并根据该法判断被告的行为是否合法有效。假设被告的行为不违反该外国法律,此时,该行为还要受到国际私法上的公共秩序保留制度(public policy exception)的限制,根据该制度,法院要判断外国法的执行是否违反法院地的公共政策,即卡多佐大法官所谓的“正义的基本原则、善良道德的普遍观念、根深蒂固的公共福祉传统”。一旦外国法违反了这些公共政策,法院就不会适用该外国法律。接下来,法院就要考虑国家行为理论。正如斯卡利亚大法官所说:“外国在其领域内的主权行为应被视为有效”,因此国家行为理论可以用来排除法院地公共秩序保留制度的适用。[②]

---

① Gregory H. Fox, *Reexamining the Act of State Doctrine*, 33 Harv. Int'l L. J. 521 (1992).

② Gregory H. Fox, *Reexamining the Act of State Doctrine*, 33 Harv. Int'l L. J. 545 (1992).

正如学者批评的那样,将国家行为理论视为冲突规则的做法在实践中并不可行。国际私法中通常的做法是用法院地的公共政策来限制外国法律的适用,而很少用外国国家的行为来限制法院地公共政策。

路易斯·亨金所提出的主张反映的还是半个世纪前的国际社会状况,而现代国际私法早已摆脱了"侵权行为地法"这种僵硬冲突规则的束缚,越来越多地采用最密切联系原则作为选择准据法的方法。在最密切联系原则之下,公共政策保留制度越来越失去发挥作用的空间。总体来看,国家行为理论与现代国际私法是格格不入的,它要么继续像以前那样作为法院限制自己管辖权的依据,要么就必须接受改造,从而被纳入现代国际私法体系之内,作为最密切联系原则之下进行利益衡量的因素之一。

四、国家行为理论的例外

(一)国际共识例外

国际共识例外(the consensus exception)渊源于"萨巴提诺案"的判决。哈兰大法官在该案中将法院的管辖权是否影响到政府的外交政策作为是否采用国家行为理论的前提。在解释其判决理由时,哈兰指出:"显而易见的是,在国际法某个特定领域,法典化或取得的共识程度越高,就越便于司法机关对其作出判决,因为这样一来法院就只需考虑将那些已经达成一致的原则适用于事实问题,而不用去操心如何建立一项与国家利益或国际正义不相违背的原则,那可是一项敏感的任务。"①

美国的《对外关系法重述(第三次)》也承认了这样一项例外,其第443条规定:"基于违反基本人权的行为而提起的诉讼请求——比如代表酷刑或种族灭绝行为受害者提出的诉讼,不受国家行为理论的限制。"②美国法院判例也表明,酷刑例外得到了广泛接受。③ 也有判例将腐败行为排除在国家行为理论的适用范围之外,比如在针对菲律宾前总统马科斯的诉讼中。④

美国1996年颁布的《赫尔姆斯-伯顿法》也对国家行为理论作了专门规

---

① Banco Nacional de Cuba v. Sabbatino, 376 U. S. 398, 430-432 (1964).

② Restatement (Third) of Foreign Relations, Sec. 443.

③ Kadic v. Karadzic, 70 F. 3d 232 (2d Cir. 1995); Linder v. Portocarrero, 963 F. 2d 332, 336 (11th Cir. 1992); Filartiga v. Pena-Irala, 630 F. 2d 876 (9th Cir. 1985); Flatow v. Islamic Republic of Iran, 999 F. Supp. 1, 24 (D. D. C. 1998); Xuncax v. Gramajo, 886 F. Supp. 162, 185 (D. Mass. 1995); Forti v. Suarez-Mason, 672 F. Supp. 1531, 1541 (N. D. Cal. 1987).

④ Philippines v. Marcos, 806 F. 2d 344, 359-360 (2d Cir. 1986); Philippines v. Marcos, 862 F. 2d 1355 (9th Cir. 1988).

定。该法开创了美国对外经济制裁的一个新的先例，即通过民事诉讼来实施对外经济制裁。为了扫清美国法院管辖权上的障碍，该法还特意要求美国法院不得以"国家行为理论"为由拒绝行使管辖权。①

（二）私法行为例外

如果法院认为原告所起诉的行为并非外国政府的官方行为，则不能援引国家行为理论进行抗辩，这一原则被称为"私法行为例外"（the private act exception）。在"登喜路诉古巴案"中，最高法院的相对多数判决拒绝采纳被告提出的国家行为理论抗辩，理由是没有充分证据显示被指控的行为是"权力机关行使主权权力的公法行为（public act）"。② 该案由此提出了国家行为理论中的"商业例外"的概念，即"国家所从事的商业活动中实施的行为不得援引国家行为理论进行抗辩"。③ 在"歇荣案"中，法院采纳了"登喜路诉古巴案"的判决意见，认为被告需要证明被指控的行为是"官方试图执行公共政策"的行为。法院还认为，如果一个国家的官员的行为超出其职权范围，则不能援引国家行为理论进行抗辩。④ 比如，警察对犯罪嫌疑人的审讯属于公法行为，但如果警察使用酷刑逼供，则超越了其职权范围，不得被归结为国家行为。⑤ 不过，实践中如何确定私法行为和公法行为的界限仍然是一个难题。⑥各个联邦巡回法院虽然大多承认商业行为例外，但在具体适用上也有区别。⑦

---

① See Helms-Burton Act, § 301(6): "No court of the United States shall decline, based upon the act of state doctrine, to make a determination on the merits."

② Alfred Dunhill of London, Inc. v. Republic of Cuba, 425 U. S. 694.

③ Alfred Dunhill of London, Inc. v. Republic of Cuba, 425 U. S. 695.

④ 599 F. Supp. 538 (S. D. N. Y. 1984).

⑤ Filartiga, 630 F. 2d at 889.

⑥ Lynn E. Parseghian, *Comment*, *Defining the "Public Act" Requirement in the Act of State Doctrine*, 58 U. Chi. L. Rev. 1151, 1162 (1991).

⑦ Hunt v. Mobil Oil Corp., 550 F. 2d 68, 73 (2d Cir. 1977); Dominicus Americana Bohio v. Gulf & W. Indus., Inc., 473 F. Supp. 680, 690 (S. D. N. Y. 1979); Braka v. Bancomer, S. N. C., 762 F. 2d 222, 225 (2d Cir. 1985); Montreal Trading, Ltd. v. Amax, Inc., 661 F. 2d 864, 869 (10th Cir. 1981); Am. Bonded Warehouse Corp. v. Compagnie Nationale Air France, 653 F. Supp. 861 (N. D. Ill. 1987); Eckert Int'l v. Fiji, 834 F. Supp. 167, 171 n. 5 (E. D. Va. 1993); Voda v. Cordis Corp., 476 F. 3d 887, 904 (Fed. Cir. 2007); Walter Fuller Aircraft Sales, Inc. v. Republic of Philippines, 965 F. 2d 1375, 1388 (5th Cir. 1992); Clayco Petroleum Corp. v. Occidental Petroleum Corp., 712 F. 2d 404, 408 (9th Cir. 1983); West v. Multibanco Comermex, S. A., 807 F. 2d 820, 828 n. 5 (9th Cir. 1987); Ampac Group v. Republic of Honduras, 797 F. Supp. 973 (S. D. Fla. 1992); Hond. Aircraft Registry v. Honduras, 129 F. 3d 543, 550 (11th Cir. 1997); Virtual Def. & Dev. Int'l, Inc. v. Republic of Moldova, 133 F. Supp. 2d 1, 7 (1999).

在“木道木材公司案”中,[①]原告指控被告通过在洪都拉斯法院获得诉讼判决并强制执行将原告排除出洪都拉斯木材市场,从而违反了美国反托拉斯法。被告则主张洪都拉斯法院判决是国家主权行为,不受美国法院管辖。联邦第二巡回法院认为,洪都拉斯法院虽然被私人利用,但该法院并未与原告共谋伤害原告,因此其行为不应受到质疑。

在“伊拉克政府诉 ABB 公司案”中,原告伊拉克共和国在美国纽约南区地区法院根据《反腐败组织法》和《反海外腐败法》(Foreign Corrupt Practices Act, FCPA)以及普通法针对一些与伊拉克前总统萨达姆相互勾结的被告提起赔偿诉讼,指控其在实施“石油换食品计划”过程中存在腐败和掠夺行为。被告主要根据国家行为原则和政治问题学说请求驳回诉讼,辩称《反腐败组织法》不适用于主要涉及外国行为者和外国行为的共谋,而《反海外腐败法》则未提供私人诉讼权。地区法院基于这些理由驳回了原告的诉讼请求。上诉法院也维持了原判。[②]

政府管制经济的行为是否属于商业行为?这个问题也有争议。在著名的“国际机械师和航天工人协会案”中,[③]欧佩克组织成员国共同提高石油价格的行为被第九巡回法院认为是国家行为。但该判决受到广泛批评。[④]

五、国家行为理论与经济制裁案件

综上所述,美国法院对国家行为理论尚未形成统一的观点,最高法院的态度也经历了很大变化,下级法院也各自有不同的解释。这主要是国家行为理论自身的缺陷导致的。正如一些学者所批评的那样,国家行为理论很容易被认为是国际礼让原则的扩展,它允许法院在特定案件中遵从外国的主权权威。[⑤] 也有人认为,国家行为理论被法院用来排除对案件的管辖权,而这些案件的原告往往是那些值得同情的受害者,比如那些涉及外国政府非法征收私人财产的案件、外国政府侵犯人权的案件或外国政府官员的腐败案件等。因

① Timberlane Lumber Co. v. Bank of America, N. T. & S. A., 549 F. 2d 597 (1976).

② Republic of Iraq v. ABB AG, 768 F. 3d 145 (2014).

③ 649 F. 2d 1354 (9th Cir. 1981).

④ Andres Rueda, *Price-Fixing at the Pump—Is the OPEC Oil Conspiracy Beyond The Reach of the Sherman Act?*, 24 Hous. J. Int'l L. 1, 50 (2001).

⑤ Joel R. Paul, *Comity in International Law*, 32 Harv. Int'l L. J. 1, 66-67 (1991).

此，国家行为理论变成了非正义行为的护身符。① 随着国际法观念的演变，特别是国际社会对国际人权保护的日益关注，传统的国家行为理论越来越不适应时代的需要。②

在"卡西夫诉巴黎银行案"中，原告是居住在美国的苏丹难民，被告巴黎银行是一家法国银行，在世界 70 多个国家拥有分支机构。原告指控被告在 1997~2009 年采取各种金融措施规避美国对苏丹政府的制裁法令，与受到制裁的苏丹银行和企业进行交易，协助苏丹政府实施了迫害人权的行为。原告依据美国联邦法律和州法律提起多项侵权赔偿请求。被告则提出了国家行为理论作为免责抗辩。美国纽约南区地区法院认为，国家行为理论是指主权国家应当尊重其他主权国家的独立性，任何国家的法院不得裁判其他国家政府在其领域内的行为。当原告对私人实体提起侵权诉讼时，如果不对外国政府的动机进行判断，就无法确定原告所受损害与被告所实施的行为之间的因果关系，那么就不能进行这样的诉讼。法院分析了"萨巴提诺案"所确立的判断标准后认为，本案应当适用国家行为理论并应驳回原告的所有起诉，因为对原告诉讼请求的审理将导致法院对苏丹政府的行为进行判决。③

美国联邦第二巡回法院于 2019 年 5 月 22 日推翻了一审裁决。④ 第二巡回法院指出，是否援引国家行为理论完全是一个司法裁量问题。最高法院明确指出，国家行为理论有其适用的边界，它并非一种无条件的弃权规则，它并不是要禁止法院对任何涉及外交关系的问题作出裁判。最高法院指出，不能扩张国家行为理论的适用范围。地区法院的裁决对该理论作了过于宽泛的解释，属于对该理论的误用，违反了最高法院在"基尔克帕特里克案"中的警

① See Michael J. Bazyler, *Abolishing the Act of State Doctrine*, 134 U. PA. L. Rev. 325, 330–331 n. 22–25 (1986); Daniel C. K. Chow, *Rethinking the Act of State Doctrine: An Analysis in Terms of Jurisdiction to Prescribe*, 62 Wash. L. Rev. 397, 416 (1987); Joseph W. Dellapenna, *Deciphering the Act of State Doctrine*, 35 Vill. L. Rev. 1, 7 (1990); Gregory H. Fox, *Reexamining the Act of State Doctrine*, 33 Harv. Int'l L. J. 521, 568 (1992); Lynn E. Parseghian, *Comment, Defining the "Public Act" Requirement in the Act of State Doctrine*, 58 U. Chi. L. Rev. 1151, 1162 (1991); Patrick W. Pearsall, *Means/Ends Reciprocity in the Act of State Doctrine*, 43 Colum. J. Transnat'l L. 999, 1010 (2005).

② Juan X. Franco, *Abuses of the Act of State Doctrine*, 50 U. Mem. L. Rev. 655 (2020).

③ Entesar Osman Kashef v. BNP Paribas SA, 316 F. Supp. 3d 770, 2018 U. S. Dist. LEXIS 54731 (S. D. N. Y., Mar. 30, 2018).

④ Kashef v. BNP Paribas S. A., 2019 U. S. App. LEXIS 15120 (2d Cir. N. Y., May 22, 2019).

告。[①] 最高法院认为,如果在诉讼中不涉及对外国行为的有效性进行判断,而只是需要确定该行为是否发生,那么就不涉及国家行为理论。换句话说,只有在案件需要美国法院宣布某国在其本国领土内所实施的官方行为无效时,才会用到国家行为理论。本案中需要裁判的诉讼请求不涉及该条件。本案中原告追究的是被告的共同侵权责任,而不是其宣称的苏丹政府所实施的种族灭绝行为的有效性或合法性。第二巡回法院进一步指出,国家行为理论所指的国家行为必须是国家的官方行为,而本案中认定的苏丹政府实施的暴行是违反国际强行法的行为,同时也违反苏丹本国宪法,不需要美国法院来判断其有效与否,因此不能作为触发国家行为理论的动因。[②]

第六节　政治问题理论

一、政治问题理论的概念

政治问题理论被认为可以追溯至著名的"马伯里诉麦迪逊案"(Marbury v. Madison)。在该案中,马歇尔大法官指出:"政治性的问题,或者那些被宪法和法律授予行政部门负责的问题,决不能由本法院来处理。"[③]根据这一经典判例,如果一个案子涉及的问题按照宪法和法律规定应当由立法或行政部门负责处理,该问题就具有"不可诉性"(unjusticiability),法院就不应行使管辖权。政治问题理论(political question doctrine)的基石是美国独特的三权分立体制,按照这一体制,法院的职责是解释宪法和法律,但法院无权对政治问题作出裁决。

二、判断政治问题的标准

1962 年的"贝克诉卡尔案"被认为是美国宪政史上具有划时代意义的判决,它也首次为现代政治问题理论确立了独立的标准。[④] 该案中,布伦南大法官提出了判断一个案件是否涉及政治问题的六项标准:(1)法律文本明确规

① W. S. Kirkpatrick & Co. v. Envtl. Tectonics Corp., Int'l, 493 U. S. 400, 405, 110 S. Ct. 701, 107 L. Ed. 2d 816 (1990).

② Kashef v. BNP Paribas S. A., 925 F. 3d 53 (2d Cir. 2019).

③ Marbury v. Madison, 5 U. S. 137 (1803). 关于该案的介绍可参阅任东来等:《美国宪政历程:影响美国的 25 个司法大案》(第 2 版),中国法制出版社 2005 年版,第 22~39 页。

④ Baker v. Carr, 369 U. S. 186 (1962).

定将某一事务委托给某个对应的政治部门;(2)缺乏解决该问题的司法上的调查和处理标准;(3)如果不进行一种清晰的非司法的裁量以预先作出政策评判的话就不可能进行裁决;(4)法院如果不表露出缺少对相关政府部门的尊重就不可能独立解决该问题;(5)必须绝对地遵从已经作出的一项政治决定;(6)不同部门对同一个问题发出的不同声音可能造成的两难境地。

由于这些标准仍显宽泛,布伦南大法官进一步限制了政治问题理论的适用范围:"它只能被偶尔适用于那些属于民选机关管辖的显而易见的'政治问题',而不是草率地适用于那些包含政治事项的案件。"①

但是"贝克诉卡尔案"仍然留下了诸多待决问题。由于最高法院在"贝克诉卡尔案"之后很少援用政治问题理论,导致该理论存在很多争论。首先,该理论适用的条件和理由何在?是源于宪法条款还是纯粹源于司法解释?如果不弄清这一问题,就会影响到该理论的目的。此外,学者们对该理论的范围也有分歧。路易斯·亨金教授甚至完全否定有什么政治问题理论。他认为,涉及政治问题的案件,法院只需要确定立法和行政机关是在宪法规定的范围内行事即可。② 比克尔(Bickel)教授则赞成灵活运用该理论,将其视为一种司法克制的方式。③ 维施勒(Weschler)教授则采取中间立场,他认为唯一能让法院保持司法克制的是宪法把该事件的处分权分配给司法机关以外的政府部门。但他同时认为,宪法赋予行政部门的事务范围要远远超出法院判例中所确定的那些。④

第七节　外国国家强制理论

一、外国国家强制理论的概念

在讨论美国联邦法律的域外管辖权问题时,人们通常以两项基本原则作为前提,即"反域外适用推定"和"可爱的贝茜号原则"。根据"反域外适用推定"原则,国会的立法只意图适用于美国领土管辖范围内,除非国会有相反的

---

① Baker v. Carr, 369 U. S. 217 (1962).

② Louis Henkin, *Is There a "Political Question" Doctrine?*, 85 Yale L. J. 597 (1976).

③ Alexander M. Bickel, *The Supreme Court 1960 Term Forward: The Passive Virtues*, 75 Harv. L. Rev. 40 (1961).

④ Herbert Wechsler, *Toward Neutral Principles of Constitutional Law*, 73 Harv. L. Rev. 1, 7-9 (1959).

意图。[1]国会通过的一项法律如果明确规定其可以域外适用,则被认为打破了“反域外适用推定”,此时则要继续受到“可爱的贝茜号原则”的约束。所谓“可爱的贝茜号原则”,是解释美国法律的一项基本原则,它规定:“在保留其他任何可能的推定的情况下,绝不能将国会的法律解释为违反国际法。”[2]这一原则是1804年最高法院在“可爱的贝茜号案”中发展出来的。[3] 根据这一原则,即使美国法律可以域外适用,也不能违反公认的国际法原则。“外国国家强制理论”就是在这一原则之下提出来的。

所谓“外国国家强制理论”(foreign state compulsion),也被称为“外国强制抗辩”(foreign compulsion defense),是指当事人为了遵守外国的某项强制性法律而不得不违反其本国的法律,此时该当事人可以以此作为抗辩,要求免受其本国法律的制裁。美国法学会《对外关系法重述(第三次)》第441条正式规定了“外国国家强制”条款。该条规定:“(1)通常情况下,一国不得要求某人:(a)在另一国实施某项行为,而该行为被该另一国或该人之国籍国法律所禁止;或(b)拒绝在另一国境内实施某项行为,而该行为是该另一国或该人国籍国法律所要求的。(2)通常情况下,一国可以要求某一外籍国民:(a)在其境内实施某项行为,即使该行为被该人国籍国法律禁止亦不例外;或(b)拒绝在其境内实施某项行为,即使该行为是该人国籍国法律所要求的亦不例外。”[4]

从上述规定可见,“外国国家强制理论”是从国际礼让原则中分化出来的一种理论。

---

① Morrison v. National Australia Bank Ltd. , 130 S. Ct. 2869, (U. S. 2010).

② Murray v. The Charming Betsy, 6 U. S. (2 Cranch) 64 (1804).

③ 参见本章第二节。

④ Restatement (Third) of Foreign Relations Law of the United States, § 441. Foreign State Compulsion.

(1) In general, a state may not require a person.

(a) to do an act in another state that is prohibited by the law of that state or by the law of the state of which he is a national; or

(b) to refrain from doing an act in another state that is required by the law of that state or by the law of the state of which he is a national.

(2) In general, a state may require a person of foreign nationality.

(a) to do an act in that state even if it is prohibited by the law of the state of which he is a national; or

(b) to refrain from doing an act in that state even if it is required by the law of the state of which he is a national.

国家行为理论与外国国家强制理论虽然一脉同源，但仍有区别。国家行为理论主要用于外国国家作为当事人的案件，用来分析外国国家是否可以享有豁免权。外国国家强制理论则用于私人当事人之间的诉讼，当事人可以援用该理论为自己在外国的行为辩护。

二、外国国家强制理论的具体应用

外国国家强制理论的运用最早来自美国反托拉斯诉讼。① 在跨国反托拉斯诉讼领域，1945 年的“美国诉铝业公司案”②确立了广为后来者采用的“目的/效果”标准，根据该标准，法官只要判断外国行为人的目的和对美国商业市场产生的实际效果，就可以决定将美国反垄断法适用于美国境外。但是“目的/效果”标准只考虑美国的利益，单方面扩张美国反托拉斯法的域外管辖权，会导致对外国主权的侵犯，引发美国和外国之间的政治和法律冲突，因此需要有一种机制能够协调美国和外国国家之间的利益冲突。

20 世纪 70 年代，美国法院开始采用“国际礼让原则”来解决这种管辖权冲突。国际礼让原则最早被 1895 年的“希尔顿诉吉奥案”所采用。最高法院在该案中指出，“礼让”就是“一个国家根据国际义务或国际便利原则，允许在其境内承认外国的立法、行政和司法行为，以及其本国和任何受其法律保护的其他人的权利”。③在“木道木材公司案”中，美国法院将礼让原则引入反垄断领域，通过权衡美国和外国政府彼此的利益来确定《谢尔曼法》的适用范围。④ 在进行这种利益衡量的时候，外国国家的强制行为成为衡量外国利益的一个重要因素，外国国家强制理论就逐渐成为用来抗辩美国反托拉斯法域外管辖权的重要依据。根据该理论，如果被告的行为是基于外国国家的一项强制法规或命令，被告的行为不受美国反托拉斯法的管辖。外国国家强制理论被认为是国家行为理论（the act of state doctrine）的一种变体。因为如果某一行为是在外国政府的强制下被迫实施的，该行为就可以被推定为是该外国政府的行为，因此可以获得管辖豁免。

在 1970 年的“泛美精炼公司案”中，“外国国家强制理论”被正式用于反托拉斯领域。该案原告为美国泛美精炼公司，被告为委内瑞拉石油开采公

---

① Stephen J. Hawes, *Comment: The Sovereign Compulsion Defense in Antitrust Actions and the Role of Statements by Foreign Governments*, 62 Wash. L. Rev. 129 (1987).

② Alcoa, 148 F. 2d at p. 444-445.

③ 159 U. S. 113, 164 (1895).

④ Timberlane, 549 F. 2d at 614.

司。原告指控被告合谋拒绝向原告提供委内瑞拉产的原油,违反了美国反垄断法。被告则提出,委内瑞拉政府禁止它们向原告提供原油,因此它们的行为是被迫所为,应免受美国反垄断法的制裁。美国法院认为:

> 外国政府强制实施的限制竞争行为并非《谢尔曼法》中所说的对商业的限制,因为拒绝服从将会导致商业的终止……商业因政府的意愿而存在,如果因服从政府的意愿而承担责任的话,将会导致很多公司无法在外国从事经营。如果外国政府的强制不能作为抗辩,美国的海外企业一旦面临外国政府的命令,将不得不选择到其他国家经营。《谢尔曼法》不能管这么远。①

第三联邦巡回上诉法院在"米尔斯案"中探讨过外国国家强制理论。② 该案也是一起反托拉斯诉讼,法院在论述国家行为理论时,顺带地讨论了外国国家强制理论。类似的案例还有"日本电器公司反托拉斯案"。③法官在这两个案件中都认为不能援引国家行为理论或外国国家强制理论作为抗辩,因为授予专利的行为并非国家主权行为,也不是国家强制行为。根据第三巡回上诉法院的观点,外国国家强制可以使当事人为了遵守外国政府的强制命令而实施的行为免除反托拉斯法上的责任。法院指出,为了提出一项外国国家强制的抗辩,当事人必须证明:(1)违反美国法律的行为确实是外国政府强迫实施的;(2)外国的强制命令对于所实施的行为而言构成"基本的和主要的"因素而非次要因素。在"国际公司案"中,最高法院同样要求被指控的当事人必须很诚信地试图努力遵守美国法律。④

三、外国国家强制理论的适用标准

外国国家强制理论可以说是从国际礼让原则中分化出来的一种理论,它为那些因遵守外国法律而违反了美国法律的当事人提供了一种抗辩理由,但是判例法对外国国家强制理论尚未发展出像国际礼让原则那样特别清晰的适用标准。学者们从现有判例中归纳出当事人援用"外国国家强制理论"必

---

① Interamerican Refining Corp. v. Texaco Maracaibo, Inc., 307 F. Supp. 1291, 1296 (D. Del. 1970).

② Mannington Mills, Inc. v. Congoleum Corp., 595 F. 2d 1287, 1293 (3d Cir. 1979).

③ In re Japanese Electronic Prods. Antitrust Litig., 723 F. 2d 238, 315 (3d Cir. 1983).

④ Societe Internationale, 357 U. S. at 205, 78 S. Ct. 1087.

须符合的三项标准：第一，外国政府所实施的；第二，以制裁相威胁的；第三，事实上强迫当事人违反了美国法律。

(一)实际的强制和非正式强制

第一项标准要求外国的强制必须是外国政府明文的声明或具体的法律规定，即实际的外国强制(actual foreign compulsion)；而不能包括外国的习惯、风俗、政治主张和宗教信仰等，即非正式的外国强制(informal foreign compulsion)。外国国家强制也不能以“指南”或非正式的通信方式体现。

1. 实际的外国强制

在反托拉斯案件中，美国联邦法院倾向于对“外国国家强制”作狭义的解释。在上述“米尔斯案”中，①原告是一家美国公司，指控另一家美国公司与外国政府合谋欺诈获得外国专利，违反了美国《谢尔曼法》。被告则辩称，该专利是通过外国政府的命令而颁发的，根据外国国家强制理论，该行为免受美国《谢尔曼法》的制约。法院认为：“援引外国强制抗辩的当事人必须证明外国政府的命令对于所指称的反托拉斯行为而言是基础性的和根本性的，而不仅仅是边缘性的。”法院特别指出：外国的“必须是外国的法律强迫被告违反了美国的反托拉斯法”，“如果被告可以合法地拒绝遵守外国政府的命令，那么就不能援引该抗辩”。②根据该判决，仅仅有外国政府的批准或授权命令还不足以援引外国强制作为抗辩，外国的法令必须是强迫性的(coercion)，而且直接针对所涉及的当事人行为。

在“哈特福德案”中，③美国联邦最高法院同样对外国国家强制的概念施加了限制。该案中，哈特福德火灾保险公司是英国一家再保险公司，它被指控与美国一家保险公司在英国制定保险单时存在共谋行为，违反了美国《谢尔曼法》。该案被告哈特福德火灾保险公司没有直接援引外国强制抗辩，而是援用国际礼让理论来反对美国《谢尔曼法》的域外适用，主张其行为根据英国国会制定的法律是合法的。英国政府也作为法庭之友出庭对此提供了证明。但最高法院在对国际礼让进行分析时，特别考虑到美国反垄断法和英国法律之间是否构成冲突。最高法院认为，本案中的英国法律并没有强迫企业必须进行所指控的共谋行为，因此，美国法和英国法在这个问题上没有真实

---

① Mannington Mills, Inc. v. Congoleum Corp., 595 F. 2d 1287, 1293 (3d Cir. 1979).

② Mannington Mills, Inc. v. Congoleum Corp., 595 F. 2d 1287, 1293 (3d Cir. 1979).

③ Hartford Fire Insurance v. California, 113 S. Ct. 2891 (1993).

的法律冲突。①

根据上述判决,外国法中必须有明文的强制规定迫使企业进行某种与《谢尔曼法》相背离的行为,以致企业不能同时遵守东道国法律和美国反托拉斯法时,才能构成外国强制抗辩。

2. 非正式的外国强制

非正式的外国强制是指体现在外国国家政策、宗教信仰、风俗习惯等方面的强制性要求。通常情况下,美国法院所承认的外国国家强制必须有现实的法律依据,而不包括这些非正式的强制规范。比如在"亚布拉斯案"中,②一家医院拒绝两位医生在沙特阿拉伯参与一个项目,因为他们是犹太人。医院抗辩说,拒绝雇佣犹太人是因为沙特阿拉伯的强制要求,但是该医院却无法提供沙特阿拉伯的具体法律规定。因此法院驳回了医院的抗辩理由。

近年来,一些学者主张扩张外国强制理论的范围,甚至提出所谓的"宗教强制抗辩"(religious compulsion defense)来补充传统的外国国家强制理论。③他们认为,美国公司在外国从事经营时,所遇到的很多外国政府强制都不是明文的法律上的规定,而是一些政策、习惯、风俗传统和宗教观念等无形的压力。这尤其体现在一些阿拉伯国家。比如《卡塔尔劳动法》第93~96条规定,在雇佣时应照顾女性,不能雇佣女性从事一些危险、困难和对健康不利的工作。但是,什么是危险、困难和不利健康的工作,该法并没有具体规定,必须结合该国宗教信仰和风俗习惯来进行解释。这种解释可能会与《美国民权法》第七章中的禁止性别歧视原则相抵触。此时,是否可以援引外国强制理论来对抗《美国民权法》第七章的适用呢?

虽然美国法院历来坚持对外国国家强制理论的狭义观点,反对对外国强制作扩大化解释。但美国专门负责执行《美国民权法》第七章的政府机构"平等雇佣机会委员会"(EEOC)在观念上却比较前卫,在处理一些案件时,已经接受了外国社会风俗和宗教观念的强制效力。比如在一起案件中,一家美国航空公司拒绝聘用一位女性担任航空交通管理员。EEOC在调查时不仅关注东道国法律,也考虑到该国的社会和宗教习惯。EEOC接受了外国政府出具

---

① Hartford Fire Insurance v. California, 113 S. Ct. 2891 (1993).

② Abrams v. Baylor College of Medicine, 805 F. 2d 528, 530 (5th Cir. 1986).

③ Michael A. Helfand, *When Religious Practices Become Legal Obligations: Extending the Foreign Compulsion Defense*, 23 J. L. & Religion (2007-2008), p. 535; Matthew K. Bell, *The Extraterritorial Application of Title Ⅶ: An Argument for an Informal Foreign Compulsion Defense*, 13 Jones L. Rev. (2009), p. 79.

的一份书面意见，证明该国宗教习惯和法律都禁止在该类工作中雇佣女性，该国还强制实行工作场所的性别隔离，任何公司必须遵守。EEOC 最后裁决该航空公司免于承担美国法上的责任。①

也有人对这种非正式的外国强制理论提出反对意见。他们认为，风俗习惯和宗教信仰等在世界各地千差万别，如果承认它们的强制效力，会让法院无所适从，而且会导致社会的混乱。他们援引最高法院在 1990 年的“史密斯案”中的判决意见。该案判决书指出，任何个人不得仅仅以违反其宗教信仰为由而使自己免受某一法律的约束。法院认为，如果可以那样的话，任何一种自称的宗教学说都可以超越国家法律的规定，这就会导致每个人都成为其自身的立法者（law unto himself）。这是违背宪法传统和普遍共识的。②

针对这种批评意见，主张非正式外国强制理论的人认为，可以对这种非正式的外国强制施加一定限制，首先，可以引入“善意”标准，要求援引外国强制抗辩的当事人证明自己的确是善意地、出于对外国风俗习惯和宗教信仰的尊重才不得不违反美国法律；其次，可以引入国际礼让原则中的利益衡量标准（balancing test），通过对各种相关因素的仔细衡量以决定是否需要遵守外国的风俗习惯或宗教信仰。③ EEOC 在实践中已经采纳了“善意”标准。EEOC 在一起案件中指出：“当事人相信东道国的法律和习惯强迫其实施了该行为，而且这种相信还必须是出于善意。”④

（二）外国的制裁威胁

第二项标准要求外国的强制必须以制裁作为保障。美国的《对外关系法重述（第三次）》第 441(c) 条也规定：“只有当其他国家的要求体现在有拘束力的刑事或其他严厉制裁性法律或条例之中时，外国政府强制抗辩才能成立。”实践中，如何判断当事人面临的外国政府的制裁威胁，是法院需要解决的关键问题。比如，美国的《对外关系法重述（第三次）》中提到，外国政府威胁取消已达成的有价值的商业合同可以满足外国国家强制理论中的“严厉制裁”这一要件。但是，如果仅仅是威胁拒绝提供将来签署商业合同的机会，就不能构成“严厉制裁”。⑤ 在“美国诉第一国家城市银行案”中，法院指出，外

---

① EEOC 1985 WL 32784 (EEOC Decision No. 85-10, July 16, 1985).

② Empl. Div. v. Smith, 494 U. S. 872, 879 (1990).

③ Matthew K. Bell, *The Extraterritorial Application of Title Ⅶ: An Argument for an Informal Foreign Compulsion Defense*, 13 Jones L. Rev. (2009), p. 84.

④ EEOC 1985 WL 32784 (EEOC Decision No. 85-10, July 16, 1985).

⑤ Restatement (third) of Foreign Relationship, § 441 cmt. c.

国的制裁不一定非要是刑事制裁,但法院也没有提出一个固定标准来判断什么样的制裁才符合外国国家强制理论的要求。但显而易见的是,违反外国民事法律而承受的民事责任绝对不能视为外国的制裁威胁。①

通过对“美国诉第一国家城市银行案”的分析,美国的《对外关系法重述(第三次)》“归纳”出了制裁的大致标准:“威胁取消一项继续经营的许可……可能和刑事制裁威胁一样严厉。但是一家银行可能遭受民事责任或者丧失在德国金融市场的客户并不足以支持政府强制抗辩。正如刚才所讨论过的,对所涉及的制裁是否充分进行判断,是法院在审查强制抗辩时首先需要解决的问题。”②

(三)强迫违反美国法律

第三项标准要求美国法律的适用必须受到外国政府的禁止。在“美国诉瑞士钟表生产商案”中,法院指出:“瑞士政府批准了这一私人行为的效力,作为一个事实问题,该事实不能将一个本质上有缺陷的私人合谋行为转化为一个由外国政府强制而形成的无可反驳的制度。由于缺乏直接的外国政府的行动来强迫被告的行为,美国法院可以对外国的行为和合同行使管辖权。”③

(四)区分外国强制与国际礼让

在引人关注的“中国维生素C出口商案”中,美国大宗维生素C进口商提起集体诉讼,指控四家中国维生素C出口商合谋抬高价格和限制供应,违反了《谢尔曼法》。美国纽约东区地方法院驳回了被告基于国家行为原则、外国主权强制理论和国际礼让原则的抗辩理由,并作出了3倍赔偿金判决,永久禁止被告的反竞争行为。二审法院推翻了初审判决,认为地区法院有义务服从中国商务部对中国法律作出的表面上合理的解释。根据中国商务部的解释,中国法律要求被告实施争议中的反竞争行为。法院认为,中国的监管制度与美国反垄断法之间存在“真正的冲突”,考虑到其他国际礼让因素,判决驳回原告的诉讼。最高法院推翻了二审裁决,认为法院过于尊重中国商务部的意见。二审法院根据最高法院的指示再审后,再次得出结论认为,应以国际礼让为由驳回本案。④

---

① 396 F. 2d 897, 902 (2d Cir. 1968).

② Restatement § 441, Reporters' n. 3.

③ United States v. Watchmakers of Switzerland Information Ctr., Inc., 1962 U. S. Dist. LEXIS 5816, 152-153 (S. D. N. Y. 1962).

④ Animal Sci. Prods. v. Hebei Welcome Pharm. Co. (In re Vitamin C Antitrust Litig.), 8 F. 4th 136 (2021).

值得注意的是,二审法院重点分析了国际礼让和外国主权强制理论的区别。法院认为,"哈特福德案"所确立的国际礼让原则并没有提及外国法律下的主权强制或制裁的强制性质,而是完全关注外国法律是否"要求[被告]以美国法律所禁止的某种方式采取行动"。法院认为,在国际礼让原则下,只需要关注外国法律的表面要求。"国际礼让"的特点是尊重另一国在其境内的主权权威,而不是审查该权威是否施加类似胁迫的压力,使被告别无选择,只能从事被禁止的行为。法院只需要考虑外国国家作为主权者制定法律的内容,而不是外国对不遵守该立法的处罚的严重程度。

四、外国国家强制理论在经济制裁案件中的运用

(一)国际公司诉罗杰斯案

"国际公司诉罗杰斯案"(Societe Internationale v. Rogers)是一起根据《对敌贸易法》第9(a)条提起的诉讼。《对敌贸易法》第5(b)条规定,在战争期间或国家紧急状态期间,美国政府可以"扣押任何外国国家或国民的财产或利益"。[①] 根据该条规定,"二战"期间美国"外国人财产保管局"(Alien Property Custodian)对一家德国企业法本工业公司和一个德国公民的财产进行了扣押。这些财产价值超过1亿美元,包括在美国银行的现金存款和一家特拉华公司的上市股票。1948年,一家瑞士控股公司(I. G. Chemie)作为原告根据《对敌贸易法》第9(a)条起诉"外国人财产保管局"的继承者美国总检察长以及美国财政部要求索回该笔财产。《对敌贸易法》第9(a)条规定任何"非敌人或敌人的盟友"(any person not an enemy or ally of enemy)可以要求索回其被扣押的财产。原告声称,在该笔财产被托管期间它已获得了该公司的股票和现金,因此作为一个中立国家的国民,有权索回该财产。美国政府对原告所主张的所有权提出质疑并认为,原告与原来的法本工业公司具有紧密联系,属于《对敌贸易法》意义上的"敌人",尽管它有一个中立国家公司的外壳。美国政府还指称,原告自从1928年成立之后,就与法本工业公司和另一家瑞士银行合谋掩盖法本工业公司在世界其他国家(包括美国)所拥有的财产的所有权,以防止这些财产被德国的敌国扣押。

诉讼开始后,被告美国政府根据《联邦民事诉讼规则》第34条申请一项命令要求原告提供大量瑞士银行的数据记录。《联邦民事诉讼规则》第34条

---

① Section 5(b) of the Trading with the Enemy Act, 40 Stat. 415, as amended, 50 U. S. C. Appendix, § 5(b).

规定法院可以要求当事人提供其“拥有、管理或控制”之下的文件资料以供法庭检阅。美国政府认为,这些数据对于确定涉案财产的所有权至关重要,而且这些数据记录也在原告“控制”之下,因为原告与该瑞士银行实质上是一体的。原告不否认这些数据记录的重要性,但否认该数据在自己的“控制”之下。法院允许了美国政府的申请,要求原告提供该数据记录。

原告提出了一系列申请,要求免除提供这些银行数据记录的义务,理由是瑞士刑法禁止其披露这些银行数据,否则将导致刑事制裁,包括罚款和监禁。被告美国政府则要求法院根据《联邦民事诉讼规则》第37(b)(2)条驳回原告的诉讼请求,因为原告拒绝遵守法院要求披露数据记录的命令。此后,瑞士联邦检察长查封了与案件相关的瑞士银行的数据记录,理由是披露这些数据记录会触犯《瑞士联邦刑法典》第273条所规定的“经济间谍罪”和《瑞士银行法》第47条有关银行秘密的规定。这一“查封”行为使瑞士银行对该数据记录的所有权转移到第三方手里。

法院不得不求助于特别专家(special master),请求对以下问题提出意见:第一,阻碍原告向法院提交数据记录的瑞士法律到底属于什么性质?第二,原告是否已经尽了最大善意努力遵守法院的命令。特别专家的被告认为,瑞士政府通过查封本国银行的数据记录行使了保护性权力,没有证据证明原告和瑞士政府在此方面有串通行为。对于原告是否尽了最大善意努力遵守法院的命令,该被告认为,原告已经尽了证明义务,显示了其在努力遵守法院取证命令上的善意。

地区法院接受了特别专家的意见,但是仍然于1953年2月支持了美国政府要求驳回原告起诉的申请。法院判决认为:第一,无论瑞士法律如何规定,原告对银行的数据记录拥有实际控制;第二,该数据记录被证明对本诉讼的结果至关重要;第三,对于原告不能遵守法院的取证命令,瑞士法律不能作为合适的借口,因为原告不能援引外国法律作为其违反根据法院地法律发布的命令的理由;第四,法院根据《联邦民事诉讼规则》第37(b)(2)条有权驳回原告诉讼请求。不过地区法院仍留了余地,在瑞士政府的声明和原告的恳求之下,没有让判决立即生效,而是让原告继续提供其所能够提供的银行数据记录,并争取获得瑞士政府的豁免而提供其余数据记录。

1953年10月,原告提供了大约63,000份文件,但瑞士银行的会计账本并没有在列。鉴于此,法院于1953年11月作出最终判决,驳回原告诉讼请求。上诉法院维持了该判决,但补充了6个月的暂缓期,要求原告继续努力提供相关文件。①

在该 6 个月期限内，原告提供了补充文件，到 1956 年 7 月，提交的文件数量超过 190,000 份。原告还向法院提出一项经瑞士政府同意的计划，即邀请一名中立的专家，可以是美国人，他将在各方当事人、地区法院和瑞士政府机关的同意下被任命为审查人。在他审查瑞士有关银行的文件之后，向各方当事人提交一份不违反瑞士保密法的统一报告，原告再继续争取获得进一步的豁免权或者通过瑞士法院出具审查函或通过仲裁程序来认证这些文件。然而，地区法院拒绝了该建议，并作出了最终判决，驳回原告诉讼请求。上诉法院予以维持。②

美国联邦最高法院接受了上诉。联邦最高法院认为，瑞士刑法的规定确实限制了原告向法院披露瑞士银行数据记录的能力，因为该披露行为会招致刑事制裁。但联邦最高法院认为，瑞士政府对该银行数据记录的查封行为对原告履行法院的命令并无影响，因为查封并不影响该数据记录的实际占有。

联邦最高法院认为，本案所要解决的问题是《对敌贸易法》背后的政策。如果原告能够证明它对涉案财产拥有所有权，那么毫无疑问它将可以获得偿还。如果原告不提供银行数据记录，法院就无从判断其所有权。因此，地区法院要求原告提供数据记录的命令是符合法律规定的。联邦最高法院还认为，法院是否有权因当事人不遵守证据开示命令而驳回其诉讼请求，完全取决于《联邦民事诉讼规则》第 37 条，该条本身规定了未能完成证据开示的后果，并列举了一系列法院可以采取的救济方式。没有必要援引该规则第 41(b)条，该条并不适用于证据开示。而且第 41(b)条只适用于对被告的救济，而第 37 条适用于所有当事人。原告主张，第 37 条规定的是在当事人“拒绝遵守”(refuses to obey)证据开示命令时，法院才可以驳回诉讼请求，而本案中原告并非拒绝遵守，而是不能遵守。联邦最高法院认为，第 37(b)条的标题就是“未能遵守命令”(failure to comply with order)，本条中拒绝遵守的含义与未能遵守是等同的，没有必要过于纠结文字上的区别。

接下来一个问题就是，地区法院已经查明原告没有与瑞士政府串通以妨碍向法院提交证据材料，而且还善意地尽了最大努力去执行该命令，但还是驳回了原告的诉讼请求，这是否适当地行使了《联邦民事诉讼规则》第 37(b)条规定的权力？法院认为，《联邦民事诉讼规则》第 37 条必须结合宪法第五

---

① 96 U. S. App. D. C. 232, 225 F. 2d 532.

② 100 U. S. App. D. C. 148, 149, 243 F. 2d 254, 255.

修正案的条款进行解释,根据该修正案的规定,不得以违反法律正当程序的方式剥夺任何人的财产。联邦最高法院在多个判例中已经指明,对法院权力的行使存在宪法上的限制,在没有给当事人提供对案件事实进行听证的机会的前提下,不得驳回一项诉讼。《联邦民事诉讼规则》第 37 条的立法者也很清楚这一限制。[①] 迄今为止,美国的判例还没有解决这样一个问题:如果原告尽了善意努力还是无法遵守一项诉前证据开示命令,法院因此而驳回其诉讼请求,这是否违反了宪法第五修正案的正当程序原则?

最高法院认为,本案牵涉宪法上的正当程序问题。本案的原告针对政府扣押财产的行为提起返还之诉,它要抗辩的是政府的扣押行为不符合《对敌贸易法》。原告的地位与一般案件中原告的地位并不相同,而是类似于被告的地位。原告未能完全满足法院的命令既不是因为它自身的原因也不是因为它能够控制的原因。毫无疑问的是,担心受到外国法律的刑事制裁构成了一个最重要的理由导致它不能提供所要求的信息资料。原告如果遵守了法院的命令,就会违反瑞士的刑法。基于本案的事实,考虑到原告在本案中的地位以及本案中存在的严重宪法问题,法院认为,如果能够确定原告没有遵守诉前证据开示命令是因为其不能遵守而不是因为原告的故意、恶意或过错而不遵守,那么就不能依据《联邦民事诉讼规则》第 37 条驳回原告的诉讼请求。但这并不是说原告可以通过不提供所要求的数据记录而获利。原告为了追回通用苯胺公司股票及其他财产,已经承认要承担举证责任以证明其并非《对敌贸易法》意义上的"敌人"。美国政府也已经根据所获取的有关法本工业公司的信息以及通过原告而获得的文件和其他与原告有关人士的证言反驳了原告的追回权。在对事实问题的审判中,原告不能提供特定的信息将会妨碍它的权利主张。在原告不提供完整信息的情况下,地区法院可以对有关事实合理地作出不利于原告的推理。所有这些问题都取决于原告的证据,但不能因此而取消原告就事实问题进行辩论的机会。地区法院可以采用任何它认为最有效的方式来进行宽泛的自由裁量。它可以给予政府额外的机会挑战原告的善意性。它也可以尝试采取一些方案以寻求原告完全遵守命令,或者它还可以决定立即进行事实审判。但无论如何,就本案而言,驳回原告的诉讼请求是不合法的。最终,美国联邦最高法院判决驳回上诉法院的判决,将本案发回地区法院进行重审。

---

① See Notes of Advisory Committee on Rules, Rule 37, 28 U. S. C. (1952 ed.), p. 4325.

（二）美国诉布罗迪案

“美国诉布罗迪案”是援引外国国家强制理论抗辩美国经济制裁法的典型案例。① 虽然美国法院最终驳回了被告提出的外国国家强制抗辩，但该案仍然提出了一些值得我们关注的问题。

2000 年 10 月 5 日，联邦大陪审团指控布罗迪等人及相关公司与古巴进行贸易活动，违反了《对敌贸易法》和《古巴资产管制条例》。涉案公司是一家注册于特拉华州、营业地位于宾夕法尼亚州的公司，经营离子交换树脂。布罗迪兄弟是该公司所有人，另一名被告 S 是该公司在加拿大的销售经理，后来担任该公司北美市场总经理。1992～1996 年，S 担任被告公司加拿大销售经理，负责向古巴进行销售，到古巴出差以收取货款。1996 年 4 月至 9 月，S 居住在美国期间在被告公司宾夕法尼亚总部工作，继续负责向古巴销售商品。被告公司在英国设立两家子公司并通过该子公司向古巴发送产品。

被告请求驳回起诉，并提出以下抗辩理由：（1）被告的行为受到外国法律的强迫；（2）法院缺乏管辖权，因为行为发生在美国境外；（3）即使法院有管辖权，根据国际礼让原则也应放弃行使。

被告依据外国国家强制理论主张驳回原告起诉。被告认为，加拿大、英国和欧盟都颁布了阻断法规，对执行《古巴资产管制条例》的行为施加刑事处罚。被告认为，这些阻断法规实际上迫使（compel）被告不得不与古巴进行贸易，并使被告不可能遵守美国对古巴的贸易禁令。被告提交了加拿大律师和英国律师出具的宣誓证词。

法院认为，被告的抗辩应被驳回，理由如下：

第一，外国国家强制理论只在极个别案例中被采纳，而且主要用于反托拉斯民事诉讼，而从未被运用于刑事领域。外国国家强制理论是基于对外国国家主权的尊重，而本案中，美国行政部门已经提起诉讼，这表明行政部门已经认识到，本案所涉行为对美国国家利益的损害已经超过对美国外交关系的损害，因此在刑事案件中没有必要采用该理论。

第二，他国的阻断法并没有强迫任何人向古巴出售商品或去古巴旅行，这些立法只是禁止特定人遵守美国《古巴资产管制条例》所规定的与古巴贸易的禁令。加拿大、英国或欧盟其他国家的人仍然可以基于其他理由不与古巴进行贸易，这并不会违反这些国家的阻断法。

第三，在采用了外国国家强制理论的两个案例中，都是外国政府直接针

① United States v. Brodie, 174 F. Supp. 2d 294, 296, 302 (E. D. Pa. 2001).

对被告颁布了特别的命令或裁决。在"美洲公司案"中,委内瑞拉政府直接命令被告公司不得向原告出口石油。① 而在"国际公司诉罗杰斯案"中,瑞士公司没有遵守美国《联邦民事诉讼规则》第 34 条的要求向美国法院提供与诉讼有关的数据和信息,瑞士公司抗辩称,瑞士刑法禁止其披露这些数据信息,而且瑞士联邦检察官还查封了该数据信息,因为根据瑞士法律,泄露银行秘密是犯罪行为。②

要想提出外国国家强制抗辩,被告必须证明,如果遵守美国法律,将会存在实际的制裁威胁。③ 本案中,不存在现实的威胁,因为这些外国法律没有实施的可能性。被告的专家证人也没有提供任何信息能够证明外国的法律能够得到实际执行。加拿大和英国政府很难执行这些阻断性立法,因为很难证明某公司不与古巴进行贸易是为了遵守美国《古巴资产管制条例》。

加拿大 1992 年通过的《外国域外管辖措施(美国)命令》只针对公司,直到 1996 年该命令被修订后才适用于公司的董事、执行官、经理和管理层员工。而本案被告之一的萨布扎里先生 1996 年已经离开加拿大到美国居住。他在美国期间的行为不受加拿大法律约束。

至于被告提出的英国《贸易利益保护法》作为外国国家强制抗辩理由,则涉及该法是否适用于英国境外。根据格林伍德教授的观点,《贸易利益保护法》和 1992 年英国发布的指令只适用于"联合王国境内的人"。在英国,法律原则上没有域外效力。英国《贸易利益保护法》第 3(2)条规定:"不具有联合王国或其殖民地国籍的人,或不在联合王国成立的公司,不得因其在联合王国境外从事或实施的任何事项引发的罪行承担责任。"④而本案中被告公司并非在联合王国境内成立,被告布罗迪兄弟也不是联合王国公民。

至于欧盟 1996 年的条例也是通过英国国务大臣 1996 年颁发的命令予以执行的,如上所述,由于该命令只对英国人在英国境内的行为有约束力,本案被告不受其约束。

该案被告还提出管辖权抗辩,认为美国法院对于本案没有事项管辖权(subject-matter jurisdiction),因为本案所涉的与古巴交易行为发生在美国境外。根据美国《对外关系法重述(第三次)》第 302 条的规定,域外管辖权的行

---

① Interamerican, 307 F. Supp. at 1294, 1296.

② Societe Internationale, 357 U. S. (1958), at 199-200, 78 S. Ct. 1087.

③ Don Wallace, Jr. & Joseph P. Griffin, *The Restatement and Foreign Sovereign Compulsion: A Plea for Due Process*, 23 Int'l Law 593, 598-599 (Oct. 1999).

④ PTIA § 3(2).

使必须遵从合理性标准(reasonableness standard)。本案法院行使管辖权违背了该标准。

法院对此问题提出了反驳。法院认为,首先,本案所涉行为并非全部发生在美国境外。其次,美国法院在判断涉外案件的事项管辖权时所遵循的通常是"两步走"方法(two-step test):第一,先要判断国会的立法意图,即国会在立法时是否有意让该法适用于美国境外。本案所涉及的《对敌贸易法》和《古巴资产管制条例》都具有域外效力。第二,如果认为美国立法具有域外适用的意图,接着判断案件所涉及的行为是否对美国产生了实质影响(effect)。在"美国诉普拉默案"中,第十一巡回法院就认为,违反《对敌贸易法》和《古巴资产管制条例》的行为即使发生在境外,也对美国产生了影响,因为该行为资助了敌人和一个威胁到美国国家利益的政权。① 如果国会在立法中明确规定可以不考虑国际法因素,则根本不用进行效果测试(effect test)。② 基于上述分析,本案法院拥有事项管辖权。

被告指出,即使法院拥有事项管辖权,根据国际礼让原则,法院也不应当行使。国际礼让反映了平等主权国家之间的相互尊重。根据这个原则,美国法院对涉外案件主张管辖权的时候,必须考虑涉及该案的外国主权国家的重大利益是否受到了影响。在"米尔斯案"中,联邦第三巡回上诉法院采用了一种"十要素衡量标准"来判断法院是否应当对域外发生的行为行使管辖权:(1)与外国法律或政策相冲突的程度;(2)当事人国籍;(3)境内的行为与境外行为相比较在违法性上的严重程度;(4)在境外获得救济的可能性和境外诉讼是否被搁置;(5)是否存在伤害或影响美国商业的意图及其可预见性;(6)法院行使管辖权并提供救济对外交关系可能产生的影响;(7)如果提供救济,一方当事人是否会被迫实施一项违反某一国法律的行为或者会同时受制于两国相矛盾的要求;(8)法院是否可以使其作出的命令发生效力;(9)如果外国基于同样的情况发布一项救济的命令,该命令是否可以在国内被承认;(10)是否与受影响的国家缔结过有关该事项的条约。③

本案是一起行政机关提起的诉讼,联邦政府的起诉行为就表明,政府已经考虑到国际礼让问题并认为本案不会导致对外国主权的侵犯。根据"米尔斯案"确立的"十要素衡量标准",法院认为对本案行使管辖权并不违反礼让原则。

---

① United States v. Plummer, 221 F. 3d 1298, 1310 (11th Cir. 2000).

② United States v. Martinez-Hidalgo, 993 F. 2d at 1052, 1055.

③ 595 F. 2d at 1297-1298.

第四章　经济制裁与世界贸易组织争端解决

第一节　概　　论

WTO是全球最大的多边贸易国际组织。WTO最基本的原则是国民待遇原则,它要求缔约方之间相互保证给予另一方的自然人、法人和商船在本国境内享有与本国自然人、法人和商船同等的待遇。该原则适用于与贸易有关的关税减让、国内税费征收、营销活动、政府采购、投资措施、知识产权保护、出入境以及公民法律地位等领域。根据WTO协议,任何缔约方不得实施与协议不相符的某种限制或禁止性措施。而一国实施的单边经济制裁措施在很大程度上限制了贸易的自由流动,违反了WTO义务。① 由于很多制裁国和被制裁国都是WTO成员国,比如美国和古巴、委内瑞拉、缅甸和俄罗斯等,这就引发了经济制裁在WTO协议中的合法性问题。

对于经济制裁是否违反WTO协议的问题,一些国家援引GATT中的第20条例外和第21条例外来进行抗辩。在WTO内部,美国等国也提出,能否以保护人权和劳工权益为由为经济制裁和贸易管制措施辩护。美国等国甚至希望在GATT和其他协议中增加一项人权和劳工权益的例外条款,即所谓的社会条款(social clause),这样就能使以侵犯人权为由实施的经济制裁符合WTO所规定的义务。② 但WTO内部一直有声音反对将贸易和劳工权益挂钩。发展中国家担心这样会为贸易保护主义提供"法律面具"。马来西亚前总理马哈蒂尔1994年的发言清楚表达了这种担忧。他指出,西方政府公然地

---

① Iryna Bogdanova, *Targeted Economic Sanctions and WTO Law: Examining the Adequacy of the National Security Exception*, 48 Legal Issues of Economic Integration 171 (2021).

② Patricia Stirling, *The Use of Trade Sanctions as an Enforcement Mechanism for Basic Human Rights: A Proposal for Addition to the World Trade Organization*, 11 Am. U. J. Int'l L. & Pol'y 1 (1996).

试图限制东亚的竞争力,西方国家计划建立世界最低工资标准就是一个明证;西方人知道这是发展中国家唯一的比较优势,所有其他的比较优势(技术、资本、丰富的本地市场、法律制度、管理和营销网络)都被发达国家拥有;那些伪称的对工人福利的关注其实都是这种自私利益的产物;那些假装神圣的关于人道主义、民主和环保的声明很可能也是基于同样自私的愿望,即尽可能地阻止任何人追赶西方和与西方竞争。[①] 最终在发展中国家的支持下,WTO 的 1996 年部长会议和 2001 年部长会议都发表声明,支持由国际劳工组织负责劳工权益保护标准的制定和实施,WTO 不将该问题纳入有关协议之中。[②]

美国的单边域外经济制裁还引发了第三方成员国的强烈抵制,因为美国具有域外效力的制裁措施限制了其他成员方与被制裁国之间的贸易,从而违反了 WTO 的基本原则。其他国家为此出台了大量"阻断法规"。[③] 然而仅仅通过单方面的"以牙还牙"只会导致同态复仇式的一报还一报,而不能从根本上解决问题。

近年来,围绕经济制裁引发的贸易争端被频繁提交给 WTO 争端解决机构。俄罗斯与乌克兰之间的冲突和相互制裁已经引发了多起 WTO 争端;[④]卡塔尔与邻国之间的相互制裁、[⑤]美国对委内瑞拉的制裁[⑥]、日本与韩国之间的贸易抵制运动[⑦]也都升到 WTO 争端解决层面。

---

① Mahathir Mohammad, *East Asia Will Find Its Own Roads to Democracy*, International Herald Tribune, 17 May 1994.

② World Trade Organization, *Singapore Ministerial Declaration of* 18 *December* 1996, WT/MIN(96)/DEC, at 2 (adopted December 13 1996); *World Trade Organization*, *Ministerial Declaration of* 14 *November* 2001, WT/MIN(01)/DEC/1, 41 I. L. M. 746 (2002), art. 8 at 2 (2002).

③ Nicholas Davidson, *U. S. Secondary Sanctions: The U. K. and EU Response*, 27 Stetson L. Rev. 1425 (1997-1998).

④ *Ukraine-Measures Relating to Trade in Goods and Service* (DS525); *Russia-Measures Concerning the Importation and Transit of Certain Ukrainian Products* (DS532); *Russia-Measures Concerning Traffic in Transit* [*Russia-Traffic in Transit*], WT/DS512/R and WT/DS512/R/Add. 1, adopted 26 Apr. 2019.

⑤ *United Arab Emirates-Measures Relating to Trade in Goods and Services, and Trade-Related Aspects of Intellectual Property Rights* (DS526); *Saudi Arabia-Measures Concerning the Protection of Intellectual Property Rights* (DS567).

⑥ *United States-Measures Relating to Trade in Goods and Services* (DS574). WTO, *United States-Measures Relating to Trade in Goods and Services, Request for the Establishment of a Panel by Venezuela*, WTO Doc. WT/DS574/2 (15 Mar. 2019).

⑦ WTO, *Japan-Measures Related to the Exportation of Products and Technology to Korea, Request for the Establishment of a Panel by the Republic of Korea*, WTO Doc. WT/DS590/4 (19 June 2020).

第二节　美国域外经济制裁措施引起的 WTO 争端

一、美国影响尼加拉瓜的贸易措施案

1985 年 5 月 1 日,美国总统签署行政命令禁止与尼加拉瓜的一切贸易并断绝与尼加拉瓜的全部航空航海运输。1985 年 5 月 6 日,尼加拉瓜向关贸总协定理事会提出请求召开特别会议审查美国的措施。① 在美国拒绝了尼加拉瓜的双边磋商请求并且理事会也未能达成一致解决办法之后,尼加拉瓜政府请求成立一个专家组来进行裁决。美国一开始援引 GATT 第 21 条 b 款第(3)项的安全例外条款拒绝成立专家组。经过理事会主席的磋商,美国不再反对成立专家组,前提是专家组不得对第 21 条 b 款第(3)项的有效性以及美国援引该条款的动机进行审查和裁决。1986 年 4 月 4 日,专家组正式成立。

尼加拉瓜政府认为,美国对尼加拉瓜的全面贸易禁令违反了 GATT 的目标和美国政府所作出的承诺,专家组应宣布美国的禁运措施无效,美国政府应取消所有贸易禁令并赔偿尼加拉瓜的损失。美国则援引第 21 条 b 款第(3)项作为抗辩。尼加拉瓜认为,第 21 条 b 款第(3)项的适用必须符合两个条件:第一,所采取的措施对于保护该国的根本安全利益是必需的;第二,该措施只能在战时或者在国际关系的紧急状态下采用。本案中并不符合这两个条件,因为尼加拉瓜作为一个小国根本不可能威胁到美国的根本安全利益。尼加拉瓜与美国也不处于战争状态,也不存在紧急状态。美国与尼加拉瓜之间的关系紧张是因为美国违反国际法的行为引起的。一国不能将自己所造成的情势归结为紧急状态并以此为借口。

美国则认为,第 21 条适用于缔约国自己认为对于保护其根本安全利益所必需的任何行动。该条款明确规定由采取行动的缔约方自己来判断其合法性。专家组无权审查该条款的有效性和美国的动机。

专家组最后的报告认为,尽管双方都承认美国的贸易禁运违反了 GATT 的贸易便利化条款,但双方对于美国的措施是否可以因第 21 条 b 款第(3)项的安全例外而得到免责存在分歧。鉴于专家组未获授权对该问题的合法性进行审查,因此专家组无法对美国是否遵守了关贸总协定项下的义务作出判

---

① *United States-Trade Measures Affecting Nicaragua*, GD/158 (1985).

断。尽管如此,专家组仍然认为,美国在本案中所采取的禁运措施无论是否符合第 21 条,都违反了 GATT 的根本目标,即促进非歧视的和开放的贸易政策,支持不发达国家的发展。专家组认为,尽管 GATT 承认各缔约方保护本国根本安全利益的权利,但各缔约方在援用第 21 条的时候一定要仔细权衡其安全需求与维护各国稳定贸易关系之间的关系,否则 GATT 就无法实现其目标。[①]

二、欧美关于《赫尔姆斯-伯顿法》的争端

1996 年美国颁布《赫尔姆斯-伯顿法》后,欧盟迅速作出反应,于当年 10 月向 WTO 提起争端解决请求。欧盟指称,美国的域外制裁措施排除了欧盟成员国根据 WTO 的 GATT 和 GATS 享有的与古巴进行自由贸易的权利。[②]美国可能违反的义务包括 GATT 第 1 条"最惠国待遇"、GATT 第 3 条"国民待遇"和 GATT 第 6 条"对贸易施加非关税壁垒"等。加拿大和墨西哥作为第三方当事方参加了该诉讼程序。

美国坚持认为,欧盟应当停止其诉讼程序,因为美国的《赫尔姆斯-伯顿法》是出于"国家安全"和"外交政策"的考虑而制定的,这超出了 GATT 和 GATS 的调整范围。美国援引了 GATT 和 GATS 中的"例外条款"来为自己辩护。其中,GATT 第 21 条规定了"国家安全"例外原则:"本协定的任何规定不得被解释为:1. 要求任何缔约方提供其根据国家基本安全利益认为不能公布的资料;或 2. 阻止任何缔约方为保护国家基本安全利益对有关下列事项采取其认为必须采取的任何行动:(a)裂变材料或提炼裂变材料的原料;(b)武器、弹药和军火的贸易或直接和间接提供给军事机构用的其他物品或原料的贸易;(c)战时或国际关系中的其他紧急情况;或 3. 阻止任何缔约方根据《联合国宪章》为维护国际和平与安全而采取的行动。"

但专家小组组成以后,美国却单方面退出了争端解决程序,并宣布不会参加诉讼。美国政府认为,美国可以单方面判断是否适用 GATT 和 GATS 中的国家安全例外条款,因此 WTO 争端解决小组对此无管辖权。

美国的这一理由在国际法上显然站不住脚。虽然 WTO 专家小组和上诉机构都还没有对"国家安全"例外条款的适用范围作出权威解释,但从国际法院此前的一起案例中可以看出国际法在该问题上的趋向。在"伊朗伊斯兰共

---

① https://gatt-disputes.wto.org/sites/default/files/documents/GD158-/6053.PDF.

② *Statement by the Representative of the E. C. and their Member States at the Dispute Settlement Body of the WTO*, Oct. 16, 1996.

和国诉美国石油平台案”中,美国援引 1955 年美国和伊朗签订的《美伊友好条约》中的“国家安全”例外条款主张国际法院对此案没有管辖权。国际法院在初步裁决中驳回了美国的异议,认为判断哪些措施对于保护一个国家的“实质性安全利益”是必要的这一问题属于国际条约的解释问题,国际法院对此可以行使管辖权。①

由于美国的做法引发了人们对 WTO 争端解决机制有效性的怀疑,而 WTO 是美国主导下建立起来的,美国不希望因此而影响 WTO 的声誉,于是开始和欧盟进行谈判。1996 年 12 月,欧盟宣布对古巴采取“共同立场”,即强调促进古巴向多元民主和尊重人权的方向转变;而克林顿政府则宣布暂缓对欧盟成员国提起《赫尔姆斯-伯顿法》项下的诉讼。② 1997 年,欧美宣布达成“谅解”,美国同意暂时搁置《赫尔姆斯-伯顿法》第三章对欧盟成员国的执行,欧盟则宣布将它们在 WTO 的诉讼程序暂时冻结。③ 但欧盟保留重新启动一个新的诉讼程序的权利,不过一直没有实施。1998 年 5 月,欧美双方又达成一项《跨大西洋政治合作伙伴关系》④和一项《关于投资保护的纪律谅解》⑤,双方一致同意不再寻求制定新的经济制裁法律;欧盟则有条件同意对那些参与违反国际法而被征收的财产的交易的当事人施加一定的制裁;美国则承诺取消《赫尔姆斯-伯顿法》第四章对欧盟国家的适用。欧盟还要求美国取消《达马托法》和《赫尔姆斯-伯顿法》第三章对欧盟的适用。不过,这些文件都不具有正式法律效力,需要各自采取行动修改自己的法律。对美国来说,涉及对《达马托法》和《赫尔姆斯-伯顿法》的修订,而美国国会一直拒绝修改。布什总统上台后,继续搁置《赫尔姆斯-伯顿法》第三章的执行。

2019 年 4 月 17 日,特朗普政府宣布从当年 5 月 2 日起激活《赫尔姆斯-伯顿法》第三章。⑥ 随后,众多当事人在美国法院提起了上百起相关诉讼,涉

---

① *Oil Platforms* (*Islamic Republic of Iran v. United States of American*), *Preliminary Objection*, *Judgement*, 1996 I. C. J. 803 (Dec. 12, 1996).

② *Statement on Action on Title Ⅲ of the Cuban Liberty and Democratic Solidarity*(*LIBERTAD*) *Act of* 1996, 33 Weekly Comp. Pres. Doc. 3, 4 (Jan. 3, 1997).

③ *EU-U. S. Memorandum of Understanding Concerning the U. S. Helms-Burton Act and the U. S. Iran and Libya Sanctions Act*, April 11, 1997, 36 I. L. M. 529, 530 (1997).

④ Transatlantic Partnership on Political Cooperation, https://www.govinfo.gov/content/pkg/WCPD-1998-05-25/pdf/WCPD-1998-05-25-Pg923.pdf.

⑤ *Understanding with Respect to Disciplines for the Strengthening of Investment Protection*, May 18, 1998, § I. B.

⑥ U. S. Department of State, *Secretary of State Michael R. Pompeo's Remarks to the Press*, Department of State (Apr. 17, 2019).

及银行和金融、旅游、石油和天然气以及房地产开发等多个领域的跨国公司。[①] 欧盟对美国的该项政策提出了抗议，声称将“使用一切可用的手段”制止根据该法第三章采取的行动，包括重新启动针对美国的 WTO 程序。[②] 英国政府 2019 年 4 月 18 日发表声明认为：“英国与欧盟一样，对美国宣布将取消对《赫尔姆斯-伯顿法》第三章的豁免表示担忧。根据国际法，我们认为第三章制裁的域外适用是非法的，有可能损害在古巴开展合法业务的英国和欧盟公司，使它们在美国法院承担责任。我们将与欧盟一道保护我们公司的利益。与欧盟一样，英国认为，鼓励古巴尊重民主自由和人权、实施政治改革或在委内瑞拉发挥不那么无益的作用的最佳方式是对话与合作，而不是孤立。”[③]墨西哥也同样发表了反对声明。[④] 拜登政府也没有如预期的那样取消特朗普政府的激活命令，而是继续对古巴实施更为严厉的经济制裁。欧盟也继续反对《赫尔姆斯-伯顿法》的域外实施。[⑤]

三、欧美关于《马萨诸塞州缅甸法案》的 WTO 争端

1996 年，美国马萨诸塞州政府颁布了一项针对缅甸进行经济制裁的限制性采购法案，[⑥]对在缅甸境内从事经营活动的公司进行制裁，而无论这些公司

---

① Havana Docks Corp. v. MSC Cruises SA Co., No. 19-CV-23588, 2020 WL 59637, at *1 (SD Fla. Jan. 6, 2020) (Havana/MSC); Havana Docks Corp. v. Norway Cruise Line Holdings, Ltd., No. 19-CV-23591, 2020 WL 70988, at *1 (SD Fla. Jan. 7, 2020) (Havana/NCL).

② Global Affairs Canada, Joint Statement by EU High Representative/Vice President Federica Mogherini, Minister of Foreign Affairs of Canada Chrystia Freeland and EU Commissioner for Trade Cecilia Malmström on the Decision of the United States to Further Activate Title Ⅲ of the Helms Burton (Libertad) Act (Apr. 17, 2019), https://www.canada.ca/en/global-affairs/news/2019/04/joint-statement-by-eu-high-representativevice-president-federica-mogherini-minister-of-foreign-affairs-of-canada-chrystia-freeland-and-eu-commissio.html.

③ https://www.gov.uk/government/news/foreign-office-statement-on-title-iii-of-the-helms-burton-act.

④ Secretaría de Relaciones Exteriores de México, Posicionamiento del Gobierno de México Sobre el Anuncio de la Aplicación del Título Ⅲ de la Ley Helms-Burton, Comunicado No. 088 (Apr. 17, 2019), https://www.gob.mx/sre/prensa/posicionamiento-del-gobierno-de-mexico-sobre-el-anuncio-de-la-aplicacion-del-titulo-iii-de-la-ley-helms-burton?idiom=es.

⑤ https://www.plenglish.com/news/2022/02/18/eu-reiterates-rejection-of-helms-burton-act-against-cuba/.

⑥ *An Act Regulating State Contracts with Companies Doing Business with or in Burma (Myanmar)*, 1996 Mass. Acts 239, ch. 130 (codified at Mass. Gen. Laws § §7:22G-7:22M, 40 F (1997).

是美国公司还是外国公司,因此该法也具有域外效力。欧盟、日本和泰国谴责该法案违反了 WTO 规则,特别是《政府采购协议》,并将美国诉诸 WTO 争端解决机构,启动了争端解决程序。① 不过,欧盟和日本并没有针对《缅甸自由民主法》向 WTO 提出诉讼,虽然《缅甸自由民主法》对政府采购的限制比《马萨诸塞州缅甸法案》更为严格,因为它限制所有来源于缅甸的物资的进口。这主要是因为《缅甸自由民主法》只是禁止美国人从缅甸进口物资,而《马萨诸塞州缅甸法案》则对所有在缅甸境内从事经营活动的公司进行制裁,而无论这些公司是美国公司还是外国公司,因此后者具有域外效力,从而影响到欧盟和日本公司向美国的出口。

在美国国内,《马萨诸塞州缅甸法案》也引发了争议,主要集中在州法和联邦法的关系的问题上,此法案引起了著名的"克罗斯比诉美国贸易法委员会案"。2000 年,美国联邦最高法院将马萨诸塞州的制裁法判为无效,认为马萨诸塞州的缅甸法和联邦缅甸法冲突。② 但是联邦最高法院的判决仅限于解决马萨诸塞州的该项法律与联邦相关法律的冲突问题,它并没有禁止州政府和地方当局实施影响对外交往的经济活动。因此,州政府仍然可以通过采取其他替代措施对外国政府实施经济制裁,比如要求公共养老金基金公司从相关公司中撤出股份。③该案判决后,WTO 的诉讼程序于 2000 年 2 月 11 日终止。④

与此类似的是 2007 年美国伊利诺伊北部地方法院判决的"美国贸易法委员会诉伊利诺伊州苏丹法案案"。⑤ 该案法官同样判决伊利诺伊州的《苏丹法案》违反美国联邦《苏丹法案》,要求伊利诺伊州政府不得实施该项法案。

四、欧美关于《综合拨款法》第 211 条的争端

2000 年 6 月,欧盟再次针对美国 1998 年出台的《综合拨款法》(Omnibus Appropriation Act)第 211 条向 WTO 提起争端解决请求。⑥《综合拨款法》第

---

① *United States-Measure Affecting Government Procurement*; *Request for Consultations by the European Communities*, WTO Doc. WT/DS88/1 (June 26, 1997); *United States-Measure Affecting Government Procurement*; *Request for Consultations by Japan*, WTO Doc. WT/DS95/1 (July 21, 1997); see also European Comm'n, *Report on United States Barriers and Investment* § 4.6 (1998).

② Crosby v. Nat'l Foreign Trade Council, 530 US 363.

③ Elliot/Hufbauer/Schott/Oegg, *Economic Sanctions Reconsidered*, 3rd Edition 2007, p. 137.

④ WTO, WT/DS88/ 6, WT/DS95/6(Feb. 14, 2000).

⑤ NFTC v. Topinka, 523 F. Supp. 2d 731 (2007).

⑥ Request for the Establishment of a Penal by the European Communities, United States-Section 211 Omnibus Appropriations Act of 1998, WT/DS176/2 (July 7, 2000).

211 条禁止美国法院承认和执行古巴国民或其继承人的商标请求权，如果该商标涉及 1959 年 1 月 1 日后被古巴征收的财产。[①] 该条款的颁布起因于一起发生于法国利卡德公司（Pernod Ricard）与百慕大巴卡迪公司之间的商标纠纷。利卡德公司与古巴政府成立一家合资企业，生产"哈瓦那俱乐部"牌朗姆酒。但巴卡迪公司主张该商标归其所有。

欧盟认为，第 211 条违反了 WTO 的 TRIPS 协定。WTO 争端解决上诉机构最终裁定，第 211 条款违反了 TRIPS 协定的国民待遇和最惠国待遇条款。上诉机构认为，美国禁止外国商标持有人要求美国法院执行他们的知识产权，如果这种限制并不适用于同样情况下美国国民的话，则美国违反了 WTO 的义务。上诉机构要求美国废除第 211 条。但迄今为止，美国也没有执行该裁决。[②] 2005 年 7 月，欧盟曾表示暂不对美国采取报复措施，但保留将来采取报复措施的权利。[③]

五、"海虾/海龟案"的有关争端

美国于 1989 年在其《濒危物种法案》里增设了一个第 609 条，规定凡未能在捕虾时放活海龟者，禁止该国向美国出口海虾和虾制品。为实施第 609 条，美国国务院先后于 1991 年、1993 年和 1996 年发布了几次"指令"，使第 609 条款具有了域外效力。由于印度、马来西亚、巴基斯坦、泰国在拖网捕虾作业中附带捕捞误杀了大量的海龟，美国根据第 609 条款，禁止从上述四国进口虾及虾制品，从而引发争议。1996 年 10 月 8 日，上述四国先后与美国按 WTO 争端解决程序进行协商，未获结果。于是争议各方请求 WTO 设立专家组审理此案。WTO 争端解决机构（OSB）于 1997 年 4 月成立专家组合并审理此案。专家组经审理后认为，美国的第 609 条款违背了 WTO 的自由贸易规则，对多边贸易体制构成威胁，也不符合 GATT1994 第 20 条"一般例外"之规定，从而裁定美国败诉。美国不服，于 1998 年 7 月 13 日提出上诉，上诉机构进行了复审，并于 1998 年 10 月 12 日提出报告，该报告推翻了专家组报告的两项认定，即推翻专家组关于接受从非政府来源的未经请求就提供的资料，不符合《争端解决协议书》规定的裁决；推翻专家组关于该美国措施不属

---

① M. Lee, *Restricting Trademark Rights of Cubans: WTO Decision and Congressional Response*, Congressional Research Service, RS 21764 (Mar. 9, 2004) (WTO Section 211 CRS Report).

② Cuba Legislative Issues CRS Report at CRS-21.

③ *WTO Dispute Settlement Appellate Body*, *Minutes of Meeting*, WT/DSB/M/157 (Dec. 18, 2003).

于 GATT 第 20 条引言所允许措施的裁决,从而实际上肯定了美国第 609 条款的效力。但是上诉专家组又指出,美国在实施第 609 条款时构成一种在相同条件下对不同国家的无理的独断的歧视。① 因此美国还是败诉。

第三节 对 WTO 成员方的经济制裁与 WTO 义务

一、概论

美国所制裁的目标国中,很多都是 WTO 成员国,如古巴、委内瑞拉、缅甸、俄罗斯等。因此,美国对这些国家的制裁还面临是否违反 WTO 法的问题。以缅甸为例,美国国会通过的《缅甸自由民主法》就存在违反 WTO《政府采购协议》和其他协议的情形。欧盟等西方国家也对缅甸进行经济制裁,但是相对而言,欧盟对缅甸的制裁范围和目标较有限,只限于冻结缅甸"国家和平与发展委员会"的官员的资产和禁止出口武器和用于国内镇压和恐怖主义的设备。因此,欧盟面临 WTO 法指控的可能性较小。

《缅甸自由民主法》首先涉嫌违反了《政府采购协议》和 GATT 第 11 条规定的禁止数量限制原则。同时,由于它禁止进口所有源于缅甸的物资,从而也违反了 GATT 第 1 条规定的最惠国待遇原则。国民待遇原则作为一项非歧视原则,它要求不得对来自不同国家的相同产品的进出口进行区别对待。

认为《缅甸自由民主法》不违反 WTO 法的观点认为,对缅甸商品的区别待遇不是基于"原产地标准"实施的,而是根据"加工和生产方法"(process and production method,PPM)来判断的,即这些商品是以违反劳工权益和人权的方式生产出来的。然而,传统的以"加工和生产方法"作为限制贸易的借口,在"金枪鱼/海豚案"(Tuna/Dolphin)中已经遭到否定。该案中,美国认为,对方对金枪鱼的捕捞采用了一种对海豚极为不友好的方式,因此禁止此类金枪鱼的进口。GATT 争端解决小组认为,美国的做法违反了 GATT 关于不得基于产品生产方式而对相同产品区别对待的规则。② 虽然环保主义者对

---

① Appellate Body Report, *United States-Import Prohibition of Certain Shrimp and Shrimp Products* (*AB*-1998-4), WT/DS58/AB/R (Oct. 12, 1998),121.

② *First Submission of the United States to the Panel*, *United States-Restrictions on the Imports of Tuna*, GATT B. I. S. D. (29th Supp.) at 155 (1993) (unadopted) (hereinafter Tuna Dolphin Ⅰ); *Report of the Panel*, *United States-Restrictions on the Imports of Tuna*, DS29/R (June 16, 1994)(unadopted)(hereinafter Tuna Dolphin Ⅱ).

这一判决非常反感,但是不能将政治观点作为解决法律问题的标准,否则将会带来贸易保护主义的泛滥,因为任何国家都可能打着环保主义的旗号实施贸易保护政策。

我们认为,在对待缅甸的经济制裁问题上,也应当坚持同样的原则。如果可以任意地以对方国家产品的生产方法违反劳工权益和人权为由而限制其进口,这显然就为贸易保护主义提供了更广泛的理由。而且就缅甸问题来说,也无法证明所有原产于缅甸的产品都是通过强迫劳动生产出来的。

二、《缅甸自由民主法》与 GATT 第 20 条例外

GATT 第 20 条规定:"如果下列措施的实施在条件相同各国间不会构成任意的或无端的歧视,或者不会形成伪装起来的对国际贸易的限制,不得将本协定说成是妨碍任何缔约方采取或实行这些措施:(1)为维护公共道德所必需者;(2)为保护人类及动植物的生命或健康所必需者;(3)有关黄金、白银进出口者;(4)为保证遵守与本协定条款不相抵触的法律或规章所必需者,包括有关海关强制执行,按第 2 条第 4 款与第 17 条实行专营、保护专利、商标与版权以及防止欺诈行为在内;(5)有关监狱产品;(6)为保护本国有艺术、历史或考古价值的财富而采取者;(7)关于养护可穷竭的自然资源,凡这类措施同限制国内生产或消费一道实施者……"该条例外规定也被美国政府用来为《缅甸自由民主法》辩护。

在适用 GATT 第 20 条规定的例外时,根据"海虾/海龟案"确立的原则,要按照顺序进行两个步骤的分析:首先应当确定适用第 20 条中规定的哪一项特定例外;其次要确定该项例外的适用条件是否具备。第一个步骤更多是实体性的,第二个步骤更多是程序性的。该案上诉机构特别强调,这一分析顺序不能乱来,如果顺序颠倒了,得出的结论可能完全不同。①

GATT 第 20 条并未明确规定劳工权利和人权的例外。但该条规定,为了保护公共道德(第 1 款)、保护人类和动植物生命或健康(第 2 款)以及有关监狱产品方面(第 5 款),有关国家可以采取例外措施。能否从这些规定中推导出劳工权和人权保护例外呢?

---

① Appellate Body Report, *United States-Import Prohibition of Certain Shrimp and Shrimp Products* (*AB*-1998-4), WT/DS58/AB/R (Oct. 12, 1998) [hereinafter Report of the Appellate Body on Import Prohibition].

对于劳工权的保护,值得注意的是联合国1948年通过的试图建立“国际贸易组织”(ITO)的《哈瓦那宪章》中曾提到建立“公平劳动标准”。① 但该宪章未能生效。

由于GATT第20条第5款仅仅提到“监狱劳动”例外,而到目前为止,对于“监狱劳动例外”并没有一项统一的解释。因此,本书认为,不能将其扩展为“劳工权益保护”例外。

对于“公共道德例外”(public morals exception),“海上赌博案”(Offshore Gambling case)有所涉及。“海上赌博案”是安提瓜和巴布达针对美国联邦和一些州通过的有关禁止提供跨国网上赌博服务的法律而提起的诉讼。② 由于该案是涉及服务贸易的案件,美国依据《服务贸易总协定》第14条第1款主张免责。该条款与GATT第20条类似,授权成员方在特定条件下可以采取必要的限制措施以保护其公共道德。

上诉机构认为,尽管美国法律可能“对于保护公共道德是必要的”,但该法律允许本地服务供应商提供远程赛马赌博服务而对外国的服务供应商实施歧视,这种方式不符合《服务贸易总协定》第14条的适用条件。虽然“海上赌博案”表明“公共道德例外”可以作为实施贸易限制措施的理由,但该案也没有清楚界定公共道德的含义。

有学者认为,“二战”后的发展表明,人权已经被国际社会公认为是“公共道德”的核心成分,“公共道德”应当扩展到普遍人权,包括劳动权利。③ 如果这样理解,《缅甸自由民主法》就可以援引GATT第20条第1款所规定的例外,即因目标国侵犯人权所采取的保护公共道德的措施。但这样的解释显然为贸易保护主义提供了新的借口。

GATT第20条第2款规定的“保护人类和动植物生命或健康”的例外措施也可以用来排除贸易限制的违法性。如在“石棉案”(Asbestos case)中,欧

---

① *United Nations Conference on Trade and Employment*, *Final Act of the United Nations Conference on Trade and Employment*: *Havana Charter for an International Trade Organization*, Chapter Ⅱ, art. 7 (Mar. 24, 1948).

② See Appellate Body Report, *United States-Measures Affecting the Cross-Border Supply of Gambling and Betting Services*, WT/DS285/AB/R (Nov. 14, 2003) (adopted Apr. 7, 2005); Panel Report, *United States-Measures Affecting the Cross-Border Supply of Gambling and Betting Services*, WT/DS285/R (adopted Nov. 10, 2004).

③ Michael J. Trebilcock and Robert Howse, *Trade Policy & Labor Standards*, 14 Minn. J. Global Trade 261, 289-290 (2005).

共体主张对外国石棉的进口管制是为了保护公共健康的需要。① 如果产品的生产是在极端危险和极端恶劣的工作环境和工作条件下进行,则可以援引公共健康例外限制该产品的进口。但该项例外最多也只能用来解释《缅甸自由民主法》中对缅甸部分产品的进口限制。

GATT 第 20 条所规定的例外还要求遵循"必要原则"(necessary test)。在"石棉案"中,上述机构将"必要原则"解释为"合理可用"(reasonably available),即所采取的措施应当尽可能地不违反 GATT 规则。在"海上赌博案"中,上述机构则进一步认为,如果原告能证明存在一项符合 WTO 规则的替代措施可供被告方选择,则被告方必须证明其采用现行措施的必要性。② 但《缅甸自由民主法》显然不符合这一要求,因为美国并非只能采用经济制裁这一种选项。

退一步讲,即使《缅甸自由民主法》可以援引上述某项例外,还要确定美国制定该项法律是否符合第 20 条所规定的条件。第 20 条规定:"下列措施的实施在条件相同各国间不会构成独断的或无理的歧视,或者不会形成伪装起来的对国际贸易的限制……"在"美国汽油案"中,上诉机构指出,这些条件的设置是为了避免对例外条款的滥用。③

上述规定实际上为例外条款的援用设置了三个前提条件:第一,该限制措施是否构成"无理的歧视"(a means of unjustifiable discrimination);第二,是否构成"独断的歧视"(a means of arbitrary discrimination);第三,是否构成"伪装起来的对国际贸易的限制"(a disguised restriction on international trade)。

我们以著名的"海虾/海龟案"加以说明。美国于 1989 年在其《濒危物种法案》里增设了第 609 条款,规定凡未能在捕虾时放活海龟者,禁止该国向美国出口海虾和虾制品。为实施第 609 条款,美国国务院先后于 1991 年、1993 年和 1996 年发布了几次"指令",使第 609 条款具有了实施细则。由于印度、马来西亚、巴基斯坦、泰国在拖网捕虾作业中附带捕捞误杀了大量的海龟,美

---

① Appellate Body Report, *European Communities-Measures Affecting Asbestos and Asbestos-Containing Products* (*AB*-2000 11), WT/DS135/AB/R (Feb. 16, 2001) (adopted March 12, 2001).

② Appellate Body Report, *United States-Measures Affecting the Cross-Border Supply of Gambling and Betting Services*, WT/DS285/AB/R (Nov. 14, 2003) (adopted Apr. 7, 2005), 306-311.

③ Appellate Body Report, *United States-Standards for Reformulated and Conventional Gasoline* (*AB*-1996-1), WT/DS2/AB/R (Apr. 22, 1996) (adopted Apr. 29, 1996).

国根据第609条款,禁止从上述四国进口虾及虾制品,从而引发争议。1996年10月8日,上述四国先后与美国按WTO争端解决程序进行协商,未获结果。于是争议各方请求WTO设立专家组审理此案。WTO争端解决机构于1997年4月成立专家组合并审理此案。专家组经审理后认为,美国的第609条款违背了WTO的自由贸易规则,对多边贸易体制构成威胁,也不符合GATT 1994第20条"一般例外"之规定,从而裁定美国败诉。美国不服,于1998年7月13日提出上诉,上诉机构进行了复审,并于1998年10月12日提出"报告",该报告推翻了专家组报告的两项认定,即推翻专家组关于接受从非政府来源的未经请求就提供的资料,不符合《争端解决协议书》规定的裁决;推翻专家组关于该美国措施不属于GATT第20条引言所允许措施的裁决,从而实际上肯定了美国第609条款的效力。但是上诉专家组又指出,美国在实施第609条款时构成一种在相同条件下对不同国家的无理的独断的歧视。① 因此美国还是败诉。

将"海虾/海龟案"与《缅甸自由民主法》相比较,是不是也可以认为《缅甸自由民主法》也构成"无理的或独断的歧视"或者"伪装起来的对国际贸易的限制"呢?先看所谓"独断的歧视"。"海虾/海龟案"上诉机构认为,美国的限制措施构成"独断的歧视",因为它设置了一种"简单的、僵硬的和随意的要求",即要求外国对海虾捕捞船采用与美国完全一样的政策和执行标准,而对于其他可替代的标准,美国也无法给出不予承认的合适理由。② 而《缅甸自由民主法》是以缅甸违反民主和普遍人权为由对缅甸商品禁止进口,尽管缅甸会对民主和人权的标准提出自己的解释,但这恐怕难以被WTO专家小组认定为是一种"独断的歧视"。接着看《缅甸自由民主法》是否构成"伪装起来的对国际贸易的限制"。虽然对什么构成"伪装起来的对国际贸易的限制"并没有权威的解释,但一般来说应当包括那些"隐蔽的"(concealed)或"未宣布的"(unannounced)的限制措施。《缅甸自由民主法》很明显也不会被认为是一种"伪装起来的对国际贸易的限制",因为该法明确表示限制进口缅甸产品的理由是反对缅甸对劳工权和人权的破坏。

有争议的是《缅甸自由民主法》是否构成一种"无理的歧视"。在马来西

---

① Appellate Body Report, *United States-Import Prohibition of Certain Shrimp and Shrimp Products* (*AB*-1998-4), WT/DS58/AB/R (Oct. 12, 1998),121.

② Appellate Body Report, *United States-Import Prohibition of Certain Shrimp and Shrimp Products Recourse to Article* 21. 5 *DSU by Malaysia*, (*AB*-2001-4), WT/DS58/AB/RW, P 140 (adopted on November 21,2001).

亚诉美国的“虾和虾产品案”中，上诉机构建议：在采取单边制裁措施之前，应当进行“认真的、全面的协商以便达成双边的或多边的协议以保护和保存海龟”。[①] 上诉机构认为，因为美国只是与某些成员方，而没有和其他成员方(包括被上诉人)，进行认真的协商，因此美国采取的措施是歧视性的和无理的。[②] 也就是说，美国在诉诸单边制裁措施之前应当秉着善意原则努力与对方进行协商解决问题。[③] 如此看来，美国在对缅甸采取单边制裁之前未能与缅甸以及其他 WTO 成员方进行认真全面的协商就断然对来自缅甸的所有商品施加进口限制，应当构成一种“无理的歧视”。

特别应当注意的是，缅甸并非世界上唯一被美国认为存在侵犯人权和劳工权益的国家，也并非问题最严重的国家。根据上面阐述的原则，美国应当首先与所有这些国家进行认真广泛的协商。即使协商不成，美国也应当对所有这些国家施加同等的贸易限制措施。否则，美国的做法就违反 WTO 国民待遇和最惠国待遇原则。

三、《缅甸自由民主法》与 GATT 第 21 条的安全例外

GATT 第 21 条规定了“国家安全”例外原则：“本协定的任何规定不得被解释为：(1)要求任何缔约方提供其根据国家基本安全利益认为不能公布的资料；或(2)阻止任何缔约方为保护国家基本安全利益对有关下列事项采取其认为必须采取的任何行动：a. 裂变材料或提炼裂变材料的原料；b. 武器、弹药和军火的贸易或直接和间接提供给军事机构用的其他物品或原料的贸易；c. 战时或国际关系中的其他紧急情况；或(3)阻止任何缔约方根据《联合国宪章》为维护国际和平与安全而采取的行动。”其中，第 2 款 c 项和第 3 款有可能被用作实施经济制裁的理由。

就第 2 款 c 项的情况而言，必须明确这样几个术语的含义：第一，“国际关系中的其他紧急情况”(other emergency in international relations)；第二，“必需

---

① Appellate Body Report, *United States-Import Prohibition of Certain Shrimp and Shrimp Products Recourse to Article* 21. 5 *DSU by Malaysia*, (*AB*-2001-4), WT/DS58/AB/RW, P 17 (adopted on November 21, 2001).

② Appellate Body Report, *United States-Import Prohibition of Certain Shrimp and Shrimp Products Recourse to Article* 21. 5 *DSU by Malaysia*, (*AB*-2001-4), WT/DS58/AB/RW, P 121 (adopted on November 21, 2001).

③ Panel Report, *United States-Import Prohibition of Certain Shrimp and Shrimp Products Recourse to Article* 21. 5 *DSU by Malaysia*, WT/DS58/RW, at para 5. 67 (adopted June 15, 2001).

的”(necessary);第三,“基本安全利益”(essential security interest)。

“国际关系中的紧急情况”不是一个精确的国际法术语,因此它的含义很模糊,可以是国际关系中可能引发武装冲突的严重情势,也可能是其他经济的、社会的或政治的情形。因此美国可能会认为缅甸“大规模侵犯人权和输出毒品”的行为已经足够严重,因此为了保护美国的“基本安全利益”,需要《缅甸自由民主法》加以规制。

即使这样,美国也还必须证明该法规定的制裁措施对于保护美国的“基本安全利益”是“必需的”。在“欧共体海绵案”(EC-Asbestos case)和“海上赌博案”(Offshore Gambling case)中,将“必需的”解释为“合理可行的”(reasonably available)。如果存在与 WTO 协议相符合的其他替代性解决措施,则美国必须证明其为何不采用其他替代措施而必须实施经济制裁。这显然是很困难的。

但是,有人主张 GATT 第 21 条的安全例外条款属于“非诉讼条款”(non-justiciable provision)。① 也就是说,由于第 21 条所指的例外情况具有政治性和非纯经济性,因此只有援引该条款的缔约方自己才是该问题的唯一裁判官,而 WTO 争端解决机构对此没有管辖权。自 GATT1947 建立以来,关贸总协定机关对 20 世纪 80 年代发生的与援引该例外有关的三起贸易冲突都表现出极其谨慎的态度:1982 年因非经济原因(因英-阿马岛冲突)英国和其他欧共体国家对阿根廷实施的贸易限制案;1982 年美国中止对波兰的最惠国待遇案;1983~1985 年,美国中止从尼加拉瓜进口食糖案。由于希望将自己严格地限制在贸易领域,而不去侵犯国际政治组织的权力,总协定机构自认为无权评价在法律上某种情势是否属于第 21 条所指情况,以及一缔约方援引第 21 条所采取的某项措施是否恰当。

欧美之间关于《赫尔姆斯-伯顿法》的 WTO 争端也体现了第 21 条所面临的这一困境。②该案中,美国坚持认为,欧盟应当停止其诉讼程序,因为美国的《赫尔姆斯-伯顿法》是出于“国家安全”和“外交政策”的考虑而制定的,这超出了 GATT 和 GATS 的调整范围。美国援引了 GATT 第 21 条的规定为自己辩护。在专家小组组成以后,美国单方面退出了争端解决程序,并宣布不会

---

① Richard Sutherland Whitt, *The Politics of Procedure: An Examination of the GATT Dispute Settlement Panel and the Article XXI Defense in the Context of the US Embargo of Nicaragua*, 19 Law & Pol'y. Int'l. Bus. 604, 616 (1987).

② Statement by the Representative of the E. C. and their Member States at the Dispute Settlement Body of the WTO, Oct. 16, 1996.

参加诉讼。美国政府认为，美国可以单方面判断是否适用 GATT 和 GATS 中的国家安全例外条款，因此 WTO 争端解决小组对此无管辖权。

美国的这一理由在国际法上也站不住脚。有学者指出，GATT 规则的本意并不是赋予成员方自我裁决权，在 WTO《争端解决谅解备忘录》（DSU）中也排除了采取单边行动的权利。

此外，虽然 WTO 专家小组和上诉机构此前还没有对"国家安全"例外条款的适用范围作出权威解释，但从国际法院此前的一起案例中可以看出国际法在该问题上的趋向。在"伊朗伊斯兰共和国诉美国石油平台案"中，美国援引 1955 年美国和伊朗《友好通商和领事关系条约》中的"国家安全例外"条款主张国际法院对此案没有管辖权。国际法院在初步裁决中驳回了美国的异议，认为判断"哪些措施对于保护一个国家的'基本安全利益'是必要的"这一问题属于国际条约的解释问题，国际法院对此可以行使管辖权。①

也有学者采取折中观点，认为第 21 条第 2 款第 3 项应当被解释为允许缔约方采取贸易限制措施作为对目标国违法行为的制裁以便让目标国遵守国际法。② 但是该观点存在一个前提条件，即非受害国或者第三国是否有权针对违法行为国采取制裁措施。尽管国际法院在著名的"巴塞罗那电车案"中认为，确实存在一些所有国家都具有利益并需要予以保护的规范，无论该国是不是直接受害国。③ 有些学者提出，一些基本人权规范已经构成国际强行法（jus cogens）。④ 也有人认为《联合国人权宣言》已经成为习惯国际法。⑤ 但我们也要看到，国际强行法的范围仍存在争议。而《联合国人权宣言》的内容是否都构成强行法也没有形成共识。

根据国际法，对他国违反强行法的行为采取的对抗措施（countermeasure）也是受限制的，而应当符合"相称性原则"（proportionality）。根据以前的国际法实践，判断所采取的对抗措施是否符合"相称性"，主要是看违法行为和对

---

① Oil Platforms (Islamic Republic of Iran v. United States of American), Preliminary Objection, Judgement, 1996 I. C. J. 803 (Dec. 12, 1996).

② Richard Sutherland Whitt, *The Politics of Procedure: An Examination of the GATT Dispute Settlement Panel and the Article XXI Defense in the Context of the US Embargo of Nicaragua*, 19 Law & Pol'y. Int'l. Bus. 613 (1987).

③ Barcelona Traction, *Light and Power Company Limited*, Second Phase (Belgium v. Spain), 1970 I. C. J. 3, at 32 (Feb. 5).

④ Thomas Buergenthal, *International Human Rights*, p. 29–38 (1995).

⑤ Mary Ann Glendon, *Knowing the Universal Declaration of Human Rights*, 73 Notre Dame L. Rev. 1153 (1998).

抗措施之间的数量关系。[①] 也有学者建议要考虑到所采取措施的功能。[②] WTO 法中虽然没有明确规定这样的要求,但在"欧共体石棉案"和"海上赌博案"中上诉机构对"必需的"(necessary)这一用语的解释,与"相称性原则"也是基本符合的。

如果目标国的行为没有造成直接的国际损害,那么对"相称性原则"的考虑就不能依据数量关系来判断了,而是应当根据对抗措施所要实现的结果来判断。如果对抗措施没有取得或不可能取得所要达到的结果,该措施就缺乏必要的"相称性"。特别是当所采取的对抗措施导致了间接的损害而没有取得预期的结果时,其"相称性"就更值得怀疑了。美国的《缅甸自由民主法》就属于这种情形。它所规定的制裁措施涉及面广,目标宽泛而不明确,给缅甸的平民带来了严重的后果。

还有一种观点认为,一国可以不援引 GATT 第 21 条的例外条款而直接依据习惯国际法针对他国采取对抗措施。一国根据习惯国际法对他国违反国际强行法的行为实施对抗措施的权利不受 WTO 规则的限制。

对于这种观点,我们认为,即使习惯国际法中所允许的对抗措施也要受到"比例原则"的限制,这种限制与 GATT 第 21 条对"例外措施"所规定的限制是类似的。即使缅甸军政府的行为违反习惯国际法,国际法上也存在多种替代性应对措施可供选择。此时就要根据"比例原则"来判断哪种应对措施更加适当。美国的《缅甸自由民主法》显然不符合"比例原则",因为它所规定的制裁措施与它预期实现的目标不对称。因此即使依据习惯国际法,《缅甸自由民主法》也难以被认定为一种合法的对抗措施。

GATT 第 21 条第 3 款规定的例外是指"阻止任何缔约方根据《联合国宪章》为维护国际和平与安全而采取的行动"。例如,联合国安理会已经对海地、卢旺达和刚果等国家采取了维持和平与安全的行动,包括集体经济制裁措施。这些经济制裁措施本来是违反 GATT 规则的,但成员方可以援引第 21 条第 3 款免责。然而迄今为止联合国并未对缅甸采取上述维持和平与安全的行动,因此任何 GATT 成员方都不能援引第 21 条第 3 款而对缅甸实施经济制裁。

---

① See 54 I. L. R. 304 (Dec. 9) (case concerning the Air Services Agreement on March 27, 1946); 1997 I. C. J. 7 (Sept. 25) (cases concerning the Gacikovo-Nagymaros Project).

② Enzo Cannizaro, *The Role of Proportionality in the Law of International Countermeasures*, 12 Eur. J. Int'L. L. 889 (2001).

综上所述，美国的《缅甸自由民主法》违反美国的GATT义务是毫无疑义的。但是我们也要看到，根据WTO法规则，缅甸即使能够通过WTO争端解决机制在法律上战胜美国，但缅甸所能采取的对抗措施也只有进行贸易报复。然而缅甸与美国之间的贸易额在美国对缅甸实施制裁后已经微不足道，缅甸的贸易报复措施伤害的反而是缅甸自己。

四、俄罗斯对乌克兰的制裁与国家安全例外条款

近年来，随着世界进入百年未有之大变局，各国纷纷运用经济制裁和强制措施来施行外交政策，这导致了越来越多的与国家安全有关的贸易纠纷。[①]其中最为引人注目的就是俄罗斯与乌克兰之间的冲突。[②]

2014年乌克兰政府更迭导致乌克兰与俄罗斯之间的关系严重恶化，随后其他一些国家对俄罗斯实体和个人实施了经济制裁。作为反制措施，2014年至2018年，俄罗斯对通过其领土的公路和铁路过境实施了多项限制。2016年1月1日，俄罗斯通过了第1号总统令，颁布《关于自2016年1月1日起暂停与乌克兰的自由贸易区协定》的法案，该法案规定：俄罗斯根据第281-FZ号联邦法律中"关于特殊经济措施"的规定，对于乌克兰经俄罗斯转至哈萨克斯坦共和国的货物贸易中，通过俄罗斯的国际公路和铁路货物运输的，只能从白俄罗斯共和国领土通过。2016年9月14日，乌克兰就上述运输限制措施以及俄罗斯第281-FZ号"关于特殊经济措施"的国内法，向WTO提出磋商请求。2017年2月9日，乌克兰针对俄罗斯采取的运输限制措施向WTO争端解决机构提出建立专家组请求。同年6月28日，专家组成立。

乌克兰在WTO对这些过境限制提出质疑，认为这些措施违反了GATT1994第5条中关于过境自由的若干条款，以及俄罗斯联邦加入WTO议

---

① See World Trade Org., DS526: United Arab Emirates—Measures Relating to Trade in Goods and Services, and Trade-Related Aspects of Intellectual Property Rights (2017), https://www.wto.org/english/tratop_e/dispu_e/cases_e/ds526_e.htm; see *Request for Consultations by Qatar, United Arab Emirates—Measures Relating to Trade in Goods and Services, and Trade-Related Aspects of Intellectual Property Rights*, WTO Doc. WT/DS526/1 (Feb. 28, 2018); *Request for Consultations by Qatar, Bahrain—Measures Relating to Trade in Goods and Services, and Trade-Related Aspects of Intellectual Property Righs*, WTO Doc. WT/DS527/1 (July 31, 2017); *Request for Consultations by Qatar, Saudi Arabia—Measures Relating to Trade in Goods and Services, and Trade-Related Aspects of Intellectual Property Rights*, WTO Doc. WT/DS528/1 (July 31, 2017).

② 李伟：《WTO"俄罗斯—乌克兰禁运措施案"：安全例外条款问题之分析》，载《海关与经贸研究》2019年第5期。

定书的具体承诺。作为回应,俄罗斯援引了 1994 GATT 第 21 条国家安全条款,特别是其(b)款第(ⅲ)项。

2019 年 4 月 5 日,WTO 专家组(panel)发布了其在“俄罗斯——关于过境运输的措施”争端中的裁决。① 自 1995 年 WTO 成立以来,WTO 成员尚未在任何争端中援引过 GATT1994 第 21 条。因此,本次争端是第一次要求 WTO 专家组解释第 21 条的含义。尤为重要的是,专家组报告重点要解决第 21 条(b)款第(ⅲ)项中“它认为必要的”一词是否意味着该条款是“自我判断的”(self-judging)。俄罗斯认为,该争端涉及明显和严重的国家安全问题,而 WTO 无权处理也没有能力处理,因此,俄罗斯援引第 21 条认为专家组缺乏评估乌克兰索赔的管辖权。作为第三方参与争端的美国采取了与俄罗斯类似的立场,认为第 21 条是“自我判断的”,专家组“缺乏依据第 21 条审查并作出调查结果的权力”。②

WTO 专家组全面驳斥了俄罗斯和美国的论点,首先认为有必要解释 GATT1994 第 21 条(b)款第(ⅲ)项以解决俄罗斯的管辖权主张;其次认为第 21 条(b)款第(ⅲ)项并不像俄罗斯和美国所说的那样完全属于“自我判断”。

专家组开始分析第 21 条时回顾说,包括 WTO 争端解决小组在内的国际裁决法庭拥有源自其裁决职能的固有管辖权,包括行使自己的实质性管辖权的权力。专家组随后讨论了俄罗斯的论点。专家组特别关注第 21 条(b)款开头语中“它认为”的形容词条款的含义。专家组认为,该条款可以采用以下三种方式之一解释:(1)确定“必需的”一词的含义,即为保护“基本安全利益”而采取措施的必要性;(2)确定“基本安全利益”的含义;(3)确定第 21 条(b)款第(ⅲ)项所述各事项。

专家组首先考虑第三种选项,根据其对文本的普通含义的解释,结合上下文并根据 GATT1994 的目标和宗旨,发现第 21 条(b)款第(ⅲ)项陈述的是可由 WTO 专家组客观评估的客观事态或情况。因此,专家组认为,第 21 条(b)款至少赋予了 WTO 专家组权力来审查该条所列举的一项要求是否得到满足,因此,第 21 条(b)款不完全是一个“自我判断”的规定。

专家组随后转而考虑第一种和第二种可能性,即第 21 条(b)款中“它认为”的形容词条款是否既符合确定援引成员的基本安全利益的条件,又符合

---

① Panel Report, *Russia - Measures Concerning Traffic in Transit*, WT/DS512/R (April 5, 2019).

② Panel Report, *Russia-Measures Concerning Traffic in Transit*, WT/DS512/R, para. 7. 51.

采取措施以保护这些利益的必要性。专家组发现，一般而言，由每个 WTO 成员定义“其认为的”是其“基本安全利益”，但在此过程中，成员必须真诚地解释和适用第 21 条，而不是将其用作规避 GATT1994 义务的一种手段。专家组认为，善意义务不仅适用于成员对其基本安全利益的定义，而且也适用于它们与所涉措施的联系，并且所涉措施“符合最低合理性要求提供的基本安全利益”。

在对“战时或国际关系中其他紧急情况”解释时，专家组也首次给出了具体定义。专家组认为，“紧急情况”是指武装冲突或潜在武装冲突，或紧张或危机加剧，或吞没或包围一个国家的普遍不稳定。可以看出，专家组对于“其他紧急情况”认定门槛是较高的，即应与前述的“战时”具有相同的紧急程度才能成功援引该项。

专家组最终得出结论，俄罗斯满足援引 GATT1994 第 21 条(b)款第(ⅲ)项的要求，因为受到质疑的措施是在国际关系紧急情况和第 21 条(b)款的前导条件。

在本案中，专家组考虑到主要的背景，即俄乌之间在 2014 年至 2016 年不断恶化的关系，引起了国际社会的广泛关注并被联合国大会承认涉及武装冲突。在这种情况下，专家组认定俄罗斯符合了援引第 21 条的最低合理性要求以及善意原则，也认可了俄罗斯采取的措施指向的国家基本安全利益符合第 21 条的客观要求。

总的来说，专家组的裁决试图在主权国家的自主权利与国际经济秩序中做出平衡，试图弥补国家安全例外条款本身的模糊性与争议性。首先，专家组再一次强调了安全例外条款并非国家的自我裁量条款；其次，专家组对条款中的众多争议内容作出了突破性的解释，如何为紧急情况，国家基本安全利益应符合何种标准，专家组首次确定了涉及安全例外条款的争议案件的审查程序；最后，专家组为案件的审查设计了合理的审查步骤，并明确了善意原则的适用，进一步提高了该条款的适用条件。

但是，另外来看专家组报告案也存在一定的局限性。第一，尽管专家组声称其对安全例外条款拥有审查权，但分析的顺序表明，它对审查安全例外条款的援引具有极其有限的裁量权，即仅审查以下事项：是否存在“国际关系中的紧急情况”，是否在“这种紧急情况”时采取了措施，是否符合善意原则，该措施是否符合与这种安全利益有关的“可信的最低要求”。即专家组只能审查援引例外条款的会员国是否充分阐明了其基本安全利益和其所实施的措施是否与保护这些利益存在合理的联系。第二，该案的分析顺序是由当事国提交的文件的特点决定的,同时也导致了举证责任分配不明晰。本案中,俄罗斯较为消极的应诉态度导致了双方举证责任分配并不清晰。俄罗斯在一定程度上被免除了证明“国家安全利益”以及“紧急情况”的举证责任。专家组认为,虽然俄罗斯没有证明其措施是必要的,但其确实提到了2014年紧急状态的某些特征,这使其达到了原因条件。[①]

第四节 小　结

一个运转良好的国际法律体系离不开强制措施的保障。在人类已经废除了武力作为解决国际争端的方式的情况下,经济制裁已经成为当前西方国家首选的强制措施。[②] 逆全球化运动的兴起使单边国际经济制裁愈演愈烈。目前,需要解决的问题是如何通过国际法限制单边经济制裁的适用范围。我们认为,只有回到多边主义国际秩序并通过国际机制和国际协调合作才能从根本上解决这一问题。WTO是一个最值得期待的机构。

将经济制裁纠纷诉诸WTO争端解决机制的实践近年来逐步丰富。除了上述“俄罗斯——关于过境运输的措施案”外,WTO已收到多起类似磋商请求。2018年12月28日,委内瑞拉要求与美国就美国对委内瑞拉的制裁措施进行磋商,并随后要求建立专家组。[③] 2019年,随着日本加强对韩国半导体材料的出口管制,韩国已经在WTO对日本提起指控,要求与日本就日本对韩国实施的产品、技术出口限制措施进行磋商。[④] 该案已成立专家组,但尚未公布组成人员。[⑤]

专家组虽然在“俄罗斯——关于过境运输的措施案”中对国家安全例外作出了史无前例的解释,该解释实际上将经济制裁排除在WTO原则的调整范围之外。近年来,美国与其他国家缔结的一些双边投资条约也越来越多加入了与GATT第21条类似的例外条款,规定投资保护措施不得导致受经济

---

① Panel Report, *Russia-Measures Concerning Traffic in Transit*, WT/DS512/R, para. 7.62-7.82.

② Patrick C. Terry, *Enforcing U. S. Foreign Policy by Imposing Unilateral Secondary Sanctions: Is Might Right in Public International Law?*, 30 Wash. Int'l L. J. 1 (2020).

③ *United States—Measures relating to trade in goods and services*, DS574.

④ *Japan—Measures Related to the Exportation of Products and Technology to Korea*, DS590; Kotaro Shiojiri, *Japan's Measures on Export Control to the Republic of Korea: From the Perspective of International Law*, 12 J. E. Asia & Int'l L. 337 (2019).

⑤ https://www.wto.org/english/tratop_e/dispu_e/cases_e/ds590_e.htm.

制裁的人获得利益。欧盟也出现了类似的倾向。在 2018 年欧盟法院作出的“斯洛伐克诉阿赫米亚公司案”中，法院明确指出：“《欧盟运行条约》第 267 条和第 344 条必须被解释为排除成员国之间缔结的国际协议中的条款，如荷兰王国与捷克和斯洛伐克联邦共和国之间关于鼓励和相互保护投资的协议第 8 条。”①

尽管 WTO 专家组的裁决并不具有先例作用，后续案件仍有可能作出不同裁决，但随着近年来国家单边主义的兴起和各国越来越关注本国国家安全，多边主义和国际主义遭到挫折，全球化面临逆转趋势，WTO 本身也面临何去何从的困境，通过 WTO 等国际组织来解决经济制裁纠纷的前景越来越不明朗。② 但我们仍应当对 WTO 抱以期待。中华人民共和国国务院新闻办公室 2018 年发布的《中国与世界贸易组织》白皮书中明确指出：“以世贸组织为核心的多边贸易体制是国际贸易的基石，是全球贸易健康有序发展的支柱。中国坚定遵守和维护世贸组织规则，支持开放、透明、包容、非歧视的多边贸易体制，全面参与世贸组织工作，为共同完善全球经济治理发出中国声音、提出中国方案，是多边贸易体制的积极参与者、坚定维护者和重要贡献者。”③中国主张通过 WTO 争端解决机制妥善解决贸易争端。WTO 争端解决机制为保障国际贸易可预见性、维护多边贸易体制稳定发挥了重要作用。中国积极参与改进争端解决程序的谈判，支持 WTO 上诉机构独立公正开展上诉审议工作。针对当前个别 WTO 成员阻挠上诉机构成员遴选，中国与 60 多个成员联署提案，努力推动尽快启动遴选程序。④

---

① Case C-284/16, Slovak Republic v. Achmea B. V. (Mar. 6, 2018).

② Mona Pinchis-Paulsen, *Trade Multilateralism and U. S. National Security: The Making of the GATT Security Exceptions*, 41 Mich. J. Int'l L. 109 (2020).

③ 中华人民共和国国务院新闻办公室：《中国与世界贸易组织》，http://news. china. com. cn/2018-06/28/content_53825159. htm.

④ 2020 年 11 月 30 日，上诉机构最后一名成员正式期满卸任。至此上诉机构成员全部离任。上诉机构瘫痪影响了 WTO 争端解决机制的正常运转，对多边贸易体制造成了沉重打击。迄今为止，美国已多次否决其他 WTO 成员方提出的尽快开始上诉机构法官甄选程序的提案。最新信息参见 WTO 官网，https://www. wto. org/english/news_e/news22_e/dsb_28mar22_e. htm。

第五章　阻断法和反制裁法

第一节　阻断法的概念和起源

一、阻断法的概念

一国对外实施具有域外管辖权的法律，这违背了国际法上的管辖原则，侵犯了其他国家的主权，必然引发其他国家的反对。① 其他国家为了对抗制裁发起国的域外经济制裁措施，专门颁布所谓的“阻断法”，禁止本国人遵守外国的制裁法律。② 通常，阻断法包括四种禁止规范：禁止执行外国政府的命令、禁止执行外国法院的判决、禁止向外国法院提供证据或信息、对受到外国制裁的本国公司提供补偿（claw-back）。③

二、阻断法的起源

阻断法最早被一些国家用来对抗美国域外取证和反托拉斯法的域外执行。④ 后来，阻断法的适用范围被逐渐扩展。

英国是最早颁布针对美国的阻断法的国家。1980 年英国就颁布了《保护贸易利益法》。⑤ 该法最初针对的是美国的反托拉斯法的域外执行。该法第 1 条标题为“影响联合王国贸易利益的域外措施”，规定如下：

---

① Patrick C. R. Terry, *Enforcing U. S. Foreign Policy by Imposing Unilateral Secondary Sanctions: Is Might Right in Public International Law?*, 30 Wash. Int'l L. J. 1 (2020).

② Meaghan Jennison, *The More Things Change, the More They Stay the Same: The United States, Trade Sanctions, and International Blocking Acts*, 69 Cath. U. L. Rev. 163 (2020).

③ Deborah Senz/Hilary Charlesworth, *Building Blocks: Australia's Response to Foreign Extraterritorial Legislation*, 2 Melb. J. Int'l L. 69(2001).

④ Deborah A. Sabalot, *Shortening the Long Arm of American Antitrust Jurisdiction: Extraterritoriality and the Foreign Blocking Statutes*, 28 Loy. L. Rev. 213 (1982).

⑤ Protection of Trading Interests Act of 1980. ch. 11, [20th March 1980].

(1)如果国务大臣认为——

(a)该措施是根据外国法律为了调整或控制国际贸易而制定。并且

(b)该措施适用于或可能适用于该国属地管辖之外发生或即将发生的、由联合王国境内从事经营的人所实施的事项,并且将损害或威胁损害到联合王国的贸易利益,则国务大臣可以发布命令要求将本条全部适用于或者在该命令所指定的情况下适用于该措施。

(2)国务大臣可以发布命令要求联合王国境内从事经营的人向国务大臣汇报任何根据上述措施实施或威胁实施于该人的要求或禁令,以便本条能够通过上述第(1)款所规定的命令而适用于它们。

(3)为了避免损害联合王国的贸易利益,国务大臣认为适当的情况下,可以向联合王国境内从事经营的任何人发布指示,禁止其遵守上述任何要求或禁令。

(4)国务大臣根据上述第(1)款和第(2)款发布命令的权力依照立法文件的规定行使,并可以根据议会任何一院的决议而被撤销。

(5)根据上述第(3)款做出的指示可以是一般性的,也可以是特别性的,而且既可以完全禁止遵守任何要求或禁令,也可以根据协议的情况和条件或者根据该指令制定的情况和条件予以禁止。根据该款做出的一般指示应当按照国务大臣认为适当的方式予以公布。

(6)本条中的"贸易"包括任何类型的商业活动中所实施的行为,"贸易利益"也应做相应解释。①

该法第2条针对的是外国法院或政府机关要求出示或提供的文件或信息。该条第1款规定,如果外国的任何法院、法庭或政府机关要求联合王国境内的人向其出示或提供任何不在该外国领域管辖下的商业文件或者任何商业信息,或者要求联合王国境内的人公开任何上述文件或信息,则国务大臣应当依据第2款进行审查,如果经审查认为不能提供,则国务大臣可以发布指令禁止遵守外国法院或机关的上述要求。第2条第2款规定了审查的条件,包括:外国的上述要求侵害了联合王国的管辖权或者主权;遵守外国的上述要求会危害联合王国的安全或者联合王国与其他国家政府的关系等。该法第3条规定了惩罚措施。对于不遵守该法第1条和第2条规定的人,将被

① Protection of Trading Interests Act of 1980, § 1.

视为有罪并将被处以罚款。该法第 4 条对 1975 年生效的《证据法》作了限制,禁止英国法院遵守外国法院的域外取证要求,只要法院认为该要求侵害了英国的管辖权和主权。第 5 条规定,英国法院不得执行第 5 条第 2 款所规定的外国法院作出的判决,包括判处惩罚性赔偿的判决以及根据外国竞争法作出的判决。第 6 条则规定,如果外国法院对英国人判处了惩罚性损害赔偿,则英国当事人可以在英国向受益的对方当事人要求获得补偿。

第二节　各国对美国经济制裁的阻断立法

一、出台背景

(一)美国《赫尔姆斯-伯顿法》

古巴 1958 年发生卡斯特罗革命后,对美国采取了敌视政策,征收了所有在古巴的美国资产。作为报复,美国便开始对古巴实施严厉的经济制裁。1962 年 2 月起,美国开始对古巴实施严格的贸易禁运。[①] 1963 年通过的《古巴资产管制条例》禁止"任何美国管辖下的人"同古巴进行贸易和投资,其中包括美国人拥有或控制的外国公司。[②] "冷战"结束后,国会强化了对古巴的制裁。1992 年通过的《古巴民主法》继续适用于美国公司的外国子公司。[③] 该法中有一条"麦克修正案"(Mack Amendment)就禁止向这些与古巴进行经济活动的外国子公司颁发进出口许可证。[④] 1993 年,美国政府又修订了《古巴资产管制条例》,沿用了以前的"美国管辖下的人"标准,禁止任何美国人和美国人拥有或控制下的公司与古巴交易。[⑤] 不过美国财政部外国资产管制办公室对外国公司的制裁一直都不积极。

直到 1996 年,由于古巴击落了两架美国反古巴政府组织的间谍飞机,美国国会通过了更为严厉的《古巴自由民主团结法》,即《赫尔姆斯-伯顿法》。[⑥]《赫尔姆斯-伯顿法》主要内容有三点:第一,进一步确认了《古巴资产管制

---

① Proclamation No. 3447, Embargo on All Trade with Cuba, 3 C. F. R. 157 (1959-1963 Comp.).

② The Cuban Assets Control Regulations (CACR), 28 Fed. Reg. 6, 974 (July 9, 1963), 31 C. F. R. pt. 515.

③ Cuban Democracy Act, Pub. L. No. 102-484, Title XVII, 106 Stat. 2578 (1992), 22 U. S. C. § § 6001-6010 (2000).

④ Cuban Democracy Act, at § 1706(a), 106 Stat. at 2578.

⑤ 31 C. F. R. § 515.

⑥ *Cuban Liberty and Democratic Solidarity Act of* 1996, Pub. L. No. 104-114, 110 Stat. 785 (1996), 22 U. S. C. § § 6021-6091 (2000).

法》的效力并要求加强对古巴经济制裁的执行力度，极力促进古巴走向民主和自由（第一章和第二章）；第二，保护美国人私有财产权，特别创设了一个民事诉因（第三章），允许在古巴革命后财产被没收的美国公民向美国联邦法院起诉那些从事与这些财产有关的交易活动的外国人[①]；第三，禁止与上述交易活动有关联的外国人进入美国（第四章）。

上述规定中，最具争议的是第三章。该章针对的是古巴卡斯特罗政府上台之后实施的对私有财产的国有化征收行为。当时有很多美国人的财产也被征收，另外有很多古巴人的财产被征收后，这些古巴人逃到美国并加入美国国籍。古巴政府未对这些被征收财产进行补偿。美国政府专门成立了一个"外国赔偿请求解决委员会"（Foreign Claims Settlement Commission），凡是被古巴政府征收财产的人应当到该委员会进行财产登记，该委员会审查后颁发一个财产损失证明。美国与古巴之间对于古巴的国有化征收问题长期存在纷争，一直未达成解决协议。"冷战"结束后，古巴失去苏联援助，经济发生困难，于是开始实行经济自由化改革，允许外国资本收购古巴国有资产。于是一部分原属美国人的私人资产被古巴政府出售给外国投资者。《赫尔姆斯-伯顿法》第三章专门针对此一问题，该法规定，凡是在 1959 年 1 月 1 日以后被古巴政府征收的财产，无论是否登记，其所有人均可向美国法院提起一项私人诉讼请求权，可以要求美国法院判处那些"贩卖"（traffic）该被征收资产的外国公司承担赔偿责任，赔偿金额原则上是该财产价值的一倍，特殊情况下可以判处三倍损失赔偿（treble damage）。[②]

《赫尔姆斯-伯顿法》所要制裁的主要是外国人，而不适用于美国人，因为对美国人的禁令在其他法律中已经规定了。根据该法定义，外国人"foreign national"是指："（a）外国自然人；（b）任何非依美国或美国任何州、哥伦比亚特区或联邦属地或美国占领下领土的法律成立的公司、信托、合伙或其他法人团体。"该法实际上是禁止任何外国人和外国公司与古巴政府从事经贸活动，只要该交易涉及被古巴政府征收的美国人财产，即使这些外国公司并非美国人拥有或控制也不例外。

---

① Title Ⅲ Sec. 301, Sec. 302. 该条款所使用的"traffic"一词带有贬义，往往用来表示非法交易，其内容非常广泛，包括直接处分、利用该财产或从该财产中获利，也包括其他间接从该财产中获利的行为，比如，为该财产的交易行为牵线搭桥或提供指导等。这样一来，任何从事了上述行为的外国公司或个人，美国法院都可以受理以其为被告的诉讼。因此，该条款实际上是为美国法院创设了一个新的"诉因"（cause of action）。它试图通过赋予美国法院单方面域外管辖权的方式阻止外国公司和个人同古巴进行贸易。

② *Cuban Liberty and Democratic Solidarity Act of* 1996, §§301-306.

《赫尔姆斯-伯顿法》与此前的经济制裁法不同的是,它通过第三章赋予被征收财产的美国公民一个私人诉因,可以对该法所规定的外国人提起私人诉讼,要求美国法院判决该外国人赔偿。因此,该法的实施完全掌握在普通美国人手里,而不是像其他法律那样通过美国行政机关来执行。而且,该法对“贩卖”的定义非常宽泛,从而使全世界任何国家的人都有可能受到该法的追究,只要该人牵涉与被古巴征收的财产的商业活动。比如,一家外国公司从古巴企业手里购买了一批矿产,或者某家外国银行向古巴企业提供商业贷款等。这就相当于发动了一场针对古巴经济的“全民战争”。

《赫尔姆斯-伯顿法》第四章也具有域外效力,它规定,对于那些参与被古巴征收的财产交易的外国公司的高层领导和管理人员,美国政府可以禁止其入境,而且这种禁令的效力还连带扩及这些人的配偶和未成年子女。为了执行《赫尔姆斯-伯顿法》第四章,美国国务院还于 1996 年出版了一份实施指南,其中具体列举了哪类人将被拒绝颁发赴美签证以及相关的甄别程序。①

《赫尔姆斯-伯顿法》颁布后不久,美国就对几家外国公司颁布了第四章禁令,包括墨西哥的多莫斯集团(Grupo Domos)和加拿大的谢里特国际公司(Sherritt International Corporation)以及一家以色列企业 BM 公司。还有数十家公司也接受了调查。② 1997 年,意大利电信公司 STET 迫于《赫尔姆斯-伯顿法》的压力,主动与美国 ITT 公司达成补偿协议,同意向 ITT 公司支付一笔补偿金,因为 STET 公司参与了古巴电信领域的投资,而古巴电信系统是古巴政府从美国 ITT 公司手里征收而来的。③

(二)美国《达马托法》

同样是 1996 年,美国国会又通过了《达马托法》④。该法一方面是对伊朗发展核武器和支持恐怖主义的制裁,另一方面是对利比亚施加压力,以解决洛克比空难的遗留问题。该法每 5 年为一个阶段,到期则由国会表决是否延长。2001 年该法到期后被延长了 5 年,2006 年 9 月被修订为《伊朗自由支持法》。⑤

如果说《赫尔姆斯-伯顿法》第三章所体现的域外管辖权还有些“犹抱琵琶半遮面”的话,那么《达马托法》则完全撕去了美国立法者脸上披着的“面

---

① *Guidelines Implementing Title Ⅳ of the Cuban Liberty and Democratic Solidarity Act*, 61 Fed. Reg. 30655 (1996).

② Peter Morton, *Helms-Burton Probe Widens Its Net*, The Financial Post, Oct. 1997, at 5.

③ Harry L. Clark, *Dealing With U. S. Extraterritorial Sanctions and Foreign Countermeasures*, 25 U. Pa. J. Int'l Econ. L. (2004), p. 455.

④ Public Law 104-172; 50 U. S. C. 1701 et seq., (1996) 35 I. L. M. 1273.

⑤ Iran Freedom Support Act, Pub. L. No. 109-293, 120 Stat. 1344(2006).

纱”。《赫尔姆斯-伯顿法》所针对的还仅仅是其他国家国民购买被古巴政府征收的美国人财产的行为,其合法性尚可以从国际法上进行辩护;而《达马托法》则完全禁止任何其他国家国民向伊朗和利比亚能源领域的投资,只要投资额超过一定限度,美国就要给予制裁,而根本不考虑这些投资行为与美国有没有任何联系。这就从根本上违反了国际法上国家管辖权的基本原则。如果说在《赫尔姆斯-伯顿法》中,美国法院被赋予的义务主要还是保护美国国民的利益的话,那么《达马托法》赋予美国总统的则是一项“世界警察”职责,他可以在世界范围内要求任何人遵守美国的法律。①

《达马托法》的出台同样有着较为复杂的背景。该法主要目的就是要通过这种域外管辖条款来迫使其他国家加入制裁伊朗的阵营中来。在《达马托法》颁布之前,克林顿政府就发布了几项制裁伊朗的行政命令,禁止美国企业对伊朗能源领域投资和与伊朗贸易。② 这些行政命令只针对美国企业,并没有域外管辖权。伊朗政府为了打破美国的制裁,于 1995 年年底开始实施能源开放计划,允许外国投资进入其石油和天然气开发领域,这是至 1979 年伊朗伊斯兰革命以来的首次开放计划。伊朗的石油和天然气储备异常丰富,尤其是天然气储备仅次于俄罗斯,居世界第二位,而且处于完全未开发状态。在这样的背景下,美国的其他盟国特别是欧洲国家为了抢占伊朗能源市场,当然不愿意加入美国的对伊朗制裁阵营。对于美国来说,如果没有其他盟国的支持,美国的制裁措施根本不会发挥作用,反而会迫使美国公司主动退出伊朗市场,让其他国家公司渔翁得利。为了让对伊朗制裁发挥作用,美国必须采取措施禁止他国对伊朗能源领域的投资。1995 年 9 月 8 日,美国参议员达马托就提交了一份法律议案《伊朗外国石油制裁法》,该法的本意是禁止外国公司对伊朗能源领域的技术出口,但在 1995 年 11 月参议院表决通过时,改成了禁止外国公司向伊朗能源领域投资。1995 年 12 月,参议院又通过了一项修正案,将该法所有条文同样适用于利比亚。此后又经过几轮修正和表决,最终该法于 1996 年 7 月 16 日被参议院通过,众议院随后也表决通过,总统于 1996 年 8 月 5 日正式签署为法律。

《达马托法》的域外管辖权条款没有《赫尔姆斯-伯顿法》那么复杂,它直接规定“任何人”(a person)都不得向伊朗和利比亚的石油领域投资超过 4000 万美元,否则就要受到该法规定的处罚。这里的“任何人”针对的就是外国

---

① A. Vaughan Lowe, *US Extraterritorial Jurisdiction: The Helms-Burton and D'Amato Acts*, 46 The International and Comparative Law Quarterly 378 (1997).

② Executive Order 12957(March 15,1995); Executive Order 12959 (May 6,1995).

人,因为对美国人的禁令是通过其他法律来实施的。“任何人”还包括该人的继承人、母公司和子公司以及分支机构。①

为了让其他国家加入对伊朗制裁,《达马托法》可谓软硬兼施。该法规定,总统可以取消该法对某国公司的适用,前提是该国同意采取措施阻止伊朗支持恐怖主义和获得大规模杀伤性武器。此外,特殊情况下,总统也可以取消制裁,前提是这样做对美国的利益至关重要。

《赫尔姆斯-伯顿法》和《达马托法》一经颁布,就引发了一场全球范围的大争论,即美国的这种单边域外经济制裁法令是否符合国际法原则,并由此在美国和其西方盟国之间爆发了一场更大的冲突。西方学术界也形成正反双方,围绕该问题也进行了一场全球范围的大讨论。② 美国官方和部分学者

---

① ILSA, Section 5 (c).

② See e. g. J. Anderson, *U. S. Economic Sanctions on Cuba*, *Iran & Libya*: *Helms-Burton and the Iran and Libya Sanctions Act*, RDAI (1996) 1007; K Campbell, *Helms-Burton*: *The Canadian View*, 20 Hastings ICLR 799 (1997); B. M. Clagett, *Title Ⅲ of the Helms-Burton Act Is Consistent With International Law*, 90 AJIL 434 (1996); B. M. Clagett, *The Cuban Liberty and Democratic Solidarity* (*Libertad*) *Act*, *Continued*: *A Reply to Professor Lowenfeld*, 90 AJIL 641 (1996); B. M. Clagett, *The Controversy Over Title Ⅲ of the Helms-Burton Act*: *Who Is Breaking International Law-The United States*, *or the States That Have Made Themselves Co-conspirators with Cuba in Its Unlawful Confiscations*?, 30 Geo. Wash. JIL Econ. 271 (1996-1997); M. Cosnard, *Les lois Helms-Burton et d'Amato-Kennedy*, *interdiction de commercer avec et d'investir dans certains pays*, 42 AFDI 33 (1996); W. S. Dodge, *The Helms-Burton Act and Transnational Legal Process*, 20 Hastings ICLR 713 (1997); C. Flinterman and N. Lavranos, *Helms-Burton' en de Europese Unie*, 51 Internationale Spectator 563 (1997); C. T. Graves, *Extraterritoriality and Its Limits*: *The Iran and Libya Sanctions Act of* 1996, 21 Hastings ICLR 715 (1998); D. Kaye, *The Helms-Burton Act*: *Title Ⅲ and International Claims*, 20 Hastings ICLR 729 (1997); K. J. Kuilwijk, *Castro's Cuba and the U. S. Helms-Burton Act. An Interpretation of the GATT Security Exemption*, 31 JWT 49 (1997); A. F. Lowenfeld, *Congress and Cuba*: *The Helms-Burton Act*, 90 AJIL 419 (1996); R. L. Muse, *A Public International Law Critique of the Extraterritorial Jurisdiction of the Helms-Burton Act* (*Cuban Liberty and Democratic Solidarity* (*Libertad*) *Act of* 1996), 30 Geo. Wash. JIL Econ. 207 (1996-1997); R. L. Muse, *The Nationality of Claims Principle of Public International Law and the Helms-Burton Act*, 20 Hastings ICLR 777 (1997); J. L. Snyder and S. Agostini, *New U. S. Legislation to Deter Investment in Cuba*, 30 JWT 37 (1996/3); R. G. Steinhardt, *Foreword*: *Helms-Burton and the Virtues of a Good Course in Pathology*, 30 Geo. Wash. JIL Econ. 201 (1996-1997); B. Stern, *Can the United States Set Rules for the World*? *A French View*, 31 JWT 5 (1997/4); B. Stern, *Vers la mondialisation juridique*? *Les lois Helms-Burton et d'Amato-Kennedy*, RGDIP 979 (1996); B. Stern, *De simples* "*Commentaires*" *à une* "*action commune*": *la naissance d'une politique juridique communautaire en matière d'extraterritorialité*, Europe 2 (1997); J. M. E. Tramhel, *Helms-Burton Invites a Closer Look at Counter-measures*, 30 Geo. Wash. JIL Econ. 317 (1996-1997); E. Vermulst and B. Driessen, *The Choice of a Switch*: *The European Reaction to the Helms-Burton Act*, 11 LJIL 81 (1998).

极力为域外经济制裁法寻求国际法上的辩护理由,认为其符合国际法。其他国家学者则大都认为,美国单边域外经济制裁违背了国际法的基本原则。欧盟及其成员国也发动了一场声势浩大的抵制运动。

从美国对阿拉伯国家制裁以色列事件的反应来看,20 年后美国颁布的《赫尔姆斯-伯顿法》和《达马托法》等域外制裁法律,似乎具有很大的讽刺意味。美国前后的做法大相径庭,出尔反尔,让人不得不对美国的诚信表示怀疑。有人从国际法角度指出,美国的这种出尔反尔的态度违背了国际法和普通法上的禁反言原则(principle of estoppel)。[①] 同时,美国的做法也给其他国家提供了效仿的榜样,其他国家纷纷"以其人之道还治其人之身",也颁布了各种类型的阻断法来反制美国。

二、英国的阻断立法

英国是对美国域外经济制裁反应最为激烈的国家之一,这是因为英国和美国之间贸易联系最为紧密。长期以来,英国和美国都互为对方的最大外资来源国。[②] 美国的域外经济制裁对英国的影响因此也更为显著。

如前所述,英国早在 1980 年就制定了《保护贸易利益法》用来阻断美国反托拉斯法的域外适用。1982 年美国实施对苏联天然气管道的贸易制裁措施之后,英国国务大臣就根据《对外贸易利益法》第 1 条第 1 款发布命令(order)和一系列指示(directions),禁止英国企业遵守美国的禁运法规。[③] 在英国和其西欧国家的强烈反对之下,美国最终取消了该制裁条例。

1986 年 1 月 7 日,美国总统里根发布行政命令冻结利比亚政府的所有财产和财产收益。但英国法院在"利比亚阿拉伯外国银行案"中却判决被告美国信托公司的英国分公司对原告利比亚阿拉伯外国银行承担法律责任,因为被告拒绝向原告在伦敦的账户上支付一笔应付账款。[④] 尽管被告若支付该笔款项将会违反美国对利比亚的制裁法令,但英国法院认为,被告在伦敦的分

---

① Joaquin Roy, *Lawyers Meet the Law: Critical U. S. Voices of Helms-Burton*, 6 U. Miami Y. B. Int'l L. 39 (1997-1998).

② Foreign Direct Investment Position In The United States on A Historical-Cost Basis by Selected Country, and by Industry, at http://www. census. gov/compendia/statab/cats/foreign_commerce_aid/foreign_investment. html.

③ Tom Harris, *The Extraterritorial Application of U. S. Export Controls: A British Perspective*, 19 N. Y. U. J. Int'l L. & Pol. (1987), p. 959.

④ 1 Q. B. 728 (1989), 3 All. E. R. 252 (1989), 1 Lloyd's Rep. 259 (1988).

公司和账户都应当受英国法律约束,根据英国法律,被告的伦敦分公司有义务向其客户(原告)履行支付义务。

1992 年,美国颁布《古巴民主法》,进一步强化《古巴资产管制条例》的域外执行。英国国务大臣颁布一项命令,将美国《古巴资产管制法》列为《保护贸易利益条例》所针对的对象。国务大臣还发布一份指示,告诫英国境内的人不得遵守美国《古巴资产管制条例》。

1996 年,为了执行欧盟通过的第"2271/96"号条例(全称是《反对第三国立法域外适用的条例》),英国政府还颁布了一项新的命令,对于违反欧盟条例的人处以刑事罚金。

2004 年,英国法院适用英国《保护贸易利益法》中禁止承认与执行措施的规定,拒绝承认美国法院依据《反有组织犯罪和腐败组织法》所作出的一项惩罚性赔偿判决。① 该案虽然与经济制裁没有直接关系,但其所宣示的政策也可用于经济制裁案例。

此外,英国还通过反种族歧视法来阻止美国域外经济制裁的执行。2007 年 2 月 7 日,英国"种族平等委员会"对伦敦希尔顿酒店提出警告,认为该酒店拒绝为古巴人服务的行为触犯了英国 1976 年通过的《种族关系法》(Race Relations Act)。② 该委员会表示将对有关事项进行调查。2007 年 3 月 1 日,希尔顿集团撤销了对古巴代表团的禁令,并呼吁英美两国政府解决这一争端。希尔顿集团在发给英国首相和美国国务卿的信件中表示:"作为一家美国公司,我们面临一个进退两难的局面,一方面美国政府对古巴采取严格贸易封锁,另一方面英国的相反法律又认为基于国籍而区别对待的行为是非法的。"③希尔顿方面呼吁"美国通过双边协议的方式改革和放松在旅游产业的制裁措施,以便消除不同国家法律的冲突"。

三、加拿大的阻断立法

加拿大很早就借鉴了英国的做法,于 1985 年就颁布了《外国域外管辖措施法》,授权加拿大总检察长发布命令阻止"加拿大境内的人"遵守那些对加拿大贸易利益有妨碍的外国贸易措施。④ 该法最初的针对对象与英国《保护

---

① See Elaine Kellman, *Enforcement of Judgments and Blocking Statutes*: *Lewis v. Eliades*, 53 The International and Comparative Law Quarterly 1025 (2004).

② *Hilton Hotels Face Serious Dilemma*, GRANMA DAILY (Cuba), Mar. 28, 2007.

③ Duncan Campell, *Hilton hotels lift European ban on Cubans*, The Guardian, Mar. 2, 2007.

④ *Foreign Extraterritorial Measures Act*, R. S. C., ch. F-29, § 5 (1) (1985).

贸易利益法》一样主要是美国的反托拉斯法，目的是抗议美国反托拉斯诉讼中进行的域外调查取证行动以及美国反托拉斯判决所作出的三倍赔偿惩罚。1976 年美国的 Westinghouse 公司针对世界各国的 29 家铀矿企业提起了反托拉斯诉讼，①其中有几家是加拿大企业。作为回应，加拿大很快颁布了一项《铀矿信息安全条例》，禁止向外国法院提供有关加拿大铀矿生产情况的信息和数据。② 但该条例无法对抗美国法院作出的三倍赔偿判决。于是，加拿大于 1985 年颁布了《外国域外管辖措施法》，要求加拿大企业和个人不得为美国法院的诉讼提供任何合作。

《外国域外管辖措施法》一开始并未被用来对抗美国的域外经济制裁措施，因为在"冷战"结束之前，美国的对外经济制裁还没有将其管辖权扩张到第三国的企业和个人。"冷战"结束后，情况很快发生了变化。1990 年，美国国会试图通过一项《麦克修正案》，对《古巴资产管制条例》进行修改，从而禁止任何美国公司拥有或控制的海外分公司与古巴进行贸易。由于该修正案会对一些加拿大公司产生严重影响并与加拿大政府对古巴的外交政策相抵触，加拿大总检察长立即根据《外国域外管辖措施法》发布《外国域外管辖措施（美国）命令》，禁止加拿大公司遵守该修正案。③ 但《麦克修正案》最终并未通过。1992 年美国通过《古巴民主法》，该法实际上接受了原《麦克修正案》的内容，禁止美国公司的海外分公司与古巴进行贸易。同年，加拿大总检察长根据《外国域外管辖措施法》再次发布《外国域外管辖措施（美国）命令》，要求在加拿大境内成立和运营的公司不得遵守美国《古巴民主法》及《古巴资产管制条例》。④

1996 年美国颁布了《赫尔姆斯-伯顿法》和《达马托法》。特别是《赫尔姆斯-伯顿法》第四章还设立了"黑名单"，与古巴有经贸关系的一些加拿大跨国公司被列入了黑名单，成为被制裁目标。与古巴合作开发石油和镍矿的加拿大谢里特国际矿业公司首当其冲，于 1996 年 7 月 10 日被告知如在 45 天内拒不撤出在古巴的投资，美国将把它列入拒发签证的名单。⑤ 加拿大有很多企

---

① Re Uranium Antitrust Litigation, 480 F Supp 1138, 1148 (9th Cir, 1979); Re Uranium Antitrust Litigation, 617 F 2d 1248, 1255 (7th Cir. 1980).

② C. R. C., c. 366, revoked by SOR/94-515, July 19, 1994.

③ *Foreign Extraterritorial Measures* (*United States*) *Order*, 1990, SOR/90-751, Oct. 31, 1990.

④ *Foreign Extraterritorial Measures* (*United States*) *Order*, 1992, 126 C. Gaz. Part Ⅱ 4049 (1992).

⑤ 宋晓平：《赫尔姆斯—伯顿法及其与国际社会的冲突》，载《拉丁美洲研究》1997 年第 6 期。

业被列入黑名单。这引发了加拿大政府的愤怒。

1996 年,加拿大进一步修订《外国域外管辖措施法》,扩大了该法的适用对象,从原来的反托拉斯法扩展到外国的贸易法。适用主体上,从原来的加拿大公司扩大到加拿大公司的总经理、高层官员和管理层员工。

该法核心条款是第 3 条和第 5 条。根据第 3 条的规定,如果外国法院根据清单中列举的外国法律行使管辖权,所涉及的事项完全或部分发生在加拿大境内,从而损害到加拿大在国际贸易和商业上的利益或者侵犯了加拿大的主权或管辖权,加拿大总检察长可以发布命令禁止或限制向该外国法院提供在加拿大境内的或由加拿大人所掌握的相关资料和数据。根据第 5 条的规定,如果外国法院或法庭采取的措施对加拿大的国际贸易和商业利益造成显著影响或者侵犯到加拿大的主权,总检察长可以会同外交部部长发布命令,要求加拿大境内的任何人向其汇报此种措施或指示、指南、通告或其他相关信息,同时禁止加拿大的任何人遵守此种措施。

该法第 7.1 条明确规定:“美国法院根据 1996 年《古巴民主自由团结法》作出的任何判决不得以任何方式在加拿大境内被承认或执行。”修订后的第 8(1.1)条同时也授权总检察长可以发布命令禁止承认和执行外国法院根据其贸易法做出的三倍赔偿判决。

修订后的该法第 8.1 条和第 9 条还扩大了“追偿”条款的适用范围,使加拿大人能在加拿大法院进行反控,以弥补因美国法院根据《赫尔姆斯-伯顿法》所作判决而受到的损失,这些损失还可以包括在美国应诉的费用。即使美国法院尚未作出终审判决,作为被告的加拿大公司也可以在加拿大提起这种追偿诉讼。

对于不遵守该法的公司和个人,该法第 7 条规定了罚金和监禁等民事和刑事惩罚措施。对于公司,最高罚金为 1,500,000 加元,对个人的最高罚金为 150,000 加元,还可以附加最高 5 年的监禁。如果是简易程序判决,对公司的最高罚金为 150,000 加元,对个人为 15,000 加元。

该法第 2.1 条规定,加拿大总检察长可以修订附录中列举的外国域外管辖措施清单。迄今为止,加拿大《外国域外管辖措施法》附录中所列举的外国域外管辖措施只有美国的《赫尔姆斯-伯顿法》,《达马托法》没有被列入名单,因为加拿大政府与伊朗和利比亚没有很多经济上的合作,《达马托法》对加拿大企业影响不大。但奇怪的是,《古巴资产管制条例》也没有被列入清单。

1996 年,加拿大总检察长对 1992 年通过的《外国域外管辖措施(美国)命令》作出了修订,[1]扩大了适用范围,要求所有加拿大公司及其领导向总检察长汇报所接收到的美国针对古巴的所有域外管辖措施,不仅针对 1992 年通过的《古巴民主法》,而且包括《古巴资产管制条例》《赫尔姆斯-伯顿法》以及其他美国联邦和地方政府颁布的法律法规中的措施或命令,并且禁止任何加拿大公司以及该公司的高层领导遵守这些措施和命令。

1997 年,加拿大的一家沃尔玛超市宣布将古巴生产的一批睡衣裤从货架上撤下,该超市解释说,这一行动是因为担心沃尔玛美国总部会遭到美国《赫尔姆斯-伯顿法》的制裁。[2] 对此事件,加拿大国际贸易部长立即发表声明,宣布加拿大司法部将调查该行为是否违反了加拿大《外国域外管辖措施(美国)命令》。[3] 迫于压力,加拿大沃尔玛超市宣布将古巴生产的睡衣裤重新上架。但美国财政部随后宣布将会对沃尔玛加拿大超市重新销售古巴生产睡衣裤的行为进行调查。[4]

2014 年,加拿大发布《某些外国域外管辖措施(美国)命令》,禁止加拿大人遵守《美国法典》第 23 章第 313 条(《购买美国货法》)。[5]

加拿大还与墨西哥一起通过北美自由贸易区争端解决途径与美国进行磋商,讨论《赫尔姆斯-伯顿法》是否违反了北美自由贸易区协定。

四、澳大利亚的阻断立法

美国的域外经济制裁对澳大利亚企业也产生了不利影响。20 世纪 80 年代初,美国曾根据《对敌贸易法》要求一家美国公司的澳大利亚子公司撤销与越南的煤炭出口合同。这引发了澳大利亚政府的不满。澳大利亚联邦议会外交和国防联合委员会于 1982 年专门发表了一份关于美国法律域外管辖权的报告。[6] 该报告对美国具有域外管辖权的立法进行了详细分析,同时也分

---

① Canada Amends Order Blocking U. S. Trade Restrictions, Government of Canada News Release No. 8, January 18, 1996.

② David Roberts, *Wal-Mart Pulls Guban Pajamas from Stores*, The Globe & Mail, Mar. 1, 1997.

③ *Canada Studying Wal-Mart Actions for Anti-Helms-Burton Law Violations*, 14 Int'l Trade Rep. No. 11, 481 (1997).

④ *Treasury Reviewing Wal-Mart Canada Decision to Sell Cuban-Made Pajamas*, 14 Int'l Trade Rep. No. 12, 522 (1977).

⑤ *Certain Foreign Extraterritorial Measures (United States) Order*, 2014 SOR/2015-12.

⑥ *Joint Committee on Foreign Affairs and Defence*, *Commonwealth of Australia*, *Australian-United States Relations*: *The Extraterritorial Application of United States Laws* (1983), at: http://wop-ared. aph. gov. au/house/committee/reports/1983/1983_p. 306.

析了其他国家针对美国的对抗措施,并提出了澳大利亚的应对策略和立法建议。①

澳大利亚早在 1984 年就借鉴英国做法颁布了《外国诉讼程序(过分管辖权)法》。② 不过该法最初的动机并非针对美国的域外经济制裁,而是针对美国的反托拉斯法。1976 年美国的威斯汀豪斯公司针对世界各国的 29 家铀矿企业提起了反托拉斯诉讼,其中有四家被告是澳大利亚公司。③ 澳大利亚政府反对美国法院根据美国法律对澳大利亚公司行使域外管辖权,于是在 1976 年颁布了《外国诉讼程序(禁止某些证据)法》。④ 在美国法院作出"威斯汀豪斯案"判决后,澳大利亚马上又于 1979 年颁布了《外国反托拉斯判决(限制执行)法》。⑤ 同年 6 月 3 日,澳大利亚总检察长根据该法发布了一项命令,禁止承认美国法院对"威斯汀豪斯案"作出的判决。1982 年,美国和澳大利亚经过双边谈判达成了《澳大利亚和美国政府反托拉斯领域合作协议》,⑥解决了双方关于"威斯汀豪斯案"的纠纷。1984 年,澳大利亚将 1976 年通过的《外国诉讼程序(禁止某些证据)法》和 1979 年通过的《外国反托拉斯判决(限制执行)法》统一修订为《外国诉讼程序(过分管辖)法》,其针对的对象扩大到任何外国法律域外适用于澳大利亚的情形。该法经过多次修订,最新版本为 2016 年 11 月 15 日颁布。该法第 13 条规定澳大利亚总检察长可以针对外国实施的影响澳大利亚的行为或作出的决定发布禁止执行的命令,只要"(a)某一外国颁布了某项法律用于管理或控制该国与另一国的贸易或商业或者其他国家之间的贸易或商业,该外国政府或该外国政府的代理机构或执行部门根据该法律采取或打算采取某一行动,或作出或打算作出某项决定;(b)该行动或决定事关(i)澳大利亚国民或居民;或(ii)在澳大利亚成立或从事经营的公司,在澳大利亚境内履行的任何义务(包括禁止从事某项行为的义务);并且(c)该行为或决定或因该行为或决定而产生的任何义务的履行(i)涉及或

① Deborah Senz/Hilary Charlesworth, *Building Blocks: Australia's Response to Foreign Extraterritorial Legislation*, 2 Melb. J. Int'l L. 69(2001).

② Foreign Proceedings (Excess of Jurisdiction) Act of 1984, § 13-14.

③ *Re Uranium Antitrust Litigation*, 480 F Supp 1138, 1148 (9th Cir. 1979); *Re Uranium Antitrust Litigation*, 617 F 2d 1248, 1255 (7th Cir. 1980).

④ The Foreign Proceedings (Prohibition of Certain Evidence) Act 1976 (Cth).

⑤ Foreign Antitrust Judgment (Restriction of Enforcement) Act 1979 (Cth).

⑥ *Agreement between the Government of Australia and the Government of the United States of America Relating to Cooperation on Antitrust Matters of* 1982, 1369 UNTS 43, 21 ILM 702.

影响,或可能涉及或影响与其他国家的贸易或商业或其他国家之间的贸易或商业;(ii)涉及或影响,或可能涉及或影响在英联邦境内成立的贸易公司的贸易经营,或在英联邦境内成立的金融机构的商业经营;(iii)涉及或影响,或可能涉及或影响银行业,但没有超越该州管辖范围之外的州银行除外;(iv)涉及或影响,或可能涉及或影响保险业,但没有超越该州管辖范围之外的州保险公司除外;(v)构成或可能构成外交事务。”

此时,只要总检察长认为发布此项命令对于保护国家利益确属必要,总检察长可以通过书面命令方式禁止(b)款所规定的人或公司在澳大利亚境内履行该项义务;(2)根据(1)款发布的命令可以以下列方式禁止履行此项义务:(a)完全禁止;(b)在该命令特别规定的情形下予以禁止;或(c)以该命令中规定的条件如共同意见或其他情形。

同时,该法第14条规定:某一外国法院针对某人作出一项判决,如果总检察长认为根据本款规定发布一项命令对于维护国家利益具有必要性,则总检察长可以发布命令禁止该人在澳大利亚境内遵守该判决。总检察长还可以发布命令禁止执行依据该判决而作出的任何命令、要求、请求、指示或指南。

该法第10~12条还规定了补偿条款,允许澳大利亚受害者在澳大利亚境内提起一项诉讼,要求获益的外国当事人补偿澳大利亚受害者的损失。

但是该法颁布后一年之内没有发挥作用,因为该法主要针对的是美国的反托拉斯法诉讼,而澳美双边反托拉斯协议签署后,澳大利亚和美国之间没有再发生反托拉斯领域的法律纠纷。

直到1996年美国颁布《赫尔姆斯-伯顿法》和《达马托法》之后,澳大利亚再次面临美国经济制裁法律的域外适用问题。《赫尔姆斯-伯顿法》和《达马托法》都包含域外管辖条款,对外国国民和企业与古巴之间的贸易活动进行限制。该法对澳大利亚产生了不利影响。首先,它违反了澳大利亚政府对古巴的外交政策。澳大利亚与欧洲大多数国家一样,希望通过政治和经济领域的接触政策来促进古巴的变革,而不希望采用孤立和对抗的方式。因此,澳大利亚政府鼓励该国企业在古巴的投资。但是由于担心受到《赫尔姆斯-伯顿法》的制裁,一些澳大利亚企业放弃了与古巴之间的经济合作,比如,澳大利亚西部矿业集团(Western Mining Corporation)就放弃了对古巴镍矿产业的投资。①

---

① Fred Brechley, *Australia Backs Protest Against US Anti-Cuba Trade Laws*, Australian Financial Review (Sydney, Australia), 23 May 1996, 12.

但是这时澳大利亚政府发现,1984 年通过的《外国诉讼程序(过分管辖)法》无法覆盖《赫尔姆斯-伯顿法》这种特殊类型的域外管辖法律。《赫尔姆斯-伯顿法》第三章赋予美国当事人一项私人诉权,对外国公司参与被古巴政府征收的财产的交易提起赔偿诉讼,美国法院可以作出最高三倍赔偿的判决。对于这样的判决,澳大利亚无法通过《外国诉讼程序(过分管辖)法》拒绝执行,因为该法所禁止的是外国法院作出的非金钱判决(non-monetary judgement)。另外,如果美国法院的判决执行的是澳大利亚公司位于美国境内的财产,《外国诉讼程序(过分管辖)法》也无法提供救济,因为该法中规定的补偿条款只适用于反托拉斯诉讼。

与《赫尔姆斯-伯顿法》相比,《达马托法》对澳大利亚的影响更为巨大,因为《达马托法》直接规定“任何(外国)人”(包括公司)都不得向伊朗和利比亚的石油天然气行业进行 4000 万美元以上的投资,否则美国总统可以对其施加惩罚。更为重要的是,澳大利亚在伊朗和利比亚的投资远远高于在古巴的投资。澳大利亚必和必拓(BHP)公司 1996 年曾计划在伊朗油田投资 42 亿美元。但必和必拓公司的投资计划在美国参议员达马托的威胁下“流产”了,该公司董事长也不得不宣布“将会尽可能遵守美国法律”。①

面对《达马托法》的威胁,澳大利亚《外国诉讼程序(过分管辖)法》也无能为力,其第 13 条根本无法阻止美国政府发布的制裁命令,因为该条所针对的外国措施必须是在澳大利亚境内执行。而美国政府的制裁措施是取消对这些违反制裁令的外国公司的进出口许可和出口援助等,根本无须在外国执行。

澳大利亚政府也承认:《外国诉讼程序(过分管辖)法》是专门针对外国反托拉斯法制定的,并不能直接针对《赫尔姆斯-伯顿法》和《达马托法》。② 面对这一法律上的窘境,有人建议澳大利亚像加拿大一样修订《外国诉讼程序(过分管辖)法》,③但澳大利亚对此并不十分积极。主要原因在于澳大利亚与美国之间的亲密关系使澳大利亚政府认为美国并不会对澳大利亚企业严格执行《赫尔姆斯-伯顿法》和《达马托法》。此外,澳大利亚在古巴和伊朗的

---

① See Michael Lelyveld, *Australian Oil Firm Abandons Iran Deal: BHP Pipeline Decision Follows D'Amato Warning*, Journal of Commerce, 22 February 1996, 1.

② Department of Foreign Affairs and Trade, *Commonwealth of Australia*, *Responses to US Extraterritorial Laws*, Internal Document (13 September 1996).

③ Deborah Senz/Hilary Charlesworth, *Building Blocks: Australia's Response to Foreign Extraterritorial Legislation*, 2 Melb. J. Int'l L. 69(2001).

利益并没有欧洲国家和加拿大政府那样巨大。

五、墨西哥的阻断立法

1996年美国曾依据《赫尔姆斯-伯顿法》第四章将墨西哥多莫斯集团(Grupo Domos of Mexico)列入黑名单。为了对抗美国的制裁,1996年10月,墨西哥也颁布了一项名为《保护贸易和投资不受外国违反国际法的法律影响的法律》①,来对抗《赫尔姆斯-伯顿法》和其他经济制裁法律在墨西哥的适用,其内容与欧盟和加拿大的相关法律类似,包括禁止外国具有域外管辖权的立法在墨西哥适用,禁止承认外国法院根据上述法律作出的判决,同时赋予当事人一项求偿权,以弥补因外国制裁法令而导致的损失。②

该法第一次实施是在颁布10年之后。2006年2月,墨西哥城的喜来登酒店(Maria Isabel Sheraton Hotel)根据美国财政部的命令要求16名古巴客人离开该酒店。美国财政部该项命令的依据是《古巴财产管制法》,它禁止美国人拥有或控制的外国公司与古巴人进行贸易往来,而喜来登酒店正是美国人拥有的一家连锁酒店。事件发生后,墨西哥外长Luis Eruesto Derbez马上对该法律提出批评:"该法不能也不应该在我国境内适用"。③ 2006年3月24日,墨西哥政府向喜来登酒店罚款120万比索,最终导致该饭店被临时关闭。

加拿大和墨西哥作为NAFTA的成员国,还寻求在该争端解决机制框架下解决美国域外经济制裁违反国际法的问题。④ 后来由于欧美谈判的进展,加拿大和墨西哥并没有诉诸该争端解决机制。

六、其他国家的阻断立法

1997年9月5日,阿根廷共和国政府颁布第24871号法律,其中规定凡直接或间接以限制或阻碍自由贸易和资本、货物或人员流通为目的从而损害任

---

① *Ley de Proteccion al Comercio y la Inversion de Normas Extranjeras que Contravengan el Derecho Internacional*, D. O., 22 de Octubre de 1996; *Mexico: Act to Protect Trade and Investment from Foreign Norms That Contravene International Law*, 36 I. L. M. 133 (1997); *Mexican Senate Approves "Antidote" to Helms-Burton*, Reuters, N. Am. Wire, Sept. 19, 1996.

② Jorge Vargas, *Mexico: Act to Protect Trade and Investment from Foreign Norms that Contravene International Law*, 36 ILM 133(1997).

③ James C. McKinley Jr., *Mexico and Cuba protest hotel's expulsion of Havana Delegation*, N. Y. TIMES, Feb. 7, 2006, at A-1.

④ Harvey Oyer, *The Extraterritorial Effects of U. S. Unilateral Trade Sanctions and Their Impact on U. S. Obligations under NAFTA*, 11 Fla. J. Int'l L. 429, 456 (1997).

何国家或国家集团的外国法律,在阿根廷国家领土内不得执行,亦无任何法律效力。此外,该法律第1条规定,通过对某一特定国家实施经济封锁或限制投资,以期迫使该国改变政府形式或影响其自决权利,声称具有域外法律效力的外国法律,亦绝对不得执行,并且毫无法律效力。

阿根廷代表团在日内瓦人权委员会第五十六届会议上解释其投票赞成E/CN. 4/2000/ L. 35号决议草案的理由时曾表示,阿根廷对该决议没有注意到人们普遍关切多年来古巴遭受单方面强加的封锁和其他经济措施所造成的严重后果这一点,深感遗憾。阿根廷一再表示反对采取这类措施,并且指出这类措施对全体古巴人民的经济和社会环境产生不良影响。①

南非也是较早颁布阻断法的国家。② 其他国家如日本、瑙鲁、塞内加尔和也门等国虽然没有颁布专门法律,但都公开宣布它们不会承认和执行其他国家的域外强制措施。③ 有些国家采取其他法律途径对抗美国的域外经济制裁。欧盟国家如比利时、丹麦、瑞典、德国、芬兰、法国、荷兰等国也都根据欧盟第2271/96号条例的规定采取了相关措施抵制美国的域外制裁。

2007年1月,希尔顿酒店集团所属的挪威斯堪迪克(Scandic)酒店拒绝古巴参加当地旅游展览会的代表团入住该酒店,原因也是美国的《古巴财产管制法》。④ 挪威奥斯陆的"反种族歧视中心"(Anti Racist Center)根据挪威法律对希尔顿酒店及其经理提出指控。希尔顿酒店则声明,对古巴代表团的抵制是其全球所有连锁饭店的一致措施,同时也是美国所有饭店的共同行动。⑤ 挪威外交部部长发表声明指出:"所有在挪威的商业运作都要遵守挪威法律,不管它们的总部在哪里。但应当由其他机构确定本案应当适用哪一法律。"挪威"公平与反歧视专员"认为,这需要由酒店方面作出一项解释,然后才能决定是否对该公司提起一项诉讼。希尔顿酒店集团最后不得不于2007年3

---

① 联合国大会第55届会议临时议程项目35,"必须终止美利坚合众国对古巴的经济、商业和金融封锁",秘书长报告,附录:阿根廷政府的答复,参见联合国网,http://www. un. org/chinese/ga/55/doc/A55-172. htm.

② Protection of Business Act of 1978, No. 99, § 1.

③ *Elimination of Coercive Economic Measures as a Means of Political and Economic Compulsion*, Report of the U. N. Secretary General, A/ 55/ 300(Aug. 17, 2000); A/59/266(Aug. 16, 2004).

④ Doug Mellgren, *Hilton Slammed in Oslo for Cuba Embargo*, Associated press, Jan. 5, 2007.

⑤ Duncan Campell, *Hilton hotels lift European ban on Cubans*, The Guardian, Mar. 2, 2007.

月把旗下的斯堪迪克酒店出售给欧洲的 EQT 私人投资公司以平息事端。①

2007 年 4 月,奥地利政府指控其第五大银行 BAWAG 银行违反了欧盟第 2271/96 号条例的规定。此前,该银行取消了约 100 名古巴人在该银行的账户。② BAWAG 银行辩称,如果该银行不取消古巴人的账户,美国赛博鲁斯资产公司收购 BAWAG 银行股权的项目将无法完成,因为它们必须遵守美国的《赫尔姆斯-伯顿法》。③ 奥地利外长普拉斯尼克指责 BAWAG 银行说:"美国法不能适用于奥地利。我们不是美国的第 51 个州"。④ 面临奥地利舆论的强烈抗议,赛博鲁斯公司被迫向美国财政部申请豁免权。2007 年 5 月,美国财政部办法一项许可证,允许 BAWAG 银行恢复与古巴人的业务关系。奥地利政府也相应取消了对 BAWAG 银行的制裁。⑤

第三节　欧盟对美国域外经济制裁的阻断

一、欧盟阻断法的出台背景

1996 年冬天,欧盟理事会根据《欧盟条约》和《欧共体条约》的规定,迅速颁布了专门针对《赫尔姆斯-伯顿法》和《达马托法》的第"2271/96"号条例,全称是《反对第三国立法域外适用的条例》。⑥ 该条例内容上类似于英国 1980 年通过的《贸易利益保护法》,但有很大的补充。作为欧盟条例,它对欧盟所有成员国都有直接法律效力。该条例首先在"序言"里就明确指出,一些国家所颁布的法律法规试图对欧盟成员国管辖下的自然人和法人的行为行使管辖权,这违反了国际法,同时也影响了欧盟及其成员国的利益。⑦

---

① Dominic Walsh, *Hilton Hotel Sells Scandic Chain*, The Times (London), Mar. 3, 2007, at p. 60.

② *Austria charges bank after Cuban accounts cancelled*, Reuters, April 27, 2007.

③ Press Release, *Statement of BAWAG with clients of Cuban Nationality*, BAWAG P. S. K. (Hpr. 13, 2007).

④ *Austria Charges Bank after Cuban Accounts Cancelled*, Reuters, Apr. 27, 2007.

⑤ *Austria drops charges against BAWAG on Cuban accounts*, Austria Press Agentur, June 21, 2007.

⑥ Council Reg. (EC) 2271/96, Art. 1, in: O. J. L. 309 (29 Nov. 1996).

⑦ *European Union: Council Regulation (EC)* 2271/96, art. 4, Nov. 22, 1996, *Protecting Against The Effects of the Extra-Territorial Application of Legislation Adopted by a Third Country*, 1996 O. J. (L309) 1, 2; also see Jurgen Huber, *The Helms-Burton Blocking Statute of the European Union*, 20 Fordham Int'l L. J. 699 (1997).

该条例具体规定了四方面的针对措施。一是所谓的“阻断条款”,即任何欧盟境内的人均不得遵守附录中列明的外国此类法律法规(第5条)。[①] 该条例第1条明确规定,禁止外国具有域外管辖权的法律法规在欧盟境内发生效力。该条例专门在附录中列明了应当被禁止的具有域外管辖权的外国法律法规,这些法规全部是美国法律法规,具体包括:1993年《国防授权法》、1992年《古巴民主法》、1996年《古巴自由民主团结法》、1996年《伊朗和利比亚制裁法》、《古巴资产管制条例》等。二是所谓的报告义务。该条例要求,任何受到外国法律法规影响的欧盟自然人和法人应当在30日内向欧盟委员会汇报(第3条)。三是不承认条款。该条例规定,任何欧盟外的法院根据上述法律法规做出的判决也不得在欧盟境内被承认(第4条)。四是所谓的“补偿条款”,即授权因美国经济制裁而受损的欧盟成员国国民或者公司在欧盟成员国的法院提起反诉,以获得补偿,补偿的办法是查封美国公司的资产。[②]

该条例第11条规定了该条例所适用的对象,包括:欧共体内的居民以及欧盟成员国国民;欧盟境内成立的法人;欧共体第4055/86号条例所规定的人;欧盟境内居住的其他自然人,除非该人在其国籍国境内;欧盟境内的其他自然人,包括欧盟成员国管辖或控制下的领水、领空、飞机或船舶上的人。

二、欧盟阻断法的早期执行

欧盟的阻断法颁布之后在“道达尔公司案”中得到具体实施。1997年,法国道达尔石油公司与伊朗国家石油公司签署了一项价值20亿美元的天然气合同。美国马上表示将依照《达马托法》对其进行调查。欧盟和法国政府一致为道达尔撑腰。总统希拉克明确表示,美国若依据《达马托法》制裁道达尔公司“不符合国际法准则”。总理若斯潘也表示:“美国的法律只能在美国实施,与法国无关。”欧洲联盟委员会在这个问题上的态度也是十分明确的,它

---

① 该条例第4条和第5条第1款原文:Article 4 No judgment of a court or tribunal and no decision of an administrative authority located outside the Community giving effect, directly or indirectly, to the laws specified in the Annex or to actions based thereon or resulting there from, shall be recognized or be enforceable in any manner。

Article 5 No person referred to in Article 11 shall comply, whether directly or through a subsidiary or other intermediary person, actively or by deliberate omission, with any requirement or prohibition, including requests of foreign courts, based on or resulting, directly or indirectly, from the laws specified in the Annex or from actions based thereon or resulting therefrom.

② *Council Regulation* 2271/96, 1996 O. J. (L309) art. 6, at p. 2-3.

公开声明,制裁道达尔公司是“非法的,不能接受的”。与道达尔公司一道跟伊朗签署天然气合同的还有俄罗斯天然气公司及马来西亚国营石油公司。俄罗斯总统叶利钦也明确表态:“俄罗斯、法国和伊朗都是爱好自由的独立国家,不容外国干涉我们该不该签订哪些合同。”①

1997年7月,位于纽约市的美国国际电报电话公司(ITT)和当时位于阿姆斯特丹的意大利电信公司(STET)签署了一项协议,后者将向ITT支付约2500万美元公司获得前者在古巴共和国境内资产(电话设施和电话设备)的10年权利(在此之后可以续签),ITT公司据此拥有价值约1.308亿美元的债权。补偿协议达成之后,欧盟表示将根据第2271/96号条例对该事件进行调查。②

此外,欧盟还寻求通过WTO争端解决程序来对抗美国的域外经济制裁。1996年美国颁布《赫尔姆斯-伯顿法》后,欧盟迅速作出反应,于当年10月向WTO提起争端解决请求。③ 欧盟指称,美国的域外制裁措施排除了欧盟成员国根据WTO的GATT和GATs享有的与古巴进行自由贸易的权利。④

在欧盟国家的抵制之下,美国政府对《达马托法》的执行也是睁一只眼闭一只眼。在“法国道达尔公司案”中,美国总统克林顿顶住了美国国会的压力行使了免除权(waiver),免除了《达马托法》第四章对道达尔公司的执行。另外,对荷兰皇家壳牌石油公司等欧洲公司在伊朗的石油和天然气开发计划,美国国务院尽管一直给予高度关注,但都没有采取行动。⑤ 鉴于美国行政部门的“软弱”表现,美国国会部分议员提出了批评,并威胁要取消总统的免除权。⑥

三、欧盟与美国的政策协调

(一)经济制裁法与阻断法之间的冲突

总体来看,国际社会对美国域外经济制裁法令非常反感。各国政府在适

---

① 参见果永毅:《法伊公司签约,引发欧美争执》,载《人民日报》1997年10月6日,第6版。

② *E. U. Begins Investigation of Italian Firm for Voting E. U. Anti-Helms-Burton Rules*, Daily Rep. for Executives (BNA), Jul. 31, 1997, at A-2.

③ *Statement by the Representative of the E. C. and their Member States at the Dispute Settlement Body of the WTO*, Oct. 16, 1996.

④ 参见本书第六章的详细讨论。

⑤ Hugh Pope, *Shell's Planned Iran Pipeline Poses Test for U. S.*, Wall St. J., Mar. 16, 1998, at A15.

⑥ *Gilman Announces Intent to Remove U. S. Ability to Waive ILSA Sanctions*, Inside U. S. Trade, June 5, 1998, at 1-2.

用本国法律或采取其他手段抵制美国域外经济制裁法方面已不再畏手畏脚。除了直接颁布阻断法规外,许多国家利用国内人权法来抵制美国域外经济制裁措施,并收到了一定效果。

也许是美国立法者自己也感到这种域外管辖条款过于霸道,所以才在一些立法中增加了所谓的授权条款,即授权美国总统根据情况将这些域外管辖条款的实施予以暂时搁置。比如,在《赫尔姆斯-伯顿法》中就规定,美国总统可以将该法第三章的实施予以搁置,总统的搁置决定必须每 6 个月审查一次并重新决定。该法颁布后,克林顿总统、布什总统、奥巴马总统和特朗普总统都曾连续宣布搁置该条款的实施,使《赫尔姆斯-伯顿法》第三章规定的私人诉讼长期以来并未真正对外国公司实施过。美国总统宣布这样做的理由是"出于国家利益的需要并加快古巴民主化进程。"直到 2019 年 4 月 17 日,特朗普政府称将不再暂停第三章的实施。2019 年 5 月 2 日起,经认证的债权人和未经认证的债权人获准在美国法院提起第三章项下的索赔。

对于《达马托法》,美国总统也有一项撤销权,可以宣布取消该法第 5 条所规定的制裁措施不适用于某外国企业。1998 年,围绕伊朗南部天然气田的开发问题,美国总统就宣布法国、俄罗斯和马来西亚等国的几家涉案企业可以免受《达马托法》的制裁。①

但美国也并没有在外国的抵制下退缩,相反,近年来美国甚至加大了域外经济制裁的力度。美国国会于 2010 年 6 月 24 日通过了《伊朗制裁法》,②对 1996 年通过的《达马托法》再次作出了修订。奥巴马总统 7 月 1 日签署了该法案,该法自签署之日起生效。新的伊朗制裁法案的目的是加强经济手段制裁伊朗,它通过制裁向伊朗提供精炼石油或者运输、保险或融资精炼石油交货等服务的公司,旨在减少进入伊朗的石油进口量。该法还针对那些帮助伊朗扩大其国内炼油能力的公司规定了严厉的制裁措施。

《伊朗制裁法》用语上更加直白,它明确宣布,伊朗的核计划对美国及其盟友以色列和其他盟国的安全构成了威胁。《伊朗制裁法》是在安理会第 1929 号决议通过后不久颁布的,随后欧盟也出台了类似的对伊朗制裁措施,禁止对伊朗能源领域的投资和对伊朗企业提供银行和金融服务。

---

① Madeleine Albright, *US Department of State*, *Iran and Libya Sanctions Act* (*ILSA*): *Decision in the South Pars Case* (18 *May*, 1998), http:// www. secretary. state. gov/statements/1998/980518. html, at 18 April 2001.

② HR2194 号法令。

与该法相配套，美国国会还通过了《2012财政年度美国国防授权法》。该法第1245条要求对伊朗实施更加严厉的经济制裁，其中规定了更为严厉的域外适用条款。新的制裁措施包括冻结伊朗在美国的或由美国人控制的金融资产，并禁止与那些跟伊朗做生意的第三国金融机构开展商业合作。第1245条第3款标题为"制裁措施对外国中央银行的适用"，具体规定如下："除第(4)款另有规定外，第(1)(A)款所规定的制裁措施应适用于外国国家所拥有或控制的外国金融机构，包括外国的中央银行……"①该条第(4)款(C)项也规定："除(D)款另有规定外，第(1)(A)款所规定的制裁措施应适用于外国金融机构实施或协助实施的金融交易……"②

由于美国的域外经济制裁法与其他国家的抵制性法律的冲突愈演愈烈，而且似乎很难调和，这给那些从事跨国交易的公司带来极大的风险。这些跨国公司一方面要遵守美国的经济制裁法律，另一方面又要服从外国的阻断性法律，这让它们处于夹缝之中而左右为难。以加拿大沃尔玛超市为例，美国政府要求沃尔玛超市遵守美国的古巴制裁法，禁止其销售古巴生产的服装；但根据加拿大《外国域外管辖措施法》，作为在加拿大成立的公司，必须遵守加拿大法律，因此不得遵守美国的古巴制裁法令。无论沃尔玛遵守哪一国法律，都将遭受另一国法律的制裁，罚款数额数以百万美元计，而且公司领导人还可能遭受刑事监禁。

（二）欧盟与美国达成的谅解

1997年4月11日，欧盟和美国达成了"欧盟与美国关于美国《赫尔姆斯-伯顿法》和《达马托法》的谅解备忘录"。③ 该备忘录指出："美国重申将会在

---

① (3) APPLICABILITY OF SANCTIONS WITH RESPECT TO FOREIGN CENTRAL BANKS. - Except as provided in paragraph (4), sanctions imposed under paragraph (1)(A) shall apply with respect to a foreign financial institution owned or controlled by the government of a foreign country, including a central bank of a foreign country, only insofar as it engages in a financial transaction for the sale or purchase of petroleum or petroleum products to or from Iran conducted or facilitated on or after that date that is 180 days after the date of the enactment of this Act.

② (C) APPLICATION OF SANCTIONS. -Except as provided in subparagraph (D), sanctions imposed under paragraph (1)(A) shall apply with respect to a financial transaction conducted or facilitated by a foreign financial institution on or after the date that is 180 days after the date of the enactment of this Act for the purchase of petroleum or petroleum products from Iran if the President determines pursuant to subparagraph (B) that there is a sufficient supply of petroleum and petroleum products from countries other than Iran to permit a significant reduction in the volume of petroleum and petroleum products purchased from Iran by or through foreign financial institutions.

③ 36 I. L. M. 529 (1997).

总统任期内继续搁置《赫尔姆斯-伯顿法》第三章的适用,同时欧盟及其他盟友将继续努力促进古巴的民主化。……美国将……授予欧盟国家一项免除权,不受有关伊朗的第4.C条的约束;根据第(2)条,授予欧盟国家一项免除权,不受有关利比亚的第9.C条的约束。……基于以上各点,欧盟同意搁置WTO法庭的诉讼程序。但是如果美国针对欧盟公司和个人采取了《赫尔姆斯-伯顿法》第三章和第四章项下的行动,或者上文所提到的根据《达马托法》所授予的免除权未能兑现或者被取消,则欧盟保留恢复该诉讼程序或启动新的诉讼程序的各项权利。"

1998年5月18日,在伦敦举行的欧盟和美国领导人会议上,双方根据1997年的谅解备忘录达成了一项"跨大西洋政治合作伙伴关系协议"(Transatlantic Partnership on Political Cooperation),该协议包含两份备忘录,一份是"关于加强投资保护纪律的备忘录"(Understanding with Respect to Disciplines for the Strengthening of Investment Protection),另一份是"关于相冲突的要求的备忘录"(Understanding on Conflicting Requirements)。[①] "关于加强投资保护纪律的备忘录"规定了双方应遵守的一般纪律(general disciplines)和特别纪律(specific disciplines)。其中规定:"缔约各方应尽量促进合作以替代单边行动,避免或缩小相冲突的要求及其带来的问题。"[②]

1998年,欧美双方达成的协议还包含一个"关于政治合作的跨大西洋伙伴关系"。不过需要说明的是,1998年的协议与1997年的备忘录一样,并不具有法律约束力。事实上,美国政府也未能按照该协议的要求说服美国国会修订《赫尔姆斯-伯顿法》以便授予美国总统一项"赦免权",从而免除欧盟国家遵守该法第四章的义务。欧美之间达成的谅解协议只是通过相互让步的方式暂时缓解了双方的矛盾,但并没有从根本上解决美国经济制裁法的域外适用问题。欧盟国家从美国那里获得了一定程度上的豁免权,但其他国家仍然要受到美国经济制裁法的限制。从总体上看,美国是双边协议的获益者,因为从协议文本上看,欧盟国家实际上承认了美国的主张,即古巴政府征收私人财产的行为是违反国际法的,而且欧盟也承诺对涉及古巴被征收财产的交易进行限制。美国还通过这份协议成功地避免了欧盟向WTO提起的诉讼。

不过,该谅解协议并未得到美国国会的欢迎。赫尔姆斯等一批保守派参

---

① http://www.eurunion.org/partner/summit/Summit9805/invest.htm.

② Stefaan Smis & Kim van der Borght, *The EU-U.S. Compromise on the Helms-Burton and D'Amato Acts*, 93 AJIL 227 (1999).

议员坚决拒绝根据该谅解协议而修订《赫尔姆斯-伯顿法》第四章，反对赋予欧盟国家“免除权”。

（三）欧盟的政策转变

2001 年“9·11”事件爆发后，欧盟与美国形成了反恐统一战线，出于共同反对恐怖主义的需要，欧盟开始调整对外政策，包括处理对外经济制裁方面的政策。美国 2001 年颁布的《爱国者法》中的反洗钱条款虽然也引起了欧盟的关注，但欧盟的态度已不再像此前那样强烈。①

更重要的是，欧盟出于反恐的需要，也开始主动对外实施经济制裁。2004 年，欧盟颁布了《欧洲联盟关于使用限制性措施（制裁）的基本原则》和《欧洲联盟关于实施和评价限制性措施的准则》两份公开文件，正式宣布了欧盟对经济制裁的立场。欧洲联盟重申其自主实施的限制性措施完全符合国际法，是其共同外交和安全政策中正当合理的一个方面。但欧盟同时谴责违反国际法实施具有域外效力的单方面限制性措施。针对限制性措施的相称性和针对性，欧盟的原则惯例是，限制性措施应始终与其力图实现的目标相称，其目标的设定方式应能对这种措施目标对象的行为产生最大影响。目标的设定应尽可能减少对非目标针对人员或邻国造成的任何不利人道主义的影响或意外后果。

2010 年 7 月 1 日，奥巴马政府签署了《伊朗制裁法》，②其中包括了广泛的域外管辖条款，对与伊朗政府进行商业和金融往来的外国企业形成巨大压力。《伊朗制裁法》中的域外经济制裁比以往更为严厉，不仅禁止本国和外国个人和企业向伊朗提供炼油设备和技术，而且还禁止提供信息或支持或维修服务。该法还增加了对外国金融机构的禁令，禁止外国银行与伊朗开展业务。违反禁令的外国银行将被禁止在美国开设账户。简言之，《伊朗制裁法》相比于《赫尔姆斯-伯顿法》或《达马托法》来说，其域外管辖权的威慑力有过之而无不及。

出人意料的是，欧盟不仅没有像十几年前那样奋起反抗，反而与美国采取了同步政策。就在奥巴马签署《伊朗制裁法》后不到一个月，欧盟委员会就通过了一项几乎与《伊朗制裁法》同样的对伊朗制裁条例。③ 该条例规定，禁

---

① *Uniting and Strengthening America by Providing Appropriate Tools Required to Intercept and Obstruct Terrorism* (*USA PATRIOT*) *Act of* 2001, Pub. L. No. 107-56, 115 Stat. 272.

② *Comprehensive Iran Sanctions*, *Accountability*, *and Divestment Act of 2010*, HR2194.

③ Council Regulation (EU) No. 961/2010 of 25 October 2010 on restrictive measures against Iran and repealing Regulation (EC) No. 423/2007.

止欧盟企业“销售、提供或运输关键设备和技术”给伊朗石油和天然气企业。该条例还禁止向伊朗企业提供技术援助或培训或其他服务以及相关的金融或资金援助。该条例还要求欧盟企业在与伊朗企业交易时提高警惕以确认这些企业没有参与伊朗的核计划。欧盟条例与美国《伊朗制裁法》唯一不同的是,欧盟条例并不禁止向伊朗直接销售精炼石油,而《伊朗制裁法》却禁止。2012 年 3 月 23 日,欧盟进一步修订了该条例。[①] 新修订的条例取代旧条例,并从 3 月 24 日起生效。

2012 年 1 月 23 日,欧盟还通过了欧盟理事会第 35 号决定[②]、欧盟理事会第 56 号条例[③]以及欧盟理事会第 54 号执行条例[④],进一步扩大了针对伊朗的制裁。新的制裁措施主要包括:(1)禁止进口伊朗石油资源相关的产品;(2)对于为伊朗石油资源相关部门提供协助的能源、金融、交通等行业采取额外措施;(3)禁止与伊朗政府之间的某些涉及贵金属和钻石的业务;(4)冻结伊朗中央银行和其他人员的资产。这些制裁与美国等国对伊朗的制裁措施保持一致。新的决定对欧盟理事会 2010 年度第 413 号决定[⑤]进行了修订,全体欧盟成员国及其领土范围内或受其管辖的所有自然人或法人都应遵守。2012 年 3 月 23 日,欧盟进一步修订了 2010 年第 961 号条例,[⑥]继续加大对伊朗制裁。

欧盟对外经济制裁政策的转变主要是“9·11”事件后国际反恐统一战线导致的。2005 年 8 月,伊朗强硬派总统艾哈迈迪·内贾德上台后不久,就在联合国演讲强调,伊朗有权研发核能。伊朗大力发展核武器的政策使欧盟国家普遍感到威胁。[⑦] 尤其是 2010 年,联合国安理会通过了对伊朗进一步制裁

---

① Council Regulation (EU) No. 267/2012 of 23 March 2012 concerning restrictive measures against Iran and repealing Regulation (EU) No. 961/2010.

② Council Decision 2012/35/CFSP of 23 January 2012 Amending Decision 2010/413/CFSP Concerning Restrictive Measures Against Iran.

③ Council Regulation (EU) No. 56/2012 of 23 January 2012 Amending Regulation (EU) No. 961/2010 on Restrictive Measures Against Iran.

④ Council Implementing Regulation (EU) No. 54/2012 of 23 January 2012 Implementing Regulation (EU) No. 961/2010 on Restrictive Measures Against Iran.

⑤ Council Decision 2010/413/CFSP of 26 July 2010 Concerning Restrictive Measures Against Iran and Repealing Common Position 2007/140/CFSP.

⑥ Council Regulation (EU) No. 267/2012 of 23 March 2012 Concerning Restrictive Measures Against Iran and Repealing Regulation (EU) No. 961/2010.

⑦ Tom Sauer, *Struggling on the World Scene: An Over-Ambitious EU Versus a Committed Iran*, 17 Eur. Security 273, 282 (2008).

的决议,俄罗斯和中国等国家也都投了赞成票。可见,整个国际社会都对伊朗的核扩散政策表达了担忧。2015年7月,在国际社会的努力之下伊朗与伊核问题六国签署《伊核协议》,于2016年1月生效。根据协议,伊朗承诺限制其核计划,国际社会解除对伊部分制裁。国际原子能机构负责督查伊朗履行协议情况,已多次出台报告确认伊朗履行了该协议。

第四节　欧盟《阻断条例》的复活和实施

一、《阻断条例》的复活

2016年特朗普赢得美国大选后,奉行"美国优先"政策,对外采取单边主义政策,与国际组织和盟友"脱钩"。2018年5月8日,特朗普宣布美国退出《伊核协议》,重启对伊朗的经济制裁。对此,欧盟表示强烈反对并迅速采取应对措施。2018年6月6日,欧盟理事会立即颁布了第2018/1100号条例,[①]复活了1996年通过的《阻断条例》,对附录中的美国经济制裁法律法规进行了更新,具体包括《2012年伊朗自由与反扩散法案》《2012财年国防授权法案》《2012年伊朗减少威胁和叙利亚人权法案》《伊朗交易和制裁条例》《1993年财年国防授权法案》《1992年古巴民主法案》《1996年古巴自由与民主团结法》《伊朗制裁法》等。欧盟委员会还于2018年8月7日出台了一份《关于采纳更新阻断条例的问答指南》。[②]

二、《阻断条例》在欧盟的实施

2018年之前,欧盟《阻断条例》处于休眠状态,一直无用武之地。该条例在2018年复活之后,由于特朗普政府奉行美国优先政策,美欧关系出现政治分化、经贸竞争和安全互信下降等变化。欧盟各国开始加强《阻断条例》的执法工作以回击特朗普政府的施压。不过,各国司法实践显示,欧盟成员国在

---

① Commission Implementing Regulation (EU) 2018/1101 of 3 August 2018 Laying down the Criteria for the Application of the Second Paragraph of Article 5 of Council Regulation (EC) No. 2271/96 Protecting Against the Effects of the Extra-territorial Application of Legislation Adopted by a Third Country, and Actions Based Thereon or Resulting Therefrom, Official Journal of the European Union, L 199 I/7.

② European Commission, *Guidance Note: Questions And Answers: Adoption of Update of the Blocking Statute* (2018/C 277 I/03).

解释和适用欧盟《阻断条例》时存在前后不一致的情况。

2018年10月15日,德国汉堡法院在"银行终止转账账户协议的效力"[①]一案中认为,欧盟《阻断条例》并没有要求欧盟公司在违背其商业利益的情况下继续与伊朗公司进行贸易,而是旨在确保可以在不受美国制裁影响的情况下作出此类商业决定。法院最终没有强行要求欧盟公司遵守《阻断条例》。

意大利法院审理了两起涉及欧盟《阻断条例》的案件。第一个案件涉及一家由伊朗居民控制的意大利公司。尽管所涉伊朗居民不受美国制裁,但与该公司有业务往来的银行通知,由于担心美国的制裁,将终止对该公司提供的银行服务。意大利法院裁定,该银行这样做将违反欧盟阻断法,据此命令该银行不得终止服务。在第二起案件中,一家意大利公司与一家伊朗公司签订并履行了一项供应合同。由于伊朗公司受到美国制裁,最后一笔付款被一家意大利银行冻结。意大利法院下令解冻资金,因为美国法律在欧盟没有法律效力,而该伊朗公司在欧盟没有受到任何制裁。[②]

荷兰也有类似案件。荷兰 Exact B. V. 公司(以下简称 Exact 公司)与总部设在库拉索岛的 PAM 国际公司(以下简称 PAM 公司)签订了分销协议,PAM 公司向古巴公司分销 Exact 公司提供的软件。之后,Exact 公司被一家美国投资公司收购。因担心继续执行协议会面临美国的经济制裁,Exact 公司以不可抗力为由单方面终止了该分销协议。然而,荷兰法院命令 Exact 公司恢复履行分销协议,认为 Exact 公司及其股东因继续执行协议而面临美国制裁的风险,构成由他们自身承担的风险,不能转嫁给 PAM 公司。荷兰法院还指出,Exact 公司终止协议的要求可能违反了欧盟《阻断条例》。[③] 关于这一点,有报道称,应欧盟委员会的要求,荷兰当局目前正在调查 Exact 公司是否违反了欧盟《阻断条例》。[④]

---

① LG Hamburg 18. Zivilkammer, Urteil vom 15. 10. 2018, 318 O 330/18, Wirksamkeit der Kündigung des Girokontovertrages durch die Bank, http://www.landesrecht-hamburg.de/jportal/portal/page/bsharprod psml; jsessionid = 5BD5F232682767BD07261EE2573601A1. jp13? printview = true&showdoccase = 1&doc. id = JURE180018807&st = ent。

② Marc Pedberg & Sahra Arif, *Navigating Between U. S. Secondary sanctions and the EU Blocking Regulation*, https://www.kneppelhout.nl/actueel/navigating-between-u-s-secondary-sanctions-and-the-eu-blocking-regulation.

③ Rechtbank Den Haag, C-09-573240-KG ZA 19-430, 2019, https://uitspraken.rechtspraak.nl/inziendocument? id = ECLI:NL:RBDHA:2019:6301.

④ Marc Pedberg and Sahra Arif, *Navigating between U. S. Secondary Sanctions and the EU Blocking Regulation*, https://www.kneppelhout.nl/actueel/navigating-between-u-s-secondary-sanctions-and-the-eu-blocking-regulation.

目前,影响最大的是德国汉堡地区高等法院审理的“伊朗梅利银行诉德国电信公司”案。① 该案中,上诉人(原告)为伊朗梅利银行(Bank Melli Iran)的德国分行,被上诉人(被告)为德国电信公司(Telekom Deutschland GmbH),双方签订了框架协议。被上诉人声称,其终止与伊朗梅利银行德国分行协议的动机是为了不违反美国的二级制裁。上诉人则辩称,没有任何证据证明,在被上诉人终止合同之前,美国曾发出过任何直接或间接的行政或司法命令,因此,被上诉人终止合同的行为是无效的。关于此案的争议焦点,德国科隆高等法院已有类似判例。2020 年 2 月 7 日,德国科隆高等法院在一项判决中指出,如果在诉讼之前没有来自美国的直接或间接的官方或法院命令,则不应适用欧盟《阻断条例》第 5 条第 1 款,因为该款只是禁止遵守美国直接或间接的行政、立法或司法命令。② 但是,汉堡地区高等法院倾向于认为,只要存在二级制裁就足够了,因为只有这样才能有效地执行第 2271/96 号条例第 5 条第 1 款规定的禁止遵守此类二级制裁的规定。

鉴于这两种相互冲突的观点涉及对欧盟第 2271/96 号条例的解释,汉堡地区高等法院决定向欧盟法院寻求先行裁决意见。③ 汉堡法院请求解答的第一个问题是:第 2271/96 号条例第 5 条第 1 款的适用是否需要美国的官方文件或法院命令?还是仅有二级制裁即可足以适用?该案是欧盟法院受理的第一起涉及欧盟《阻断条例》的案件。

2021 年 5 月 12 日,欧盟法院佐审官(Advocate General)霍根(Hogan)发布了佐审意见。该意见采取了严格字面解释方法,认为既然欧盟阻断法禁止遵守美国制裁法中所列举的任何要求,那么任何遵守美国制裁法的行为都应受到欧盟阻断法的限制,无论是否存在美国的行政或司法命令。④ 这意味

---

① *First Reference to the European Court of Justice to Interpret the EU Blocking Statute in the Bank Melli Iran v. Telekom Deutschland GmbH Case*, https://www. hugheshubbard. com/news/first-reference-to-the-european-court-of-justice-to-interpret-the-eu-blocking-statute-in-the-bank-melli-iran-v-telekom-deutschland-gmbh-case.

② Case C-124/20, http://curia. europa. eu/juris/showPdf. jsf; jsessionid = 8179075 C1BFA0 BB3AD57B8F3FFD666D8? text = &docid = 225701&pageIndex = 0&doclang = en&mode = req&dir = &occ = first%E2%88%82 = 1&cid = 1819404.

③ Case C-124/20, http://curia. europa. eu/juris/showPdf. jsf; jsessionid = 8179075C1BFA 0BB3 AD57B8F3FFD666D8? text = &docid = 225701&pageIndex = 0&doclang = en&mode = req&dir = &occ = first%E2%88%82 = 1&cid = 1819404.

④ Kerstin Wilhelm, *ECJ to Rule On Scope of Article 5 of the EU Blocking Regulation*, https://www. linklaters. com/en/insights/blogs/businesscrimelinks/2020/june/ecj-to-rule-on-scope-of-art-5-of-the-eu-blocking-regulationt.

着,只要欧盟企业终止了一份与被制裁对象之间的商业合同,就违反了欧盟阻断法。值得注意的是,佐审官意见书也认识到这一解释会给欧美企业带来法律困境,即必须同时面对美国制裁法和欧盟阻断法的双重制裁。佐审官认为,这一难题需要欧盟立法者通过修订《阻断条例》来解决。

2021 年 12 月 21 日,欧盟法院作出判决,基本采纳了佐审官的意见。欧盟委员会打算在 2022 年修订《阻断条例》,旨在进一步遏制和抵制欧盟以外国家对欧盟运营商的次级制裁;同时还将简化现行欧盟《阻断条例》的应用,降低欧盟公民和企业的合规成本。

三、《阻断条例》在美国的效力

2019 年 4 月 17 日,美国国务卿蓬佩奥宣布从 2019 年 5 月 2 日起正式启动《赫尔姆斯-伯顿法》第三章。① 此后立即有来自世界各地的原告发起了 40 多起诉讼案件,这些案件的被告包括美国、欧洲和古巴的众多企业。② 其中在“坎托 · 马蒂诉伊贝罗斯塔酒店公司案”中,涉及对欧盟《阻断条例》的效力认定问题。

该案中,原告坎托 · 马蒂于 2020 年 1 月 8 日对西班牙被告伊贝罗斯塔酒店公司提起诉讼,指控对方违反了《赫尔姆斯-伯顿法》第三章。被告则提出抗辩认为,欧盟委员会发布的第 2271/96 号条例禁止被告在未经欧盟委员会批准的情况下在外国法院出庭应诉。如果被告未能遵守第 2271/96 号阻断条例,将会面临西班牙政府根据西班牙第 27/1998 号法律施加的高达 600,000 欧元的巨额罚款。2020 年 4 月 24 日,美国佛罗里达州地区法院下达命令,批准了被告的中止诉讼的动议。法院认为,被告的请求符合“国际礼让”原则。法院指出,本案必须暂时中止以等待欧盟委员会作出决定授权被告参与本案诉讼。中止可以延长,法院指示被告每 30 天提交一份状态报告,向法院报告欧盟委员会的审批情况。欧盟委员会于 2020 年 8 月 10 日通知被告,其申请仍在考虑中,并且欧盟委员会已经与欧盟机构和各成员国当局进行了广泛协商。

法院在本案中重点考虑了国际礼让原则作为中止诉讼的理由。法院指出,在“GDG Acquisitions 诉伯利兹政府案”中,第十一巡回法院表示,法院根据国际礼让原则搁置案件是适当的,法院重点分析了以下三点考量因素:

---

① https://www.state.gov/cuba-title-iii-faqs-libertad/.

② https://static1.squarespace.com/static/563a4585e4b00d0211e8dd7e/t/625976f017b9bf2eef38abc8/1650030320308/Libertad+Act+Filing+Statistics.pdf.

(1)在外国法院诉讼对美国的利益的影响;(2)对外国政府的利益的影响;(3)替代法院是否适当。法院认为,第二个因素和第三个因素都倾向于支持对欧盟的礼让。法院强调指出,这是欧盟委员会第一次考虑是否根据第2271/96号《阻断条例》授权当事人参加《赫尔姆斯-伯顿法》下的诉讼程序,因此欧盟在本案中的利益至关重要。基于此,国际礼让分析支持法院暂时中止诉讼程序以等待欧盟委员会作出授权决定。① 2021年5月3日,法院发布命令继续中止诉讼。② 目前欧盟尚未作出最终裁决。

在另一起案件中,英国政府批准了被告参加美国法院《赫尔姆斯-伯顿法》诉讼的出庭请求。③ 该案原告是以路易斯·M.罗德里格斯为代表的一个家族,称他们继承了RRHSC公司90%的权益,RRHSC公司是哈瓦那帕塔加斯(Partagás)香烟厂厂房的所有者和经营者。据原告声称,卡斯特罗政权在1961年没收了RRHSC的厂房,该厂房现在被用来制造、储存和运输古巴雪茄烟。原告起诉了帝国品牌公司等多家公司。被告帝国品牌公司是一家英国公司,该公司主张自己受到欧盟第2271/96号《阻断条例》的限制,必须获得欧盟委员会的授权许可才能参加诉讼程序。该案进行期间,英国脱离欧盟,但根据2018年通过的《英国脱欧法》第3条,欧盟《阻断条例》被纳入英国国内法。在英国脱欧的"过渡期"内,该条例则继续适用,直至2020年12月31日。

2020年9月23日,美国法院批准中止诉讼以等待被告获得欧盟许可。2021年2月5日,英国政府发布《2021年贸易利益保护(授权)条例》,根据欧盟第2271/96号《阻断条例》第5条授权该案被告帝国品牌公司"遵守基于或产生于《赫尔姆斯-伯顿法》第三章下的任何要求或禁令。"④该案是第一起根据本国阻断立法授权当事人参加外国制裁诉讼的案件,具有重要意义,在当前的国际形势下有可能对欧盟委员会的裁决产生一定的示范效应。

四、阻断立法的实施效果

尽管欧盟《阻断条例》有利于增强欧盟对美贸易谈判的筹码,强化欧盟企

---

① *Canto v. Iberostar Hoteles Y Apartamentos S. L.*, No. 1:20-cv-20078 (S. D. Fla. Jan. 8, 2020).

② *Order Denying Renewed Motion to Vacate Stay*, *Canto v. Iberostar Hoteles Y Apartamentos S. L.*, No. 1:20-CV-20078 (S. D. Fla. May 3, 2021).

③ *Manuel Rodriguez v. Imperial Brands PLC*, No. 1:20-CV-23287 (S. D. Fla. Aug. 06, 2020).

④ The Protection of Trading Interests (Authorisation) Regulations 2021, Sec. 3.

业在美诉讼的抗辩法理,但是,其保护力度有限的固有缺陷不但不能使其本国企业的合法权益得到真正的保护,反而还使它们陷入了“要么违反美国制裁法、要么违反本国阻断法”的两难选择境地。在美国经济制裁法越来越体系化,制裁措施越来越全面化,制裁的威慑效果越来越显性化的当下,单靠阻断法已经难以应对美国的经济制裁。

(一)阻断法模式主要被美国的盟友采用,具有政治软弱性

阻断立法为有关国家的个人和实体拒绝遵守美国单边经济制裁提供了法律依据,因此被一些国家采用。除欧盟及其成员国外,加拿大、澳大利亚和墨西哥等国家也出台了类似阻断法。①

但是我们必须清醒地看到,制定阻断立法的欧盟和英国、加拿大、澳大利亚等国家和地区与美国是拥有“共同价值观”、巨大的商业贸易投资利益以及共同安全政策的盟友,是“冷战”时期传统西方阵营的核心成员,美欧之间的“跨大西洋政策”也是“二战”后美国政府外交政策的核心之一。尤其是英国、加拿大和澳大利亚与美国同属于所谓的“五眼同盟”国家。欧盟与美国之间也有“北约”这一战略纽带。美国几乎从未对这些国家实施过直接的经济制裁。这些国家对美国经济制裁的阻断措施针对的都是美国的次级制裁,即美国对古巴、伊朗等国的制裁。阻断立法在很大程度上只是这些国家与美国进行讨价还价的工具,而非与美国进行战略对抗的手段。

美国的经济制裁法律能够形成如此具有威慑力的效果,与欧盟对美国单边经济制裁的默许甚至纵容态度也不无关系。虽然欧盟于 1996 年颁布了《阻断条例》,但自从奥巴马上台修复美欧关系后,欧盟就立即改弦易辙,迅速冻结了《阻断条例》的实施,甚至从反对制裁转向了追随制裁,与美国一道对伊朗施压。欧盟的合作使美国认为,欧盟已经接受“次级制裁”作为一种合法的政策工具。②

特朗普上台以后,撕毁了《伊核协议》,美欧关系再次恶化,导致欧盟于 2018 年复活《阻断条例》,重新加入反对美国单边经济制裁的队伍。然而随着

---

① 加拿大 1996 年修订了《外国域外管辖措施法》(Foreign Extraterritorial Measures Act);墨西哥 1996 年颁布了《违反国际法的商业保护和外国政策投资法》(Law of Protection of Commerce and Investments from Foreign Policies that Contravene International Law 1996);澳大利亚 1979 年出台了《外国反垄断判决(限制执行)法》[Foreign Antitrust Judgment (Restriction of Enforcement) Act 1979]。

② Jacob J. Lew & Richard Nephew, *The Use and Misuse of Economic Statecraft*, 97 Foreign Affairs 6 (2018).

拜登的当选,民主党政府再次修复了欧美关系,欧美在运用经济制裁打压共同对手方面又取得了一定共识。欧盟近年来频繁对俄罗斯和中国实施经济制裁就是明证。

总之,欧盟以及西方国家所采用的阻断法无论从其内容还是实施效果来看,都显得过于软弱和被动,阻断对象和力度均有限,具有政治投机性。欧盟的阻断立法仅在欧盟内部产生效力,加上欧盟各成员国对阻断法的理解与实施方式不同,欠缺统一的配套实施机制,不仅对美国经济制裁的抑制效果不佳,而且美国经济制裁法与欧盟阻断法之间的冲突反而会使欧盟跨国公司陷入左右为难的尴尬境地,实践中也难以让欧盟企业和个人逃避美国经济制裁法律风险。由于欧盟的企业与美国之间存在千丝万缕的联系,不可能真正实现"脱钩",因此欧盟的阻断法对美国的吓阻效果有限。

(二)阻断法的保护力度有限

欧盟《阻断条例》的保护力度有限,主要体现在以下三个方面:

首先,尽管 2018 年欧盟《阻断条例》对其附录中的经济制裁法律进行了更新,但其所针对的经济制裁法律仅限于次级制裁,即只涉及美国对古巴、伊朗和叙利亚的经济制裁,而且也没有涵盖美国出台的全部经济制裁法律。因此,该《阻断条例》并不能给欧盟企业提供全方位的直接保护。

其次,在实践中,欧盟《阻断条例》中的法律措施并不能抵消欧盟企业的寒蝉效应。在美国决定退出《伊核协议》以后,包括法国石油巨头道达尔集团、德国西门子公司等在内的百余家欧洲企业陆续中止了在伊朗的投资和贸易活动。欧盟成员国的机构——欧洲投资银行的总裁公开表示,鉴于美国的经济制裁,如果该机构继续其伊朗活动,其全球业务将受到威胁。① 在前述"伊朗梅利银行与德国电信诉讼案"中,欧盟法院佐审官在意见书中就明文指出,他的裁决意见将会给欧盟企业带来遭受美国制裁的法律风险。由于德国电信公司一半收入来自美国市场,如果它为了遵守欧盟《阻断条例》而退出美国市场,必将遭受巨额经济损失。出于对美国经济制裁的忌惮,许多欧盟企业在订立商事合同时,都会增加制裁免责条款,客观上也影响《阻断条例》的实施效果。②

---

① Robin Emmott & Alissa de Carbonnel, *European Investment Bank Casts Doubt on EU Plan to Salvage Nuclear Deal*, https://www.reuters.com/article/us-iran-nuclear-eu/european-investment-bank-casts-doubt-on-eu-plan-to-salvage-nuclear-deal-idUSKBN1K81BD.

② 杜涛:《国际商事合同中的经济制裁条款效力研究》,载《上海对外经贸大学学报》2020 年第 5 期。

最后,欧盟成员国法院对《阻断条例》的解释不同,《阻断条例》的立法和司法实践存在不一致的情况。欧盟各成员国也不太可能会强制执行《阻断条例》,因为很难确定企业是由于美国经济制裁而撤资,还是由于其他原因,这就会导致《阻断条例》的效力大打折扣。而且,依据欧盟出台的《实施条例》①,如果不遵守美国的制裁将导致严重损害欧盟运营商的利益或欧盟的利益时,允许欧盟经营者要求授权遵守美国的制裁。鉴于美国金融体系的中心地位以及美国在全球成熟的供应链,许多欧洲公司很可能会提出这样的要求。如此一来,欧盟《阻断条例》禁止欧盟企业遵守美国经济制裁法律的要求可能会名存实亡。

(三)阻断法效果有限

1996 欧盟出台《阻断条例》并向 WTO 提起诉讼,逼迫美国作出退让。与欧盟开展政治谈判,看似是《阻断条例》所起的作用,实际上是由当时的欧美关系所决定的。而如今的国际环境和 20 世纪 90 年代的国际环境已是今非昔比。

一方面,美国已经构建了较为完善的国内经济制裁法律体系,不仅颁布了经济制裁的一般性立法《国际紧急状态经济权力法》和《对敌贸易法》,还出台了不少针对性强的专门制裁法案、行政法规、总统命令等,共同构成了一个层层递进的国会立法与行政立法、一般法与特殊法相结合的经济制裁法体系。②

另一方面,美国通过美元这一世界货币构建了国际贸易、金融、投资结算体系。美国有关当局越来越多地基于代理账户管辖权(correspondent account jurisdiction)打压全球企业。鉴于美元是世界上最主要的货币,几乎所有的美元交易都经过美国银行进行结算,接受这种代理账号管辖权,就等于接受美国的无限管辖权。③ 尽管代理账号管辖权在国际法上毫无依据,但美国当局在多起案件中已经援引。如此一来,美国将全球的个人和实体都能纳入其制裁对象。欧盟的各大银行都遭到过美国基于代理账号管辖权的指控与罚款。2014 年,法国巴黎银行对美国指控其违反《国际紧急状态经济权力法》和《对敌贸易法》表示认罚,"接受"高达 89.7 亿美元的天价和解金,这是一家国际

---

① Commission Implementing Regulation (EU) 2018/1101 of 3 August 2018.

② 参见杨永红:《次级制裁及其反制——由美国次级制裁的立法与实践展开》,载《法商研究》2019 年第 3 期。

③ Susan Emmenegger, *Extraterritorial Economic Sanctions and their Foundation in International Law*, 33 Arizona Journal of International & Comparative Law 3 (2016).

银行首次同意对大规模、系统性违反美国经济制裁的行为“认罚”。[①] 2015年，德国德意志银行也因遭到美国的相同指控并同样表示“认罚”，“接受”高达2.58亿美元的和解金。[②] 因违反美国制裁法而被迫支付和解金还包括荷兰ING银行(6.19亿美元)[③]、法国农业信贷银行(7.87亿美元)[④]、英国渣打银行(2.27亿美元)[⑤][⑥]。这些案例表明，美国政府单边经济制裁实践迫使外国个人和实体遵守其经济制裁法，使美国法一定程度上拥有了凌驾于其他国家国内法之上的地位。[⑦] 近10年来，美国单边经济制裁的威力不断扩张，不仅制裁伊朗、古巴、叙利亚、俄罗斯等美国宿敌，还剑指欧盟、加拿大、墨西哥这些美国的盟友。

美国的单边经济制裁体系已然发展成为一艘推行美国外交政策的隐形“航空母舰”。[⑧] 欧盟的《阻断条例》作为谈判筹码的分量已经被大大削弱了。

---

① See Press Release, *Department of Justice*, *Office of Public Affairs*, *BNP Paribas Agrees to Plead Guilty and to Pay $8.9 Billion for Illegally Processing Financial Transactions for Countries Subject to U.S. Economic Sanctions*.

② See Press Release, *New York State Department of Financial Services*, *NYDFS Announces Deutsche Bank to Pay $258 Million*, *Install Independent Monitor*, *Terminate Employees for Transactions on Behalf of Iran*, *Syria*, *Sudan*, *Other Sanctioned Entities*, http://www.dfs.ny.gov/about/press/pr1511041.htm.

③ See Press Release, *Department of Justice*, *Office of Public Affairs*, *ING Bank N.V. Agrees to Forfeit $619 Million for Illegal Transactions with Cuban and Iranian Entities*, http://www.justice.gov/opa/pr/ing-bank-nv-agrees-forfeit-619-million-illegal-transactions-cuban-and-iranian-entities-0.

④ See Press Release, *Department of Justice*, *Office of Public Affairs*, *Crédit Agricole Corporate and Investment Bank Admits to Sanctions Violations*, *Agrees to Forfeit $312 Million*, http://www.justice.gov/opa/pr/cr-dit-agricole-corporate-and-investment-bank-admits-sanctions-violations-agrees-forfeit-312.

⑤ See Press Release, *Department of Justice*, *Office of Public Affairs*, *Standard Chartered Bank Agrees to Forfeit $227 Million for Illegal Transactions with Iran*, *Sudan*, *Libya*, *and Burma*, http://www.justice.gov/opa/pr/standard-chartered-bank-agrees-forfeit-227-million-illegal-transactions-iran-sudan-libya-and.

⑥ See Press Release, *Department of Justice*, *Office of Public Affairs*, *HSBC Holdings Plc. and HSBC Bank USA N.A. Admit to Anti-Money Laundering and Sanctions Violations*, *Forfeit $1.256 Billion in Deferred Prosecution Agreement*, http://www.justice.gov/opa/pr/hsbc-holdings-plc-and-hsbc-bank-usa-na-admit-anti-money-laundering-and-sanctions-violations.

⑦ 参见杨永红:《次级制裁及其反制——由美国次级制裁的立法与实践展开》，载《法商研究》2019年第3期。

⑧ Perry S. Bechky, *Sanctions and the Blurred Boundaries of International Economic Law*, 83 Missouri Law Review 1(2018).

从 2018 年之后的实践来看,欧盟想要通过阻断法来反制美国的经济制裁变得越来越困难。

第五节　我国《阻断办法》及其适用

一、我国《阻断办法》的内容

我国目前正在积极推动中国企业“走出去”战略。但是中国企业在海外的发展也遭到西方国家的干预。美国和一些欧洲国家会将经济制裁作为制约和阻止中国企业在某些地区扩展经济业务的工具。美国为了使其对外经济制裁发挥效果,强行要求其他第三方国家当事人也遵守该国的经济制裁法令。很多国家为此制定了“阻断性法规”来应对西方国家的域外经济制裁,这种做法也值得我国借鉴。制定阻断性法规的最大价值是为我国企业提供法律保护,使我国企业在面临外国政府或个人的法律诉讼时有合理的法律依据进行抗辩。

2021 年,商务部公布的《阻断办法》借鉴了英国的《保护贸易利益法》、加拿大的《外国域外管辖措施法》、澳大利亚的《外国诉讼程序(过分管辖权)法》、墨西哥《保护贸易和投资不受外国违反国际法的法律影响的法律》和欧盟《反对第三国立法域外适用的条例》等法律的规定,从三个方面对外国具有域外效力的经济制裁措施实施阻断:

第一,禁止遵守外国的相关法律与措施。《阻断办法》第 7 条规定:“工作机制经评估,确认有关外国法律与措施存在不当域外适用情形的,可以决定由国务院商务主管部门发布不得承认、不得执行、不得遵守有关外国法律与措施的禁令禁止。”

第二,不予执行外国相关判决。《阻断办法》第 9 条第 2 款规定:“根据禁令范围内的外国法律作出的判决、裁定致使中国公民、法人或者其他组织遭受损失的,中国公民、法人或者其他组织可以依法向人民法院提起诉讼,要求在该判决、裁定中获益的当事人赔偿损失。”

第三,赋予受害国民或者企业诉权。《阻断办法》第 9 条规定:“当事人遵守禁令范围内的外国法律与措施,侵害中国公民、法人或者其他组织合法权益的,中国公民、法人或者其他组织可以依法向人民法院提起诉讼,要求该当事人赔偿损失。”

二、《阻断办法》的适用

对于上述《阻断办法》的适用一定要谨慎，不能任意扩大化。① 只有属于《阻断办法》第 7 条禁令范围内的外国法律与措施才能被阻断。

青岛金海链国际贸易有限公司（以下简称金海链公司）、广州发展碧辟油品有限公司（以下简称碧辟公司）买卖合同纠纷案是我国第一起涉及《阻断办法》适用的案例。② 该案中，金海链公司作为甲方（卖方）与碧辟公司作为乙方（买方）于 2020 年 10 月 21 日签订了一份《货物采购合同》，约定由碧辟公司购买金海链公司从阿联酋采购的 40，036. 395 吨甲醇。上述货物于 2020 年 10 月 5 日在阿联酋装船。该合同第 15 条第 1 款约定卖方应当遵守国际贸易管制法则。合同附件 3 为金海链公司出具的《关于贸易制裁的声明和保证》，主要内容为："本公司在与碧辟公司开展货物买卖以及其他业务合作中，郑重声明、保证和承诺如下，并及时主动向碧辟公司提供相关最新信息：……本公司所提供的货物不属于来自伊朗、叙利亚、朝鲜、古巴、克里米亚地区和委内瑞拉的石油、石油产品或石化产品……本公司违反本条上述声明或保证事项中的一项或几项的：（1）应自行承担全部法律责任以及货物风险；（2）本合同应赔偿碧辟公司因此而遭受的损失和支出的费用；（3）碧辟公司有权立即终止本合同，且有权拒绝向本公司付款，或不向本公司退还已收款项，不承担任何赔偿责任；（4）本公司有意隐瞒相关管制货物的，应赔偿碧辟公司因此而遭受的损失和支出的费用。"后因买方查明案涉货物实际源于伊朗，以案涉货物涉嫌源于被制裁国家为由，认为卖方违反了合同附件 3 的规定，要求终止履行合同。金海链公司认为案涉《货物采购合同》中附件 3《关于贸易制裁的声明和保证》违反了《反外国制裁法》和《阻断办法》，属于违反法律、行政法规的强制性规定，附件 3 应属无效。

对此，法院认为，首先，该声明和保证是金海链公司在与碧辟公司签订案涉《货物采购合同》时单方出具给碧辟公司的承诺，该文件上加盖了金海链公司的印章，应视为是金海链公司的真实意思表示。其次，该文件的主要内容是金海链公司承诺其所提供的货物不属于来自伊朗等国家的石油、石油产品或石化产品，并不属于《反外国制裁法》《阻断办法》所规范的内容。故金海链公司主张上述附件 3 应属无效的意见缺乏依据，不予采纳。法院最终判决认

---

① 沈伟、邵辉：《论阻断诉讼的法律风险及其司法控制》，载《中国应用法学》2022 年第 2 期。

② 广州市中级人民法院民事判决书，（2021）粤 01 民初 1365 号。

为金海链公司败诉。

第六节　反制裁法

一、反制裁法的起源

美国既是现代经济制裁法的诞生地,也是反制裁法的始作俑者。反制裁是对经济制裁的反制行动,它源于1970年代美国对阿拉伯国家对以色列抵制行动的反抵制(anti-boycott)。

1954年,阿拉伯国家联盟(The League of Arab States)①为了削弱以色列的经济力量,通过了《对以色列联合抵制统一法》,②开始对以色列进行贸易制裁。这些制裁措施包括两方面:一方面,禁止任何阿拉伯国家进口以色列商品或者与以色列从事任何贸易;另一方面,任何第三国的企业如果与以色列从事贸易活动也将受到制裁。制裁的方式就是禁止这些第三国企业在阿拉伯国家从事经营活动。该制裁决议甚至还包括一种"三级制裁"(the tertiary boycott),即如果一家外国企业与以色列有贸易往来,则任何与这家企业有贸易往来的其他企业也要受到阿拉伯国家的制裁。这实际上是一种株连政策,即"一人犯罪,满门抄斩"。③ 为了实施制裁,阿拉伯国家联盟专门出台了一份"黑名单",凡列入该名单的外国企业都要受到制裁。该名单上有超过1500家美国公司,包括可口可乐、福特等。1966年,可口可乐公司因为授权在特拉维夫附近建设一座灌装厂而受到制裁并一直持续到1991年。通常情况下,如果一家公司被怀疑与以色列进行交易,则会收到一份调查函要求提供有关信息,如果拒绝提供,则会被列入黑名单。施乐公司因为赞助了一部有关以色列的纪录片而被列入黑名单;迪士尼公司的《白雪公主和七个小矮人》

---

① 阿拉伯国家联盟成立于1945年,由22个阿拉伯国家组成(Comoros, Iraq, Lebanon, Saudi Arabia, Syria, Jordan, Yemen, Kuwait, Bahrain, Oman, Qatar, United Arab Emirates, Gaza Strip and West Bank, Egypt, Libya, Sudan, Morocco, Tunisia, Algeria, Mauritania, Somalia and Djibouti),总部位于埃及首都开罗。2011年叙利亚被暂停参加阿拉伯联盟会议资格。

② *The Unified Law on the Boycott of Israel*, League of Arab States Resolution No. 849, Dec. 11, 1954.

③ See Preston L. Greene Jr, *The Arab Economic Boycott of Israel: The International Law Perspective*, 11 Vand. J. Transnatl. L. 77 (1978).

也被列入黑名单,因为该片中王子所骑的马名叫“参孙”(Samson)。① 欧洲公司也多次被列入制裁名单。20 世纪 70 年代,德国和法国多家银行被阿拉伯国家禁止承销欧洲债券。法国雷诺汽车公司 1981 年也被列入黑名单。

20 世纪 70 年代石油危机爆发后,阿拉伯联盟的这些制裁措施发挥了极大的威力,造成资本主义国家爆发了“二战”后最严重的经济危机,引发了美国的强烈反对和抵制。美国著名犹太裔政治家基辛格将阿拉伯国家的这种域外经济制裁视同“敲诈勒索”。② 在美国犹太人协会的呼吁下,美国于 1977 年 6 月 22 日通过了《出口管理法修正案》,③规定了“反抵制条款”(anti-boycott provisions),禁止任何“美国人”遵从阿拉伯国家针对美国友邦的制裁法令,否则将给予民事和刑事惩罚。④ 这里的“美国人”包括了事实上为美国人所拥有或控制的外国公司。

美国商务部下设了一个“遵守反抵制办公室”(Office of Anti-boycott Compliance),专门负责执行该反抵制条款。⑤ 美国曾经依照该“反抵制条款”对多家美国公司进行了处罚。1988 年,该办公室对一家律师事务所罚款 5000 美元,因为该律师事务所在为一家客户填写沙特商标注册登记表时在申请人一栏特意声明其与以色列没有商业关系。⑥ “美国诉巴克斯特国际公司案”中,巴克斯特公司是一家医疗供应商,它为了避免自己被阿拉伯联盟列入制裁黑名单,涉嫌向叙利亚和沙特政府官员提供了某些信息。该公司最终接受了遵守反抵制办公室的有罪指控并受到 650 万美元的罚款。⑦ 著名化妆品公司欧莱雅也曾因参与阿拉伯国家对以色列制裁而被美国商务部处罚。⑧医疗设备出口商 Chrono-Log 公司 1990 年被处罚 4500 美元。1994 年,阿拉伯银行纽约分行被处罚 31,200 美元。2001 年,佩里钻井设备公司也被处罚 6000 美元。美国政府还曾通过反托拉斯诉讼来逼迫美国公司抵制阿拉伯国家对

---

① 参孙,圣经士师记中的犹太领袖,生于公元前 11 世纪的以色列,玛挪亚的儿子,凭借神所赐极大的力气,徒手击杀雄狮,并只身与以色列的外敌非利士人争战周旋。

② Richard B. Lillich, *Economic Coercion and The International Legal Order*, 51 International Affairs 358 (1975).

③ *The Export Administration Amendments of* 1977, Pub. L. No. 95-52, 91. Stat. 235.

④ Export Administration Act of 1979, 50 U. S. C. § 2407 (2000).

⑤ 参见该办公室官方网,http://www.bis.doc.gov/complianceandenforcement/antiboycottcompliance.htm。

⑥ See U. S. v Meyer 864 F. 2d 214, 218 (1st Cir. 1988).

⑦ http://www.bxa.doc.gov/AntiboycottCompliance/CaseHistories/OACCaseHistories3.html.

⑧ http://www.bxa.doc.gov/AntiboycottCompliance/CaseHistories/OACCaseHistories3.html.

以色列的制裁。1976 年,美国针对贝奇特(Bechtel)公司及其下属的三家建筑公司发起反托拉斯民事诉讼。该公司执行了阿拉伯联盟国家的制裁法令,拒绝向一家美国公司履行合同,因为该美国公司跟以色列做生意并受到阿拉伯国家的制裁。美国司法部认为,贝奇特作为世界上最大的建筑公司之一参与阿拉伯国家的联合抵制行动,构成了《谢尔曼法》第 1 条所规定的"协商一致的拒绝参与行为",属于美国反托拉斯法禁止的行为。1977 年,贝奇特公司向美国政府保证不再遵守阿拉伯联盟的制裁法令,该案件才得以解决。[①]

美国同时颁布了《1976 年税收改革法》(Tax Reform Act of 1976)。[②] 新税法并没有直接禁止美国人从事交易,而是对于任何参与未经批准的国际抵制活动的人和成员征收特别收入所得税。[③] 新税法第 999 条要求所有参加国际抵制活动的人或集团成员向财政部汇报,违者将被处以罚款或监禁。

阿拉伯联盟对以色列的制裁措施名义上现在仍有效,但自 20 世纪 90 年代中期巴以达成《奥斯陆协议》以后,中东和平进程有所进展,阿拉伯国家对以色列的制裁开始松动。1994 年,海湾合作委员会宣布它们不再支持对第三国的次级制裁。1995 年,埃及、约旦和巴勒斯坦宣布了同样政策。巴林、卡塔尔、摩洛哥、科威特、迪拜和也门等国不仅不支持次级制裁,甚至直接与以色列开展贸易。[④]

二、BDS 运动与反 BDS 运动

21 世纪初,国际形势的剧变引发巴以冲突。2002 年 6 月,以色列开始在巴勒斯坦被占领土修建隔离墙,引起了世界上众多国家的强烈反对。2003 年,联合国大会通过第 ES-10/14 号决议,就以色列修建隔离墙的国际法问题向国际法院请求咨询意见。国际法院于 2004 年 7 月 9 日作出"在巴勒斯坦被占领土修建隔离墙的法律后果"的咨询意见,毫不含糊地得出结论认为,在包括东耶路撒冷的被占巴勒斯坦领土上修建隔离墙和实行有关制度,违反国际法。同时,该咨询意见明确指出,所有国家都有义务不承认因建墙而导致的非法状况,有义务不为维护这一修建行为所致局势而提供帮助或者援助,并

---

① See United States v. Bechtel Corp., 1979-1 Trade Cas. (CCH), 62,649, 62,430 (N. D. Cal. 1979), affirmed, 648 F. 2d 660 (9th Cir.), cert. denied, 454 U. S. 1083 (1981).

② HR 10612 (94th), Tax Reform Act, Public Law 94-521, 17 October 1976.

③ 26 USC 908, 952, 995.

④ Martin Weiss, *Arab League Boycott of Israel*, Congressional Research Service, 25 August 2017.

应确保终止任何通过建墙而对巴勒斯坦人民行使自决权造成阻碍的行为。①

第 61 届联合国大会于 2006 年 12 月以压倒性多数票通过决议，决定建立“关于在被占巴勒斯坦领土修建隔离墙造成的损失登记办公室”。自 2008 年以来，该办公室已经收到约 42,000 多份申诉以及超过 110 万份支持材料。联合国人权理事会于 2021 年 5 月 27 日决定设立一个持续调查委员会，对 2021 年 4 月 13 日之前和之后在包括东耶路撒冷在内的巴勒斯坦被占领土和以色列发生的侵犯和践踏人权的指控进行调查。②

为了支持巴勒斯坦人民的合法权利，世界上很多国家兴起了针对以色列的“BDS 运动”，即所谓的“抵制、撤资和制裁”运动。③ 该运动于 2005 年由巴勒斯坦民间社会发起，很快席卷全球。④ 该运动的目的是希望通过非暴力的抵制运动强迫以色列遵守国际法，维护巴勒斯坦被占领土人民的人权。与阿拉伯联盟国家对以色列的制裁运动不同的是，BDS 运动得到了很多西方国家民间社会和政府的大力支持。法国外交部部长、巴西总统、英国前副首相、德国社民党副主席等西方国家政治家都发表讲话谴责了以色列占领加沙地区的行为，并呼吁对以色列进行制裁。五个拉美国家已宣布对以色列进行外交和贸易制裁。南非国大党也公开支持对以色列的 BDS 运动。⑤

BDS 运动在美国国内也得到了很多支持。美国最大的新教教会组织长老会（The Presbyterian Church）已宣布从几家与以色列占领活动有关的美国公司中撤资，包括惠普和摩托罗拉公司。盖茨基金会和美国卫理公会退休基金也在压力之下从世界最大安保公司 G4S 撤资，因为 G4S 公司受以色列聘请管理其监狱，该监狱中关押了大量巴勒斯坦犯人。索罗斯基金会也从以色列公司 SodaStream 撤资，导致该公司被迫关闭其位于被占巴勒斯坦领土内的工厂。

荷兰第二大退休金基金 PGGM 也从以色列最大的五家银行撤资。德国政府宣布禁止与在被占领土上设立的以色列实体从事科学研究合作。丹麦

① https://www.icj-cij.org/public/files/advisory-opinions/advisory-opinions-2004-ch.pdf.

② https://news.un.org/zh/story/2021/05/1084932.

③ Jad Essayli, *Restricting Your Right to Boycott: Free Speech Implications regarding Legislation Targeting the Boycott, Divestment, and Sanctions (BDS) Movement in the United States and the European Union*, 21 San Diego Int'l L. J. 457 (2020).

④ *Open Letter: Palestinian Civil Society Callfor BDS, BDS MOVEMENT*, https://perma.cc/R6KM-9R9H，相关情况参见 BDS 运动官方网，https://bdsmovement.net/BNC。

⑤ Omar Barghouti, *BDS: Upholding International Law, Asserting Palestinian Rights*, 17 The Palestine Yearbook of International Law 115 (2013-2014).

最大银行将以色列最大银行列入黑名单。世界最大主权基金之一挪威主权基金从两家以色列公司撤资。BDS 运动还号召对以色列进行学术抵制(academic boycott)和文化抵制(cultural boycott),并得到包括霍金在内的众多全球知名学者、艺术家的支持,他们纷纷宣布抵制在以色列举行的学术会议和其他文化活动。①

2019 年,爱尔兰下议院通过了《经济活动(被占领土)管制法案》[Control of Economic Activity (Occupied Territories) Bill],禁止爱尔兰居民和企业从事与以色列所占领的巴勒斯坦领域有关的交易。该法一旦生效,将成为世界上阿拉伯国家之外的第一部专门针对以色列的经济制裁法规。② 由于该法适用于所有与被以色列所占领土有关的交易,因此具有一定域外效力。

BDS 运动在全球范围也遭到了反对者的激烈抵制。以色列总理公开谴责 BDS 运动自不待言。③ 以色列国会于 2017 年 3 月通过了一部法律,禁止支持 BDS 运动的人士获得以色列签证,并将一些支持该运动的非政府组织和人权机构列入黑名单。人权观察组织驻以色列负责人 Shakir 也被以色列最高法院裁定驱逐出以色列。一些在以色列大学学习的学生也因为支持 BDS 运动而被禁止入学。

一些欧美国家也颁布了禁止 BDS 运动的法律。反对 BDS 运动的人认为,BDS 运动实际上是一场歧视运动,危害到美国宪法的自由和平等原则。美国作为以色列最坚定的支持者,拥有一大批忠实捍卫以色列利益的利益集团,他们积极推动在联邦层面和州层面制定反对 BDS 运动的法律。从 2015 年的伊利诺伊州开始,美国已有超过一半州制定了反对 BDS 运动的法律,还有十几个州的相关法律正在走程序。④ 宾夕法尼亚州法律规定,参与 BDS 运动的大学将失去州政府资助。纽约的法律规定,教会如果参与抵制以色列运动,也会失去州政府资助。纽约州州长科莫甚至公开威胁说:“如果你抵制以

① https://bdsmovement. net/cultural-boycott.

② Richard L. Shamos, *The Application of US Anti-Boycott Laws: From the Arab League to Ireland*, 20 Bus. L. Int'l 269 (2019).

③ Prime Minister Benjamin Netanyahu, *Remarks at the American Israel Public Affairs Committee Annual Policy Conference*, Washington, D. C. (Mar. 4, 2014), https://www. timesofisrael. com/full-transcript-of-netanyahus-aipac-address/.

④ Note, *Boycotting a Boycott: A First Amendment Analysis of Nationwide Anti-Boycott Legislation*, 70 Rutgers U. L. REV. 1301 (2018).

色列，纽约就会抵制你。”[①]科莫发布了第157号州长命令，将任何参与对以色列BDS运动的公司列入一份黑名单，并要求所有纽约州实体撤回对黑名单上的公司的投资。[②]

美国2017年度《加强和进一步拨款法》第7035条指出："阿拉伯联盟对以色列的禁运，尤其是对与以色列有商业来往的美国企业的次级禁运(secondary boycott)是对地区和平的破坏，也是对美国在中东和北非投资和贸易的严重危害。"[③]

美国联邦参议员卢比奥等人在联邦层面发起了一部《反对BDS法》。[④]该法案于2017年被提交到参议院银行、房屋和都市事务委员会审议，后被退回修改。随后，该法案与另一部《反对抵制以色列法案》被同时提交给参议院和众议院。该法案要求修订1979年通过的《出口管理法》，禁止美国公民和美国公司支持抵制一个与美国友好的国家。该法的目标针对的是联合国和欧盟等国际组织发起的针对以色列的抵制行动，将会导致美国直接与这些国际组织和机构为敌。对于参与联合国发起的抵制以色列行动的美国人，该法施加了高额罚款和刑事惩罚。2019年，第116届国会参议院新会期通过的第一项法案就是《反对BDS法》。[⑤] 该法引发了巨大争议，一些议员批评该法违反了宪法第一修正案。目前该法尚未获得众议院批准。2019年7月23日，美国众议院以198票对17票通过一项谴责BDS运动的决议。

特朗普也强烈反对BDS运动。2019年12月11日，特朗普发布一项反对BDS运动的第13899号行政令。[⑥] 该项行政令将BDS运动对以色列的批评统统认定为反犹主义。

三、俄罗斯的反制裁法

(一)针对西方人权制裁的反制裁

如果说欧盟《阻断条例》对美国单边经济制裁的应对是一种防守模式的

---

① Andrew Cuomo, *Gov. Andrew Cuomo: If You Boycott Israel, New York State Will Boycott You*, WASH. POST, June 10, 2016.

② N. Y. Exec. Order No. 157, N. Y. Comp. Codes R. & Regs. Tit. 9, S. 8. 157 (2016).

③ Section 7035 of the Consolidated and Further Continuing Appropriations Act, FY2017 (P. L. 115-131).

④ *Combating BDS Act S.* 170 *of* 2017, https://www.congress.gov/bill/115th-congress/senate-bill/170/actions.

⑤ Israel Anti-Boycott Act, H. R. 5595, 116th Cong. (2019).

⑥ Exec. Order No. 13899, 84 Fed. Reg. 68779 (Dec. 11, 2019).

话,俄罗斯出台的反制裁法则是阻断法的升级版,可以视为一种进攻模式。一国对外实施经济制裁是其主权意志的体现,国际法体系对之没有有效的约束体系。目标国在受到他国经济制裁后予以合理反制亦是国际法主权平等原则和 WTO 公平贸易原则的应有之义。①

2012 年 12 月 26 日,俄罗斯联邦委员会(议会上院)以 143 票全票赞成通过《迪玛 · 雅科夫列夫法》(Dima Yakovlev Law),尽管该法主要针对的是美俄之间儿童收养协议暴露出来的问题,但由于颁布的主要目的是回应美国《全球马格尼茨基人权问责法》对俄罗斯人权问题的制裁,因而也被称为《反马格尼茨基人权问责法》。② 这一法案的主要内容包括:禁止美国公民收养俄罗斯儿童,废除俄美 2011 年 7 月签署的收养协议,禁止对俄公民实施过犯罪、参与非法剥夺俄公民自由或对俄公民进行过不公正审判的美国人入境,并查封他们在俄的金融资产。被禁止入境俄罗斯的美国公民名单将由外交部门制定,联邦委员会、政党、俄联邦人权代表可以对“黑名单”提出建议。

俄方认为,美方制定法律阻止所谓犯有侵犯人权罪的俄罗斯人入境是不可接受的干涉其内政的行为。在《人权法》通过后,美国每次公布或扩大制裁名单时,俄罗斯也会作出相应的反应。自《人权法》正式生效,一直到特朗普上台前,其间美财政部每一次更新黑名单,俄罗斯也会于同一时间公布一份同等人数的黑名单。

2013 年 1 月 18 日,俄罗斯根据《反马格尼茨基人权问责法》,将 60 名美国官员列入黑名单。2013 年 4 月 12 日,美方更新了一份与《人权法》相关的黑名单,有 18 名俄公民入榜,次日,俄方也公布了一份相应的黑名单,也有 18 名美国公民入榜。2016 年 2 月 1 日,美方扩大黑名单,再将 5 名俄官员列入其中;2 月 2 日,俄方也相应将 5 名美国人列入黑名单。

2017 年 1 月 17 日,欧盟法院裁定,俄罗斯禁止美国公民收养俄罗斯儿童的《迪玛 · 雅科夫列夫法》因其严重侵犯人权而具有歧视性。该裁决还附带命令俄罗斯向自 2012 年 12 月该法律生效以来被拒绝收养的 45 名美国原告支付 3000 欧元的损害赔偿金。俄罗斯外交部表示,该法令不会被撤销。

2022 年 3 月 4 日,俄罗斯通过了对《迪玛 · 雅科夫列夫法》和《关于离开俄罗斯联邦和进入俄罗斯联邦的程序的联邦法》第 27 条的修正案。该修正

---

① 袁达松、苏航:《我国应对经济制裁的反制法律机制》,载《天津法学》2020 年第 1 期。

② Cynthia Hawkins DeBose & Ekaterina DeAngelo, *The New Cold War: Russia's Ban on Adoptions by U. S. Citizens*, 28 J. Am. Acad. Matrimonial Law. 51 (2015).

案对《迪玛·雅科夫列夫法》的适用范围进行了扩张，被制裁对象不再局限于美国人。[①]

（二）针对俄乌冲突的反制裁

自2014年乌克兰危机爆发以来，美国率领其盟友对俄罗斯实行了多轮次、宽领域和高态势的经济制裁，既涉及行业的整体性制裁，也包括专门针对重点企业和个人的定向制裁，涉及的制裁措施包括："惩罚"俄罗斯的相关官员和企业家，禁止他们入境美欧国家，冻结其在西方银行的资产；禁止向俄罗斯出口任何可能用于军工行业的高科技产品；禁止向俄罗斯提供贷款和信贷担保等其他形式的金融合作；限制进口俄罗斯油气，停止向俄罗斯出口深水石油钻探、页岩油提炼、极地开发等设备等。

面对美欧来势汹汹的经济制裁，俄罗斯制定了一系列反制裁法。2013年12月，俄罗斯颁布了《关于禁止和限制在国防和国家安全订货中采购外国产品和服务的规定》，其目的是实现国防产品自给化。2014年8月6日，普京签署了一项国家法令，推出反制措施。该法令规定，为了保护俄罗斯民族利益，在未来一年内，俄罗斯将禁止或限制从对俄罗斯实施制裁的国家进口农产品、原料及食品。

2018年6月4日，俄罗斯更进一步出台了《针对美国和其他国家不友好行为的措施（反措施）的法律》（以下简称《反制裁法》）[②]。该法的序言阐述了制定该法的目的，即保护俄罗斯联邦的国家利益与安全，维护主权与领土完整，保护俄罗斯联邦公民的权利与自由，使其免遭美利坚合众国和其他外国的不友好行为影响。不友好行为包括对俄罗斯联邦、俄罗斯联邦公民或实体实施政治或经济制裁，或采取其他行动威胁俄罗斯联邦的领土完整和政治、经济稳定。

《反制裁法》从国家立法的高度对美国的单边经济制裁进行反制，为反制美国单边经济制裁提供了国内法依据。从该法的六大报复措施类型可以看出，该法仅规定了报复措施的总体范围，是一部总括性的法律。该法规定，俄罗斯可以针对美国和其他国家对其实施的制裁采取一系列报复措施。该法的适用对象包括对俄罗斯实施制裁的国家、受该国管辖的组织、受该国直接

---

① https://sozd.duma.gov.ru/bill/1185348-7.

② *On Measures (Countermeasures) against Unfriendly Actions of the United States of America and Other Foreign States*, http://en.kremlin.ru/acts/news/57645#:~:text=Vladimir%20Putin%20signed%20Federal%20Law%20On%20Measures%20%28Countermeasures%29, and%20Other%20Foreign%20Countries.%20June%204%2C%202018%2016%3A00.

或间接控制或附属的组织和该国的官员与公民。报复措施包括以下六大类型:终止或暂停与实施制裁的国家和外国组织的国际合作;禁止或限制进口由实施制裁国家或外国组织生产的货物或原材料,但俄罗斯不生产的生活必需品以及公民自用品除外;限制外国组织从俄罗斯进口某些产品或原材料;禁止外国组织参与俄罗斯的私有化进程;禁止外国组织参与俄罗斯的政府采购项目;以及总统决定的其他报复措施。

为提高反经济制裁措施的针对性和实效性,俄罗斯已根据《反制裁法》发布了更为具体的反制裁措施。“关于《刑法》某些修正案”的第 464757-7 号法律草案于 2018 年 5 月 14 日正式提交给国家杜马。该法律草案呼吁修订《俄罗斯联邦刑法》,第 2842 条对实施外国反俄制裁的某些行为规定了刑事责任。

2020 年 6 月 8 日,俄罗斯总统普京签署了第 171 号联邦法律[全称为《关于修订〈俄罗斯联邦仲裁程序法典〉以保护个人和法律实体在外国、国家联合和(或)联盟以及外国或国家联合和(或)联盟的国家(国家间)组织实施的限制性措施中的权利的联邦法律》]。该法律在《俄罗斯联邦仲裁程序法典》中增加了第 248.1 条和第 248.2 条,为受到西方制裁的俄罗斯法人和自然人单方面改变管辖权约定提供了法律依据,并且出台了禁诉令制度。[①]

2021 年 4 月 23 日,俄罗斯总统普京根据 2018 年通过的《反制裁法》签署了《关于对外国不友好行为采取制止措施的总统令》。该总统令规定,对于针对俄罗斯、俄罗斯公民和俄罗斯法人实施不友好行为的国家(统称为“敌对国家”)的外交使团和领事机构、国家机关和机构代表处,禁止其与俄公民签订劳动合同、劳务协议以及其他与劳动有关的民事合同。[②]

2021 年 4 月 13 日,俄罗斯莫斯科市一家地区仲裁法院作出一项裁决,判令谷歌美国公司、谷歌爱尔兰公司和谷歌俄罗斯公司在判决生效后 5 日之内解除对 Tsargrad TV 油管账户的封锁,否则将被处以每日 10 万卢布的司法违约金,司法违约金数额还会每周翻倍,直至法院判决得到履行。2021 年 11 月,莫斯科法院驳回了谷歌的上诉,维持了地区法院的裁锁。[③] 裁决的法律依据就是前述 2020 年 6 月 8 日的第 171 号反制裁法律。这一案件是俄罗斯法

① 该法原文参见 http://publication. pravo. gov. ru/Document/View/0001202006080017。

② *Executive Order on Measures (Countermeasures) in Response to Unfriendly Actions of Foreign States*, http://en. kremlin. ru/events/president/news/65437.

③ https://news. yahoo. com/russian-tv-channel-seek-google-193738177. html.

院执行反制裁法的第一案,具有强烈的示范效应。

2022 年 2 月 28 日,普京总统签署了关于对美国与其他外国和国际组织联合起来的敌对行动实施特别经济措施的行政命令。该行政命令部分涉及强制出售外国经济活动参与者收到的部分外币;禁止涉及居民根据贷款协议向非居民提供外币的外汇交易;禁止居民将外币记入其在国外银行或组织开立的账户,或通过使用外国支付服务提供商提供的电子支付选项在未开立银行账户的情况下转账。

2022 年 3 月 1 日,普京总统签署了关于确保俄罗斯联邦财政稳定的补充临时经济措施的行政命令。根据该命令,交易特别程序将于 3 月 2 日对与对俄罗斯联邦及其公民采取敌对行动的国家有联系的外国国民生效。新措施涉及向这些外国国民发放卢布信贷和贷款的交易,以及导致证券和房地产所有权转让的交易。此类交易可以根据政府监督在俄罗斯联邦外国投资委员会颁发的许可证进行。该命令还禁止从俄罗斯联邦转移超过相当于 10,000 美元的现金外币。

2022 年 3 月 4 日,普京签署了《联邦宪法修正案法》,该法修订了《针对侵犯俄罗斯联邦公民基本人权和自由的共谋措施法》,以及《联邦出入境程序法》第 27 条。新法律允许对所有外国国民和无国籍人实施《联邦宪法》第 1 条和第 2 条规定的制裁措施,而不仅仅是美国公民。这些行动包括禁止进入俄罗斯联邦,扣押俄罗斯联邦境内的金融和其他资产,禁止与属于这些公民(个人)的房地产和投资进行任何交易,禁止在俄罗斯联邦领土上处置财产,暂停这些个人(个人)控制的法律实体在俄罗斯联邦的活动,以及暂停他们在俄罗斯联邦境内注册的组织董事会或其他管理机构的权力。

2022 年 3 月 9 日,普京签署了关于在外国经济活动中采取特别经济措施以确保俄罗斯联邦安全的行政命令。总统决定在 2022 年 12 月 31 日之前采取以下特别经济措施:根据俄罗斯联邦政府编制的清单,禁止或限制在俄罗斯联邦境外出口和(或)向俄罗斯联邦领土进口产品和(或)商品。这些措施不适用于俄罗斯联邦公民、外国公民和无国籍人为个人目的进出口的产品和(或)商品。同日,普京总统签署了《俄罗斯联邦某些立法法案修正案联邦法》。该法律规定了一系列措施来维护俄罗斯经济的稳定,包括其金融体系,以及旨在确保改善俄罗斯联邦公民社会保护的社会经济措施,保护俄罗斯联邦的国家利益免受外国和国际组织的敌对行动的影响。

2022 年 3 月 14 日,普京签署了《俄罗斯联邦中央银行(俄罗斯银行)联邦法修正案》以及俄罗斯联邦关于修改贷款协议或信贷合同的某些立法法案。

由于外国和国际组织的敌意,《俄罗斯联邦某些立法法案修正案联邦法》旨在确保俄罗斯联邦的金融稳定,并在 2022 年 12 月 31 日之前对金融市场和公司关系的关系进行了特别监管。具体而言,根据联邦法律,俄罗斯保险公司被禁止与来自不友好国家的保险公司、再保险公司和保险经纪人达成交易。为了防止金融组织披露任何不友好国家可用于实施制裁的信息,俄罗斯银行董事会有权确定金融组织有权不向公众披露的数据。

2022 年 3 月 31 日,普京签署了关于允许外国买家履行其对俄罗斯天然气供应商承诺的特别程序的行政命令。该行政命令规定,自 2022 年 4 月 1 日起,2022 年 4 月 1 日之后执行的天然气交易,包括参与外国经济活动的居民公司,并拥有独家出口天然气的出口权,如果这些天然气供应被发送到对俄罗斯联邦和俄罗斯法律和实体采取不友好行动的外国,则应根据与外国实体的对外贸易合同以卢布进行。同样的程序也适用于与外国实体签署并在上述外国注册的天然气供应合同。根据行政命令,作为上述行政命令目的的授权银行,俄罗斯天然气工业股份公司应根据外国买家的申请开立天然气交易的特殊 K 型卢布账户和特殊的 K 型货币账户。行政命令规定了开设和使用这些账户的规则。因此,根据行政命令,外国买家将天然气供应合同中规定的外币转移到一个特殊的 K 型货币账户。根据外国买方的指示,授权银行在莫斯科银行间货币交易所(MICEX)-RTS 组织的交易会议上出售外国买方转账到该账户的外币,并将收益以卢布贷记到外国买家的 K 型卢布账户;然后将收益以卢布为单位转移到俄罗斯供应商在授权银行开立的卢布账户。

2022 年 3 月 26 日,普京签署了《联邦出口管制法修正案》,该修正案对《联邦出口管制法》关于禁止和限制外国经济活动的第 25 条进行了修改,以使其符合《联邦特别经济措施和执法措施法》。2022 年 3 月 30 日,普京总统签署了《关于确保俄罗斯联邦关键信息基础设施技术独立性和安全的措施的行政命令》,禁止政府机构和客户在其重要关键信息基础设施网站上使用外国软件。

2022 年 4 月 16 日,普京总统签署了《俄罗斯联邦某些立法法案修正案联邦法》,该法对立法进行了修订,以支持客户和在制裁压力下参与政府采购的人。该法旨在减轻不友好的外国对俄罗斯采取限制性措施的影响,并为政府和市政需求的采购订单的客户和参与者提供支持。

2022 年 5 月 4 日,普京总统签署了关于对美国与其他外国和国际组织结盟的敌对行动采取特别经济措施的行政命令修正案。[①] 2022年6月9日，普京总统签署了关于修订2022年2月28日关于对美国与其他外国和国际组织结盟的敌对行动采取特别经济措施的第79号总统行政命令以及2022年3月18日关于确保俄罗斯联邦外汇监管财政稳定的补充临时经济措施的第126号总统行政命令。

第七节　我国《反外国制裁法》及其实施

一、《反外国制裁法》的法理基础

我国《反外国制裁法》的名称中“引人注目的是一个‘反’字”，[②]从其性质上来看，我国《反外国制裁法》有别于欧盟的《阻断条例》，其立法重点在于反制，而非“阻断”。从形式上看，反制裁与制裁并无本质不同，都符合单边制裁的定义，但是其法理基础却存在根本性差异。[③]

我国的《反外国制裁法》在国内法上的法理基础在于我国《宪法》序言中规定的对外关系基本准则，即中国坚持独立自主的对外政策，坚持互相尊重主权和领土完整、互不侵犯、互不干涉内政、平等互利、和平共处的五项原则，坚持反对帝国主义、霸权主义。

在国际法上，反制裁法的法理基础在于国家主权平等原则。基于国家主权平等原则和公平贸易原则，一国在受到他国经济制裁后可以予以合理反制。与合理的经济制裁一样，在合理范围内出台并实施反经济制裁措施也应该是主权国家的自主权力。俄罗斯出台的《反制裁法》就是在美国签署《以制裁反击美国敌人法案》制裁俄罗斯之后应运而生的。

在习惯国际法上，反制裁的法理基础在于国际法上的反报原则。国际法上的报复或反报属于一种合法的自力救济（self help）方式。[④] 报复，是指一国针对他国在先实施的不法行为采取的一种报仇行动，这种行动本身是不符合

---

① http://en.kremlin.ru/catalog/keywords/128/events/68467.

② 参见《全国人大常委会法工委负责人就反外国制裁法答记者问》，载《新华每日电讯》2021年6月11日。

③ 参见霍政欣：《〈反外国制裁法〉的国际法意涵》，载《比较法研究》2021年第4期。

④ Josef L. Kunz, *Sanctions in International Law*, 54 Am. J. Int'l L. 324 (1960).

国际法的,但是在特定条件下可以免除其法律责任。[①] 在"瑙里拉案"(Naulilaa case)中,[②]国际仲裁法院提出了报复必须符合的三个条件:报复针对的必须是事先发生的违反国际法的行为;实施报复之前必须先要求对方弥补其违法行为;报复行动必须与受到的损害相对称。这三项条件在习惯国际法上一直被承认。自从《联合国宪章》提出全面禁止使用武力原则之后,武力报复手段只有在自卫的前提下才是合法的。非武力的报复措施仍然是允许的,现代国际法逐渐将其纳入"反措施"(counter-measures)这一概念之下进行讨论。作为报复措施的经济制裁是国际法不禁止的。如果某国违反了国际法,由于现行国际法中缺乏有效的法律执行机制,受害国可以采取报复或反报手段。由于武力报复手段原则上被国际法所禁止,因此采用非军事的经济制裁作为报复原则上是合法的。[③] 2001 年联合国国际法委员会通过的"国家对国际不法行为的国际责任草案"第 51 条规定,反措施必须与所受损害相称,同时还应考虑国际不法行为的严重性和相关权利。[④]

二、《反外国制裁法》的实施与完善

经济制裁发生后,目标国从国际法理上有反制的主权权力,但是反制措施的具体实施依据的仍然是各国国内法律。[⑤] 2021 年 6 月 10 日,我国《反外国制裁法》得以通过并于当日施行,《反外国制裁法》是目前世界上内容最丰富、体系最完整的反制裁立法。该法为我国应对外国制裁提供了有力的法律保障,为我国此前所采取的反制措施和商务部所颁布的《不可靠实体清单规定》《阻断办法》提供了更明确的法律依据,是我国从立法层面应对美国单边经济制裁的有力回击与必然选择。但是,由于《反外国制裁法》的出台较为匆忙,条文也比较简略,在具体实施过程中留下了一些亟待厘清的疑难问题。为了进一步形成完备的反经济制裁法律体系,我国还需要从以下几个方面进一步完善反制裁法律制度:

---

① Malcolm Shaw, *International Law*, 6th ed., Cambridge: Cambridge University Press, 2008, p. 1129.

② 2 RIAA, p. 1011 (1928).

③ M. L. Forlati Picchio, *The Legal Core of International Economic Sanctions*, in M. L. Forlati Picchio and A. -L. Sicilianos eds, Economic Sanctions in International Law, Nijhoff, 2004, p. 135.

④ Responsibility of States for Internationally Wrongful Acts, Article 51.

⑤ 参见袁达松、苏航:《我国应对经济制裁的反制法律机制》,载《天津法学》2020 年第 1 期。

1. 设立一个由党中央和国务院直属的专门性反制裁机构，统一协调和实施对外国政府、组织和个人的反制裁措施。

一方面，我国《反外国制裁法》与其他现有法规之间的关系还不够协调，相关法律彼此割裂，甚至彼此有一定冲突。我国《国家安全法》、《对外贸易法》和《反外国制裁法》中都规定了反制外国经济制裁的授权条款。比如，我国《对外贸易法》第7条规定："任何国家或者地区在贸易方面对中华人民共和国采取歧视性的禁止、限制或者其他类似措施的，中华人民共和国可以根据实际情况对该国家或者该地区采取相应的措施。"我国《国家安全法》第59条规定："国家建立国家安全审查和监管的制度和机制，对影响或者可能影响国家安全的外商投资、特定物项和关键技术、网络信息技术产品和服务、涉及国家安全事项的建设项目，以及其他重大事项和活动，进行国家安全审查，有效预防和化解国家安全风险。"我国商务部出台的《阻断办法》第1条就明确规定："为了阻断外国法律与措施不当域外适用对中国的影响，维护国家主权、安全、发展利益，保护中国公民、法人或者其他组织的合法权益，根据《中华人民共和国国家安全法》等有关法律，制定本办法。"而商务部发布的《不可靠实体清单规定》第1条也规定，根据《对外贸易法》《国家安全法》等有关法律，制定该规定。由此可见，《国家安全法》《对外贸易法》等法律也可以成为反制裁的法律渊源。上述不同法律所规定的主管机关和执法部门各不相同，有可能导致反制措施政出多门、彼此矛盾的情形。

另一方面，《反外国制裁法》需要其他法律的配合。《反外国制裁法》第6条规定："国务院有关部门可以按照各自职责和任务分工，对本法第四条、第五条规定的个人、组织，根据实际情况决定采取下列一种或者几种措施"。其中所规定的各类制裁措施大多需要其他部门法的配合。

第6条第1项措施"不予签发签证、不准入境、注销签证或者驱逐出境"，就涉及《出境入境管理法》中的相关条文。其中，"不予签发签证"属于《出境入境管理法》第21条所规范的内容。① "不准入境"属于《出境入境管

① 该法第21条规定："外国人有下列情形之一的，不予签发签证：(一)被处驱逐出境或者被决定遣送出境，未满不准入境规定年限的；(二)患有严重精神障碍、传染性肺结核病或者有可能对公共卫生造成重大危害的其他传染病的；(三)可能危害中国国家安全和利益、破坏社会公共秩序或者从事其他违法犯罪活动的；(四)在申请签证过程中弄虚作假或者不能保障在中国境内期间所需费用的；(五)不能提交签证机关要求提交的相关材料的；(六)签证机关认为不宜签发签证的其他情形。对不予签发签证的，签证机关可以不说明理由。"

理法》第25条所规范的内容。[①] “注销签证”属于《出境入境管理法》第67条所规范的内容。“驱逐出境”则属于《出境入境管理法》第81条所规范的内容。[②]

《反外国制裁法》第6条第3项反制措施是“禁止或者限制我国境内的组织、个人与其进行有关交易、合作等活动”。这一反制措施所禁止或限制的对象是“我国境内的组织、个人”,所禁止或限制的行为是与反制清单上的个人和组织“进行有关交易、合作等活动”,这就会影响几乎所有跨境商事活动,诸如国际贸易、投资、银行、保险、证券、航运等,从而会涉及几乎所有商事领域法律法规的适用,包括《对外贸易法》《出口管制法》《商业银行法》《外商投资法》《保险法》《证券法》《海商法》《民用航空法》《证券投资基金法》《外资银行管理条例》《外资保险公司管理条例》等。一旦国务院有关部门依据上述规定对反制清单上的个人和组织发布了上述禁令,如何具体落实该禁令,就需要修订或补充相关法律法规。例如,根据《合格境外机构投资者和人民币合格境外机构投资者境内证券期货投资管理办法》的规定,合格境外机构投资者和人民币合格境外机构投资者,是指经中国证券监督管理委员会批准,使用来自境外的资金进行境内证券期货投资的境外机构投资者,包括境外基金管理公司、商业银行、保险公司、证券公司、期货公司、信托公司、政府投资机构、主权基金、养老基金、慈善基金、捐赠基金、国际组织等中国证监会认可的机构。这些机构如果被列入《反外国制裁法》的反制清单,即应由《证券投资基金法》所规定的中国证监会、人民银行和外汇管理局等机构依照该法的规定对其采取限制措施。鉴于证券投资基金是一种专业性极强的商业活动,这种限制措施需要有非常完善的程序规则,否则会对我国金融市场产生负面冲击。

《反外国制裁法》第6条规定的第2项反制措施是“查封、扣押、冻结在我国境内的动产、不动产和其他各类财产。”此种查封、扣押、冻结措施从性质上

---

① 该法第25条规定:“外国人有下列情形之一的,不准入境:(一)未持有效出境入境证件或者拒绝、逃避接受边防检查的;(二)具有本法第二十一条第一款第一项至第四项规定情形的;(三)入境后可能从事与签证种类不符的活动的;(四)法律、行政法规规定不准入境的其他情形。对不准入境的,出入境边防检查机关可以不说明理由。”

② 该法第81条规定:“外国人从事与停留居留事由不相符的活动,或者有其他违反中国法律、法规规定,不适宜在中国境内继续停留居留情形的,可以处限期出境。外国人违反本法规定,情节严重,尚不构成犯罪的,公安部可以处驱逐出境。公安部的处罚决定为最终决定。被驱逐出境的外国人,自被驱逐出境之日起十年内不准入境。”

属于我国《行政强制法》第 9 条所规定的行政强制措施。[①]《行政强制法》第 2 条规定，行政强制措施是指行政机关在行政管理过程中，为制止违法行为、防止证据损毁、避免危害发生、控制危险扩大等情形，依法对公民的人身自由实施暂时性限制，或者对公民、法人或者其他组织的财物实施暂时性控制的行为。但该条所规定的“公民、法人或者其他组织”从字面意义上看显然只包括中国公民、法人和其他组织，而不包括外国公民、法人和组织。对不在我国境内的外国公民、法人和组织如何实施行政强制措施？我国现行法律还没有明文规定，迫切需要修改法律加以完善。

鉴于以上两方面的问题，反外国制裁措施的实施涉及经济贸易的各个领域和多个政府部门，非常有必要设立一个由党中央和国务院直属领导的专门性反制裁机构，统一协调和实施对外国政府、组织和个人的反制裁措施。《反外国制裁法》第 10 条也规定：“国家设立反外国制裁工作协调机制，负责统筹协调相关工作。”而美国早在 20 世纪 50 年代就设立了专门的经济制裁执行机构——美国财政部外国资产管制办公室。该机构根据美国总统的国家紧急权力以及具体立法授予的权力，对美国管辖范围内的交易实施经济和贸易制裁。在朝鲜战争期间，杜鲁门总统就宣布全国进入紧急状态，冻结了所有受美国管辖的中国和朝鲜资产。如今，外国资产实施经济制裁的方式更为多样化，包括命令停止违规行为、将违规个人或实体列入“特殊指定国民名单”、冻结资产、禁止入境或驱逐出境、禁止与美国人进行交易、追究民事责任或刑事责任等。

2. 进一步明确反制措施的救济权。早在 20 世纪 80 年代，我国法律就规定了外国个人和组织可以在我国境内享有行政诉讼权利。[②]《反外国制裁法》第 7 条规定：“国务院有关部门依据本法第四条至第六条规定作出的决定为最终决定。”[③]而国务院其他部门根据《对外贸易法》《国家安全法》《海关法》《证券法》等法律作出的决定依照《行政强制法》《行政复议法》《行政诉讼法》的规定是可以申请复议或起诉的。实践中，如果有关部门为了规避行政复议

---

① 《行政强制法》第 9 条规定，行政强制措施的种类包括“（二）查封场所、设施或者财物；（三）扣押财物；（四）冻结存款、汇款”。

② 1980 年 9 月 10 日通过的《中外合资经营企业所得税法》和《中外合作经营企业所得税法》规定，外国组织或外国公民对中国税务机关的行政行为不服，或者对纳税行为不服的，可以向人民法院提起行政诉讼。

③ 《行政诉讼法》第 13 条规定：“人民法院不受理公民、法人或者其他组织对下列事项提起的诉讼：（一）国防、外交等国家行为……（四）法律规定由行政机关最终裁决的行政行为。”

或行政诉讼程序而故意援用《反外国制裁法》,是否会剥夺当事人依据其他法律所享有的司法救济权?

根据《国家赔偿法》第4条的规定,行政机关及其工作人员在行使行政职权时"违法对财产采取查封、扣押、冻结等行政强制措施的",受害人有取得赔偿的权利。《刑事诉讼法》第117条也规定,司法机关及其工作人员对与案件无关的财物采取查封、扣押、冻结措施的,当事人和利害关系人有权向该机关申诉或者控告。但根据《反外国制裁法》第7条的规定,"国务院有关部门依据本法第四条至第六条规定作出的决定为最终决定"。《国家赔偿法》第5条规定:"属于下列情形之一的,国家不承担赔偿责任:……(三)法律规定的其他情形。"这样一来,有关部门根据《反外国制裁法》所作出的查封、扣押、冻结措施如果有违法之处,被执行人是否可以进行申诉、控告或申请国家赔偿?法律的规定也不明确。

从提升制裁制度的合法性角度来看,有必要在国内法机制下给予被制裁方一定的程序性保障和救济渠道。①可以结合《反外国制裁法》第8条②的规定,健全与完善这一救济权,即对于如何认定"采取反制措施所依据的情形发生变化的",既可以由我国有关部门直接作出裁定,也允许作为反制措施实施对象的组织或个人提出申请,再由我国有关部门进行审查认定。③

3. 需要尽快出台《外国主权豁免法》。《反外国制裁法》第15条规定:"对于外国国家、组织或者个人实施、协助、支持危害我国主权、安全、发展利益的行为,需要采取必要反制措施的,参照本法有关规定执行。"一旦外国国家、政府机关或政府官员违反了该条规定,我国有关部门可以参照该法对其进行反制裁,但此种制裁措施在执行时会面临外国主权豁免的障碍。另外《反外国制裁法》第12条规定:"任何组织和个人均不得执行或者协助执行外国国家对我国公民、组织采取的歧视性限制措施。组织和个人违反前款规定,侵害我国公民、组织合法权益的,我国公民、组织可以依法向人民法院提起诉讼,要求其停止侵害、赔偿损失。"如果相关组织和个人是外国政府机构或政府官员,我国法院在受理案件时也会面临管辖豁免障碍。这就需要我国尽快出台《外国主权豁免法》,改变此前长期坚持的绝对

---

① 霍政欣:《〈反外国制裁法〉的国际法意涵》,载《比较法研究》2021年第4期。

② 《反外国制裁法》第8条规定,采取反制措施所依据的情形发生变化的,国务院有关部门可以暂停、变更或者取消有关反制措施。

③ 霍政欣:《〈反外国制裁法〉的国际法意涵》,载《比较法研究》2021年第4期。

豁免政策,采取限制豁免主义。

4. 尽快修订《民事诉讼法》域外管辖权规则。如上所述,《反外国制裁法》第 12 条授予了我国公民和组织对违反《反外国制裁法》相关规定的组织和个人提起民事诉讼的权利。但是,这一诉权的行使必须以我国法院有管辖权为前提。我国《民事诉讼法》第 272 条规定:“因合同纠纷或者其他财产权益纠纷,对在中华人民共和国领域内没有住所的被告提起的诉讼,如果合同在中华人民共和国领域内签订或者履行,或者诉讼标的物在中华人民共和国领域内,或者被告在中华人民共和国领域内有可供扣押的财产,或者被告在中华人民共和国领域内设有代表机构,可以由合同签订地、合同履行地、诉讼标的物所在地、可供扣押财产所在地、侵权行为地或者代表机构住所地人民法院管辖。”如果我国境外的组织和个人执行或者协助执行外国国家对我国采取的歧视性限制措施,但又不满足《民事诉讼法》第 272 条的管辖因素,则我国法院无法受理此种诉讼请求。因此,有必要在《民事诉讼法》中增加一项“长臂管辖条款”,即只要境外的组织和个人的行为在我国境内造成损害的,可以由损害结果发生地人民法院行使管辖权。

5. 尽快完善反制清单。现行商务部发布的《不可靠实体清单》的规定比较模糊,透明度的缺失可能加大措施适用的不确定性。① 反制清单需要考量列入清单的标准、管制措施与范围、权利救济以及是否符合国际法等因素。② 同时,中国应对美国在华利益较大的公司和企业家建立档案和情报管理,加强工商监管与情报安全部门的协调合作,对一些涉嫌违规违法的企业进行深度调查,掌握相关证据,对损害国家经济安全的外资企业严惩不贷,树立典型。③

---

① 参见沈伟:《中美贸易摩擦中的法律战——从不可靠实体清单制度到阻断办法》,载《比较法研究》2021 年第 1 期。

② 沈伟:《中美贸易摩擦中的法律战——从不可靠实体清单制度到阻断办法》,载《比较法研究》2021 年第 1 期。

③ 张家铭:《“霸权长臂”:美国单边域外制裁的目的与实施》,载《太平洋学报》2020 年第 2 期。

第六章　经济制裁与国际私法

第一节　经济制裁对国际私法的挑战

一、西方传统国际私法理论及其困境

诞生于19世纪的现代西方国际私法理论建立在“非政治化”(apolitical)和价值中立性(value-neutrality)的时代背景之下。根据该理论,法院通常要先确定案件的性质(比如合同、侵权等),然后根据适当的冲突规则(合同履行地法、侵权行为地法等)来确定案件的准据法。这种理论框架下,内国法和外国法在形式上被同等对待,而且不用考虑外国法的政治属性和价值观。①

这种传统国际私法模式完全是19世纪初期西方资本主义社会剧烈变动的产物。随着自由资本主义的发展达到顶峰,当时出现了一种新的“社会模式”,即被作为一个整体来理解的法律制度被分解成“公共的”和“私人的”两个领域。②法律也因此而被区分为公法和私法。由于私人经济活动与国家无关,私法成为一种“超国家的现象”,而当时的社会也被称为“私法社会”。③

进入20世纪之后,世界形势发生了根本性变革,传统的西方国际私法理论遭遇三个方面的挑战。

首先是西方资本主义内部的挑战。经过19世纪末数次经济危机的打击,资本主义国家普遍加强了国家对经济的干预,自由主义的法律、经济制度逐步受到侵蚀。在涉外经济领域,国家的控制也越来越严。出口补贴、外汇管制、进出口管制等,构成了19世纪末的“新重商主义”经济政策的基础。国家因而成为本国企业的“大主管”,而不再是以前的“守夜人”角色。随着这种保护主义经济政策的蔓延,国家出于军事战略目的或为了保障本国的国家安

---

① Campbell McLachlan, *Foreign Relations Law*, Cambridge University Press, 2014, p. 18.

② Hans Fehr, Deutsche Rechtsgeschichte, 1962, S. 42f.

③ Susanne Lilian Gössl (ed), Politik und Internationales Privatrecht, Mohr Siebeck, 2017, S. 1.

全、向外国施加政治压力、保护本国自然资源等目标,大量采取贸易壁垒和经济限制措施。“一战”的爆发就是资本主义国家内部矛盾集中爆发的必然结果。现代意义上的对外经济制裁也正是在“一战”时期在西方国家之间展开的。20 世纪 30 年代的经济大危机和随后的“二战”进一步加剧了西方国家之间贸易管制和经济制裁的普遍实施,使国际私法在资本主义国家之间也遭遇挑战。

其次是社会主义国家带来的挑战。“一战”后建立的世界上第一个社会主义国家苏联实行了崭新的集体主义和计划经济制度,这与西方传统的自由主义格格不入,从而遭到来自西方国家的集体抵制和制裁。“二战”以后,世界进一步陷入以美国为首的西方阵营和以苏联为首的东方阵营之间的政治对立,冷战的铁幕把世界区分为政治上的敌我双方。社会主义国家全都废除了以前的资本主义法律,代之以马克思列宁主义为指导的、以共产党领导下的无产阶级专政和公有制为基础的新型社会主义法律制度。社会主义国家之间达成了一系列“交货共同条件”,取代了国际私法的适用。而西方国家在美国主导下建立了以 GATT 为基础的跨国贸易体系,并且于 1950 年正式组建“对共产党国家出口管制统筹委员会”(COCOM),颁布大量针对社会主义国家的出口禁令和经济制裁措施,限制东西方贸易。[①] 社会主义国家内部也因为意识形态或者政治路线的分歧发生了政治对立,苏联对南斯拉夫、匈牙利和中国等社会主义国家也实施了经济制裁,给社会主义国家之间的商业交流造成了障碍。

最后是发展中国家带来的挑战。“二战”后兴起的民族国家独立运动彻底改变了世界格局。以发展中国家为主体的“第三世界”坚持国家主权和独立自主发展路线,坚决反对霸权主义和殖民主义,与美国为代表的西方世界以及以苏联为代表的东方阵营均保持距离。其中部分国家因特立独行的发展道路遭到来自两大阵营的干预或者制裁。美国对古巴、朝鲜、伊朗、利比亚、苏丹等国家的经济制裁都是在这样的背景下发生的。以美国的《赫尔姆斯-伯顿法》第三章为代表的单边经济制裁法规直接赋予自身域外效力,法院可以直接依照该法的规定对发生在域外的行为判处民事赔偿,从而使美国的经济制裁超越了国际私法的指引,严重侵犯了第三国主权。

总之,各国单边外交政策对国际私法的侵蚀打破了传统国际私法的中立性和非政治化。全球法律共同体已经不复存在,法律的等价性和互换性宣告

---

① 崔丕:《美国的冷战战略与巴黎统筹委员会·中国委员会》,中华书局 2005 年版,第 108 页。

破产。[①] 国际私法逐渐沦落为国家对外政治的工具。[②] 美国的政府利益分析说等新兴学说正是这种背景下的产物。这些新理论大都以单边主义为基础,纷纷扩张本地法的域外效力。这样一种思路不是像传统国际私法那样以法律的等价性为基础,而是建立在本国法律的优先性之上。法院需要考虑的只是如何确定本国或本地法律在多大范围内可以直接适用。[③]

二、经济制裁与公法冲突

在经济制裁行动中,单边经济制裁只是从本国的单方面利益出发,容易引发国家之间的管辖权冲突,甚至导致各国相互制订阻断法(blocking statutes),用于保护本国不受他国经济制裁的影响。[④]

同时,经济制裁措施的单方面适用也不能满足私人要求法律确定性的愿望。从事国际经济交往的人必须要考虑到各有关国家的法律制度,而这些国家对它们的经济制裁措施都是从单方面进行适用的。他还要时刻关注,法官不仅仅会适用法院地的经济制裁法,而且还可能根据礼让原则适用其他国家的经济制裁法。从私人的角度来看,由于各个国家都要求保留自己的经济制裁法的适用,有可能导致法规的重叠适用。这会导致只有那些得到所有国家法律允许的经济活动才能得以合法开展。在国际私法中,法律的重叠适用只能是一种例外,而在国际经济制裁中则成为一种常态。比如,对于出口商来说,他必须既要拿到出口国的出口许可证又要拿到进口国的进口许可证。而对国际航运商来说,没有出发地、中转地和目的地国的全部批准是不可能开展业务的。一旦不同国家制定不同了经济制裁政策,贸易商就会陷入左右为难之境地。

---

① Horatia Muir Watt, Aspects économique du droit international privé, Collected Courses of the Hague Academy of International Law, Martinus Nijhoff, 2005, p. 307, 356-357.

② Jürgen Basedow, *The Law of Open Societies: Private Ordering and Public Regulation of International Relations-General Course on Private International Law*, Collected Courses of the Hague Academy of International Law, Vol. 360, Martinus Nijhoff, 2013, p. 294-295 and 306.

③ Alex Mills, *Private International Law and EU External Relations: Think Local Act Global, or Think Global Act Local?*, 65 ICLQ 541 (2016).

④ 据统计,大约有16个国家颁布了类似的阻断性立法。See Kaufmann, *Secrecy and Blocking Laws, A Growing Problem as the Internationalization of Securities Markets Continues*, 18 Vand. J. Transnat. L. 809(1985).

在欧共体法院审理的“Centro-Com 公司案”[①]中,法院就遇到这样的难题。1992 年 5 月 30 日,联合国安理会通过第 757/1992 号决议,对南斯拉夫联邦共和国(塞尔维亚和黑山)进行经济制裁。欧共体理事会也于 1992 年 6 月 1 日通过了第 1432/92 号决议,[②]内容与联合国安理会决议保持一致,该决议禁止成员国向南斯拉夫共和国出口日用品和工业用品,但医疗物资和食品除外。为了实施该条例,英国政府于 1992 年 6 月 4 日通过了《塞尔维亚和黑山(联合国制裁)条令》[③]。该条令规定,未经国务大臣和财政部许可,任何人不得向塞尔维亚和黑山共和国出口物资,任何人也不得向塞尔维亚和黑山提供支付和转账等金融服务,但医疗物资和食品例外。Centro-Com 公司是一家意大利公司,在得到意大利政府批准后,该公司与塞尔维亚一家公司签署出口医疗物资的合同,合同款项通过英国巴克莱银行(根据英格兰银行的指令)的账户进行支付。后来,英国财政部修改了制裁条令,规定即使是医疗物资和食品,也只有当出口物资是从英国发往塞尔维亚时才允许英国银行提供支付服务。这样一来,英格兰银行就通知巴克莱银行,不再批准对塞尔维亚的出口支付。Centro-Com 公司向英国法院起诉英格兰银行,法院向欧共体法院请示以下问题:意大利政府已经批准了向塞尔维亚的出口合同,英国政府禁止该合同的支付是否符合《欧共体条约》第 113 条所规定的共同商业政策?欧共体法院(ECJ)判决认为,英国虽然有权决定自己的安全政策,但不得与欧共体的共同商业政策相违背。本案就涉及欧共体不同成员国经济制裁政策之间的冲突以及它们与欧共体政策之间的冲突。

三、《赫尔姆斯-伯顿法》诉讼

传统上,美国的对外经济制裁法类似于大陆法意义上的“公法”,都是由行政部门来具体执行的。比如,美国《外贸管制法》是美国实施对外经济制裁的最基本法律之一,该法的实施机关是行政机关,具体而言是财政部下设的出口管制办公室。《外贸管制法》并未给私人受害者提供私人诉因,因此私人不能依据《外贸管制法》提起民事诉讼。在“以色列飞机工业公司诉日本三和

---

① Riccardo Pavoni, *Un Sanctions In EU and National Law: The Centro-Com Case*, 48 International and Comparative Law Quarterly 582 (1999).

② Council Regulation (EEC) No. 1432/92 of 1 June 1992.

③ The Serbia and Montenegro (United Nations Sanctions) Order 1992.

信贷公司案”中,①以色列飞机工业公司和另一家公司的合资企业试图收购一家陷入困境的美国飞机公司,该飞机公司的第一债权人是一家日本银行的美国分行。根据日本银行的指示,该分行拒绝了以色列公司的收购请求,因为日本银行担心阿拉伯国家的制裁,不愿意与以色列公司合作。以色列公司向美国法院起诉,要求依据美国《出口管制法》的反抵制条款禁止日本银行遵守阿拉伯国家的抵制法令并接受以色列公司的收购要约。但法院驳回了以色列公司的诉讼请求,认为《外贸管制法》并未给私人当事人提供诉因,该法也没有规定某种特定的受益人,因此没有任何私人能够基于该法提起诉讼。

20 世纪 90 年代,由于传统的经济制裁方式难以得到美国盟国的支持,跨国公司也极力抵制美国的对外制裁措施,一些美国立法者开始另觅良策。1996 年,美国国会通过了《古巴自由民主团结法》,即《赫尔姆斯-伯顿法》,②《赫尔姆斯-伯顿法》主要内容有三点:第一,进一步确认了《古巴资产管制法》的效力并要求加强对古巴经济制裁的执行力度,极力促进古巴走向民主和自由(第 1 条和第 2 条);第二,特别创设了一个新的诉因(第三章),允许在古巴革命后财产被没收的美国公民向美国联邦法院起诉那些从事与这些财产有关的交易活动的外国人;第三,禁止与上述交易活动有关联的外国人进入美国(第四章)。

上述规定中,最具争议的是第三章。该条针对的是古巴卡斯特罗政府上台之后实施的对私有财产的国有化征收行为。当时有很多美国人的财产也被征收,另外有很多古巴人的财产被征收后,这些古巴人逃到美国并加入美国籍。古巴政府未对这些被征收财产进行补偿。美国政府专门成立了一个“外国赔偿请求解决委员会”,凡是被古巴政府征收财产的人应当到该委员会进行财产登记,该委员会审查后颁发一个财产损失证明。美国与古巴之间对于古巴的国有化征收问题长期存在纷争,一直未达成解决协议。“冷战”结束后,古巴失去苏联援助,经济发生困难,于是开始实行经济自由化改革,允许外国资本收购古巴国有资产。于是一部分原属美国人的私人资产被古巴政府出售给外国投资者。《赫尔姆斯-伯顿法》第三章专门针对此一问题,它规定,凡是在 1959 年 1 月 1 日以后被古巴政府征收的财产,无论是否登记,其所有人均可向美国法院提起一项私人诉讼请求权,可以要求美国法院判处那些

---

① See Israel Aircraft Indus Ltd v. Sanwa Bus Credit Corp. 16 F. 3d 198, 200 (7th Cir. 1994).

② *Cuban Liberty and Democratic Solidarity Act of* 1996, Pub. L. No. 104 - 114, 110 Stat. 785 (1996), 22 U. S. C. § § 6021-6091(2000).

“非法收购”这些被征收资产的外国人①承担赔偿责任,赔偿金额原则上是该财产价值的一倍,特殊情况下可以判处三倍赔偿。②

《赫尔姆斯-伯顿法》与此前的经济制裁法不同的是,它赋予被征收财产的美国公民一个私人诉因,可以对该法所规定的外国人提起私人诉讼,要求美国法院判决该外国人赔偿。为了扫清美国法院管辖权上的障碍,该法还特意要求美国法院不得以“国家行为理论”为由拒绝行使管辖权。③ 因此,该法的实施完全掌握在美国法院手里,而不是像其他经济制裁法律那样通过美国行政机关来执行。这就开创了美国对外经济制裁的一个新的先例,即通过民事诉讼来实施对外经济制裁。这种方式类似于发动了一场经济制裁的“人民战争”,让普通老百姓参与其中,充分发挥人民群众的集体智慧和力量,让那些与被制裁国有贸易往来的跨国公司陷入人民群众的监督之下。

从 1996 年到 2017 年,克林顿总统、布什总统和奥巴马总统都暂停了《赫尔姆斯-伯顿法》第三章的实施。布什政府曾考虑启动第三章,但得出的结论是,引发的诉讼会导致与盟友的摩擦并可能产生意想不到的后果。2019 年 4 月 17 日,美国国务卿蓬佩奥宣布从 2019 年 5 月 2 日起将启动实施第三章。④

在《赫尔姆斯-伯顿法》第三章生效的两年中,来自各地的原告已经发起了 40 多起诉讼,这些诉讼主要针对在采矿、制糖、烟草、网商、银行和牧场等行业经营的美国、欧洲和古巴公司。⑤ 在截至 2021 年 5 月的 40 起诉讼案件中,16 起已被驳回,其中 4 起是自愿撤诉,12 起是由法院裁判驳回的,其余案件还等待法院的审理。只有少数几起案件进入了诉讼的证据开示阶段,这表明大多数原告甚至都无法通过初审。

虽然理论上拜登政府可以随时发布暂停令暂停第三章的适用,但迄今为止他没有颁布暂停令,而且拜登政府已经表示对古巴政府的政策转变不是目前的优先事项。如果拜登政府改变主意,《赫尔姆斯-伯顿法》要求它在暂停生效前至少提前 15 天通知国会。在该日期之前开始的诉讼不会受到重新暂

---

① 根据该法第 4 条第 8 款,“外国人”(foreign national)是指:“(a)外国自然人;(b)任何非依美国或美国任何州、哥伦比亚特区或联邦属地或美国占领下领土的法律成立的公司、信托、合伙或其他法人团体。”

② *Cuban Liberty and Democratic Solidarity Act of* 1996, § § 301-306.

③ See Helms-Burton Act, § 301(6);The relevant language states: “No court of the United States shall decline, based upon the act of state doctrine, to make a determination on the merits.”

④ https://www.state.gov/cuba-title-iii-faqs-libertad/.

⑤ https://static1.squarespace.com/static/563a4585e4b00d0211e8dd7e/t/625976f017b9bf2eef38abc8/1650030320308/Libertad+Act+Filing+Statistics.pdf.

停的影响。[1]

第二节 法院地国经济制裁法的适用

一、法院地经济制裁法的直接适用理论

(一)“直接适用的法”理论

对于在一国法律体系内,某些特定的实体规范由于其特定的目的和性质,可以不经过通常的双边冲突规范的指引而得到直接适用。这一现象早已引起了萨维尼的注意。他指出,“存在着某种类型的法律,由于其特定的性质和实质目的,它们不符合法律的互换性原则”。[2]他还认为,这些例外性规则的认定是他的“全部理论中最困难的任务”。

一个多世纪以后,弗朗西斯卡基斯得出了同样的结论。他在法国法院的判例中观察到法院地国家的某些法律由于其实质目的,具有独立于双边冲突规则的性质,它们不受这些冲突规则的影响而直接适用。他称这些法律规范为“直接适用的法”(lois d'application immediate)[3]。他促使人们注意到这样一个事实,即法院地的有些法律规范不受传统的双边冲突规范的影响。

但“直接适用的法”这一术语受到许多学者质疑,而且在翻译上也引来许多问题。在其后来的表述中,弗朗西斯卡基斯更趋向于使用“警察法”(lois de police)这一概念,这一概念更强调这些法规的目的,而不是其效果。虽然这一概念仍不够明确,但在法语文本的欧盟法律文件中已经得到正式采用。[4]在英语的官方文献中,“直接适用的法”现在被普遍称为“强行规范”(mandatory rules or peremptory norms)[5]。不过“强行规范”与“直接适用的法”仍有区别。如前所述,“强行规范”包括私法中的强行规范和公法中的强行规范;而法院地国私法中的强行规范不属于“直接适用的法”范围,它们应当受私法

---

① 22 USC, § 6085(c)(3).

② Savigny, System des heutigen Roemischen Rechts, Vol Ⅷ, 1849, S. 32.

③ Phocion Francescakis, *Lois d'application immediate et droit du travail*, 63 Rev. crit. de d. i., p. 273 (1974).

④ 参见欧盟2008年6月17日《关于合同之债法律适用的第593号条例(罗马第一条例)》法文本第9条。

⑤ Ivo Schwander, Lois d'application immediate, Sonderanknuepfung, IPR-Sachnormen und andere Ausnahmen von der gewoehnlichen Anknuepfung im internationalen Privatrecht, 1975, S. 249.

冲突规范的指引而进行适用。为了区分,欧盟官方文献英文本中现在通常采用“优先适用的强制性规范”(overriding mandatory provisions)这一术语。[①]在德国,学者以及官方文献中通常使用“干预规范”(eingriffsnormen/intervention rules)来表示具有上述性质的法律规范。[②]

法院地的某项经济制裁规范是否属于优先适用的强制性规范,取决于立法者的意图。[③] 如果立法者明确表达了这一意图,法官则应遵守。但前提条件是立法者的决定不能违反国际法的基本准则。但由立法者对法律规范的直接适用作出明确规定的情况通常只是例外。立法者一般都不会对法律规范的国际适用范围提供意见。而这正是问题之所在。如何从其性质和目的上来确定那些需要优先适用的法律规范,便成为理论界和法院最困难的任务。[④]

对于如何识别法院地的优先适用的强行规范,弗朗西斯卡基斯遵循的是“法则区别主义”或者说“单边主义”的方法。他指出,哪些法律规范需要被直接适用的要求源自它们的实体目的。也就是说,这些规范与国家的组织机构及其运行有密切关系,它们不能与外国法一样同等对待。因此,他在确定“直接适用的法”时实际上借用了美国学者的“利益分析”方法[⑤]。他在解决国际性案件时,将一国的实体法规范划分为两种类型:一种是普通型,它们的适用取决于冲突规范的指引;另一种是特殊型,它们的适用范围取决于它们的实体目的。但能否仅仅从其实体目的中便推断出第二种类型的实体规范是值得怀疑的。因为它们通常需要单边冲突规范的指引以确定它们的适用条件。单边冲突规范与实体规范常常是结合在一起的。[⑥] 但反对意见认为,直接从实体规范的目的中便推导出其适用范围以及是否需要一条单边冲突规范来确定其适用范围纯粹是一个理论问题。这在一定程度上是正确的。但实体规范原则上总是需要冲突规范的补充。[⑦]

---

① Regulation (EC) No. 593/2008 of the European Parliament and of the Council of 17 Jun. 2008 on the Law Applicable to Contractual Obligations (Rome I), O. J. 2008, L 177/6, art. 9.

② Jan Kropholler, Internationales Privatrecht, 2004, S. 18.

③ Michael Cremer, *Embargovorschriften als Eingriffsnormen*, 10 Bucerius Law Journal 18 (2016).

④ F. Vischer, *Generel Course on PIL*, Recueil des Cours 1992, p. 155.

⑤ See Francescakis, *Repertoire de droit international*, Dalloz, Vol. Ⅰ, 1968, N. 124.

⑥ Klaus Schurig, Kollisionsnorm und Sachrecht, 1981, S. 57.

⑦ Jan Kropholler, Internationales Privatrecht, 1990, S. 88.

(二)“反域外适用推定”

在美国,法院在讨论联邦立法的域外效力时,首先需要“发现”国会的立法意图。而如何发现立法意图,美国法院通过长期的司法实践建立了一套标准和方法。但是这套方法不仅在表述上十分的复杂,而且在适用上也具有不可预测性。如果国会没有规定立法的域外适用并且法院也无法推断出国会的立法意图,则适用美国判例法中一项由来已久的原则(a longstanding principle),即“反域外适用推定”。根据该项原则,国会的立法只意图适用于美国领土管辖范围内,除非国会有相反的意图。这一原则体现的是对某一法律条文含义的推定规则或解释规则,而不是对国会立法权的限制。“它建立在这一认识之上,即国会通常是针对国内事项,而非涉外事项进行立法的”,因此,“除非国会清楚地表明它意图赋予某一规则具有域外适用效力,否则我们只能推定该规则主要与国内事项有关”。① 美国最高法院大法官斯卡利亚在著名的“莫里森案”中认为,反域外适用推定最大的优点就是可以适用于所有案件而无须法院逐案分析,同时“这也为国会制定相关法律提供了稳定的司法判例背景以及可预测性”。②

美国联邦最高法院在“RJR Nabisco 诉欧共体案”中再次强调:“美国法律制度的一个基本前提是,总体而言,美国法律只管国内,不管世界。这一原则被表述为一项法律解释的基本原则,即反域外适用推定:如果国会没有明确表达相反的意图,则联邦法律将被解释为仅在国内适用。问题不在于法院是否认为如果国会在法院之前考虑过这种情况,它是否会希望将法规适用于域外的行为,而在于国会是否明确无误地指示该法规将会这样做。当一项法规没有明确表明域外适用意图时,它就没有。这种推定有几个原因。最值得注意的是,它有助于避免美国法律适用于域外的行为时可能导致的国际不和谐。但它也反映了更为普通的常识概念,即国会在立法时通常考虑的是国内问题。因此,法院会全盘适用该推定,而不会去考虑美国法律与外国法律之间是否存在冲突风险。”③

二、相关立法

欧共体 1980 年达成的《罗马公约》(《关于合同债务法律适用的公约》)

---

① Morrison v. National Australia Bank Ltd., 130 S. Ct. 2869, (U. S. 2010).

② Morrison v. National Australia Bank Ltd., 130 S. Ct. 2869, (U. S. 2010).

③ RJR Nabisco, Inc. v. European Cmty., 579 U. S. 325 (2016).

第 7 条第 2 款规定："如果法院地的法律规范具有强行性，即使在合同应适用其他法律的情况下，本公约亦不限制此类规范的适用。"1985 年 12 月 30 日订立的海牙《国际货物买卖合同法律适用公约》第 17 条规定："即使在合同应受其他法律支配的情况下，本公约亦不妨碍法院地必须适用的法律规范的适用"。在乔拉诺和拉加德（Giulano/Lagarde）所作的有关该公约的报告中专门列举了该条款所指的某些类型的法规，如货币法、价格法和反托拉斯法等。①

晚近一些国家国际私法立法中，法院地强制法的直接适用理论也得到采纳，其中最有代表性的当属瑞士 1988 年的《瑞士联邦国际私法》第 18 条的规定："本法不影响瑞士强行规范的适用，该强行规范由于其特定目的，无论本法指引的法律为何，都必须适用。"另外，德国 1986 年的《联邦德国国际私法》第 34 条对合同的法律适用问题也规定："本节规定并不影响德国法律中强制规范对合同的适用。"加拿大魁北克省 1991 年生效的《民法典》第十编（国际私法）第 3076 条规定："本卷规则不适用于某些根据其特定目的而要求强制适用的魁北克现行法律规则所保留的领域。"意大利 1995 年 5 月 31 日的《意大利国际私法制度改革法》第 17 条也规定："意大利的法律规定，如果从其对象和目的而言，即使在外国法律被指定适用的情况下也必须被适用，则其保留优先于以下条款而被适用的效力。"白俄罗斯共和国 1999 年 7 月 1 日生效的《民法典》第 1095 条第 1 款也规定："本编规定不影响白俄罗斯共和国的强行规范的效力，无论法律关系的准据法为何国法律，均应受该强行规范的支配。"

国际法协会 1991 年年会关于国际私人间合同当事人意思自治的决议第 9 条第 1 款也规定："被选择法律的适用不得损害法院地国法律中的强制性规定，无论合同准据法为何，该规定必须予以适用。"②

综上所述，如果法院地颁布了针对外国的经济制裁或反制裁法律，该法律一般应当得到该国法院的执行，无论合同准据法是何国法律。我国《反外国制裁法》第 11 条也规定："我国境内的组织和个人应当执行国务院有关部门采取的反制措施。对违反前款规定的组织和个人，国务院有关部门依法予以处理，限制或者禁止其从事相关活动。"

---

① Giulano/Lagarde, *Report on the Law Applicable to Contractual Obligations*, 23 O. J. Eur. Comm. (No. L94) 39 (1980).

② *Resolution of the Institut de droit ingernational*, *Session de Bale* 1991, *On the Autonomy of Parties in International Contracts between Privates*, Annuaire 64 Ⅱ (1992), p. 387.

第三节　准据法所属国经济制裁规范的适用

一、外国公法能否成为准据法的一部分

如果准据法是外国法,那么外国政府颁布的经济制裁法规能否得到法院的遵守呢？这首先涉及外国公法的可适用性问题。由于经济制裁法规具有公法的性质,如果认为外国的公法与私法一样可以同等地在本国法院被适用,那么经济制裁法就应被包括在传统的冲突规范所指引的准据法范围内,与准据法中的私法规范同等适用。否则,就应探讨经济制裁法的特殊适用方法。

在大陆法国家,公法与私法的划分具有根深蒂固的历史渊源。一般而言,如果法律规范调整的是社会的功能或调整的是个人与社会之间的关系,这种规范就属于公法;而如果它们调整的是纯粹私人之间的关系,则属于私法范围。宪法、行政法、刑法、税法、垄断和限制性贸易行为法以及价格和外汇管制法等通常属于公法,尽管它们经常涉及私人之间的法律关系;而合同法、公司法和劳动法等通常属于私法,尽管它们当中的许多规范是为了保护社会的利益。

在国际私法中坚持公私法的划分和区别对待也是大陆法国家的普遍做法。按照孟西尼的理论,根据国家主权原则,公法具有严格的地域性。对于它们,一般只适用各国的国内法律。这一原则已得到许多国家的承认。在国际法院有关“波尔案”的判决中也接受了这一方法。

近年来,由于公私法的划分受到了挑战,许多学者主张,国际私法不能再先验地将公法排除在它的适用范围外,①至少准据法所属国的公法也应该被包括在内。但这引起了巨大的争议。

国际法学会1975年威斯巴登年会决议明确指出:“一、1. 冲突规范所指引的外国法律规范的公法性质不影响该规范的适用,但根据公共秩序所做的根本性保留除外;2. 无论外国法上的某项规定是否符合适用其他法律规则的条件或者无论是否有必要考虑前述规定,都应如此;二、在某些国家的司法判

---

① Anton Heini, Die Anwendung Wirtschaftlicher Zwangsmaßnahmen im Völkerrecht und im Internationalen Privatrecht, CF Müller 1982, S. 43; F. Vischer, *Generel Course on PIL*, in Recueil des Cours, 1992, p. 150.

决和法律文献中存在的所谓的外国公法不予适用的先验原则，如果没有得到实际运用，而只是被追求的一项原则，则：(1)是建立在没有说服力的理论和实践基础之上的；(2)通常与公共秩序原则相混同；(3)可能会导致不令人满意的并与国际合作的时代要求相矛盾的结果；三、出于相同原因，对于外国公法中某些类型的规定的不予适用也按上述规则处理，这类规定包括那些与保护私人利益无关、而主要是服务于国家利益的规定。”①1988 年的《瑞士联邦国际私法》第 13 条采纳了上述观点，规定：“不得仅仅以外国法律规定具有公法性质而排除其适用。”

但在对欧共体的《罗马公约》进行讨论的过程中，对于准据法中的“强行规范”是否应当适用的问题，理论上的分歧体现得尤其明显。由于该公约革命性地引进了有关“强行规范”的规定，这一问题变得更为复杂。一派学者坚持认为，《罗马公约》是一项国际私法公约，它只涉及私法的适用问题。准据法中的公法显然不应自动适用，而只有在特定情况下，根据公约的特别规定，外国的强行规范才可以不依赖冲突规范的指引而直接适用。②

但反对意见认为，这是将国内的法律观念国际化的企图，在现今国家对私人法律关系的干预日益加强和公私法日益相互渗透的时代，这种观念过于陈旧。首先，它预设了一项在公私法之间进行识别的艰巨任务，由于国家干预的日益加强，这一任务已变得越来越困难。其次，这种区分容易导致国际私法的“双轨制”(zweispurigkeit)③或被称为国际私法的“双层理论”(zweistufige theorie)④，即可能存在两种不同的冲突法体系——私法的冲突法和所谓的“公法的冲突法”。而且，第 7(1)条的规定只是允许性或任意性的，而非强制性的，因此不能从中得出准据法中的公法规范可以自动适用的结论。

由于不同国家的学者有极大的争议，《罗马公约》有意地回避了这一敏感问题。《罗马公约》中并没有明确说明该公约的效力是否仅限于私法，而公私

---

① Institut de Droit International, Session de Wiesbaden 1975, L'application du droit etranger, http://www.idi-iil.org/idiE/resolutionsE/1975_wies_04_en.pdf.

② Allan Philip, *Mandatory Rules, Public Law and Choice of Law*, in P. M. North eds., *Contract Conflicts, The EEC Convention on the Law Applicable to Contractual Obligations: A Comparative Study*, North-Holland Publishing Company, 1982, p. 87.

③ M. Werner, Extraterritoriale Jurisdiktion im offentlichen Wirtschaftsrecht, Springer, 1994, S. 674.

④ Egon Lorenz, Die Zweistufentheorie des IPR und zu ihrer Bedeutung fuer das neue internationale Versorgungsausgleichsrecht, in FamRZ(1987), S. 643-663.

法的划分并没有为公约所有成员国接受。①

但在实践中,外国公法仍很少被内国法院适用。国际法学会的上述决议进一步指出:"四、主要由于以下原因,被认定为公法的外国法律很少被适用,这一事实不影响前述规定的适用范围:(1)由于国际私法规范或外国法律规定所调整的社会关系的性质而没有发生相关争议;或(2)由于外国法律规定被其立法者限定于领土范围之内并且此种限制原则上应予遵守;或(3)由于法院地国通常通过作出宪法或行政法上的判决而认为其无权适用被认为是公法的该外国法律规定,或者认为在不存在条约和互惠义务或与案件有联系的国家不存在经济或政治利益的情况下它们无须适用此种规定。"

由此可以看出,尽管在特定情形下,特定的具有公法性质的外国法律可以被法院适用,但从这一事实中不能必然得出所有外国公法均须适用的结论。公法,如果其目的在于对私法关系加以影响,那么它可能构成准据法的一部分。但必须要澄清两点:第一,国际私法调整的只是受到公法影响的私人间的法律关系;第二,适用何国公法以及适用该国何种公法的问题不应由外国公法本身来确定。②

许多批评者反对将外国公法识别为"好"的和"坏"的。③ 他们主张应当按照源于罗马法的利益学说来划分公法和私法。该学说将出于公共利益而颁布的法律称为公法,而将处理个人利益的法律称为私法。然而在现实中,一项立法往往兼具公共利益和私人利益。比如,法律上对合同中弱方当事人的保护既是为了保护个人利益,也是为了实现维护社会经济平衡、保障社会福利的国家利益。但那些作为国家实现其政治和外交目的、与私法无直接联系的公法规范决不能被包括在冲突规范所指引的准据法之内。

经济制裁作为国家对外政策的工具,显然不属于为了保护私人利益而制定的强制性规范,因此不能作为准据法的一部分被适用。尤其应当考虑到一些国家所指定的具有域外效力的经济制裁规范本身就严重违背了国际法基本原则,侵犯了他国主权安全,更不能被作为准据法的一部分被采用。此

---

① D. Jackson, *Mandatory Rules and Rules of "ordre public"*, in P. M. North eds., *Contract Conflicts, The EEC Convention on the Law Applicable to Contractual Obligations: A Comparative Study*, North-Holland Publishing Company, 1982, p. 60.

② F. Vischer, *Generel Course on PIL*, in Recueil des Cours, 1992, p. 151.

③ See Pierre Lalive, L'application du droit public etranger, Rapport preliminaire et rapport definitif, 56 Annuaire de l'Institut de droit international 157 (1975); F. A. Mann, Eingriffsgesetze und IPR, Beitraege zum Internationalen Privatrecht, Berlin, 1976, p. 178.

外,将经济制裁规范包括在准据法范围内也违背了当事人的意愿。没有哪一个合同当事人在选择合同准据法时会把该国法律中的经济制裁法也考虑在内。

二、相关案例

瑞士联邦法院在早期的"昂格拉德案"中指出:"根据地域性原则,公法不得在颁布它的国家以外适用:作为一般原则,外国的公法也不得在瑞士适用或执行。"①不过,1987 年的《瑞士联邦国际私法》改变了不适用外国公法的立场。

意大利宪法法院在一项判决中同样承认公法规范的地域性,但同时认为,在涉及福利和工伤及疾病保险的情况下,公法的地域性限制可能会与宪法规定发生冲突,这时针对在海外受雇于意大利雇主的意大利工人的保险规定应具有强行性。

英美法中虽然没有大陆法系那样明确的公私法划分,但根据国家主权原则,同样会排斥外国公法性质法律的域外适用。在英国,公法和私法的区分虽然不会产生实体法上的后果,②英美法国家法院有时会根据国际礼让原则考虑外国公法中所体现的国家利益,③但是,"英国法院没有管辖权去受理一项其目的在于直接或间接地执行(enforcement)外国刑法、税法或其他公法的诉讼"。④ 英国学者认为,一个国家的法院不执行外国的刑法和税法是一项公认的普遍原则。根据凯斯(Keith)大法官的观点,执行外国公法上的请求是对外国主权的扩张,是一个国家在另一个国家领域内主张主权权力,因此是违

---

① Tribunal Federal, 26 June 1980, Ungrad v. Ungrad, reported in Ann. suisse dr. int., 1981, 254 and 419, commented by Lalive and Bucher at 423-424.

② See David Jakson, *Mandatory Rules and Rules of "Ordre Public"*, in P. M. North eds, Contract Conflicts, p. 59.

③ Dicey and Morris, *The Conflict of Laws*, 8th edt., s. 100 ff.

④ Dicey and Morris, *The Conflict of Laws*, 8th edt., para. 5-020;该书规则 3(1)中所提到的"其他公法"源于该书第四版(1927 年),其中的规则 54(第 224 页)提到"政治性法律"(political law),并援引 Emperor of Austria v. Day and Kossuth 案指出政治性法律不应得到执行。在该书第七版中"政治性法律"的概念才被"其他公法"代替;参见 J. H. C. Morris et al eds., *Dicey and Morris on the Conflict of Laws*, 7th ed., 1958, Rule 21, p. 159;修改的主要原因在于 F. A. Mann 博士以及 Parker 法官等人对"政治性法律"的概念提出批判,参见 F. A. Mann, *Prerogative Rights of Foreign States and the Conflict of Laws*, 1955, Tr. Gro. Soc. 25, p. 40, reprinted in F. A. Mann, *Studies in International Law*, 1973, p. 492, at p. 500; *Regazzoni v. K. C. Sethia (1944) Ltd.* [1956] 2 QB 490, at 524。

反独立主权的概念的。①

英国法院有时候会通过对冲突规则的解释避免适用外国公法。在“伊朗大陆架石油公司诉 IRI 国际公司案”中,②伊朗公司与一家成立于美国特拉华州的 IRI 公司签订石油设备供应合同。IRI 公司的主营业地位于美国休斯敦,但同时在英国拥有办公室。IRI 公司根据合同需要为伊朗公司位于波斯湾的石油开采设备提供维护服务。后来因为克林顿政府对伊朗实施制裁,IRI 公司拒绝履行合同,伊朗公司向伦敦法院请求赔偿。由于合同中并未约定应适用的法律,法院需要根据《罗马公约》第 4 条所规定的特征性履行原则来确定准据法。毫无疑问,IRI 公司作为服务提供方是合同的特征性履行方,但由于该公司同时在美国休斯敦和英国伦敦拥有营业地,法院需要判断何处是合同的特征性履行地。克拉克大法官认为,英国的办公室是合同的特征性履行地,因为本案合同履行的所有因素都在英国,包括人员安排、发票、运输安排、文书传递等。尽管合同的发送地在休斯敦,而且合同所涉货物大部分源于美国,同时法院也认识到双方当事人在英国办公室安排合同是为了规避美国对伊朗的制裁,但法院还是认为本案应适用英国法律,而不应适用包括伊朗制裁令在内的美国法律。

相反,如果当事人明确约定了要适用美国的制裁法令,则英国法院也可能会“尊重”当事人的意图。在 2020 年的“拉梅萨案”中, 法院承认了当事人通过制裁条款约定的美国制裁法的效力。③ 而在随后的另一起类似案件中,法院认为,虽然应该适用合同履行地法律,但违约方并不能援引美国的制裁法作为抗辩。④

三、经济制裁与公共秩序保留

公共秩序保留或称为保留条款(vorbehaltsklausel)、排除条款(ausschließungsklausel),是指法院在适用外国法时,如果该法律的适用会违背法院地法的基本政策、道德观念、国家根本利益或法律基本原则,则可以排除该外国法的适用。此种公共秩序也被称为“消极的公共秩序”(negative ordre public)。

---

① [1955] A. C. 491, 511. cf. Att-Gen of New Zealand v. Ortiz [1984] A. C. 1 (CA), at p. 20-21, per Lord Denning M. R., at p. 32, per Ackner L. J.

② Iran Continental Shelf Oil Company v. IRI International Corporation [2002] EWCA Civ. 1024.

③ Lamesa Investments Limited v. Cynergy Bank Limited [2020] EWCA Civ. 821.

④ Banco San Juan Internacional Inc. v. Petroleos De Venezuela SA [2020] EWHC 2937 (Comm).

公共秩序保留起一种否定的作用:它限制某一特定外国法律的适用,并保障本国法律制度的一致性。它要阻止外来的、与法院地不同而且无法接受的法律价值的侵入,因为这些法律价值违反了法院地国法律制度赖以建立的社会和道德观念以及基本原则。它是法院拥有的最后一件"防御武器"(the last ditch weapon)。

我国《涉外民事关系法律适用法》第5条规定:"外国法律的适用将损害中华人民共和国社会公共利益的,适用中华人民共和国法律。"

对于经济制裁这样的强制性规范,基于它们特殊的外交政策目的,它们不应当被包括在传统冲突规范所指引的准据法的范围内。① 经济制裁往往依靠公法手段,包括行政处罚和刑罚来实施,其主要目的是保障国家安全和外交政策目标的实现,具有强烈的政治干预属性,其域外适用违反了国际法基本原则。此种法律对于制裁发布国领域内的所有人员和行为虽然具有强制力,不能被合同当事人排除,但它们并不能被其他国家法院当然接受。欧盟专门颁布的《阻断条例》也明确要求成员国不得执行美国具有域外效力的制裁立法(参见本书第六章)。

联合国等国际组织所实施的经济制裁与公共秩序保留之间的关系值得关注。一方面,联合国安理会所作出的经济制裁决议对联合国会员国具有法律效力,甚至有学者将其视为国际公共秩序。② 另一方面,安理会的制裁措施的国内实施也不得侵犯国内法上的宪法权利。2008年9月3日,在"卡迪等诉欧盟理事会案"中,欧盟法院推翻了初审法院的裁决,并取消了欧盟理事会冻结原告资金的规定。③ 欧盟法院裁定,它有权审查欧共体为执行联合国安理会针对基地组织和塔利班恐怖网络通过的制裁决议而采取的措施。欧盟法院认为,欧盟理事会的规定侵犯了上诉人在欧盟法律下的基本个人权利,包括在法庭上的陈述权、有效的司法审查权和财产权。该案虽然更多涉

---

① Sebastian von Allwörden, US-Terrorlisten im deutschen Privatrecht: zur kollisions-und sachrechtlichen Problematik drittstaatlicher Sperrlisten mit extraterritorialer Wirkung, Mohr Siebeck 2014, S. 67-68.

② Bernardo Cortese, *International Economic Sanctions as a Component of Public Policy for Conflict-of-Laws Purposes*, in Laura Picchio Forlati and Linos-Alexander Sicilianos eds, Economic Sanctions in International Law/Les sanctions é conomiques en droit international, Hague Academy of International Law, Nijhoff, 2004, p. 717, 724.

③ Joined cases C-402/05P & C-415/05P Kadi & Al Barakaat International Foundation v. Council and Commission, judgment of the Court of Justice of the European Communities (Grand Chamber), 3 September 2008.

及的是欧盟法与国际法的关系问题,但同时也表明,安理会的制裁措施的执行仍然需要遵守保护人权和比例原则等宪法原则。①

第四节 第三国经济制裁法的适用

一、第三国经济制裁法的可适用性

所谓第三国,是指法院地国和准据法所属国之外的国家。第三国制定的经济制裁措施能否得到法院地国的遵守?这个问题实际上涉及经济制裁法的域外效力问题,本书前面有关章节已经从国际公法角度进行分析。根据本书前面的论述可知,公法具有严格的属地性,第三国颁布的制裁措施属于该国的公法范畴,原则上不应当被法院地国遵守。

但是如果从国际私法角度来看,观点却有分歧。1980 年通过的《罗马公约》第 7 条第 1 款规定:"在依照本公约适用一国法律时,如果依另一与案件有密切联系的国家的法律的规定,无论合同应适用何国法律,该国法律中的强行规定均须适用,则应适用该强行规定。"这是否说明,外国所制定的经济制裁措施也可能属于这种"强行规定"而得到法院的遵守呢?该公约对此并没有提供更明确的指导,它只是规定"在考虑是否适用这些强行规范时,应注意到此种规定的性质和目的以及其适用或不适用的后果"。在起草该公约的工作小组的报告中,报告人认为他们的意图在于确认一项在欧共体成员国或至少是其中一部分国家中已经存在的原则。该报告还特别引用了荷兰高等法院在"阿尔那提案"中的判决,在该案中,荷兰高等法院认为,尽管作为一项原则,国际合同应受当事人选择的法律支配,但对某一外国而言,遵守它的某些法规(甚至是在其域外)具有很重要的意义,因而必须要加以考虑,并且即使在当事人选择了其他国家法律支配其合同的情况下,法官也应适用它们。②

1951 年通过的《比荷卢国际私法统一法》第 17 条第 1 款规定:"如果合同与某国有如此密切联系,以至于它必须被视为该国法律的一部分,则合同应

---

① P. French Cardwell & N. White, *European Court Of Justice*, *Yassin Abdullah Kadi and Al Barakaat International Foundation v. Council and Commission* (*Joined Cases C*-402/05 *P and C*-415/05 *P*) *Judgment of* 3 *September* 2008, 58 International and Comparative Law Quarterly 229 (2009).

② Report on the Convention on the Law Applicable to Contractual Obligations, Sub-Article7, under No. 1, Ⅲ.

适用该国法律,除非当事人期望合同全部或部分受其他国家法律支配。但此种期望不得排除前述与合同有密切联系的国家法律中的强行规范对合同的支配。”但在该法 1969 年的修订本中,此款规定未被接受。1969 年修订的《比荷卢国际私法统一法》第 13.2 条规定:“如果合同坐落于(located in)某一国家,而该国法律中某些规定的性质和目的要求排除其他任何法律的适用,则该规定不得被当事人的意愿排除。”该法第 15 条进一步规定:“就履行的方式而言,履行地国家的法律中的强行规定必须予以考虑。”①

《罗马公约》在起草时肯定考虑到了这一规定,尽管在其报告中并未提到这一点。《罗马公约》在第 7 条第 1 款中模仿了 1978 年 3 月 14 日海牙《代理法律适用公约》第 16 条的用语,对于强行规范与当事人所选择的法律以及在当事人未选择时应适用的法律,即与其有最密切联系的国家的法律之间的关系作了明确规定。

德国在制定新的《民法典施行法》的过程中,也在强行规范的适用问题上进行过广泛争论。② 联邦政府在提交给议会的草案中沿用了《罗马公约》的规定,允许考虑第三国法律中希望适用于案件的强行规范,只要案件与该国存在密切联系。该草案第 34 条规定:“强行规定:(1)根据本节规定适用某一国法律时,如果案情与另一国家有密切联系,则该国法律中的强行规范可以适用,只要根据该另一国法律无论合同应适用何种法律该规范均应适用。在决定是否适用此类强行规范时,应考虑到其性质、目的以及适用或不适用它们的后果。”根据该草案的“说明报告”,该条款并未对公法规范和私法规范进行区分,也就是说这里的强行规范既可能是公法规范,也可能是私法规范。它们的目的或者是调整经济关系,如进出口限制,或者是出于社会目的保护特定个人,如房客或承租人等。③

1983 年 9 月,马克斯-普朗克外国法和国际私法研究所也提出了由那里的一个工作小组起草的另一文本的法规草案。在该草案中保留了原草案中有关强行规范的规定,因为起草人认为这一规定有利于实现判决的国际统一,而且这种理论和方法在国际上也不是首创,它早在《布雷顿森林协议》(第

---

① 该统一法迄今仍未生效。

② Christof Boehmer, Das deutsche Gesetz zur Neuregelung des Internationalen Privatrechts von 1986 ——Struktur, Entstehung, Luecken und Schwerpunkte, 50 RabelsZ 647 (1986).

③ Kodifikation des deutschen Internationalen Privatrechts. Stellungsnahme des Max-Planck-Institut für auslandisches und internationales Privatrecht zum Regierungsentwurf von 1983, in: RabelsZ, Vol. 47, 1983, S. 598.

7 条第 2b 款)中就被接受,而且也已被《罗马公约》(第 7 条第 1 款)采纳。同时,这也为国外承认德国的强行规范打下良好基础,而且这也不违反德国的司法实践。此外,该条款并未规定要承认外国的公共政策,而在实践中也不会给法官带来多大的困难,因为法院只需要审查与案件有密切联系的国家的法律规范。①

在 1983 年 12 月于洛桑举行的关于德国和瑞士国际私法立法草案的讨论会上,学者对此问题继续进行了广泛探讨,并有很大的意见分歧。有些学者如洛伦茨(E. Lorenz)、布赫(Eugene Bucher)和克格尔(Gerhard Kegel)等赞成删除该款规定并将该问题留给学者和法院去解决。与此相反,奥弗贝克(Alfred von Overbeck)、诺伊迈尔(Karl Neumayer)和菲谢尔(Frank Vischer)等人则支持立法草案中的规定,但同时也认为应对法官的自由裁量权予以限制,并对第三国强行规范的适用问题进行更详细的规定。

但德国议会拒绝了该条款,认为该条款赋予法官过大的权力,可能会导致司法上的不安全;它还可能给法官审判国际私法案件的工作带来困难,因为法官需要对所有可能适用的外国法律进行研究,以确定强行规范的存在及其适用范围;此外,它意味着在德国承认这样一个很难让人接受的事实,即要在德国保护外国的公共政策。② 最终,在 1986 年 7 月 30 日通过的《民法施行法》最后文本中,第 34 条第 1 款的规定被删除了,只保留了有关德国法律中强行规范对合同的适用的规定。

国际公约的谈判中对此问题也有很大分歧。在 1978 年 3 月 14 日的海牙《代理法律适用公约》第 16 条规定:“在适用本公约时,如果根据与案件有密切联系的国家的法律,无论其冲突规范指引的法律为何,该国法律中的强行规范均需适用,则可认定此类强行规范有效。”

1980 年 6 月 19 日通过的《罗马公约》第 7 条第 1 款的规定使有关强行规范的争论再次升温。尽管该款规定得到采纳,但反对者仍坚持应允许缔约国对其提出明确保留。而且,该条款的规定也不是强制性的,它只规定“可以”适用第三国的强行规范,至于是否适用以及如何适用,仍然留待法官去裁量。尽管各国代表很勉强地才接受了上述条款,但大家一致认为公约应该涉及这

---

① Kodifikation des deutschen Internationalen Privatrechts. Stellungsnahme des Max-Planck-Institut für auslandisches und internationales Privatrecht zum Regierungsentwurf von 1983, in: RabelsZ, Vol. 47, 1983, S. 668-671.

② Deutscher Bundestag, 10. Wahlperiode. Drucksache 10/504. 20. 10. 83. Sachgebiet 400, S. 100.

一问题。1980年10月13日，在第14届海牙国际私法会议上审议"消费者买卖合同法律适用公约草案"时，荷兰代表所提出的应允许考虑第三国强行规范的建议也遭到否决。① 到1985年，在海牙国际私法会议举行的讨论批准《国际货物销售合同法律适用公约》的特别会议上，有关适用第三国的强行规范的问题再一次引起争论。本来该公约草案第7条对此采取了肯定的态度，即允许考虑第三国强行规范的适用。但在表决时遇到了困难。在第一次表决时被否决了。欧盟在起草取代《罗马公约》的《罗马第一条例》时，针对第三国强制性规范的适用问题再次发生了争论。该条例草案中的规定事实上允许承认任何其他国家强制性规范的效力，这遭到英国的坚决反对。② 最后达成的妥协是现行第9条第(3)款的规定，它基本上采纳了英国的司法实践，即只有合同履行地法律中的强行规范才可以得到考虑。③

二、西方国家的司法实践

(一)英国

英国最早在1920年的"拉里兄弟案"中就确立了一项处理外国强制性规范的冲突法规则。④ 1918年7月，拉里兄弟公司向一家名为戈多的西班牙公司出售了大量黄麻货物。黄麻在"一战"期间是一种特别有价值的商品，因为它被用于制作西线战壕的沙袋。该公司从另一家名为阿兹纳的西班牙公司租用了一艘名为迈德尼号的蒸汽船，以便将黄麻运送给戈多公司，运费为每吨50英镑，迈德尼号从加尔各答启航前往巴塞罗那。然而，在航行中途，1918年9月，西班牙皇家法令将黄麻从印度运往西班牙的运费规定为不得超过每吨875比塞塔(约10英镑)。1919年1月上旬抵达巴塞罗那后，戈多公司通知船长，根据西班牙法律，应付运费仅限于该金额。他们拒绝支付更多的款项。阿兹纳公司根据与拉里兄弟公司的租船合同条款向英国法院寻求救济。英国高等法院认为，拉里兄弟公司对超过每吨875比塞塔的运费不承担责

---

① Actes et documents de la quatorzieme session, 6 au 25 octobre 1980, Vol. Ⅱ, p. 109, 130-131.

② Andrew Dickinson, *Third-Country Mandatory Rules in the Law Applicable to Contractual Obligations: So Long, Farewell, Auf Wiedersehen, Adieu?*, 3 Journal of Private International Law 53 (2007).

③ Kurt Siehr, *Mandatory Rules of Third States from Ole Lando to Contemporary European Private International*, 28 European Review of Private Law 509 (2020).

④ Ralli Bros. v. Compania Naviera Sota Y Aznar(1920)2K. B. 287CC. A.

任,理由是租船合同虽然受英国法律管辖,但是根据戴西《论冲突法》第二版中所确立的规则,如果根据合同履行地国家的法律,履行合同是非法的,则该履行无效。法官认为,该规则是出于对国际礼让义务的考虑。① 该案确立了英国国际私法上一项迄今仍被坚持的原则,即只有履行地法律中的强制性规定才可以使合同履行无效,否则英国不会考虑外国的强制性法律。②

在著名的"雷加佐尼案"中,③英国公司作为卖方与一家瑞士公司签署黄麻纤维买卖合同,货物原产地在印度,运输目的地在南非,合同约定适用英国法律。但出于印度和南非之间就印度国民在南非的待遇问题发生的争议,印度政府根据 1878 年通过的《海上关税法》禁止直接向南非出口货物以及间接运输货物到南非,违者货物可能被没收,托运人或责任人将受到处罚。基于该项制裁法令,英国公司拒绝履行合同,瑞士公司向英国法院起诉要求赔偿。英国法院认为,当事人在签订合同时应当知道印度的该项法令,因此一旦履行该合同将会触犯一个"友好的外国"的禁止性法规,从而违反公共秩序。法院因此判决合同不具有可执行性。该案后来也得到上议院和上诉法院的支持。④

在"利比亚阿拉伯外国银行案"中,⑤英国法院采用了类似的推理方法,尽管判决结果与前者相反。该案中,原告利比亚阿拉伯外国银行在被告英国银行信托公司拥有一个账户。被告是一家由美国银行控股的英国银行。由于利比亚政府涉嫌制造在德国的爆炸袭击事件,美国总统于 1986 年 1 月 8 日颁布了一项行政令,要求所有美国企业及其海外分支机构冻结利比亚的资产。本案被告因此拒绝支付原告账户中的款项。该案中,法院认为账户合同的准据法为英国法,根据"拉里兄弟案"的原则,认为本案合同的履行地并不在美国,不需要遵守美国的总统令。法院认为,在美国总统令生效之前,该笔款项的支付申请就已经被登记了。因此法院支持了利比亚银行的诉请,要求被告必须在伦敦向原告支付该笔款项。

1999 年"皇家波斯卡里斯案"中,原告荷兰公司拥有一支疏浚船队,该船

---

① Ralli Bros v. Compañia Naviera Sota Y Aznar (1920) 1 K. B. 614 (KBD) and (1920) 2 K. B. 287 (CA).

② W. Day, *Contracts, Illegality And Comity: Ralli Bros Revisited*, 79 The Cambridge Law Journal 64 (2020).

③ Regazzoni v. K. C. Sethia (1944), Ltd., [1957] 3 WLR 752 HL (E).

④ [1956] 2 WLR 79 and [1956] 2 QB 490.

⑤ Libyan Arab Foreign Bank v. Bankers Trust Co. [1989] QB 728.

队签约疏浚伊拉克港口乌姆盖斯尔。1990年伊拉克入侵科威特后，联合国对伊拉克实施了制裁，荷兰也颁布法律执行了这些制裁。作为报复，伊拉克政府扣押了疏浚船队和船队上的雇员，以此勒索荷兰公司的赎金。原告违反联合国与荷兰的制裁规定，支付了伊拉克政府要求的约2425万荷兰盾，并且根据受伊拉克法律管辖的合同，放弃了对伊拉克政府的索赔，估计价值8400万荷兰盾。原告随后根据他们的战争保险就他们被迫放弃的索赔寻求保险公司赔偿。保险公司援引“拉里兄弟案”确立的原则作为抗辩，认为根据伊拉克法律所作的弃权在英国不可执行，因此不存在保险赔偿责任。上诉法院支持了该裁决，认为：“虽然合同准据法是英国法律，但在我看来，里德勋爵所述的原则并不局限于此类合同，它同样也适用于准据法是外国法律的合同。”[①]

（二）荷兰

荷兰的“阿尔那提案”经常被作为适用第三国强制性法律的典型案例。[②]在该案中，荷兰高等法院表达了这样的观点：“对于此处讨论的这种合同，对于某一外国而言，在其域外适用其法律规定具有如此重大的利益，因而荷兰法院也应该对其加以考虑，并应当优先适用这些法规，而排除当事人选择的其他国家的法律；但本案中比利时上诉法院所适用的比利时法律不具有这种性质，因此荷兰法院没有义务优先适用该法律规定而排除当事人所选择的荷兰法律。”有人认为，从这一案例可以看出，法院有义务“考虑”第三国的强行规范。[③] 虽然该案中荷兰法院最终还是没有适用外国的法律，但法院的理由是该外国的法律还没有构成强制性规范。

荷兰法院在1982年审理的“传感器案”是欧洲第一起针对美国的苏联管道禁运措施作出的判决。[④] 该案中，原告是一家法国公司，被告传感器公司是一家由美国公司控股的荷兰公司。原告向被告购买一批传感器用于苏联天然气管道建设。但美国政府颁布了对苏联的制裁法令，禁止美国公司及其控制下的海外分公司向苏联出口使用源于美国的技术生产的产品。被告根据该禁令拒绝履行合同，原告在荷兰法院起诉。法院认为，合同当事人未选择准据法，根据最密切联系原则，合同应适用荷兰法律。被告主张，自己作为美国公司控制下的外国子公司，必须服从美国出口管理条例的管辖，不得向苏

---

① Royal Boskalis Westminster NV v. Mountain [1999] QB 674 (CA).

② H. R. 13. 5. 1966, Ned. Jur. 1967 Nr. 3.

③ J. C. Schultsz, *Dutch Antecedents and Parallels to Article 7 of the EEC Contracts Convention of 1980*, in RabelsZ 47 (1983).

④ Compagnie Europeenne des Petroles v. Sensor, 17 Semptember 1982, in RabelsZ 47 (1983).

联出口该批产品,因此美国的禁令构成了不可抗力。被告据此援引荷兰《国际货物买卖法》第 74 条要求免除自己的违约责任。法院在判决书中首先探讨了这一问题:合同准据法为荷兰法律的情况下,美国的贸易禁令是否应被荷兰法院遵守? 法院认为,美国的上述法律要求美国境外的外国公司与其他外国公司签订合同时也要遵守该禁令,这是违反国际法基本原则的。根据一般国际法,一国不得在他国领域内行使主权权力。本案中,也不能援引属人原则和保护原则作为例外。法院认为,美国的禁令也不能作为第三国的强制性规范被荷兰法院采用,因为本案的情况与美国根本没有任何联系。根据上述理由,法院认为,美国的禁令不构成荷兰法中的不可抗力。法院最后判决被告继续向原告履行合同。①

(三)德国的"事实理论"

德国法院早在"一战"时期就遇到外国制裁法对国际贸易合同的适用问题。当时的英国政府通过《对敌贸易法》对德国实施禁运,德国法院虽然拒绝适用英国《对敌贸易法》,但在案件中考虑到了该法对合同的实际影响,并将其视为《德国民法典》第 275 条所规定的履行障碍(Leistungsstoerung)。② 这种做法被称为"事实理论"(Datumtheorie)。③ 这种理论的基本思路是,合同违反第三国的某项经济制裁法律被当作事实问题,按照民法上的违背公序良俗(《德国民法典》第 138 条)或者履行不能原则(《德国民法典》第 275 条、第 281 条、第 325 条)来处理。④

所谓违背公序良俗,是指法律行为违反第三国的干预规范,根据法律行为准据法被认为是违背公序良俗的行为,可能会导致合同无效。如果在合同缔结后第三国颁布了一项经济制裁措施或者针对该合同的干预措施,从而禁止该合同的履行或使该合同无法履行,这时就出现履行不能。⑤ 就需要考

---

① 关于该案的评论,参见 J. Basedow, Das amerikanische Pipeline-Embargo vor Gericht, 47 RabelsZ 147 (1983)。

② RG 21. 10. 1921, Ⅱ. Zivilsenat, Ⅱ 245/21, (1924) Niemeyers Zeitschrift für Internationales Recht, S. 452.

③ Schubert, Internationale Vertraege und Eingriffsrecht-ein Beitrag zur Methode des Wirtschaftskollisionsrechts, in 33 RIW 730 (1987). 在日本也有类似判例,参见 *International Law Association of Japan, Japan Branch Committee to the International Committee on Extraterritorial Jurisdiction*, in 33 The Japanese Annual of International Law 140 (1990)。

④ Daniel Zimmer, Ausländisches Wirtschaftsrecht vor deutschen Zivilgerichten: Zur Unterscheidung zwischen einer normativen Berücksichtigung fremder zwingender Normen und einer bloßen Beachtung ihrer tatsächlichen Folgen, 13 IPRax 65, 67-68(1993).

⑤ RG 13 November 1917, RGZ 91, 260.

虑,该制裁措施或干预规范是否构成负有履行义务的当事人无法预料的事件(不可抗力),从而可以免除该当事人继续履行和赔偿的责任。特别是在外国禁止供货而导致无法履行的情况下,可能构成不可抗力,它属于合同中的责任免除条款。[①] 但即使在合同中不存在免责条款的情况下,如果履行应在外国进行,但由于外国的禁令而导致无法履行或无法按约定履行,则债务人也可免除履行义务。[②] 如果在合同缔结后由于外国颁布了禁止进口或禁止经营的法令,从而使合同的履行失去了意义,这就构成合同履行基础的丧失(Wegfall der Geschäftsgrundlage)。[③]

在"冷战"时期,美国针对华沙条约组织的成员国制定的贸易禁令目的在于禁止向这些国家输出具有军事用途的物资。德国联邦法院在"Borax 案"中认为,两个德国人之间订立的关于从美国向前民主德国的罗丝托克运送硼砂的合同违反了《德国民法典》第 138 条的规定,因为美国的贸易禁令目的在于保障和平和维护西方的自由秩序,因而也是符合德国的利益的。因此,当事人之间的协议行为以欺骗手段通过了监督机关的审查,是违反公序良俗的。[④]

在"文化财产案"[⑤]中,德国法院是基于"故意规避外国法律的行为无效"这一原则来处理该问题的。联邦法院面临的是一起非法出口尼日利亚文化遗产的案件。所要解决的争议是被告(一家德国保险公司)是否需要对该文化遗产在从尼日利亚运往德国的途中所受的损失给予保险赔偿。保险合同受德国法律支配,因此尼日利亚法律在德国不应适用。法院将当事人故意规避《尼日利亚出口管制法》仅仅认定为一个法律事实。而根据《德国民法典》第 138 条的规定,故意规避外国法律是一种违反道德而无效的行为。这样一来,该保险合同就因缺乏保险利益而无效。根据这一判决可以看出,德国法院并不承认外国公法的法律效力,而只是将其认定为事实。而违反外国公法的事实行为因其不道德性而无效。德国法院的这种处理方法回避了承认外国公法的域内效力这一敏感问题。但实际上,法官是无法回避外国法的效力问题的,德国法院在认定合同因回避外国法律而具有"不道德性"时,实际上

---

① Bremer Handelsgesellschaft m. b. H. v. Vanden Avenne Izegem P. V. B. A,(1978)2 Lloyd's Report(H. L.)109 and Czarnikow Ltd. v. Rolimpex,(1978)3W. L. R. 274(H. L.).

② RG28. 6. 1918, RGZ 93, 182 (Britischer Trading with the Enemy Act 1914); Ralli Brothers v. Compania Naviera Sota Y Aznar(1920)2 K. B. 287.

③ BGH, Urteil vom 08. 02. 1984-VIII ZR 254/82, RabelsZ 1989, 146.

④ BGH, Urteil vom 21. 12. 1960-VIII ZR 1/60, NJW 1961, 822.

⑤ Kulturgueterfall, BGH, 22 June 1972;BGHZ 59, 82.

变相承认了外国法的效力。试想,如果尼日利亚法律允许出口文化遗产,那么也就不存在“不道德性”问题了。德国法院所做的只是实现外国的立法政策,只要该政策根据德国法律是正当的。①

在另一项判例中,德国法院将英国一项对敌贸易禁令视作一份供货合同无效的依据,并强调,这里并非适用英国法律,而是不能“无视英国法律的存在”,②而该法律构成了合同履行的障碍。另外在“伊朗啤酒案”③中,联邦法院也是将伊朗革命后颁布的一项禁酒令视为一件事实。

德国的这种事实理论与“直接适用的法”方法在功能上是不能等同的。事实理论取决于法官的主观判断,不符合国际私法所要求的客观性和可预见性。按照这种思路,凡是符合西方价值观念的经济制裁措施都不违反公序良俗,反之,则会受到法院的否定,法官的裁决容易受到政治倾向的影响。当制裁国的制裁措施符合法院地国价值观念时,法院就会承认制裁的法律效力,反之则否。

与“事实理论”类似,德国学者还提出了一种“权力理论”(machttheorie)。该理论认为,是否要执行外国的经济制裁等公法性质的法律,取决于该外国在国际关系中执行该法律的权力(power)。如果外国实际上确实有能力实施其经济制裁法律以阻止某一合同的履行或者对违反其经济制裁的当事人施加惩罚,则本国法院就应当承认该国法律的效力。这种理论更加赤裸裸地受到权力政治的影响。

无论是“事实理论”还是“权力理论”都规避了冲突规范的适用,直接通过国内实体法的制度来处理外国经济制裁对合同的影响。这一做法也直接导致德国对1980年通过的《罗马公约》第7条第1款提出了保留,因为德国不愿意将外国公法作为法律来对待。

“事实理论”给了德国法院灵活对待外国经济制裁措施的自由裁量余地。在20世纪80年代之后的一些案例中,随着德国外交政策的变化,德国法院开始拒绝赋予外国经济制裁事实上的效力。在1980年的一个案例中,德国法院拒绝了当事人依据美国制裁伊朗法规提出的合同履行障碍抗辩。④

2014年,德国汉堡法院审理的一起案件中,原告就从阿巴斯港到汉堡的

---

① Christian von Bar, *Internationales Privatrecht*, Vol. Ⅰ, Allgemeine Lehren, Munich, 1987, N. 265.

② RGZ 93,182,184.

③ BGH NJW 1984,1746.

④ LG Krefeld, Urteil vom 24. 9. 1980, 7 O 190/80.

途中发生的一批伊朗甘草粉的运输损坏向被告保险公司提出保险索赔,被告提出,它是美国公司的德国分公司,因此必须遵守美国外国资产管制办公室针对伊朗发布的贸易禁运和经济制裁,未经美国主管部门许可被告不得支付赔偿。① 原告则主张,保险合同中的制裁条款只要求合同遵守欧盟的制裁和禁运,并未提到美国制裁。法院支持了原告主张,认为美国的制裁不构成违反《德国民法典》第138条项下的道德义务,而欧盟的制裁与本案所涉合同标的无关;本案保险合同准据法是德国法律,合同履行地位于汉堡,根据《罗马第一条例》第9条第3款的规定,美国的制裁法律不是合同准据法,也不是履行地法律,德国法院没有义务予以适用;本案保险合同违反美国制裁的风险应当由保险公司承担,不应转嫁给投保人。

2020年法兰克福法院审理的一起案件中,②涉及美国对伊朗制裁法令及欧盟《阻断条例》的适用。该案中,被告是一家美国公司的日本子公司,原告是一家成立于德国的公司,长期与伊朗A公司从事货物买卖,A公司是B公司的控股股东,而原告的地址与B公司相同,原告的工作人员同时也为B公司工作。2018年8月13日,A公司与被告缔结买卖合同,并于2018年8月21日缔结预付款合同,两项合同均约定适用德国法律。原告向被告预付了所有款项。2018年5月8日,美国宣布终止《伊核协议》,并于2018年8月7日和11月5日重新对伊朗实施制裁。OFAC根据2001年第13224号行政命令将伊朗公司列为特别指定的全球恐怖分子名单(SDN)。与之相应,欧盟则宣布启动1996年11月22日颁布的《阻断条例》,禁止在欧盟注册的法人实体遵守条例附录中的美国制裁法律及相关措施。本案中,A公司被列入美国的SDN,但原告并未被列入该名单。被告于2018年10月23日通知其伊朗客户,无法获得出口许可。A公司要求被告返还已支付的款项到原告账户,被告则认为,鉴于A公司被列入SDN,所有与A交易的企业也有可能被美国列入制裁名单,因此拒绝返还预付款。

原告向德国法院提起诉讼,认为自己是一家德国企业,不受A公司控制。本案所涉出口管制问题应适用德国法律而不应适用美国法律。根据德国《对外经济法》第7条和欧盟《阻断条例》,美国的禁令也无效。被告则认为,原告是A公司的"手套公司",A公司是伊朗恐怖主义网络的组成部分,向原告付款将会使自己面临美国制裁的巨大风险,包括刑事惩罚。同时,向原告付款

---

① LG Hamburg, Urteil vom 3. 12. 2014-401 HKO 7/14.

② LG Frankfurt am Main, Urteil vom 13. 03. 2020-2-27 O 425/18.

也违反了《德国民法典》第 138 条的道德义务。

法院认为,本案被告与 A 公司之间的买卖合同并不违反《德国民法典》第 138 条规定的道德义务,因为 A 公司并未被德国和欧盟列为恐怖主义团体。法院特别指出,是否将 A 公司列入恐怖主义名单要服从德国的利益需要。

法院认为,本案合同也没有因违反《对外经济法》第 7 条而无效。美国具有域外效力的经济制裁不能依据《罗马第一条例》第 9 条作为外国法而得到适用。法院指出,任何知道或应该知道危险的人,如果他在未更改合同的情况下签订合同并且不采取实际预防措施,则承担发生危险的风险。被告作为在美国开展业务的非美国公司甘愿冒着受美国制裁的风险而不愿结束或放弃其伊朗业务,可以排除被告作为一家国际公司不知道这一风险的可能性。

(四)法国

法国法院也曾采用与德国事实理论类似的做法,将外国的强制性法律视为不可抗力。在"天狼星公司案"中,法国法院承认阿尔及利亚对法国公民财产的征收构成了不可抗力,可以作为被告免除合同义务的理由。[①]

20 世纪 60 年代,法国法院也曾在判决中拒绝执行美国的经济制裁法。在 1965 年法国法院审理的"弗吕霍夫案"中,弗吕霍夫法国公司与另一家法国公司签署火车销售合同,该另一家法国公司准备将这批火车销往中国。弗吕霍夫法国公司是弗吕霍夫美国公司的子公司,该母公司拥有法国弗吕霍夫公司 2/3 的股份。法国弗吕霍夫公司 8 名董事中有 5 名是美国人。美国财政部下令要求弗吕霍夫总公司禁止其法国子公司销售该批卡车。法国弗吕霍夫公司与其客户洽谈后,该客户拒绝取消合同。弗吕霍夫法国公司担心失去其最大客户,于是其少数董事在法国法院针对其美国母公司和法国公司的美国董事提出诉讼。法国法院认为,法国弗吕霍夫公司应当为其自身利益而行为,而不应当为其董事的利益行为。因此,法院临时任命了一位管理人,指令其在 3 个月内完成该项交易。不过该案中,法国法院并没有公开宣布美国经济制裁法无效,而只是从公司利益角度作出了判决。[②]

但后来法国法院也曾在一些案件中承认过美国经济制裁法令的效力。

---

① Société Anonyme Sirius v. Bracht, Tribunal de Commerce de Lille 05. 07. 1965, International Law Reports, Vol. 47, 1974, p. 119-120.

② William Laurence Craig, *Application of the Trading with the Enemy Act to Foreign Corporations Owned by Americans: Reflections on Fruehauf v. Massardy*, 83 Harvard Law Review 579 (1969-1970).

法国巴黎法院审理的"伊朗国家银行诉巴黎花旗银行案"①中,原告伊朗银行要求被告巴黎花旗银行支付其账户中的款项。但由于 1979 年在伊朗发生美国人质危机,美国政府于当年 11 月颁布总统令,②冻结伊朗在美国银行的资产。花旗银行拒绝支付,伊朗银行向法国法院起诉。法国法院直接适用了美国的总统令,拒绝了原告的请求。不过,法国法院的判决书似乎是把美国的资产冻结令视为外汇管制法令,根据《布雷顿森林协定》第 8 条第 2(b)款的规定,法国法院必须遵守其他缔约国的外汇管制法令。

在"Giti 案"中,法国法院根据《罗马第一条例》第 9 条的规定拒绝适用美国对伊朗制裁法令。该案涉及一家美国公司法国子公司与一家伊朗公司之间的供货合同。根据美国的出口禁令,美国公司的外国子公司也不得向伊朗出口违禁货物。法国法院认为,本案合同准据法是法国法律,合同履行地是伊朗。根据《罗马第一条例》第 9 条的规定,只有当合同根据履行地法律属于违法时,才会判令合同无效。而本案中,美国并非法院地或合同履行地,因此不应承认美国法律的效力,法国公司仍应履行合同并承担违约责任。该案判决结果反映了法国对待美国域外经济制裁的一贯反对态度。③

(五)欧盟法院的最新立场

在 2016 年的"希腊共和国诉 Nikiforidis 案"中,欧盟法院首次明确裁定,第三国的"必须适用的强制性规定"不具有法律效力,④但是法院同时指出,法院可以将其作为准据法中的"事实问题"加以考虑。⑤ 该案原告是一名希腊国民,在德国的一所希腊小学任教。他的雇佣合同履行地在德国并受德国法律管辖。为应对希腊的经济危机,欧盟理事会发布决定,要求希腊降低公共工资支出。希腊立法机构为此颁布的新法律降低了原告的工资,因为根据希腊法律,原告被视为希腊共和国的公共部门雇员。原告以他的雇佣关系在德国进行并且仅受德国法律管辖为由,在德国法院提起诉讼,要求追回其工资损失。该案争议是:受德国法律管辖的合同是否要适用作为第三国的希

---

① Banque Markazi Iran c. City Bank Paris, Tribunal de Grande Instance de Paris, 21 Dec. 1979.

② Executive Order No. 12170 of 14 Nov. 1979.

③ Mathias Audit, Application extraterritoriale du droit américain: un enjeu pour les entreprises françaises, 104 Echanges internationaux, Magazine du Comit é Français de la Chambre de Commerce Internationale 9 (2015).

④ Avato & Winkler, *Reinforcing the Public Law Taboo: A Note on Hellenic Republic v. Nikiforidis*, 43 European Law Review 569 (2018).

⑤ Hellenic Republic v. Nikiforidis Case C-135/15, ECLI:EU:C:2016:774, 19 October 2016.

腊的强制性规定?欧盟法院认定,虽然根据《罗马第一条例》的规定,成员国法院只能适用法院地或履行地法律的强制性规定,然而,如果适用法律允许,事实上可以考虑第三国的压倒性强制性法律(本案中希腊为减少公共工资而采取的紧急措施)。

三、小结与评论

虽然一些国家国际私法立法中规定可以考虑第三国的强制性规范(如《瑞士联邦国际私法》),但是外国的单边经济制裁法律并不属于这种私法领域的强制性规范,而是具有强烈政治倾向的法律,严重违反了国际法的基本原则,显然不能被作为具有法律效力的强行规范予以适用。

单边经济制裁损害的是任何一方当事人的利益,破坏了国际商业的法律基础,无论从任何角度都不应赋予其合法性。很多西方国家(包括欧盟)近年来都颁布了抵制第三国域外经济制裁的阻断立法。根据我国商务部颁布的《阻断外国法律与措施不当域外适用办法》(以下简称《阻断办法》)和全国人大通过的《反外国制裁法》,任何外国国家违反国际法和国际关系基本准则,以各种借口或者依据其本国法律对我国进行遏制、打压,对我国公民、组织采取歧视性限制措施,干涉我国内政的,我国有权采取相应反制措施。任何外国法律与措施的域外适用违反国际法和国际关系基本准则,不当禁止或者限制中国公民、法人或者其他组织与第三国(地区)及其公民、法人或者其他组织进行正常的经贸及相关活动的,我国也坚决予以抵制。

对美国单边经济制裁措施的抵制有时可以迫使美国作出让步。例如,在英国法院处理的前述"利比亚阿拉伯外国银行案"中,①英国法院拒绝执行美国对利比亚制裁的总统令,美国银行也没有对判决提出上诉。此后,美国撤销了对该银行的付款禁令,授权美国银行伦敦分行支付了该笔款项。这说明美国也需要其盟友的合作与支持。②

不过在实践中,也要从当事人利益角度考虑是否适用外国的经济制裁法规。③

---

① Libyan Arab Foreign Bank v. Bankers Trust Co. [1989] QB 728.

② Corinne R. Rutzke, *The Libyan Asset Freeze and its Application to Foreign Government Deposits in Overseas Branches of United States Banks: Libyan Arab Foreign Bank v. Bankers Trust Co.*, 3 American University International Law Review 241, 244 (1988).

③ Mercédeh Azeredo da Silveira, *Economic Sanctions and Contractual Disputes between Private Operators*, in Larissa van den Herik eds, Research Handbook on UN Sanctions and International Law, Edward Elgar, 2017, p. 351.

因为美国的经济制裁措施往往附加了非常严厉的惩罚，如将违法者驱逐出美国市场或者剥夺其美元交易资格等，甚至还会给予刑事处罚。如果他国法院完全忽视美国的经济制裁法规，会给当事人造成双重打击。① 这也导致很多国家的银行和跨国公司在面临美国制裁时不得不与美国政府达成认罪和解协议以避免更加严厉的处罚。

德国等欧洲国家采用"事实理论"，试图将外国经济制裁作为准据法中的客观事实来加以考虑，避免从冲突法角度对外国经济制裁的可适用性进行判断，这种做法赋予了法院一定的灵活性，可以根据国家对外政策的需要灵活考虑是否需要尊重外国的经济制裁。

当然，对外国经济制裁的适用从根本上涉及法院与外交政策的关系问题。正如一些西方学者正确理解的那样，法院原本不应介入政治问题。像经济制裁中原本属于外交政策的问题应当交由行政机关去决定，而不应由法院进行司法裁决。② 但在当前西方国家越来越趋向"价值观"外交政策的环境下，萨维尼所倡导的"去政治化"的国际私法还如何实现呢？在美国，已经出现了外交政策司法化的倾向，法院越来越频繁地介入对外关系纠纷的司法审查。③

第五节 合同中的制裁条款

一、制裁条款的概念

层出不穷的经济制裁措施给参与国际贸易交易的当事人带来巨大的麻烦。经济制裁作为一种外交手段服务于政治和经济目的，具有强制效力。一方面，由于不同国家制定有不同的经济制裁措施，国际贸易商有时很难判断到底应该遵守哪个国家的制裁措施。另一方面，由于国际贸易交易当事人来

---

① Peter Mankowski, Drittstaatliche Embargonormen, Außenpolitik im IPR, Berücksichtigung von Fakten statt Normen: Art. 9 Abs. 3 Rom I – VO im praktischen Fall (zu Cour d'appel de Paris, 25. 2. 2015–12/23757), 36 IPRax 485 (2016).

② José A Cabranes, *Withholding Judgment–Why US Courts Shouldn't Make Foreign Policy*, 94 Foreign Affairs 125, 130 (2015).

③ David Sloss, *Judicial Foreign Policy: Lessons from the* 1970*s*, 53 Saint Louis University Law Journal 145 (2008); Jack I Garvey, *Judicial Foreign Policy–Making in International Civil Litigation: Ending the Charade of Separation of Powers*, 24 Law & Policy in International Business 461 (1993).

自不同国家或地区,一项交易牵涉不同国家的法律,从而可能需要交易商事先判断不同国家的制裁政策和法律,使交易商疲于应对。

为了化解这种法律风险,一些大的交易商开始在合同中制定出一些专门针对经济制裁的格式条款以免除自己可能面临的法律责任。这种条款被称为制裁条款。如在买卖合同中,卖方可以在买卖合同中加入这样一条"经济制裁条款"(economic sanctions clause):"买方宣布已知悉由美国、联合国和欧盟所实施并随时更新的所有经济制裁法律、反禁运法律和贸易限制措施,并保证在履行本合同时遵守之。此项保证适用于但不限于所指定的船舶,无论其归何人所有、控制、运营或承租,也适用于买方的任何跟单指示和中间银行以及任何与履行本合同有关的其他个人、公司或企业。如果买方或买方根据本条款所做保证中涉及的任何个人、公司和实体违反了上述经济制裁法、反禁运法和/或贸易限制措施,无论是有意还是无意,从而给卖方或其委托人或分支机构造成损害,买方应向卖方给予赔偿并使其免受任何损害。本合同任何条款都不得被解释为要求任一方当事人实施某项行为从而可能使其不遵守或违反上述法律或限制措施。卖方任何时候都有权拒绝或撤销对指定船舶的接受,只要发现接受对该轮船的指定会使其或其分支机构不遵守或违反上述法律或限制措施。买方在此情况下应另行指定一艘完全符合合同的替代船舶。"

二、制裁条款的形式

(一)银行业务中制裁条款的形式

层出不穷的经济制裁可能会限制银行根据国际惯例规则履行其职责的能力。国际银行可能会面临在其经营所在的多个司法管辖区实施不同的制裁制度。这些银行可能会受到相互冲突的监管要求的约束,需要考虑制定内部政策以减轻由此产生的法律风险。一些银行选择通过使用制裁条款来控制这些法律风险。2010 年 3 月,国际商会银行委员会反洗钱工作组发布了《关于在受 ICC 规则支配的与贸易有关业务中(如信用证、跟单托收和担保)使用制裁条款的指导意见》,2014 年将其修订为《关于在受 ICC 规则支配的与贸易融资有关的业务中使用制裁条款的指导意见》,2020 年又增加了附录,①其中列举了这样几种制裁条款:

---

① *Guidance Paper on the Use of Sanctions Clauses in Trade Finance-related Instruments Subject to ICC Rules* (2014), https://www.iccitalia.org/wp-content/uploads/2022/03/2022-icc-use-of-sanctions-03-003.pdf.

1. 简单的通告式制裁条款："信用证如果违反了应遵守的反抵制、反洗钱、反恐怖、反毒品走私和经济制裁的法律和条例，则该信用证的提示将不被接受。可适用的法律因交易地不同而有别，包括联合国、美国以及/或本地法律。"①

2. 排除银行义务的制裁条款："（银行）遵守美国、欧盟和联合国发布的国际制裁法律和条例（以及适用于开证机构的本地法律和条例）并促进该法律和条例的执行。（银行）在某些情况下采纳了超出该法律和条例要求的格式条款。因此，如果出现了美国、欧盟、联合国或本地制裁名单上的任何人（自然人、公司或政府），或者牵涉古巴、苏丹、伊朗或缅甸或任何这些国家的政府代理人，则（银行）不承担本信用证项下的支付义务或者履行本信用证（包括但不限于处理单据或通知该信用证）。"②

3. 其他更复杂的制裁条款："政府、政府机构或部门、监管者、中央银行和/或跨国组织（包括联合国和欧盟）发布的贸易和经济制裁措施对涉及以下国家或这些国家境内居民的交易产生影响：巴尔干地区、白俄罗斯、科特迪瓦、黎巴嫩、利比亚、卢旺达、塞拉利昂、索马里、叙利亚、刚果（金）、乌兹别克斯坦、阿富汗、伊朗、伊拉克、缅甸、朝鲜、古巴、津巴布韦和苏丹。开证行及其所有相关分支机构均应遵守并受该制裁措施的制约。在出示单据给开证行议付或承兑任何与本信用证有关的交易之前，如果该信用证涉及制裁措施所针对的国家或个人，请联系开证行予以说明。与开证行有关的交易或金融服务如果受到制裁措施的影响，无论是直接还是间接，由此导致的任何损失或损害，开证行不承担任何责任。不能要求开证行履行本信用证项下的任何义务，如果开证行经过审慎判断发现会违反或触犯任何制裁措施。即使与国际商会跟单信用证统一惯例有不一致之处，本条款亦应适用。"③

（二）保险合同中的制裁条款

国际上很多保险公司和保险公会也颁布了格式制裁条款。其中，国际保

---

① *Guidance Paper on the Use of Sanctions Clauses in Trade Finance-related Instruments Subject to ICC Rules* (2014), https://www.iccitalia.org/wp-content/uploads/2022/03/2022-icc-use-of-sanctions-03-003.pdf.

② *Guidance Paper on the Use of Sanctions Clauses in Trade Finance-related Instruments Subject to ICC Rules* (2014), https://www.iccitalia.org/wp-content/uploads/2022/03/2022-icc-use-of-sanctions-03-003.pdf.

③ *Guidance Paper on the Use of Sanctions Clauses in Trade Finance-related Instruments Subject to ICC Rules* (2014), https://www.iccitalia.org/wp-content/uploads/2022/03/2022-icc-use-of-sanctions-03-003.pdf.

险人协会(International Underwriting Association)与劳埃德市场委员会(LMA)2015年版"国际制裁条款",其规定如下:"如果保险人或再保险人的理赔会导致保险人或再保险人(及其母公司)直接或间接遭受任何可能适用于它们的贸易和经济制裁法律或条例所导致的惩罚或限制[包括不与保险人或再保险人所适用的法律相抵触的域外惩罚或限制],则保险人或再保险人可以不予提供理赔或承担支付保险金的义务。"①

(三)租船合同中的制裁条款

由于联合国和美国以及欧盟近年来加强了对伊朗等国的经济制裁,给国际海运当事人带来了很大的法律风险。船东在将船舶提供给承租人时,必须调查清楚承租人所从事的运输业务不涉及上述受制裁的行为,否则船东也将受到制裁。为了应对这种法律风险,各国船东都纷纷修改自己的租船合约,增加制裁条款以规避可能的法律责任。制裁条款的目的是帮助船东评估可能遭受的制裁风险并作出应对。

波罗的海国际航运公会(BIMCO)②与船东保赔协会国际集团(International Group of P & I Clubs)合作起草了一项定期租船合约中的标准制裁条款供其会员选择采用。BIMCO标准制裁条款如下:

> (a)如果承租人租用船舶用于任何运输、贸易或航行时,根据船东的合理判断,将会导致该船舶、船东、管理人员、船员、轮船保险人或再保险人受到任何国家、超国家机构或国际组织的制裁或禁令,此时船东有权不遵守任何此类租船指令。
>
> (b)如果船舶已经处于承租状态而相关制裁或禁令随后才发生,则船东有权拒绝继续提供租船,承运人有义务在收到船东的拒绝通知后48小时内发出替代航行命令。如果承租人没有发出此项

---

① *IUA 09-065 International Sanctions Clause*, https://www.iua.co.uk/IUA_Member/Clauses/IUA_Member/Clauses/eLibrary/Clauses.aspx?hkey=6f7dd1a3-6ab3-4b10-94c2-5a8c644b1c32.

② 波罗的海国际航运公会,英文全称为The Baltic and International Maritime Council,简称BIMCO,是一个具有100多年历史且目前是世界上最大的、运营最多样化的国际航运组织。作为一个知名的航运非政府组织(NGO),BIMCO与其他海运组织联系非常紧密,在诸多联合国机构中担任观察员,如国际海事组织(IMO)、联合国经济及社会理事会(ECOSOC)及国际商会(ICC)等。同时,BIMCO与欧盟、美国及亚洲的海运管理者、政策制定者以及其他利益方之间也始终保持着密切的沟通。目前,BIMCO已在130多个国家拥有1900多个会员,约占世界海运业总运力的60%。

替代命令，船东可以将已装船的货物卸载在任何安全港口（包括装货港）。船舶将保持租用状态以等待执行承租人的替代航行命令或船东的卸货指示，承租人将继续对与该命令或卸货有关的所有额外费用和开销承担责任。在履行本条b款时，任何已尽或未尽事宜都不应被视为故意偏航。

(c)因船东根据本条b款规定遵守替代航行命令或卸货而导致货主和/或提单持有人和/或次级承租人对船东提起任何诉讼请求时，承租人应承担偿付责任。

(d)承租人应确保本条款被并入由本合同当事人所签发的任何分租合同和提单之中。

三、制裁条款的法律效力

（一）制裁条款与诚实信用原则

合同中的制裁条款从性质上是合同当事人之间契约自由的体现，原则上对当事人之间具有约束力。但是现代合同法对契约自由已经施加了很多限制，尤其是合同条款不得违背诚实信用原则，不得违反国家利益和社会公共利益等。

制裁条款是通过合同条款的方式单方面免除一方当事人的合同法律责任，因此可能会与正常民商事法律关系中的诚实信用原则相抵触。这时，制裁条款可能会被判无效。

鉴于此，国际商会银行委员会反洗钱工作组发布的《关于在受ICC规则支配的与贸易有关业务中（如信用证、跟单托收和担保）使用制裁条款的指导意见》中明确建议："制裁条款不能给银行信用证项下的义务带来任何质疑。"

不过也要看到，UCP规则只是国际商会制定的惯例规则，不具有法律的效力，其被并入信用证之后，与信用证中的制裁条款具有同等的效力。因此，当事人通过制裁条款排除UCP中的责任也无可厚非。最关键的还是要看对方当事人的态度。一旦对方当事人接受了列入制裁条款的信用证，原则上就要遵守其义务。此时，对于中间行来说，就要承担很多额外的负担，不仅要了解信用证当事各方的资信状况，还要调查基础交易各方当事人是否受到有关制裁措施的牵连。对于可转让信用证，转让行也要面对同样的复杂情况。为了落实第二受益人是否受制裁，转让行在转让信用证前，最好把第二受益人的信息通知开证行，在开证行批准后，方可将信用证转让给第二受益人，以避免开证行翻脸不认账。

当然,采用制裁条款对于开证行来说也不是高枕无忧。在信用证中采用制裁条款可以使开证行免除制裁的法律责任,但会危及其他有关当事人,因此可能遭到抵制,影响信用证的功能,降低信用证的可接受性,进而影响开证行的信用。

从法律上看,制裁条款的效力取决于信用证的准据法。同时还要考虑到法院地的阻断法律。

(二)制裁条款与不可抗力原则

我国《民法典》第 180 条规定:"因不可抗力不能履行民事义务的,不承担民事责任。法律另有规定的,依照其规定。不可抗力是不能预见、不能避免且不能克服的客观情况。"经济制裁措施是不是不可抗力?银行能否援引民法中的不可抗力原则作为制裁条款的法律依据从而免除自身的法律责任?可以看出,近年来,国际上的经济制裁措施越来越层出不穷,特别是联合国和欧美国家的经济制裁措施,往往都会通过各种渠道广为宣传,因此从事国际贸易的各国企业和机构都应当预见这一风险。本书认为,国际经济制裁并不像天灾人祸那样不能预见、不能避免和不能克服。

以信用证为例,在国际商会第 613 号出版物[①]第 336 号案例中,受益人在信用证规定的时间内提交了相符单据,但是由于美国政府对前南斯拉夫的经济制裁,信用证在制裁期间过期,开证行以经济制裁为由,并引用 UCP 400 第 19 条[②]不可抗力的规定拒绝支付备用信用证项下的款项。国际商会在答复中说:"由于政府禁令和制裁是个较新的概念,在 UCP 的起草和制定的过程中,其制定者并没有考虑这个问题。"国际商会在该案例中采取了不置可否的态度,既没有肯定,也未否定是否将国际制裁列入不可抗力的范围内。从 UCP 600 第 36 条对不可抗力的定义来看,不可抗力包括天灾、暴动、骚乱、叛乱、战争、恐怖主义行为或任何罢工、停工或银行无法控制的任何其他原因,经济制裁并没有被归入不可抗力的范围。

另外,如果外国所实施的经济制裁与合同本身没有多大关系,也不能构成不可抗力。这方面的典型案例是荷兰法院 1982 年审理的"传感器案"。[③]

---

① Opinions of the ICC Banking Commission 98-99 Queries & Responses on UCP 500, 400, URC 522.

② 在 UCP 600 中为第 36 条。

③ Compagnie Europeenne des Petroles v. Sensor, 17 Semptember 1982, in RabelsZ 47 (1983).

该案中,原告是一家法国公司,被告 Sensor 公司是一家由美国公司控股的荷兰公司。原告向被告购买一批传感器用于苏联天然气管道建设。但美国政府颁布了对苏联的制裁法令,禁止美国公司及其控制下的海外分公司向苏联出口使用源于美国的技术生产的产品。被告根据该禁令拒绝履行合同,原告在荷兰法院起诉。法院认为,合同当事人未选择准据法,根据最密切联系原则,合同应适用荷兰法律。被告主张,自己作为美国公司控制下的外国子公司,必须服从美国出口管理条例的管辖,不得向苏联出口该批产品,因此美国的禁令构成了不可抗力。被告据此援引荷兰《国际货物买卖法》第 74 条的规定要求免除自己的违约责任。法院认为,美国的禁令不能被荷兰法院采用,因为本案的情况与美国根本没有任何联系。因此,美国的禁令不构成荷兰法中的不可抗力。

英国法院在最近的"MUR 船运公司诉 RTI 公司案"中①对制裁与不可抗力的关系进行了新的解读。该案中,MUR 船运公司于 2016 年 6 月与承租人 RTI 公司签订了运输合同,将铝土矿从几内亚运往乌克兰。根据合同条款,应付运费的金额是通过美元价格来确定的,并支付给荷兰的船东。合同中的不可抗力条款规定,在不可抗力事件发生期间中止各方履行租约的义务,其中不可抗力事件包括:"36. 3. 不可抗力事件是满足以下所有标准的事件或事态:a) 它不受发出不可抗力通知的一方的直接控制;b)阻止或延迟货物在装货港的装载和/或货物在卸货港的卸货;c)它是由……等引起的政府的任何规则或条例或政府的任何干预或行为或指示,……对货币转移或兑换的限制;d)受影响方通过合理努力无法克服。"2018 年 4 月 6 日,美国财政部外国资产管制办公室对承租人的母公司实施制裁。船东 MUR 船运公司试图援引合同中的不可抗力条款拒绝履行合同,认为继续履行其义务将违反制裁。RTI 公司向仲裁庭提出索赔,要求 MUR 船运公司支付运费损失。MUR 船运公司认为,制裁限制以美元付款,这使 MUR 船运公司无法履行合同。RTI 公司指出,他们已提出以欧元支付运费,并承担将其转换为美元的任何费用。因此,他们认为这不构成不可抗力事件,因为船东可以通过合理的努力克服制裁的影响——即接受不同但功能相同的付款方式。仲裁庭裁定 RTI 公司胜诉。MUR 船运公司向商业法院提出上诉。商业法院推翻了仲裁庭裁决,认为不可抗力条款中的合理努力条款并未要求 MUR 船运公司必须接受非合同履行(在本案中就是以与协议中规定的货币不同的货币付款)。雅克

---

① Shipping BV v. RTI Ltd. [2022] EWHC 467 (Comm).

布法官认为,合同义务不是“在决定整体合理性问题时需要权衡的一个因素”,而是“最重要和决定性的因素”。他驳回了 RTI 公司的论点,即付款义务对装货或卸货义务并不重要(并且在实践中,以欧元付款与以美元付款相同,因为资金可以兑换),并认为以特定货币付款的义务是一项重要的合同义务。上诉法院的裁决承认了美国的制裁构成了本案中的不可抗力。商事法院的裁决表明英国法院倾向于确保合同的确定性。

四、西方国家的最新实践

(一)“阿拉什船运公司案”

英国上诉法院 2011 年审理的“阿拉什船运公司诉安盟保险公司案”①涉及欧盟对伊朗制裁条例的适用范围以及保险合同中制裁条款的效力问题。

该案中,原被告之间的保险合同于 2010 年 5 月初订立。合同约定适用英国法律。合同项下的保险标的是伊朗的石油船队。原告(上诉人)是海上保险合同的被保险人,是一家塞浦路斯公司,但由一家伊朗企业控股。被告安盟保险公司(Groupama Transport)是保险合同的主承保人,住所位于法国,它代表所有承保人被诉。作为共同承保人的另外几家保险公司中,有一家住所地位于瑞典,有五家住所在英国,有一家住所地位于百慕大,一家住所地在韩国,一家住所在百慕大或迪拜,一家住所地在伊朗。保险合同包括一项“伊朗制裁条款”:“如果被保险人使保险人遭受到或在保险人看来可能遭受这样的风险,即成为船旗国、英国或美国和/或欧盟和/或联合国对伊朗实施的任何形式的制裁、封禁或其他不利行动的对象,则保险人可以决定采用书面通知的方式取消本保险合同项下所承担的保险责任。如果被保险人在运输、贸易或航行中所雇用的任何船舶无论以何种方式可能使保险人遭受船旗国、英国和/或美国和/或欧盟和/或联合国所实施的针对伊朗的任何形式的制裁、封禁、管制或其他不利行动的风险,则保险人在本保险合同项下承担的责任将立刻终止。保险人将根据保险人所承担保险责任的期间按比例收取截至依照本条款所确定的终止或停止日期之前的保险费。”

合同签订 5 个月后,欧盟委员会于 2010 年 10 月 25 日通过了对伊朗实施进一步经济制裁的第 961/2010 号条例。该条例规定,禁止从欧盟向伊朗私人、企业或团体出售列表中所禁止的物资和技术;禁止从伊朗进口列表中列

---

① Arash Shipping Enterprises Company Limited v. Groupama Transport, [2011] EWCA Civ. 620.

明的物资和技术；禁止向伊朗个人、企业和团体提供贷款和其他金融服务和保险服务等。其中第 26 条第 1 款规定："禁止向伊朗政府、伊朗公共机构、公司及其代理人提供保险和再保险；禁止向伊朗自然人以外的其他法人、企业或团体提供保险和再保险；禁止向代表前款所指的法人、企业或团体行事的自然人、法人、企业或团体提供保险和再保险。"本案原告是伊朗控股企业，正好属于该条例制裁的对象。

欧盟《制裁条例》第 39 条规定，该条例适用范围包括："（a）欧盟领域之内，包括领空；（b）欧盟成员国管辖下的所有飞机或船舶内部；（c）所有欧盟成员国国民，无论其位于该成员国境内还是境外；（d）任何根据某一成员国法律成立的法人、企业或团体；（e）在欧盟境内从事全部或部分营业活动的任何法人、企业或团体。"根据这一规定，本案被告应当遵守该《制裁条例》。

该案所争议的问题是：被告是否有权基于欧盟 2010 年对伊朗制裁条例而根据合同中的制裁条款解除保险合同？

一审法院于 2011 年 4 月 20 日作出判决，认为被告根据保险合同解除保险合同的通知有效。原告不服判决，向上述法院提起上诉。上诉法院于 2011 年 5 月 25 日作出判决，认为保险合同及其制裁条款都应当被视为一个整体。制裁措施通常都针对的是某个国家的居民或国民，他们之所以被制裁，就是因为他们在被制裁国境内的地位或功能，而不是基于他们的个别行为。最终法官判决驳回了原告的上诉，维持原判。

（二）"马曼科切特案"

英国高等法院 2018 年 10 月在"马曼科切特矿业公司诉艾吉斯管理机构案"中对保险合同中的制裁条款的效力作出了肯定性结论。

该案中，原告马曼科切特公司起诉各被告拒绝支付与伊朗保税仓库被盗货物有关的保险索赔。被告是一群最终由美国人拥有或控制的英国保险公司，他们援引保险合同中的标准制裁条款作为拒付的抗辩理由，该制裁条款规定："如果[付款]会使该（再）保险公司面临（expose）联合国决议或欧盟、英国或美利坚合众国的贸易或经济制裁法律或条例的任何制裁、禁令或限制，则……任何（再）保险公司均无责任支付任何索赔。"被告保险公司辩称，根据保单付款会使他们面临违反制裁的风险，这足以触发上述制裁条款。

在判决作出之间，美国对伊朗的制裁制度发生了多次变化，这使根据该政策支付的款项是否会违反美国制裁法产生了一些模糊性。因此，被告保险公司辩称，赔付至少会造成违反美国制裁的风险，他们表示，这代表了制裁条款下的制裁"暴露"足够，可以免除赔付。

法官将“面临制裁”与“面临制裁的风险”区分开来,认为只有当被告能够证明赔付会违反制裁的情况下才可以通过该制裁条款免责。在这种情况下,制裁条款并未涵盖赔付可能违反制裁的“风险”,因为在没有“明确的措辞”的情况下,人们不会期望被保险人达成一项协议,仅凭保险人指出存在违反制裁的风险就免除保险人的一项有效债权。

法官还发现,所援引的制裁条款只是暂停了保险公司的赔付责任,而不是完全取消赔付责任。在得出这一结论时,他依赖于这样一个事实,即制裁条款被表达为“只有当”赔付将使保险公司面临制裁时才会被触发。简而言之,法官设想制裁条款可以“不触发”,如果相关制裁被放松,赔付义务将恢复,从而赔付不再违反制裁。

“面临制裁”一词不属于国际融资或资本市场合同制裁条款中惯常使用的典型表述。判决书提醒人们注意精确起草的优点,即使它冗长且耗时。

美国的主要制裁适用于存在足够的美国管辖权关系的地方——这是一个意义深远的概念,因为美国人、领土和/或货币的参与都可以作为管辖权的依据。然而,美国也有一个“二级”制裁制度,针对美国管辖范围之外的非美国人的某些活动。执行机制是政治的而不是司法的;实际上,二级制裁威胁到,如果非美国人从事有针对性的活动(包括与受制裁的人的一些交易),那么美国当局可能会将该非美国人添加到特别指定国民名单或施加一项或多项限制个人进入美国经济的一系列其他严重程度不同的措施。

制裁条款的效果是暂停而不是消除被告保险公司的赔付义务这一结论可能存在问题。如果一方在合同下的义务并未因适当援引的制裁排除条款的影响而最终消除,但在制裁制度发生变化时可以恢复,则该方将承担期限不确定的未明确责任。这可能要求该方确定是否应在其财务报表中作出准备或披露或有负债。根据国际会计准则,这要求当事方考虑必须履行义务的可能性。鉴于对该调查的回应取决于地缘政治因素,这些因素通常高度不可预测且超出政党的控制范围,这似乎不太合适。因此,各方应考虑起草制裁排除条款,以消除寻求依赖该条款的一方的责任,如果不是立即,则应在合理的时间范围内。

《阻断条例》规定,欧盟人士遵守某些具有域外效力的美国制裁法是非法的。索赔人试图辩称,《阻断条例》阻止被告保险公司依赖制裁条款(鉴于在索赔人看来,对制裁条款的适当解释只能允许被告保险公司在合法的情况下拒绝支付使他们受到制裁)。法官在这一点上站在被告保险公司一边,认为一方仅依靠制裁条款的条款来拒绝履行合同义务,这不能被解释为“遵守”第三国制裁制度的行为，从而不会违反阻止条例。尽管此评论是严格附带的（因为法官已经决定被告保险公司不能依靠制裁条款对其进行适当的解释），但许多人会欢迎法官的商业头脑解释。它将允许当事方制定制裁条款，而不会徒劳地制定措辞，以符合美国制裁和封锁条例的要求。

（三）"拉梅萨案"

"拉梅萨投资公司诉塞纳吉银行案"①中，拉梅萨（Lamesa）公司注册在塞浦路斯，它由一家 BVI 公司全资拥有，而该公司的实际控制人为俄罗斯人维克多·维克塞尔伯格（Viktor Vekselberg）。塞纳吉（Cynergy）是一家英国零售银行，它与美国之间唯一的联系是可以和一家美国银行之间通过美元代理账户进行美元交易。拉梅萨公司向塞纳吉银行提供 3000 万英镑贷款，约定每 6 个月支付一次利息。贷款协议中约定："[塞纳吉]如果……是为了遵守管辖地的任何强制性法律、条例或者命令而未能支付该款项，则不构成违约。"（[Cynergy] shall not be in default if…such sums were not paid in order to comply with any mandatory provision of law, regulation or order of any court of competent jurisdiction）。贷款协议还约定准据法为英国法并由英国法院管辖。

2018 年 4 月，美国财政部外国资产管制办公室根据第 13662 号行政命令将维克塞尔伯格列入"特别指定国民"名单，而拉梅萨公司作为其控制下的公司也变成了一个在该名单上的"受限制人"（blocked person）。根据上述美国行政命令，世界任何地方的任何美国人、任何处分受美国管辖的财产的人或任何在美国营业的人，均被禁止与维克塞尔伯格或拉梅萨公司从事任何交易，此种制裁被称为"一级制裁"。此外，美国 2014 年通过的《乌克兰自由支持法》第 5(b) 条还包括一项"次级制裁"，即禁止任何外国金融机构在 2017 年《反俄罗斯在欧洲大陆和欧亚地区影响法》颁布后故意与"特别指定国民"名单上的人和被限制人从事重大金融交易。本案中，如果塞纳吉银行向拉梅萨公司支付利息，将可能构成一项"重大金融交易"，美国政府有权对塞纳吉银行实施次级制裁，这样的制裁将对塞纳吉银行的业务造成极大损害。塞纳吉银行于是援引上述贷款协议中的排除条款停止支付 360 万英镑的利息。

拉梅萨向英国高等法院起诉，认为排除条款并不赋予塞纳吉拒绝付款的权利。塞纳吉银行辩称，美国《乌克兰自由支持法》第 5(b) 条属于贷款协议排除条款中所约定的"强制性法律规定"。因此，其不支付利息属于排除条款的范围。拉梅萨公司认为，次级制裁的风险并非明文禁止，不属于"强制性"

---

① Lamesa Investments Ltd. v. Cynergy Bank Ltd. [2019] EWHC 1877 (Comm).

法律规定。它还争辩说,协议上下文中的“法律规定”是指合同约定的英国法律,而非美国的制裁法规。

法院支持了塞纳吉银行的主张。法院认为,根据英国普通法,不得援引某一外国法律来免除履行合同的义务,除非该外国法律属于合同准据法或者属于履行地法律。但是,此前的案例(包括“哈萨克斯坦国家银行诉纽约梅隆银行案”)已经确认普通法的原则可以通过明确的协议予以排除。① 英国法院可以确定当事方是否打算将排除条款涵盖美国可能实施的二级制裁,从而改变前述普通法规则。

法院进一步认为,所谓“强制性法律规定”仅仅意味着一项不能被减损的法律,即不能通过当事人双方协议予以排除的法律。排除条款提到“任何有管辖权的法院”,该条款中没有地域限定,因此,将该条款的适用仅限于英国法律是没有根据的。

法院还认为,承认上述排除条款的效力并不违反英国政府反对美国域外经济制裁的政策,因为本案仅仅涉及对当事人合同条款的解释。同时,法院还认为,承认美国制裁法在本案中的效力也不违反欧盟的阻断立法,因为本案所涉及的《乌克兰自由支持法》并未被列入欧盟《阻断条例》的附录中。

(四)“圣胡安国际银行案”

委内瑞拉石油公司是委内瑞拉国有石油和天然气公司,专门经营委内瑞拉的石油和天然气。2016 年和 2017 年,委内瑞拉石油公司与波多黎各圣胡安国际银行签订两项信贷借款协议,其中包含选择英国法律和英国法院的条款。贷款协议还包含一项制裁条款如下:

> 制裁。[委内瑞拉石油公司]在以下情况下不会用所得款项偿还贷款:(a)受到美国财政部外国资产管制办公室、联合国安全理事会和美国商务部、美国国务院实施的制裁、限制或禁运的商业活动(统称为“制裁”);或者(b)在受制裁的国家或地区(包括但不限于古巴、伊朗、朝鲜、苏丹和叙利亚)(“受制裁国家”)内/与该国家或地区的商业活动。

特朗普总统于 2018 年 11 月 1 日发布第 13850 号行政命令,对在委内瑞拉经济的黄金部门经营的人实施封锁制裁。此后,特朗普总统于 2019 年 8 月

① National Bank of Kazakhstan v. Bank of New York Mellon [2018] EWCA Civ. 1390.

5日再次发布第13884号行政命令，冻结委内瑞拉政府持有的所有财产，包括委内瑞拉石油公司。作为美国制裁的结果，委内瑞拉石油公司暂停了付款义务。委内瑞拉石油公司援引信贷协议中的制裁条款作为自己的抗辩。委内瑞拉石油公司还援引了前述"马曼科切特案"和"拉梅萨案"，认为在商业协议中暂停支付义务是完全正常和明智的，否则将违反美国的单边制裁。

但是法院认为，本案中的制裁条款与"拉梅萨案"中的相关条款存在区别，"拉梅萨案"中的排除条款明文规定了不支付，而本案中的条款没有提到支付问题而仅仅规定在"制裁"标题项下。法院还指出，在"拉梅萨案"中，上诉法院找到了存在不付款条款的充分理由。本案中的制裁条款未提及暂停支付义务。法院还表示，美国的制裁并未使委内瑞拉石油公司的商业活动"受到制裁"，并且委内瑞拉石油公司在制裁生效前在美国境外拥有其他资产，该资产并不受美国制裁法令的限制。法院还认为，即使美国制裁表面上使委内瑞拉石油公司的付款义务在履行地点的履行必然是非法的，但委内瑞拉石油公司可以向OFAC申请许可，以便将款项存入规定账户。法院认为，向美国规定账户付款的问题并非违法，而是不切实际：委内瑞拉石油公司显然有可能通过修改信贷协议以欧元向美国以外的银行付款，从而履行付款义务。法院还否定了依据《罗马第一条例》第9条第3款的适用，即法院可自由裁量将履约地法律（此处为美国法律）的强制性优先条款适用于受另一法律管辖的合同（英国法律）。①

（五）德国判例

德国汉堡法院2014年审理的一起案件中，原告就从阿巴斯港到汉堡的途中发生的一批伊朗甘草粉的运输损坏向被告保险公司提出保险索赔。② 保险合同中的制裁条款要求合同遵守欧盟的制裁和禁运，并未提到美国制裁。法院认为，根据《罗马第一条例》第9条第3款的规定，美国的制裁法律不是合同准据法，也不是履行地法律，德国法院没有义务予以适用。

五、小结

制裁条款早先主要起到一种警示作用，告知对方当事人应当注意相关国家的经济制裁措施，避免卷入与该制裁措施相关的商业活动。国际商会早期

---

① Banco San Juan Internacional Inc. v. Petroleos De Venezuela SA [2020] EWHC 2937 (Comm).

② LG Hamburg, Urteil vom 3. 12. 2014-401 HKO 7/14.

也不鼓励当事人在商业文件中频繁采用制裁条款。但随着英国等国家的法院逐渐倾向于承认制裁条款的效力,制裁条款近年来有复活的趋势。[①] 制裁条款只能对合同当事人之间有约束力,并不能免除当事人违反经济制裁措施的法律责任。各国所颁布的经济制裁法都有其自身的适用范围,如果在该范围内,都必须遵守。因此,制裁条款并不能从根本上解决国际贸易企业的法律风险问题。

即使合同中未订立制裁条款,一旦对方当事人违反了有关国家的经济制裁法令,本方当事人仍然可以援引该法令的规定,拒绝履行受到经济制裁影响的业务。因此,制裁措施的效力,并不取决于制裁条款本身的有无,而是取决于该制裁措施对法院是否有约束力。

从实践角度来看,制裁条款的采纳还要看合同双方当事人的相对地位。一般而言,合同的强势方一般倾向于采用制裁条款以逼迫弱势方接受,弱势合同方一般也不得不接受制裁条款。但是弱势方如果在合同中也采纳制裁条款,则可能遭到对方当事人的拒绝。

总之,使用制裁条款有一定的积极意义,它将起到风险提示的作用,提醒各方当事人注意违背制裁规定的严重后果。国际贸易的所有当事人都必须认真评估自己面临的制裁风险,建立健全风险防范机制,才能有效规避制裁风险。制裁的可执行性是一个应当由法院或国内管理或行政当局决定的问题,而不是一个可以由商业实体自行处理的事情。如果制裁根据准据法具有强制性,企业将不得不依照营业地国所应当适用的法律予以遵守之。

第六节　经济制裁与外国判决和仲裁裁决的承认与执行

一、经济制裁与外国法院判决

如前所述,美国《赫尔姆斯-伯顿法》第三章规定,凡是在 1959 年 1 月 1 日以后被古巴政府征收的财产,无论是否登记,其所有人均可向美国法院提起一项私人诉讼请求权,可以要求美国法院判处那些“非法收购”这些被征收资产的外国人承担赔偿责任,赔偿金额原则上是该财产价值的一倍,特殊情

① Damien Smith, *Sanctions Disclaimers in Letters of Credit*, 5 Geo. Mason J. Int'l Com. L. 259 (2014).

况下可以判处三倍赔偿。① 这一规定与一般的经济制裁法不同,它赋予被征收财产的美国公民一个私人诉因,可以对外国人提起私人诉讼,要求美国法院判决该外国人赔偿。假如美国法院据此作出了一项判决,而作为被告的外国人在美国境内没有可供执行的财产,则该判决就需要到美国境外申请执行。

然而美国法院作出的这种具有经济制裁性质的判决往往会遭到外国的抵制。加拿大 1996 年修订后的《外国域外管辖措施法》第 7.1 条就明确规定:"美国法院根据 1996 年《古巴民主自由团结法》作出的任何判决不得以任何方式在加拿大境内被承认或执行。"该法第 8(1.1)条同时也授权总检察长可以发布命令禁止承认和执行外国法院根据其贸易法作出的三倍赔偿判决。墨西哥于 1996 年 10 月颁布的《保护贸易和投资不受外国违反国际法的法律影响的法律》②也禁止承认外国法院根据其经济制裁法律作出的判决。欧盟理事会 1996 年颁布的第"2271/96"号《阻断条例》第 4 条也规定,任何欧盟外的法院根据经济制裁法律作出的判决也不得在欧盟境内被承认。

即使是没有颁布阻断性法律的国家,也有可能根据公共秩序保留原则来拒绝承认和执行美国法院作出的此类判决。比如我国《民事诉讼法》第 289 条规定:"人民法院对申请或者请求承认和执行的外国法院作出的发生法律效力的判决、裁定,依照中华人民共和国缔结或者参加的国际条约,或者按照互惠原则进行审查后,认为不违反中华人民共和国法律的基本原则或者国家主权、安全、社会公共利益的,裁定承认其效力,需要执行的,发出执行令,依照本法的有关规定执行。违反中华人民共和国法律的基本原则或者国家主权、安全、社会公共利益的,不予承认和执行。"欧盟《布鲁塞尔第一条例》第 34 条、《瑞士联邦国际私法》第 27 条、意大利《国际私法》第 64 条等也有类似规定。

实践中还有一种情况,即外国法院作出的判决与本国的经济制裁政策相抵触,此时也可以据此拒绝承认和执行外国法院判决。比如,伊朗法院作出判决要求一家中国企业履行供货合同,向伊朗公司提供炼油设备。该判决与联合国安理会制裁伊朗的决议相抵触,中国作为联合国会员国应当执行安理

---

① *Cuban Liberty and Democratic Solidarity Act of 1996*, § § 301-306.

② *Mexico*: *Act to Protect Trade and Investment from Foreign Norms That Contravene International Law*, 36 I. L. M. 133 (1997); *Mexican Senate Approves "Antidote" to Helms-Burton*, Reuters, N. Am. Wire, Sept. 19, 1996.

会决议,因此可以拒绝执行伊朗法院判决。

2021 年 11 月 11 日,欧盟法院对“伊朗 Sepah 银行诉海外金融有限公司案”作出了最终裁决,①澄清了欧盟经济制裁条例对外国人债权的影响。该案中,美国债权人请求法国法院执行一项扣押伊朗 Sepah 银行资产的判决。法国最高法院请求欧盟法院解释以下问题:此种预防性扣押财产的命令是否被欧盟 2007 对伊朗制裁条例所排除?欧盟于 2007 年 4 月 19 日发布的第 423/2007 号条例和随后的几项法规对伊朗实施经济限制性措施。该条例冻结了伊朗某些上市实体的资产和资源,其中包括伊朗 Sepah 银行。该条例第 1(h)条和第 1(j)条规定:“冻结资金”是指防止以任何方式移动、转移、更改、使用、访问或处理资金,从而导致资金的数量、金额、地点、所有权、占有、特征、目的地或其他使资金得以使用的更改,包括投资组合管理;“冻结经济资源”是指防止以任何方式使用经济资源获取资金、商品或服务,包括但不限于出售、雇用或抵押。法院认为,条例第 7(1)条规定的冻结资金和经济资源,排除了对被冻结资产实施保护措施,除非国家主管当局根据该条例第 8 条至第 10 条规定的克减原则签发事先授权,前提是满足这些条款要求的条件。

在英国,随着英国脱欧后对外政策的改变,英国法院开始倾向于执行美国的制裁法令。英国法院最近在一起涉及对叙利亚制裁的案件中作出了一项裁决,②要求英国财政部解封被冻结的叙利亚资金以执行美国法院的一项针对叙利亚的判决。该案源于 1985 年 11 月 23 日埃及航空 648 号航班被劫持事件。飞机被摧毁后,飞机保险单的承保人在美国对叙利亚政府及其代理人提起诉讼。承销商获得了大约 5100 万美元赔偿的判决,然后进行了多方努力来执行判决,包括在英格兰和威尔士。申请人向英国财政部寻求提供相关财产的信息,遭到财政部的拒绝,理由是欧盟理事会第 36/2012 号条例第 29(2)条禁止提供该信息。本案的核心是对欧盟理事会第 36/2012 号条例第 29 条的解释。法院最终采用了目的解释方法,认为允许提供信息可以“促进遵守”对叙利亚的制裁制度。

二、国际商事仲裁裁决

(一)可仲裁性问题

可仲裁性(arbitrability)问题是指哪些争端可提交仲裁解决。该问题是仲

---

① Bank Sepah v. Overseas Financial Limited, case C-340/20.

② R (on the application of Certain Underwriters at Lloyd's London and others) v. HM Treasury [2020] EWHC 2189 (Admin), [2020] All ER (D) 46 (Aug) (12 August 2020).

裁法中最复杂、最困难的问题之一。一些国家法律规定,与经济制裁有关的纠纷不具有可仲裁性,即不能通过仲裁方式解决。比如,意大利热那亚法院在1994年5月7日作出的一项判决中,否决了意大利公司与伊拉克政府签订的造船合同中的仲裁条款的效力。① 该案中,伊拉克国防部与意大利造船公司签署一份造船合同,合同中包含一项仲裁条款,规定:“任何因合同产生的争议将根据巴黎国际商会仲裁规则由三名仲裁员进行仲裁。”1990年,因伊拉克入侵科威特,联合国安理会通过制裁伊拉克的决议,随后欧盟和意大利政府也颁布针对伊拉克的贸易禁令。意大利的禁令规定,禁止任何意大利人或在意大利境内的外国人与伊拉克进行商业交易。此时,合同约定的船舶大多数尚未建造或交付。意大利公司以合同落空为由向意大利法院提起诉讼,要求终止合同并要求伊拉克政府赔偿损失。伊拉克政府对意大利法院的管辖权提出异议,认为该纠纷应根据合同中的仲裁条款进行仲裁。意大利公司则主张,本案能否仲裁应依据意大利法律确定,而根据《意大利民事诉讼法》第806条,只有涉及当事人可以自由处分的权利的纠纷才可以仲裁。由于欧盟和意大利政府颁布了制裁法令,本案所涉及的合同权利义务已经不能由当事人自由处分,因此本案纠纷不能仲裁。1992年12月,热那亚一审法院支持了伊拉克政府的管辖权异议,认为法院没有管辖权。法院认为,本案原告只是要求撤销合同和请求赔偿,这仍然属于《意大利民事诉讼法》第806条所规定的可仲裁事项。意大利公司提出上诉。热那亚上诉法院推翻了一审法院判决,支持了原告的主张,认为意大利的制裁法令使该争端不具有可仲裁性。

而瑞士联邦法院则采取了相反的观点。在一起与上述意大利案例相关联的案件中,瑞士法院支持了案件所涉争端的可仲裁性。② 这主要是因为1987年《瑞士联邦国际私法》第177条对于可仲裁性问题采取了更为宽泛的规定。瑞士以前的法律跟《意大利民事诉讼法》第806条一样,规定只有当事人可以自由处分的事项才可以仲裁。但新的国际私法典第177条规定:“任何具有财产性质的争议均可仲裁。”这样一来,即使是与国际经济制裁有关的案件也可以提交仲裁机构裁决。

美国法院对涉及经济制裁的仲裁条款的执行也比较宽容。在“贝尔希普

---

① Cantieri Navali Italiani v. Ministry of Defence of Iraq, Corte d' Appello, Genoa, 7 May 1994, Riv. Arb. (1994), p. 505-520.

② Fincantieri-Cantieri Navali Italiani SpA et Oto Melara SpA contre M. et Tribunal arbitral, Swiss Tribunal Federal, 1st Cour civile, 23 June 1992, BGE/ATF, 118, Ⅱ, p. 353-358.

航运公司诉 Sealift 案”中,①Sealift 辩称,执行仲裁协议将违反《古巴资产管制条例》中体现的美国公共政策。法院驳回了该项抗辩。法院认为,“公共政策”和“国家政策”不是同义词。虽然“国家政策”禁止与古巴打交道,但《纽约公约》中的“公共政策”例外无意将变幻莫测的国际政治写入“公共政策”的标题下。相反,促进《纽约公约》的“超国家”目标,促进国际仲裁协议的执行,最有利于“公共政策”。“狭隘地拒绝”执行仲裁协议会阻碍这一目的,因此,即使仲裁员可能会作出美国法院不能作出的裁决,法院也应该强制执行仲裁协议。只有当执行会“违反法院地国最基本的道德和正义概念”时,才应援引“公共政策”来禁止执行。本案中,贝尔希普公司通过仲裁收回的任何裁决款项都将存入“被冻结”的计息账户,直到与古巴的关系改善到资金可以释放给贝尔希普公司的程度,因此,允许仲裁进行几乎不会违反美国“最基本的道德和正义概念”。

上述案例都是由法院来判断争端是否具有可仲裁性,此时法院只需根据法院地法律进行判断。但是,如果争端直接提交给仲裁庭,则仲裁庭也需要对争端的可仲裁性进行判断。根据国际上通行的“管辖权—管辖权”原则,仲裁庭有权自行决定自己的管辖范围,而不需要取决于法院的裁决。因此,仲裁庭可以自行判断争端的可仲裁性。仲裁庭在判断可仲裁性时应当考虑到仲裁地法律,同时也要考虑到仲裁被执行地法律。

在加拿大魁北克法院审理的“法国航空公司诉利比亚航空公司案”中,②法国航空公司与利比亚阿拉伯航空公司签订了一份供应和维护协议,其中包括一项将争端提交国际航空运输协会仲裁的仲裁条款,仲裁地为蒙特利尔,仲裁将按照联合国国际商法委员会仲裁规则(UNCITRAL 规则)进行。1988 年洛克比空难发生后,联合国安理会对利比亚实施严厉的国际禁运,其中包括禁止任何联合国会员国及其国民向利比亚提供飞机及其零部件,也禁止向利比亚飞机及其零部件提供任何维修服务。该决议还要求各会员国严格遵守决议而不用考虑之前存在的任何国际协议或缔结的任何合同或获得的许可证。欧盟也颁布了执行联合国制裁的第 945/92 号条例。加拿大同样颁布了《联合国利比亚制裁条例》。法国航空公司认为,对利比亚的制裁使自己无法履行与利比亚阿拉伯航空公司的合同,于是宣布废除双方之间的合同。

---

① Belship Navigation, Inc. v. Sealift, Inc. citation 1995 WL 447656(S. D. N. Y., 1995).

② La Compagnie Nationale Air France v. Liberian Arab Airlines, Cour d'appel du Québec, CanLII 35834 (2003).

1993 年 11 月 11 日，联合国进一步发布第 883 号决议，将制裁扩展到与利比亚有关的任何金融和商业交易领域并冻结利比亚位于世界各国境内的财产。此外，制裁决议还要求所有国家包括比利亚政府不得因为有关合同或交易受到联合国制裁措施的影响而代表利比亚政府及其国民（或企业）提起任何索赔请求。加拿大政府也将这些新的制裁措施纳入国内法。

1995 年 10 月，利比亚阿拉伯航空公司则根据仲裁条款提请仲裁，法国航空公司提出不可仲裁性（non-arbitrability）抗辩，认为仲裁协议违反了联合国安理会和欧盟的制裁决议中的强制性公共政策条款，应属无效。

1998 年 7 月 10 日，仲裁庭作出初步裁决，驳回了法国航空公司的不可仲裁性抗辩，认为本案争端无论根据法国法、加拿大法还是国际法都可以仲裁，仲裁庭有权自己决定对争端的管辖权。联合国决议也并未禁止法国航空公司参加仲裁程序。法国航空公司向仲裁庭所在地魁北克高等法院提起诉讼，要求撤销部分裁决，被驳回。法国航空公司继续向魁北克上诉法院提出上诉，也被驳回。法院认为，法国航空公司的抗辩不属于可仲裁性问题，而是涉及可接受性（admissibility）问题，该问题属于实体问题，应在后续程序中由仲裁庭解决。法院指出，仲裁庭享有一定程度的自治权，除非仲裁协议被视为无效，否则法院有义务根据《纽约公约》第 2 条第 3 款和其他国际文书确认仲裁庭对争议的管辖权。

对于联合国和欧盟对利比亚的制裁措施是否禁止利比亚提起仲裁请求的问题，法院也指出，本案中的争议发生在制裁措施颁布之前，利比亚的仲裁请求也是在制裁措施发布之前就提起，因此联合国和欧盟的制裁不具有溯及既往的效力。至于利比亚的请求中涉及制裁的部分，也属于实体问题，应当由仲裁庭在实体审理阶段进行裁决。

（二）仲裁裁决的承认与执行

1. 美国判例

仲裁裁决的跨国承认与执行要比法院判决更为顺畅，因为国际上已经达成了多项公约，比如《纽约公约》和《日内瓦公约》。根据这些公约的规定，外国仲裁裁决的承认和执行只受到少数几项条件的限制，其中最重要的是公共秩序保留条款。如果外国仲裁机构作出的一项仲裁裁决违反了执行地国家的经济制裁政策和法律，是否会构成违反公共秩序呢？这一问题引发了较大争议。[①]

---

① Tamas Szabados, *EU Economic Sanctions in Arbitration*, 35(4) J. Int'l Arb. 440 (Kluwer Law International 2018).

早期一个有争议的案例是“利比亚国家石油公司诉利比亚太阳石油公司案”。[①] 该案中,原告为利比亚国家石油公司(以下简称国家石油公司);被告为利比亚太阳石油公司(以下简称太阳石油公司),注册地位于美国特拉华州。双方签订了一份在利比亚开发石油的协议。后来以利比亚政府卷入恐怖主义活动为名,美国政府对利比亚实施经济制裁,禁止美国公司在利比亚的商业活动,太阳石油公司于是停止履行合同。国家石油公司根据合同中的仲裁条款向国际商会仲裁院请求仲裁,仲裁庭裁决太阳石油公司向国家石油公司赔偿损失,国家石油公司根据《纽约公约》向美国特拉华州地区法院申请执行该裁决。太阳石油公司以《纽约公约》中的公共政策条款为依据提出抗辩,认为执行该裁决违反美国对利比亚的经济制裁法律,从而与美国的反恐政策相抵触。法院并未支持太阳石油公司的意见,相反却认为美国的经济制裁并不等同于公共政策,因此,执行国际商会的裁决并不违反《纽约公约》。不过该案受到美国学者的广泛批评。该案所涉仲裁裁决的执行也一直被拖延,直到美国对利比亚的制裁措施被取消以后才得以执行。

在“伊朗国防部诉美国库比克公司案”中,美国第九巡回法院同样支持了国际商会作出的仲裁裁决。[②] 该案中,1977 年,美国库比克公司与伊朗国防部签订了一份出售和维修空战机动靶场的合同,但伊朗革命最终导致合同未能履行。1982 年,伊朗国防部在伊朗—美国求偿法庭就合同违约向美国库比克公司提出赔偿,但法庭最终裁定其无管辖权。1991 年,伊朗国防部在国际商会国际仲裁院提起仲裁。1997 年,位于瑞士的仲裁庭作出最终裁决,裁定美国库比克公司向伊朗国防部支付 2,808,519 美元另加裁决前利息以及 60,000 美元仲裁费。

美国库比克公司最终未能支付裁决下的金额,1998 年伊朗国防部向美国联邦地区法院请求确认《纽约公约》下的国际商会仲裁裁决。法院认为,伊朗国防部与军事供应商之间的外国仲裁裁决并不违反美国根据《纽约公约》的公共政策;美国在支持承认外国仲裁裁决方面有强有力的公共政策,尽管美国与伊朗的关系受到严格监管,但《伊朗资产控制条例》不禁止支付或确认裁决,裁决确认没有违反任何反对伊朗政府经济支持的政策。法院认为,确认

---

① National Oil Corp v. Libyan Sun Oil Com., 733 F. Supp. 800, U. S. District Court, D. Del., March 15, 1990.

② Ministry of Defense and Support for the Armed Forces of the Islamic Republic of Iran v. Cubic Defense Systems, United States Court of Appeals, Ninth Circuit, December 15, 2011, 665 F. 3d 1091.

境外仲裁裁决与支付该裁决具有本质差异，如果本法院确认裁决，财政部可以签发许可证，要求美国库比克公司将任何符合判决的款项存入美国金融机构以该部名义持有的冻结账户。因此，确认裁决的效力并不意味着该裁决项下的款项会被支付给伊朗政府。实际上，该笔款项一直被冻结在美国银行账户里面。在 2016 年的一起案件中，美国当事人还曾申请解封该笔资金以清偿伊朗政府的赔偿。①

俄罗斯国际航空公司（Aeroflot Russian Airlines，以下简称俄罗斯航空）有意向伊朗航空公司租赁商用飞机及零部件，于是与鲁索国际风险投资公司（Russo International Ventures，Inc.，美国公司，以下简称鲁索公司）签订合同，约定鲁索公司就与伊朗交易相关事宜向俄罗斯航空提供咨询服务，俄罗斯航空向其支付佣金。合同同时约定，双方产生争议时在瑞典斯德哥尔摩进行仲裁。其后，鲁索公司根据协议提供了针对伊朗交易的咨询服务，在俄罗斯航空支付了部分佣金后，双方就鲁索公司获得剩余佣金的权利出现争议，鲁索公司遂以俄罗斯航空违约为由提起仲裁。

在仲裁过程中，对于鲁索公司要求支付佣金的请求，俄罗斯航空辩称，双方合同因违反美国禁止与伊朗交易的行政命令和条例而无效，故其不需支付剩余佣金。对此，俄罗斯航空进一步具体指出，美国第 12613 号行政命令（禁止从伊朗进口）、第 12957 号行政命令（禁止与伊朗石油资源开发有关的某些交易）、第 12959 号行政命令（禁止与伊朗有关的某些交易）以及 OFAC 颁布的若干条例都禁止鲁索公司提供双方合同中所述的咨询服务。

2002 年 11 月 29 日，仲裁裁决作出，支持了鲁索公司的请求，裁决俄罗斯航空应向鲁索公司支付剩余佣金以及违约费用和利息。仲裁庭同时指出，鲁索公司参与的交易不能被视为与由伊朗政府控制拥有或原产于伊朗的货物或服务有关，因此没有违反相关行政命令和 OFAC 制定的条例。

在“美高梅制片集团诉俄罗斯国际航空公司案”中，②美高梅制片集团（MGM Productions Group，Inc.，以下简称美高梅公司）于 2003 年受让鲁索公司在仲裁裁决中的权益，随后美高梅公司向法院申请对该裁决予以承认和执行。

---

① Ministry of Defense and Support for the Armed Forces of the Islamic Republic of Iran v. Frym, United States Court of Appeals, Ninth Circuit, 814 F. 3d (2016).

② MGM Productions Group, Inc. v. Aeroflot Russian Airlines, United States District Court, S. D. New York, May 14, 2003, 573 F. Supp. 2d 772. (S. D. N. Y. 2003).

俄罗斯航空对承认和执行申请主要提出两项抗辩,其中之一即认为若承认案涉裁决将会违反美国的公共政策。具体而言,其认为美国存在一项禁止与伊朗交易的公共政策,联邦法律禁止像鲁索公司这样的美国公司“参与或促进”此类伊朗交易,俄罗斯航空不再继续支付佣金的行为恰恰是避免索鲁公司进一步违反禁令从事与伊朗有关的咨询服务,但案涉裁决却反而让俄罗斯航空承担责任并旨在让违反此类禁令的索鲁公司获得赔偿,显然违背公共政策,因此应拒绝承认案涉裁决。此外,俄罗斯航空还以已经在瑞典申请撤销裁决为由请求法院中止本案的审理。

美国纽约南区联邦地区法院对俄罗斯航空的上述抗辩均未予以支持,尤其对其提出的公共政策抗辩,该法院首先提出一项审查标准,即法院谨慎对待公约中公共政策例外的适用。在此基础上回归至案件本身,法院指出,因本案鲁索公司提供咨询服务的对象是俄罗斯航空,而非任何伊朗境内的实体,所以本案所涉的合同实际上并不违反上述禁止与伊朗交易的行政命令和 OFAC 条例。同时,法院还补充说道,公约明确承认的对等原则也使得法院应当谨慎接受当事人提出的公共政策抗辩,以免导致其他国家法院也经常适用该抗辩拒绝承认和执行美国的仲裁裁决。

2. 法国案例

法国法院在 2020 年的一项上诉裁决中,驳回了当事人要求拒绝承认与执行国际商会仲裁裁决的请求。该案涉及的核心问题是:联合国、美国和欧盟对伊朗的经济制裁是否属于法国的国际公共政策?该案中,一家法国公司与一家伊朗国有石油公司签订一份伊朗石油开发合同,约定争议适用伊朗法律,并由国际商会仲裁。后因合同履行问题,伊朗公司要求解除合同并要求法国公司履行反担保项下的义务。法国公司向国际商会申请仲裁,认为伊朗公司无权解除合同,要求对方赔偿损失。仲裁庭于 2018 年 12 月 27 日作出了一项有利于伊朗公司的裁决,该裁决违反了法国《民事诉讼法》第 1520 条第 5 款所规定的国际公共秩序,[①]法国公司则向巴黎法院请求撤销裁决,理由之一是该裁决违反了法国《民事诉讼法》第 1520 条第 3 款所规定的国际公共秩序,具体而言就是违反了联合国安理会和美国以及欧盟对伊朗所实施的经济制裁。请求方认为,这些制裁构成了法国法上的国际公共秩序。

在国际商事仲裁中,仲裁庭不属于任何一个国家的机构,因此没有义务遵守任何一个国家的强制性法律规范(包括经济制裁),但以下两种情况除

---

① ICC Case No. 20003/MCP/DDA.

外:第一,该规范属于当事人约定的范围;第二,在当事人未选择的情况下,该规范属于仲裁庭所确定的准据法的一部分。① 对于不属于准据法范围内的任何国家的经济制裁,仲裁庭虽然没有义务适用,但为了避免仲裁裁决被法院撤销或被拒绝承认执行,仲裁庭通常会考虑到仲裁地国家和仲裁裁决将要执行地国家所颁布的经济制裁法律。但是,仲裁地通常与仲裁的争议并没有直接关联,而仲裁庭在作出仲裁裁决时通常无法预见仲裁裁决将会在哪里被申请执行。

就本案而言,巴黎上诉法院作为仲裁地法院在考虑是否撤销该仲裁裁决时,首要考虑经济制裁是否构成法国的公共政策;然后还要考虑仲裁庭的裁决是否违反了该项公共政策。

首先,对于本案所涉及的联合国安理会制裁伊朗的决议,法院认为属于所有会员国都必须适用的国际法规范,构成了法国的国际公共政策。

其次,对于欧盟的经济制裁,法国法院认为它们当然构成法国的国际强行规范,因为欧盟的条例在法国具有直接效力。

最后,对于美国的单边经济制裁,法国法院认为,它们的域外效力已被法国 1968 年的第 68-678 号阻断法令否定,同时也被欧盟视为违反了国家主权原则。

接下来,法国法院分析了本案仲裁裁决是否违反了法国的上述公共政策。法院认为,本案所涉合同不属于上述联合国安理会制裁条例和欧盟 2007 年制裁条例的适用范围。而欧盟 2010 年和 2012 年颁布的制裁条例则是在本案合同缔结之后才出台,不能溯及既往。

法院最后认为,本案仲裁裁决没有违反法国国际公共政策,因此驳回了法国公司撤销仲裁裁决的申请。

3. 中国司法实践

在 2009 年的"中粮案"中,②中粮公司向来宝公司进口一批大豆,过程中国家质监局因检测出来宝公司此前出口至我国的大豆中含有有毒物质而发

---

① Mercedeh Azeredo Da Silveira, Part Ⅱ, Chapter 4: Authority of Domestic Courts and Arbitral Tribunals to Give Effect to Trade Sanctions, in Trade Sanctions and International Sales: An Inquiry into International Arbitration and Commercial Litigation 65-126, at 172 (Kluwer Law International 2014).

② 舟山中海粮油工业有限公司申请不予执行香港国际仲裁中心仲裁裁决案,参见最高人民法院〔2009〕民四他字第 2 号《最高人民法院关于舟山中海粮油工业有限公司申请不予执行香港国际仲裁中心仲裁裁决一案的请示报告的复函》。

布进口禁令,中粮公司主张其因此而未向来宝公司开立信用证,随后来宝公司向中粮公司主张因违约未开立信用证而造成的损失,仲裁庭最终裁决支持了来宝公司,裁决中粮公司承担违约赔偿责任。

浙江省高级人民法院在对该裁决的审查过程中曾提出,影响合同履行的案涉禁令系我国政府基于保护国内食品安全和民众生命健康的目的而颁布,程序正当且合法,中粮公司身为我国企业有义务遵守政府依法颁布的行政命令并积极履行其应承担的社会责任,因此中粮公司因该禁令而未继续履行不存在过错,但仲裁庭却对此无视并忽视了不可抗力原则的适用,最终让我国企业承担责任有失公允。同时,亦进一步指出,如果承认并执行该裁决,实际上将会使我国上述禁令落空,导致我国行政命令的威信力大大降低、不被国外当事方所尊重,从而损害我国法律的权威性和公共利益。

最高人民法院审查后并未直接从上述角度予以回应,而是对本案事实进行了澄清,即案涉货物在双方分别取得安全证书和入境许可证后,实际已经符合入境检疫要求,不在禁止入境的货物之列,且在案证据也无法表明案涉货物存在安全卫生隐患、有危及公共健康的可能,因此对案涉裁决予以承认和执行不会违反社会公共利益。

2021 年,上海金融法院审理了我国第一起涉及《阻断办法》和《反外国制裁法》的外国仲裁裁决承认与执行案件。① 2017 年 9 月 2 日,申请人麦格理银行有限公司(以下简称麦格理公司)与被申请人万达控股集团有限公司(以下简称万达公司)签署《保证合同》,其中第 7 条约定:"因本保证合同及其签订而引起或与之有关的任何和所有纠纷或其他分歧,包括有关其成立、有效性、撤销或终止的任何问题,应根据当时有效的新加坡国际仲裁中心的仲裁规则(以下简称《新加坡国际仲裁中心仲裁规则》)在新加坡提起仲裁。"2020 年 2 月 25 日,因案外人 A 公司未履行其支付货款的义务,万达公司亦未承担保证责任,麦格理公司以万达公司为被申请人向新加坡国际仲裁中心提起仲裁,要求万达公司为 A 公司的未付债务承担保证责任,向申请人支付货款及利息、申请人基于实现《保证合同》项下债权(包括提起本案新加坡仲裁程序)所产生的相关费用、因 A 公司未按时付款而产生的其他费用。2020 年 10 月 5 日,新加坡国际仲裁中心仲裁庭就本案作出编号为 2020 年第 135 号仲裁裁决("案涉仲裁裁决"),裁决被申请人立即向申请人支付本金、利息、仲裁费用以及 A 公司费用。2021 年 2 月 4 日,上海金融法院正式受理麦格理公司申请承

---

① 上海金融法院民事裁定书,(2021)沪 74 协外认 1 号。

认和执行案涉仲裁裁决案（“本案”）。

值得注意的是，就在本案进行期间，2021 年 3 月 26 日，外交部针对恶意传播谎言和虚假信息的英方 9 名人员和 4 个实体实施反制裁，其中包括埃塞克斯园大律师事务所（Essex Court Chambers），具体措施包括：即日起禁止有关人员及其直系家属入境（包括我国香港特别行政区、澳门特别行政区），冻结其在华财产，禁止中国公民及机构同其交易。

本案被申请人万达公司提出近 7 项抗辩理由，其中第 4 项理由是：本案首席仲裁员所属的埃塞克斯园大律师事务所因恶意传播谎言和虚假信息被中国政府实施制裁，案涉仲裁裁决本身即有失公正。上海金融法院对仲裁员身份及仲裁员所属律师事务所进行了区分并认为：外交部公布之制裁信息系针对首席仲裁员所在的埃塞克斯园大律师事务所，并非针对其仲裁员的身份。我国的制裁作出之时，本案所涉仲裁裁决已完成。该制裁亦非《纽约公约》第 5 条规定的不予认可范围，与本案审理无关；且在仲裁员选择的过程中，新加坡国际仲裁中心及申请人均向被申请人履行了告知义务，程序中并无不当。

当事人提出的第 6 项抗辩理由认为，依据《阻断办法》之规定，万达公司系从事液化气管道业务影响到社会民生工程的中国企业，符合该规定，希望法院在审理中考虑中央“六稳六保”政策及保护民营企业发展的精神。对此，上海金融法院认为，《阻断办法》中所规定的外国法律不当域外适用与本案无关，即本案中被申请人并未提供证据证明该新加坡裁决中适用的法律为依据《阻断办法》作出的禁令所涉及的法律。对于被申请人进一步提出其系从事液化气管道业务影响到社会民生工程的中国企业，希望法院在审理中考虑中央“六稳六保”政策及保护民营企业发展的精神，上海金融法院在裁定书中予以回应：“法治是最好的营商环境，如不能保障法律实施的结果，可能会有利于保护单个企业，但长久来看会伤害更多的企业。故本院依法公平公正处理本案所涉争议。”

从上述案例来看，我国法院对待公共政策的态度与国际上基本保持一致，更多体现了对仲裁的支持。当然，在个案中，我国法院也可以将外国仲裁裁决的承认和执行区分开来，对于某些确实严重违反我国对外反制裁措施的仲裁裁决，可以先予以承认其效力，但暂缓执行，以等待相关政策的变化。

参考文献

一、中文专著

1. 崔丕:《美国的冷战战略与巴黎统筹委员会、中国委员会》,中华书局2005年版。
2. 杜涛:《国际私法国际前沿年度报告(2011-2016)》,法律出版社2017年版。
3. 何志鹏:《国家利益维护:国际法的力量》,法律出版社2018年版。
4. 黄惠康:《中国特色大国外交与国际法》,法律出版社2019年版。
5. 黄瑶:《论禁止使用武力原则》,北京大学出版社2003年版。
6. 简基松:《联合国经济制裁》,湖北人民出版社2019年版。
7. 江国青:《演变中的国际法问题》,法律出版社2002年版。
8. 兰黄明、祁长松等编著:《经济制裁战》,黑龙江人民出版社1995年版。
9. 李国清:《美国证券法域外管辖权问题研究》,厦门大学出版社2008年版。
10. 李庆明:《美国外国人侵权请求法研究》,武汉大学出版社2010年版。
11. 吕英亭:《唐宋涉外法律及其比较研究》,中国书籍出版社2017年版。
12. 柳剑平、刘威:《美国对外经济制裁问题研究》,人民出版社2009年版。
13. 孟刚:《制裁和反洗钱合规风险应对》,中国金融出版社2021年版。
14. 阮建平:《战后美国对外经济制裁》,武汉大学出版社2009年版。
15. 邵津主编:《国际法》(第5版),法律出版社2019年版。
16. 宋杰:《国际法中普遍性法律利益的保护问题研究》,中国人民大学出版社2011年版。
17. 宋杰:《国际法上的司法干涉问题研究》,中国政法大学出版社2018年版。
18. 孙才华:《美国经济制裁风险防范实务指南与案例分析》,人民日报出版社2020年版。
19. 田斌:《经济制裁:有效与人道的权衡》,中国经济出版社2019年版。
20. 王铁崖主编:《国际法》,法律出版社1995年版。
21. 王铁崖:《王铁崖文选》,中国政法大学出版社2003年版。

22. 徐宏主编:《中国国际法实践案例选编》,世界知识出版社 2018 年版。
23. 徐以升、马鑫:《金融制裁:美国新型全球不对称权力》,中国经济出版社 2015 年版。
24. 温树斌:《国际法强制执行问题研究》,武汉大学出版社 2010 年版。
25. 杨泽伟主编:《中国国家权益维护的国际法问题研究》,法律出版社 2019 年版。
26. 余民才:《国际法上自卫权实施机制》,中国人民大学出版社 2014 年版。
27. 习近平:《习近平谈治国理政》(第 3 卷),外文出版社 2020 年版。
28. 曾令良主编:《21 世纪初的国际法与中国》,武汉大学出版社 2005 年版。
29. 张文显主编:《法理学》(第 5 版),高等教育出版社 2015 年版。
30. 张曙光:《经济制裁研究》,上海人民出版社 2010 年版。
31. 张金翠:《美国对华军事制裁:从维护“人权”到防止“威胁”》,社会科学文献出版社 2010 年版。
32. 张乃根:《国际法原理》(第 2 版),复旦大学出版社 2012 年版。
33. 张利民:《经济行政法的域外效力》,法律出版社 2008 年版。
34. 周琪主编:《意识形态与美国外交》,上海人民出版社 2006 年版。
35. 周鲠生:《国际法》,商务印书馆 2018 年版。
36. 周永生:《经济外交》,中国青年出版社 2004 年版。
37. 中国人民银行:《中国反洗钱报告》(2004~2020 年),中国金融出版社 2005~2020 年版。

二、中文译著

1. [古希腊]亚里士多德:《政治学》,吴寿彭译,商务印书馆 1965 年版。
2. [古希腊]阿里斯托芬:《阿卡奈人 · 骑士》,罗念生译,上海人民出版社 2006 年版。
3. [英]M. 阿库斯特:《现代国际法概论》,汪瑄、朱奇武译,中国社会科学出版社 1981 年版。
4. [英]约翰 · 奥斯丁:《法理学的范围》,刘星译,中国法制出版社 2002 年版。
5. [英]伊恩 · 布朗利:《国际公法原理》,曾令良、余敏友等译,法律出版社 2003 年版。
6. [美]路易斯 · 亨金:《国际法:政治与价值》,张乃根等译,中国政法大学出版社 2005 年版。
7. [美]路易斯 · 亨金等:《真理与强权——国际法与武力的使用》,胡炜、徐敏译,武汉大学出版社 2004 年版。
8. [美]加利·克莱德·霍夫鲍尔等:《反思经济制裁》(第 3 版),杜涛译,上海人民出版社 2011 年版。
9. [奥]汉斯·凯尔森:《法与国家的一般理论》,沈宗灵译,中国大百科全书出版社 1996 年版。
10. [英]桑斯:《无法无天的世界:当代国际法的产生与破灭》,单文华等译,人民出版社 2011 年版。
11. [英]马尔科姆·N. 肖:《国际法》(第 6 版),白桂梅等译,北京大学出版社 2011 年版。
12. [英]詹宁斯、瓦茨修订:《奥本海国际法:第一卷,第一分册》,王铁崖等译,中国大百科全书出版社 1995 年版。
13. [德]伯恩·魏德士:《法理学》,丁小春、吴越译,法律出版社 2003 年版。
14. [德]沃尔夫冈·格拉夫·魏智通主编:《国际法》,吴越、毛晓飞译,法律出版社 2002 年版。
15. [德]马克斯·韦伯:《论经济与社会中的法律》,张乃根译,中国大百科全书出版社 1998 年版。
16. [美]西蒙·C. 西蒙尼德斯:《冲突法在美国法院年度综述(2011 - 2015)》,杜涛译,法律出版社 2018 年版。
17. [美]约翰·米尔斯海默:《大国政治的悲剧》(修订版),王义桅等译,上海人民出版社 2021 年版。
18. [美]格雷厄姆·艾莉森:《注定一战:中美能避免修昔底德陷阱吗?》,陈定定等译,上海人民出版社 2019 年版。

三、中文论文

1. 陈瑞华:《企业合规的基本问题》,载《中国法律评论》2020 年第 1 期。
2. 陈云东、宋子文:《亚投行制裁机制研究》,载《经贸法律评论》2020 年第 1 期。
3. 樊云志、王炜瀚:《中国油气行业海外投资与美国金融服务制裁》,载《国际贸易》2011 年第 11 期。
4. 杜涛:《欧盟对待域外经济制裁的政策转变及其背景分析》,载《德国研究》2012 年第 3 期。
5. 杜涛:《国际商事合同中的经济制裁条款效力研究》,载《上海对外经贸大学学报》2020 年第 5 期。

6. 杜涛:《论国际民事诉讼中的过度管辖权》,载《武大国际法评论》2017 年第 1 期。
7. 杜涛:《美国州和地方政府对外经济制裁及其对美国联邦宪法和国际法的挑战》,载《武大国际法评论》2010 年第 1 期。
8. 杜涛、周美华:《应对美国单边经济制裁的域外经验与中国方案》,载《武大国际法评论》2021 年第 4 期。
9. 方炯升:《有限的回击:2010 年以来中国的经济制裁行为》,载《外交评论》2020 年第 1 期。
10. 方瑞安:《国际人权和人道主义法律体系对经济制裁的规制》,载《人权法学》2022 年第 3 期。
11. 甘开鹏、陆宁:《欧盟对外经济制裁政策评析》,载《经济问题探索》2009 年第 10 期。
12. 龚柏华:《中美经贸摩擦背景下美国单边经贸制裁及其法律》,载《经贸法律评论》2019 年第 6 期。
13. 郭华春:《美国经济制裁执法管辖“非美国人”之批判分析》,载《上海财经大学学报》2020 年第 6 期。
14. 何丽新、郑乃容:《国际贸易制裁风险的承保问题探索》,载《中国海商法研究》2020 年第 3 期。
15. 何志鹏:《中国共产党的国际法治贡献》,载《法商研究》2021 年第 3 期。
16. 胡剑萍、阮建平:《美国域外经济制裁及其冲突探析》,载《世界经济与政治》2006 年第 5 期。
17. 黄风:《联合国安理会金融制裁措施的国内法实施程序》,载《法学》2006 年第 4 期。
18. 黄风:《美国金融制裁制度及其对我国的警示》,载《法学》2012 年第 4 期。
19. 黄风:《国际金融制裁法律制度比较研究》,载《比较法研究》2012 年第 3 期。
20. 黄惠康:《习近平关于国际法治系列重要论述的核心要义》,载《武大国际法评论》2021 年第 1 期。
21. 黄进、鲁洋:《习近平法治思想的国际法治意涵》,载《政法论坛》2021 年第 3 期。
22. 黄瑶:《从使用武力法看保护的责任理论》,载《法学研究》2012 年第 3 期。
23. 霍政欣:《国内法的域外效力:美国机制、学理解构与中国路径》,载《政法论坛》2020 年第 2 期。

24. 简基松:《关于单边经济制裁的司法性与合法性探讨》,载《法学》2007 年第 1 期。
25. 江国青:《反措施与国际司法:变化中的国际法实施机制》,载《中国国际法年刊》2008 年卷,世界知识出版社 2009 年版。
26. 李薇薇:《论联合国经济制裁中的人权保护》,载《法律科学》2007 年第 2 期。
27. 勒茂:《美国与西欧在苏联天然气管道问题上的矛盾和斗争激化》,载《国际贸易》1982 年第 9 期。
28. 梁冰洁、孟刚:《美国二级制裁法律问题研究》,载《财经法学》2020 年第 1 期。
29. 廖凡:《比较法视角下的不可靠实体清单制度》,载《比较法研究》2021 年第 1 期。
30. 廖博宇:《欧盟经济制裁中的成员国权力分配及司法救济》,载《武大国际法评论》2019 年第 6 期。
31. 刘建伟:《美欧经济制裁协作的特点、限度及其走向》,载《国际问题研究》2019 年第 5 期。
32. 刘建伟:《美国次级经济制裁:发展趋势与常用对策》,载《国际经济评论》2020 年第 3 期。
33. 刘孝堂:《论国际经济制裁对海上保险的影响》,载《中国海商法研究》2014 年第 1 期。
34. 刘孝堂:《论联合国经济制裁的立法及其在会员国的适用》,载《中国国际法年刊》2015 年卷。
35. 马呈元、任文利:《联合国经济制裁中的人权保护问题研究》,载《法学杂志》2020 年第 4 期。
36. 孟刚、包康赟:《美国反洗钱与经济制裁的并存交互关系及其启示》,载《经贸法律评论》2022 年第 1 期。
37. 孟刚、李思佳:《欧盟经济制裁及其对中国的启示》,载《财经法学》2020 年第 4 期。
38. 屈文生:《从治外法权到域外规治》,载《中国社会科学》2021 年第 4 期。
39. 阮建平:《关于国际经济制裁的理论述评》,载《世界经济与政治》2004 年第 9 期。
40. 沈伟:《论金融制裁的非对称性和对称性——中美金融"脱钩"的法律冲突和特质》,载《上海对外经贸大学学报》2020 年第 5 期。

41. 石佳友、宋连炻:《美国扩大美元交易域外管辖对中国的挑战及其应对》,载《上海大学学报(社会科学版)》2018 年第 4 期。
42. 石佳友、宋连炻:《国际制裁与合同履行障碍》,载《上海大学学报(社会科学版)》2021 年第 1 期。
43. 宋晓平:《赫尔姆斯—伯顿法及其与国际社会的冲突》,载《拉丁美洲研究》1997 年第 6 期。
44. 石斌:《有效制裁与"正义制裁"——论国际经济制裁的政治动因与伦理维度》,载《世界经济与政治》2010 年第 8 期。
45. 陶景洲:《如何应对美国经济制裁》,载《中国法律》2003 年 12 月号。
46. 王国华:《古代的经济制裁》,载《中国经济报告》2016 年第 12 期。
47. 王宏鑫:《国际法上单边经济制裁的演变》,载《河南财经政法大学学报》2020 年第 4 期。
48. 王佳:《美国经济制裁立法、执法与救济》,载《上海对外经贸大学学报》2020 年第 5 期。
49. 王腾:《长臂管辖原则之不期而至的"制裁例外"原则》,载《中国外汇》2010 年第 12 期。
50. 王腾:《信用证的独立性与制裁例外原则》,载《中国外汇》2011 年第 6 期。
51. 王曦:《"对一切"义务与国际社会共同利益》,载余敏友、邵沙平主编:《国际法问题专论》,武汉大学出版社 2002 年版。
52. 王冀莲:《联合国及美国、欧盟对伊朗实施制裁相关决议、法律之研究》(连载),载《中国航天》2011 年第 1~6 期。
53. 王淑敏、李倩雨:《中国阻断美国次级制裁的最新立法及其完善》,载《国际商务研究》2021 年第 4 期。
54. 王震:《对新形势下美国对华"长臂管辖"政策的再认识》,载《上海对外经贸大学学报》2020 年第 6 期。
55. 魏臬臬:《美国单边人权制裁的国内运行机制与中国对等法律反制研究》,载《上海政法学院学报》2021 年第 3 期。
56. 吴俊霖:《受害国以外的国家采取反措施问题研究》,载《湖北警官学院学报》2018 年第 6 期。
57. 肖永平:《"长臂管辖权"的法理分析与对策研究》,载《中国法学》2019 年第 6 期。
58. 熊安邦:《论联合国安理会制裁措施的新发展》,载《西部法学评论》2012 年第 1 期。

59. 徐伟功:《论次级经济制裁之阻断立法》,载《法商研究》2021 年第 2 期。
60. 薛天赐:《论美国经济制裁中的总统权力边界》,载《政法论丛》2020 年第 2 期。
61. 颜剑英、熊伟:《20 世纪 90 年代以来美国对外经济制裁的发展趋势》,载《国际关系学院学报》2005 年第 2 期。
62. 颜剑英、罗锦秀:《冷战结束后美国对外经济制裁的新发展》,载《世界经济与政治》2005 年第 2 期。
63. 颜剑英:《美国经济制裁与发展中国家的经济安全》,载《国际论坛》2005 年第 3 期。
64. 杨永红:《次级制裁及其反制》,载《法商研究》2019 年第 3 期。
65. 杨达洲:《经济制裁与美国政府的外交》,载《和平与发展》1998 年第 1 期。
66. 袁达松、苏航:《我国应对经济制裁的反制法律机制》,载《天津法学》2020 年第 1 期。
67. 张辉:《论中国对外经济制裁法律制度的构建》,载《比较法研究》2021 年第 1 期。
68. 张虎:《美国单边经济制裁的法理检视及应对》,载《政法论丛》2020 年第 2 期。
69. 朱磊:《论国际法上的反措施在网络空间的适用》,载《武大国际法评论》2019 年第 4 期。

四、外文论文

1. D. Akande and P. Akhavan/E. Bjorge, *Economic Sanctions, International Law, and Crimes against Humanity: Venezuela's ICC Referral*, 115 Am. J. Int'l L. 493 (2021).
2. M. Akehurst, *Jurisdiction in International Law*, *BYIL*, Vol. 46, 179 (1974).
3. T. Ahn, *The Applicability of Economic Sanctions to the Merits in International Arbitration Proceedings: With a Focus on the Dynamics between Public International Law Principles, Private International Law Rules and International Arbitration Theories*, 18 Pepp. Disp. Resol. L. J. 299 (2018).
4. F. Bagherzadeh, *Unilateral Economic Sanctions and Protecting U. S. National Security*, 44 Hastings Int'l & Comp. L. Rev. 168 (2021).
5. D. A. Baldwin, *The Sanctions Debate and the Logic of Choice*, 24 International Security, 80 (1999).

6. R. Barber, *An Exploration of the General Assembly's Troubled Relationship with Unilateral Sanctions*, 70 Int'l & Comp. L. Q. 343 (2021).

7. A. Bianchi, *Extraterritoriality and Export Controls: Some Remarks on the Alleged Antinomy between European and U. S. Approaches*, 35 GYIL, 366 (1992).

8. A. Bills, *The Relationship between Third-Party Countermeasures and the Security Council's Chapter Ⅶ Powers: Enforcing Obligations Erga Omnes in International Law*, 89 Nordic J. Int'l L. 117 (2020).

9. I. Bogdanova, *Targeted Economic Sanctions and WTO Law: Examining the Adequacy of the National Security Exception*, 48 Legal Issues of Econ. Integration 171 (2021).

10. M. Bos, *Preliminary Report on the Extraterritorial Jurisdiction of States*, 65 Annuaire de I'Institut de Droit International 14 (1993).

11. A. Bradford and O. Ben - Shahar, *Efficient Enforcement in International Law*, 12 Chi. J. Int'l L. 375 (2012).

12. C. A. Bradley, *Universal Jurisdiction and U. S. Law*, *U. Chi. Legal F.* 323 (2001).

13. L. Brilmayer and C. Norchi, *Federal Extraterritoriality and Fifth Amendment Due Process*, 105 Harvard Law Review 1217-1263 (1992).

14. B. Brockman-Hawe, *Using Internet "Borders" to Coerce or Punish: The DPRK as Example of the Potential Utility of Internet Sanctions*, 25 B. U. Int'l L. J. 163(2007).

15. T. Brown et al., *Cross Border Trade Compliance*, 24 J. Int'l Econ. L. 22 (2020).

16. Q. Bu, *Between a Rock and a Hard Place: Unreliable Entity List vis-a-vis the US Entity List*, 2021 Int'l Bus. L. J. 65 (2021).

17. G. d. Burca, *The European Court of Justice and the International Legal Order after KADI*, 51 Harv. Int'l L. J. 1 (2010).

18. C. G. Buys, *United StatesEconomic Sanctions: The Ironless of Targeting Persons from Third Countries*, 17 B. U. Int'l L. J. 254 (1999).

19. N. J. Calamita, *Sanctions, Countermeasures, and the Iranian Nuclear Issue*, 42 Vand. J. Transnat'l L. 1393 (2009).

20. B. E. Carter, *International Economic Sanctions: Improving the Haphazard*

U. S. Legal Regime, 75 California Law Review 1162 (1987).

21. J. Chaisse and D. Chakraborty, *Implementing WTO Rules Through Negotiations and Sanctions: The Role of Trade Policy Review Mechanism and Dispute Settlement System*, 28 U. Pa. J. Int'l Econ. L. 153 (2007).
22. J. H. Chahine, *UN and EU Sanctions versus US Sanctions: Two Different Yardsticks Commentary on the Decision of the Paris Court of Appeal* (*International Commercial Chamber*) (*5th Pole, Chamber* 16) *of 3 June 2020*, 38 J. Int'l Arb. 71 (2021).
23. R. Chalk and P. Siegel, *Ecocide and the Threat of Trade Embargos and Economic Sanctions*, 22 Business Law International 99 (2021).
24. M. E. Chow, *First Do No Harm: Myanmar Trade Sanctions and Human Rights*, 5 Nw. U. J. Int'l Hum. Rts. 153 (2007).
25. H. L. Clark, *Dealing with U. S. Extraterritorial Sanctions and Foreign Countermeasures*, 20 U. Pa. J. Int'l Econ. L. 61 (1999).
26. S. H. Cleveland, *Norm Internalization and U. S. Economic Sanctions*, 26 Yale J. Int'l L. 1 (2001).
27. A. Cohen, *Economic Sanctions in IHL: Suggested Principles*, 42 Isr. L. Rev. 117 (2009).
28. J. Crawford, *The ILC's Articles on Responsibility of States for Internationally Wrongful Acts: A Retrospect*, 96 AJIL 882 (2002).
29. J. R. Crook, *United States Imposes Sanctions on Iranian Financial Institutions and Banks Doing Business with Them*, 106 Am. J. Int'l L. 380 (2012).
30. L. F. Damrosch, *The Legitimacy of Economic Sanctions as Countermeasures for Wrongful Acts*, 37 Berkeley J. Int'l L. 249 (2019).
31. K. E. Davis, *Why Does the U. S. Regulate Foreign Bribery: Moralism, Self-Interest or Altruism?* ,67 N. Y. U. Ann. Surv. Am. L. 497 (2012).
32. E. F. Defeis, *Targeted Sanctions, Human Rights, and the Court of First Instance of the European Community*, 30 Fordham Int'l L. J. 1449 (2006).
33. C. DeFrancia, *Enforcing the Nuclear Nonproliferation Regime: The Legality of Preventive Measures*, 45 Vand. J. Transnat'l L. 705 (2012).
34. A. B. Derman, *The Compliance Dilemma: Economic Sanctions and the AIPN Model form International Joint Operating Agreement*, 12 J. World Energy Law Bus. 331 (2019).

35. W. Dodge, *Extraterritoriality and Conflict-of-Laws Theory: An Argument for Judicial Unilateralism*, 39 Harv. Int'l L. J. 141 (1998).
36. G. Dufour and N. Veremko, *Unilateral Economic Sanctions Adopted to React to An Erga Omnes Obligation: Basis for Legality and Legitimacy Analysis? —A Partial Response to Alexandra Hofer's Article*, 18 Chinese J. Inter'l. L. 449 (2019).
37. M. Doraev, *The 'Memory Effect' of Economic Sanctions against Russia: Opposing Approaches to the Legality of Unilateral Sanctions Clash Again*, 37 U. Pa. J. Int'l L. 355 (2015).
38. V. Economides, *Tianrui Group Co. v. International Trade Commission: The Dubious Status of Extraterritoriality and the Domestic Industry Requirement of Section* 337, 61 Am. U. L. Rev. 1235 (2012).
39. C. Eckes, *EU Human Rights Sanctions Regime: Striving for Utopia Backed by Sovereign Power?*, 26 Eur. Foreign Aff. Rev. 219 (2021).
40. S. B. Egle, *The Learning Curve of Sanctions—Have Three Decades of Sanctions Reform Taught Us Anything?*, 19 Int'l Trade L. J. 34 (2011).
41. K. A. Elliott, *Assessing UN Sanctions after the Cold War*, 65 Int'l J. 85 (2010).
42. K. A. Elliott and Gary C. Hufbauer, *Same Song, Same Refrain? Economic Sanctions in the* 1990*s*, 89 American Economic Review 403-408 (1999).
43. S. Emmenegger, *Extraterritorial Economic Sanctions and Their Foundation in International Law*, 33 Ariz. J. Int'L Compar. L. 631, 657 (2016).
44. T. J. Farer, *Political and Economic Coercion in Contemporary International Law*, 79 Am. J. Int'l L. 405 (1985).
45. Q. C. Farrar, *U. S. Energy Sanctions and the Race to Prevent Iran from Acquiring Weapons of Mass Destruction*, 79 Fordham L. Rev. 2347 (2011).
46. S. Fayamanesh, *The Politics of the US Economic Sanctions Against Iran*, 35 Review of Radical Political Economics 221-240 (2001).
47. K. R. Feinberg, *Economic Coercion and Economic Sanctions: The Expansion of U. S. Extraterritorial Jurisdiction*, 30 Am. U. L. Rev. 323 (1980).
48. P. L. Fitzgerald, *Smarter "Smart" Sanctions*, 26 Penn. St. Int'l L. Rev. 37 (2007).
49. T. Franck, *On Proportionality of Countermeasures in International Law*, 102

Am. J. Int'l L. 715 (2008).

50. T. Gazzini and E. Herlin-Karnell, *Restrictive Measures Adopted by the EU from the Standpoint of International and EU Law*, 36 European Law Rev. 798 (2011).

51. R. Geiss, *Humanitarian Safeguards in Economic Sanctions Regimes: A Call for Automatic Suspension Clauses, Periodic Monitoring, and Follww-Up Assessment of Long-Term Effects*, 18 Harv. Human Rights. J. 167 (2005).

52. P. Glossop, *Canada's Foreign Extraterritorial Measures Act and US Restrictions on Trade with Cuba*, 32 International Lawyer 93 (1998).

53. M. W. Gordon, *The Conflict of US Sanctions Laws with Obligations under the North American Free Trade Agreement*, 27 Stetson L. Rev. , 1259 (1998).

54. P. L. Greene Jr, *The Arab Economic Boycott of Israel: The International Law Perspective*, 11 Vand. J. Transnatl. L. 77 (1978).

55. D. Halberstam and E. Stein, *The United Nations, the European Union and the King of Sweden: Economic Sanctions and Individual Rights in Plural World Order*, 46 Common Market L. Rev. 13 (2009).

56. J. Helms, *What Sanctions Epidemic*, Foreign Affairs, 2-5 (1999).

57. J. C. Henderson, *Legality of Economic Sanctions under International Law: The Case of Nicaragua*, 43 Wash. & Lee L. Rev. 167 (1986).

58. L. Henkin, *Is There a'Political Question' Doctrine?*, 85 Yale L. J. 597 (1976).

59. A. Hofer, *The Developed/Developing Divide on Unilateral Coercive Measures: Legitimate Enforcement or Illegitimate Intervention?*, 16 Chinese JIL 175-214 (2017).

60. A. Howlett, *Getting 'Smart': Crafting Economic Sanctions that Respect all Human Rights*, 73 Fordham L. Rev. 1234 (2004).

61. G. C. Hufbauer and Barbara Oegg, *Beyond the Nation State: Privatization of Economic Sanctions*, 10 Middle East Policy 126-139 (2003).

62. C. H. Huang, *U. S. -China Relations and Darfur*, 31 Fordham Int'l L. J. 827 (2008).

63. Jason Collins Weida, *Reaching Multinational Corporations: A New Model for Drafting Effective Economic Sanctions*, 30 Vt. L. Rev. 303 (2006).

64. M. Jamnejad and M. Wood, *The Principle of Non-Intervention*, 22 Leiden

J. Int'l L. 345 (2009).

65. T. Jenkins, *Doing Business with Iran: New UN, EU and US Measures Impose Toughest Sanctions Yet*, 16 Int. T. L. R. 129-137 (2010).

66. S. Jusoh, *Unilateral Economic Sanctions: Constructive Engagement as an Alternative?*, 18(2) Chinese J. I. L. 457-464 (2019).

67. W. Kaempfer and Anton D. Lowenberg, *Unilateral Versus Multilateral International Sanctions: A Public Choice Perspective*, 43 International Studies Quarterly 37-58 (1999).

68. J. A. Kaemmerer, *Die Urteile Kadi und Yusuf des EUG und Ihre Folgen*, 1 Eu. R. 65 (2008).

69. S. Kawagishi, *UN Economic Sanctions and Domestic Implementation in Japan*, 89 Am. Soc'y Int'l L. Proc. 344 (1995).

70. J. M. Kline, *When Comprehensive Falls Short: The Comprehensive Iran Sanctions, Accountability and Divestment Act of 2010*, 3 Geo. Mason J. Int'l Com. L. 219 (2011).

71. H. H. Koh, *Is International Law Really State Law?*, 111 Harvard Law Review 1824-61 (1998).

72. E. Kontorovich, *The Arab League Boycott and WTO Accession: Can Foreign Policy Excuse Discriminatory Sanctions?*, 4 Chi. J. Int'l L 283 (2003).

73. P. J. Kuijper, *The European Communities and the U. S. Pipeline Embargo: Comments on Comments*, German Yearbook of International Law 72 (1984).

74. J. L. Kunz, *Sanctions in International Law*, 54 Am. J. Int'l L. 324 (1960).

75. A. Kurth, *Rethinking the Syria Accountability Act: Are Sanctions on Syria in the Best Interest of the United States?*, 20 Transnat'l L. & Contemp. Probs. 239 (2011).

76. C. LaRae-Perez, *Economic Sanctions as a Use of Force: Reevaluating the Legality of Sanctions from an Effects-Based Perspective*, 20 B. U. Int'l L. J. 161 (2002).

77. J. T. Lavers, *Extraterritorial Offenses and International Law: The Argument for the Use of Comity in Jurisdictional Claims*, 14 Sw. J. L. & Trade Am. 1 (2007).

78. G. L. Lichtenbaum, *The Extraterritorial Reach of U. S. Economic Sanctions Laws*, 943 PLI/Comm. 301 (2011).

79. R. B. Lillich, *Economic Coercion and the International Legal Order*, 51 International Affairs 358-71 (1975).
80. E. J. Lobsinger, *Diminishing Borders in Trade and Terrorism: An Examination of Regional Applicability of GATT Article XXI National Security Trade Sanctions*, 13 ILSA J. Int'l & Comp. L. 99 (2006).
81. J. Lord et al., *The Arab Spring and OFAC's Targeted Sanctions*, 943 PLI/Comm. 273 (2011).
82. A. V. Lowe, *Blocking Extraterritorial Jurisdiction: The British Protection of Trading Interests Act* 1980, 75 AJIL 257 (1981).
83. A. V. Lowe, *International Law Issues Arising in the Pipeline Dispute: The British Position*, 27 GYIL 55 (1984).
84. A. V. Lowe, *The Problems of Extraterritorial Jurisdiction: Economic Sovereignty and the Search for a Solution*, 34 International and Comparative Law Quarterly 724 (1985).
85. A. V. Lowe, *US Extraterritorial Jurisdiction: The Helms - Burton and D'Amato Acts*, 46 International and Comparative Law Quarterly 378 - 390 (1997).
86. A. F. Lowenfeld, *Agora: The Cuban Liberty and Democratic Solidarity Act (LIBERTAD): Congress and Cuba: The Helms-Burton Act*, 90 AJIL 419 (1996).
87. N. MacCormick, *Beyond the Sovereign State*, 56 Modern Law Review 1 (1993).
88. E. K. Macfarlane, *Strengthening Sanctions: Solutions to Curtail the Evasion of International Economic Sanctions through the Use of Cryptocurrency*, 42 Mich. J. Int'l L. 199 (2020).
89. H. Maier, *Resolving Extraterritorial Conflicts or There and Back Again*, 25 Virginia Journal of International Law 7 (1984).
90. G. Mallard et al., *The Humanitarian Gap in the Global Sanctions Regime: Assessing Causes, Effects, and Solutions*, 26 Global Governance 121 (2020).
91. R. Manassa, *Federalism in the Era of Globalization: The Exercise of Foreign Affairs Powers by Subnational Entities*, 52 U. Miami Inter-Am. L. Rev. 141 (2021).

92. B. Manchak, *Comprehensive Economic Sanctions, The Right to Development and Constitutionally Impermissible Violations of International Law*, 30 B. C. Third World L. J. 417 (2010).

93. F. A. Mann, *Illegality and the Conflict of Laws*, 21 Modern Law Review 130 (1958).

94. F. A. Mann, *Anglo-American Conflict of International Jurisdiction*, 13 International and Comparative Law Quarterly 1460 (1964).

95. F. A. Mann, *The Doctrine of International Jurisdiction*, 19 Modern Law Review 523 (1964).

96. F. A. Mann, *The Doctrine of International Jurisdiction Revisited after Twenty Years*, 186 Recueil des Cours 9 (1984).

97. V. S. Mani, *Unilateral Imposition of Sanctions Through Extra-territorial Application of Domestic Laws: A Tale of Two US Statutes*, 31 Indian Journal of International Law 1 (1998).

98. S. J. Marcuss and Eric L. Richard, *Extraterritorial Jurisdiction in United States Trade Law: The Need for a Consistent Theory*, 20 Columbia Journal of Transnational Law 439-83 (1981).

99. S. H. Marcus, *Limiting the Legal Risks of the Helms-Burton Act*, 103 Canadian Banker 9 (1996).

100. L. Martin, *Credibility, Costs, and Institutions: Cooperation on Economic Sanctions*, 45 World Politics 418 (1993).

101. N. Martin, *All Is Fair in Law and Warfare in the Ukrainian Crisis: a Look at the Growing Increase of Economic Sanctions As a Weapon of War and the Effects on the International Community*, 40 S. Ill. U. L. J. 323 (2016).

102. M. McDougal and M. W. Reisman, *Rhodesia and the United Nations: The Lawfulness of International Concern*, 62 American Journal of International Law 1 (1968).

103. J. Meyer, *Second Thoughts on Secondary Sanctions*, 30 U. Pa. J. Int'l L. 905 (2009).

104. J. Meyer, *Dual Illegality and Geoambiguous Law: A New Rule for Extraterritorial Application of U. S. Law*, 95 Minn. L. Rev. 110 (2010).

105. G. Moli and J. Vinuales, *Today as Yesterday? Unilateral Coercive Measures and Human Dignity*, 18 Chinese J. Int'l. L. 437 (2019).

106. H. Moyer and L. Mabry, *Export Controls as Instruments of Foreign Policy: The History, Legal Issues, and Policy Lessons of Three Recent Cases*, 15 Law and Policy in International Business 2 (1983).

107. S. Miyamoto, *Economic Sanctions by Japan against North Korea: Consideration of the Legislation Process for FEFTCL (Feb.* 2004) *and LSMCIPESS (June* 2004), 15 International Journal of Korean Unification Studies 21-46 (2006).

108. R. L. Muse, *A Public International Law Critique of the Extraterritorial Jurisdiction of the Helms-Burton Act*, 30 Geo. Wash. J. I. L. Econ. 207 (1996).

109. Notes, *Biden Administration Imposes Sanctions and Seeks to Cement Alliances to Counter China and Russia*, 115 Am. J. Int'l L. 536 (2021).

110. T. M. Nyun, *Feeling Good or Doing Good: Inefficacy of the U. S. Unilateral Sanctions against the Military Government of Burma*, 7 Wash. U. Global Stud. L. Rev. 455 (2008).

111. H. Oyer, *The Extraterritorial Effects of U. S. Unilateral Trade Sanctions and Their Impact on U. S. Obligations under NAFTA*, 11 Fla. J. Int'l L. 429 (1997).

112. R. Pavoni, *UN Sanctions in EU and National Law: The Centro-Com Case*, 48 British Institute of International and Comparative Law 582 (1999).

113. J. R. Paul, *Comity in International Law*, 32 Harv. Int'l L. J. 1(1991).

114. J. Peng, *US Export Controls Under WTO Law*, 17 Int. Trade L. & Regulation 98 (2011).

115. M. Pinchis-Paulsen, *Trade Multilateralism and U. S. National Security: The Making of the GATT Security Exceptions*, 41 Mich. J. Int'l L. 109 (2020).

116. J. D. Pollock, *Administrative Justice: Using Agency Declaratory Orders in the Fight to Staunch the Financing of Terrorism*, 33 Cardozo L. Rev. 2171 (2012).

117. M. Payandeh, *With Great Power Comes Great Responsibility? The Concept of the Responsibility to Protect within the Process of International Lawmaking*, 35 Yale J. Int'l L. 483 (2010).

118. R. D. Porotsky, *Economic Coercion and the General Assembly: A Post-Cold*

War Assessment of the Legality and Utility of the Thirty-Five-Year Old Embargo Against Cuba, 28 Vand. J. Transnat'l. L. 920-921(1995).

119. R. J. Peterson, *Political Realism and the Judicial Imposition of International Secondary Sanctions: Possibilities from John Doe v. Unocal and the Alien Tort Claims Act*, 5 U. Chi. L. Sch. Roundtable 277 (1998).

120. D. Price and J. P. Hannah, *The Constitutionality of United States State and Local Sanctions*, 39 Harv. Int'l L. J. 443 (1998).

121. D. Price et al., *Crosby v. NFTC and the Future of State and Local Sanctions*, 32 Law & Pol'y Int'l Bus. 37 (2000).

122. R. E. Price, *Foreign Blocking Statutes and the GATT: State Sovereignty and the Enforcement of U. S. Economic Laws Abroad*, 28 George Washington University Journal of International Law & Economics 315 (1995).

123. C. Ryngaert, *Extraterritorial Export Controls (Secondary Boycotts)*, 7 Chinese J. Int'l L. 625 (2008).

124. W. M. Reisman, *Assessing the Lawfulness of Nonmilitary Enforcement: The Case of Economic Sanctions*, 89 Am. Soc'y Int'l L. Proc. 350 (1995).

125. W. M. Reisman and Douglas L. Stevick, *The Applicability of International Law Standards to United Nations Economic Sanctions Programmes*, 9 European Journal of International Law 86-141 (1998).

126. A. Rosen, *Canada's Use of Economic Sanctions for Political and Human Rights Purposes*, 51 U. Toronto Fac. L. Rev. 1 (1993).

127. R. Barry Ruback, *The Benefits and Costs of Economic Sanctions: Considering the Victim, the Offender, and Society*, 99 Minn. L. Rev. 1779(2015).

128. R. Liu, *The Application of the International Emergency Economic Powers Act in the U. S. -China Trade War: Can a President Order U. S. Companies out of China*, 20 Wash. U. Global Stud. L. Rev. 201 (2021).

129. D. J. Santeusanio, *Extraterritoriality and Secondary Boycotts: A Critical and Legal Analysis of U. S. Foreign Policy*, 21 Suffolk Transnat'l L. Rev. 367 (1998).

130. K. Schroeder, *Cities in International Law: The New Landscape of Global Governance*, 61 Va. J. Int'l L. 363 (2021).

131. M. N. Shaw, *Territory in International Law*, 13 Netherlands Yearbook of International Law 61 (1982).

132. D. Senz and H. Charlesworth, *Building Blocks: Australia's Response to Foreign Extraterritorial Legislation*, 2 Melb. J. Int'l L. 69 (2001).

133. I. Shihata, *Destination Embargo of Arab Oil: Its Legality under International Law*, 68 Am. J. Int'l L. 591(1974).

134. J. Slawotsky, *US Financial Hegemony: The Digital Yuan and Risks of Dollar De-Weaponization*, 44 Fordham Int'l L. J. 39 (2020).

135. A. B. Spalding, *Unwitting Sanctions: Understanding Anti-Bribery Legislation as Economic Sanctions against Emerging Markets*, 62 Fla. L. Rev. 351 (2010).

136. I. P. Smith, *The USA PATRIOT Act and Its Direct Extraterritorial Effect on Foreign Banks: A Note on US v. Union Bank*, 29 Comp. Law 57 (2008).

137. J. D. Stalls, *Economic Sanctions*, 11 U. Miami Int'l & Comp. L. Rev. 144 (2003).

138. P. Terry, *Enforcing U. S. Foreign Policy by Imposing Unilateral Secondary Sanctions: Is Might Right in Public International Law?*, 30 Wash. Int'l L. J. 1 (2020).

139. P. Terry, *Unilateral Economic Sanctions and Their Extraterritorial Impact: One Foreign Policy for All?*, 18 Chinese J. Inter'l. L. 425 (2019).

140. D. Tladi, *On the Al Qaida/Taliban Sanctions Regime: Due Process and Sunsetting*, 10 Chinese J. Int'l L. 771 (2011).

141. J. P. Trachtman, *Regulatory Jurisdiction and the WTO*, 10 J. Int'l Econ. L. 631 (2007).

142. T. Tridimas and J. Gutierrez-Fons, *EU Law, International Law and Economic Sanctions against Terrorism: The Judiciary in Distress?*, 32 Fordham Int'l L. J. , 660 (2008).

143. J. Van Genugten, *Conscripting the Global Banking Sector: Assessing the Importance and Impact of Private Policing in the Enforcement of U. S. Economic Sanctions*, 18 Berkeley Bus. L. J. 136 (2021).

144. C. Wall, *Human Rights and Economic Sanctions: The New Imperialism*, 22 Fordham Int'l L. J. 577 (1998).

145. J. C. Weida, *Reaching Multinational Coprorations: A New Model for Drafting Effective Economic Sanctions*, 30 Vt. L. Rev. 303 (2006).

五、外文图书

1. D. B. Adler, Die Anwendung und Durchetzung US-amerikanischer Handelsbeschräkungen innerhalb der Europäischen Union-Wie schutzlos ist die EU? Duncker & Humblot 2016.
2. Alexander, Kern, *Economic Sanctions: Law and Public Policy*, Palgrave Macmillan 2009.
3. A. Arnove ed., *Iraq Under Siege: The Deadly Impact of Sanctions and War*, Pluto Press 2000.
4. M. Asada, *Economic Sanctions in International Law and Practice*, Routledge 2020.
5. H. G. Askari et al., *Economic Sanctions-Examining their Philosophy and Efficacy*, Praeger 2003.
6. M. Bailey, *Oilgate: The Sanctions Scandal*, Coronet 1979.
7. D. Baldwin, *Economic Statecraft*, Princeton University Press 1985.
8. J. Basedow et al., *Encyclopedia of Private International Law*, Vol. 1, Edward Elgar 2017.
9. R. Bernhardt ed., *Encyclopaedia of Public International Law*, North-Holland 1994.
10. G. Born and David Westin, *International Civil Litigation in United States Courts*, 2nd ed., Durham, Carolina Academic Press 1992.
11. C. L. Brown-John, *Multilateral Sanctions in International Law: A Comparative Analysis*, Praeger 1975.
12. B. E. Carter, *International Economic Sanctions*, Cambridge University Press 1987.
13. D. Cortright and George A. Lopez ed., *Smart Sanctions: Targeting Economic Statecraft*, Lanham, Rowman & Littlefield Publishers Inc. 2002.
14. D. Cortright and George A. Lopez ed., *Economic Sanctions*, Boulder, Westview Press 1995.
15. M. Doxey, *Economic Sanctions and International Enforcement*, Macmillan 1980.
16. M. Doxey, *International Sanctions in Contemporary Perspective*, 1st ed., Macmillan 1989.

17. M. Doxey, *International Sanctions in Contemporary Perspective*, 2nd ed., Macmillan 1996.
18. D. W. Drezner, *The Sanctions Paradox*, Cambridge University Press 1999.
19. O. Y. Elagab, *The Legality of Non-Forcible Counter-Measures in International Law*, Clarendon Press 1988.
20. R. Eyler, *Economic Sanctions: International Policy and Political Economy at Work*, Palgrave Macmillan 2007.
21. R. N. Haass ed., *Economic Sanctions and American Diplomacy*, Council on Foreign Relations 1998.
22. G. C. Hufbauer et al., *Economic Sanctions Reconsidered*, 3rd ed., Washington: Peterson Institute for International Economics 2007.
23. D. T. Jack, *Studies in Economic Warfare*, P. S. King 1940.
24. J. H. Jackson et al., *The Law of International Economic Relations*, 3rd ed., St. Paul, West 1995.
25. K. Katzman, *The Iran-Libya Sanctions Act (ILSA)*, *CRS Report for Congress*, United States Congress 2006.
26. M. Krinsky and David Golove ed., *United States Economic Measures Against Cuba*, Northampton, Aletheia 1993.
27. D. Lange and Gary Burns ed., *Extraterritorial Application of National Laws*, International Chamber of Commerce 1987.
28. D. Leyton-Brown ed., *The Utility of International Economic Sanctions*, Croom Helm 1987.
29. D. L. Losman, *International Economic Sanctions: The Cases of Cuba, Israel and Rhodesia*, University of New Mexico 1979.
30. A. V. Lowe ed., *Extraterritorial Jurisdiction: An Annotated Collection of Legal Materials*, Cambridge University Press 1983.
31. M. P. Malloy, *Economic Sanctions and US Trade*, Little & Brown 1990 & 1994.
32. M. P. Malloy, *United States Economic Sanctions: Theory and Practice*, Kluwer Law 2001.
33. M. P. Malloy, *Economic Sanctions*, Edward Elgar Publishing 2015.
34. F. A. Mann, *The Doctrine of Jurisdiction in International Law*, Clarendon 1963.

35. A. Z. Marossi and M. R. Bassett, *Economic Sanctions under International Law: Unilateralism, Multilateralism, Legitimacy, and Consequences*, T. M. C. Asser Press, 2015.

36. K. Meessen, *International Law of Export Control*, Graham & Trotman/Martinus Nijhoff 1992.

37. M. Miyagawa, *Do Sanctions Really Work?*, St. Martin's 1992.

38. M. L. O' Sullivan, *Shrewd Sanctions*, The Brookings Institution 2003.

39. M. L. Picchio and A. -L. Sicilianos, *Economic Sanctions in International Law*, Nijhoff 2004.

40. M. Ragazzi, *The Concept of International Obligations Erga Omnes*, Clarendon Press, Oxford 1997.

41. R. Renwick, *Economic Sanctions*, Cambridge, Harvard Studies in International Affairs 1981.

42. M. Shaw, *International Law*, 6th ed. , Cambridge University Press 2008.

43. I. Seidl-Hohenveldern, International Economic Law, Kluwer 1992.

44. S. Subedi, *Unilateral Economic Sanctions in International Law*, Hart Publishing 2021.

45. T. Szabados, *Economic Sanctions in EU Private International Law*, Hart Publishing 2019.

46. P. Wallensteen and Carina Staibano, ed. , *International Sanctions: Between Words and Wars in the Global System*, Frank Cass 2005.

47. E. Zoller, *Peacetime Unilateral Remedies: An Analysis of Contermeasures*, Dobbs Ferry, Transnational Publishers 1984.

48. E. Zoller, *Enforcing International Law Through US Legislation*, Dobbs Ferry, Transnational Publishers 1985.